한국형 자치민주주의를 찾아서

대역민주주의
대
자치민주주의

한국형 자치민주주의를 찾아서

대역민주주의
대
자치민주주의

송재영 지음

☑ 목차

보수나 진보나 본래 민주주의인 자치민주주의를 두려워한다. 그들은 대역민주주의를 마치 민주주의인 것처럼 주권자를 속인다. 주권자는 격조 있게 환호하고 슬퍼하는 '참여하는 관람객'이다. 그래서 유일한 주권 행위로 나타나는 선거는 백화점에서 선호하는 세재를 고르거나, 긴장감 넘치는 진검승부의 전자 게임에 불과하다.

　　그래서 대역민주주의인 선거는 권력의 노예에 불과한 유권자가 거대 권력을 향해, 자신이 노예가 아님을 선포하는 한순간의 돌출행위이다. 그리고 그들은 기나긴 세월 동안 다시 소비와 소유를 탐닉하는 노예로 돌아간다.

　　보수건 진보건 주류 사회적 행위자들은 주권자인 시민이 권력을 행사하는 것을 두려워하는 엘리트주의자들이다. 그래서 우파적 파시즘(Fascism)을 일컫는 독재라는 개념이 좌파 독재라고 표현되어도 대중은 이상하다고 생각하지 않는다.

　　한국의 선거도 이젠 미국이나 유럽처럼 자본주의 양극화로 초래된 구조적 불공정사회에 대한 반발 의식을 이용해 특정 세력이나 계층을 적대시하는 우파 포퓰리즘이 나타난다. 과거에 진보, 좌파의 의제였던 불공정에 대한 저항이 이젠 우파 포퓰리즘의 전유물이 되었다. 분열적이게도 이들은 불공정에 저항한다고 하면서 민주주의와 평등의 가치를 조롱하고, 자신들은 거대한 우월적 자본과 권력에 종속된다(이들은 인생의 '대박'을 그렇게 좋아한다).

이들은 논증적·의사소통적 합리성만이 사회적 공공선에 도달할 수 있다는 현대 마지막 민주주의의 보루인 숙의민주주의마저 박살낸, 전자과학의 혁명으로 태어난 1인 미디어체제의 개인주의자들이다. 그러나 이것은 시민의 자치권을 위험시하는 대의 선거제를 마치 민주주의 모든 것인 양 당연시 하면서 공동체와 시민자치에 무관심했던 진보, 좌파 엘리트주의자들의 자승자박의 결과이다.

서문

한국의 정당정치를 보면, 보수가 진보를 좌파 독재라고 비판하거나, 자유민주주의를 파괴하는 반민주주의자로 공격한다. 이것은 한국에서 군사 파시즘과 대적해서 민주화를 성사시킨 세력으로 인정받는 민주화 정치 세력이 군사 파시즘의 후예들로부터 받는 비판이라는 점에서 민주주의를 혼란에 빠뜨렸다. 이제 사람들은 민주주의란 무엇인가라는 근본적 물음을 던지거나, 아예 민주주의는 집권세력이 애용하는 허구적 이데올로기에 불과한 것은 아닌지 의심하기 시작한다. 지금 우리는 시민 촛불혁명의 정신을 이어받아 민주정권을 창출했던 정당이 민주주의를 억압했던 보수 정당으로부터 반민주주의자로 공격당하는 민주주의의 역전 현상이 발생하는 시대에 살고 있다.

그러면 이러한 민주주의의 역전 현상이 발생하는 본질적인 원인은 무엇인가? 진보가 보수로부터 좌파 독재라고 비난받는 이유는 무엇인가? 진보주의Progressivism는 기존 정치·경제·사회 체제에 대항하면서 개혁을 통해 새롭게 바꾸려는 성향이라면, 보수주의는 기존의 전통 가치와 안정을 지향하는 것으로 이와는 대립하는 개념이다. 물론 보수는 반민주이고 진보는 민주라는 확정 명제는 성립하지 않는다. 그러나 역사적으로 보면, 보수는 현재의 계급 관계나 기존의 강제관계(빈부격차)를 현상 유지하기 위해 사회적 요구를 반대하기 때문에 비민주적 성향을 띨 수밖에 없다면, 진보는 현재의 계급 관계나 불평등 관계의 변화를 바라는 피지배계층의 요구에 부응하기 때문에 민주적 경향을 띤다. 그런데 약자에 대한 배려, 평화, 평등,

공정이라는 민주적 가치관과 동일 범주에 있는 진보가 독재로 비판 받는 현실은, 한국 진보의 위기이면서 동시에 한국 대통령 대의제의 위기라고 할 수 있다. 민주적이라는 진보가 독재 프레임에 갇히면, 이후 집권을 하는 보수 정당이 감당해야 할 민주주의의 모습은 혼란과 격정 그 자체이기 때문이다.

이렇게 한국의 진보가 독재라고 비판을 받는 이유는 무엇인가? 하나는 한국의 자칭 진보가 기득권, 보수화되어서 기존 사회의 계급 질서, 경제 불평등 구조를 사수하려고 하기 때문인 것도 있지만, 본질은 대통령 1인 및 소수 정치인(집권 여당의 당권파)에게 권력을 몰아주는 과두제식 대의제가 바로 독재 정치체제이기 때문이다. 수만 명에 대한 인사권과 거대 규모의 재정 권력을 대통령 1인이 독점하고, 입법권은 집권 여당의 소수 당권파가 독점하는 정치제도와 모든 유권자의 주권이 행사되는 민주주의와는 양립할 수 없다. 이것은 불 속에 얼음을 넣고 녹지 말라는 것과 같은 이치이다.

민주주의(민주정)의 유래는 고대 아테네 Demo(민중)+cratia(지배)에서 유래되었는데, 최종 결정권이 민회의 시민에게 존재했던 민중의 지배를 의미한다. 이것이 근대 시민혁명 이후 인민주권 사상으로 부활한 것이다. 존 로크J. Locke, 제이에스 밀J.S. Mill, 몽테스키외Montesquieu 등의 근대 자유주의 사상가들에 의해 권력분립 방식의 대의제가 조형되었지만, 그 속에는 인민이 권력을 행사하는 고대 아테네의 인민주권 사상은 승계되었다. 루소의 일반의지 사상의 영향을 받은 인민주권 사상은 프랑스 대혁명의 인권 선언에도 그대로 나타나 있다. 그러나 인민주권 사상을 경계한 미국 연방주의자에 의해 로마 귀족정을 모델화한 대표 선발 방식인 대의제가 탄생한 것이다. 이들은 미국의 대통령제를 만들면서, 민주주의(민주정)라는 개념을 거부했고 로마의 귀족정을 본 따 공화정이라고 불렀다. 창시자들도 인민에게 권력을 주는 민주정은 위험하다며 엘리트를 선발하는 Election(선거)을 통한 공화정(소수가 모여 공적 일을 논의함)을 설계했는데, 과두제인 공화정을 민주정인 것처럼 도용하는 지배자들의 정치적 기교에 생계형 학자들을 포함하여 진보, 좌파가 동조하면서 오늘에 이른 것이다.

대의제는 주권을 위임받은 소수 정치가가 임기 중 권력을 독점하는 과두정이다. 따라서 대의제는 정치 제도상 민주정이 아니다. 권력이 모든 시민에게 있는 것이 민주정이라면, 과두정은 소수의 정치 세력이 권력(자원 배분 및 인사권)을 독점하는 정치체제를 말하는 것으로, 최초로 정치체제의 모델을 개념화했던 플라톤의 국가론에서 말하는 타락한 귀족정이다. 흔히 말하는 근대 이후의 자유민주주의 정치체제인 대의제는 소수에게 권력이 독점된 귀족정 모델이라고 할 수 있다. 지금 민주적 정치체제라는 대의제(선거제, 다수결주의, 대표선출제)는 미국 건국의 아버지인 매디슨_{Madison}에 의해 설계될 때부터, 위험하다는 민주정은 배제한 상태에서 로마의 귀족정을 모델로 만들었다는 것은 역사적 사실이다. 이른바 자유주의 주류 학자들에 의해 수백 년간 과두정이 마치 민주정인 것처럼 곡해되고 있다.

현대 대의제가 과두제라는 주장은 자유주의 대의제를 비판했던 사회주의 권력에서도 똑같이 나타났다. 미헬스는 1911년 과두제의 철칙이라는 저서에서, 독일 사회민주당을 위시한 좌파 정당이나 무역 조합 등 민주적 운영을 지향하는 집단의 사례를 분석하며, 조직이 비대해질수록 오히려 소수자 지배가 강해지는 법칙을 대의민주주의에 적용하고, "조직이 있는 곳엔 과두제가 있다."라고 썼다. 더나아가 "역사적 진보는 과두제 출현을 방지하기 위한 모든 예방적 조치를 조롱한다."고까지 표현했다.

미헬스는 엘리트 지배를 소멸시키려는 대의민주주의의 공식적 목표는 성취 불가능하고, 대의민주주의란 특정 엘리트 집단의 지배를 정당화하는 외피이며 엘리트 지배(과두제)는 필연적이라 주장한다. 자유민주주의 체제하의 소수 정치엘리트는 필연적으로 시민의 주권행사를 배제하고 자신들만의 권력 리그나 게임에 몰입한다. 이것은 대의제를 간접민주주의라고 우길 수 있는 유일한 명분인 '시민참여'조차, 대의제에서는 구조적으로 봉쇄된다는 점에서 심각하다. 심지어는 선거민주주의라는 정당정치의 경우 자신이 주인임을 느끼는 유일한 순간인 선거 때조차도 시민은 관람객이나 우아한 노예로 전락한다.

특히 선거 정당정치에 있어, 정당의 권력(의석수)은 위임해 주는 주권자의 선호가 아닌, 자신들이 만든 선거제도에 의해 결정된다는 점이다. 대통령제에서 채택하는 단순 다수대표제(소선거구제)하에서는 그나마 있는 유권자의 선호조차 매우 제한적이며 반민주적이다. 마치 주관적 판단과 선택에 따라 후보자를 선택하는 것처럼 보이지만, 사실 유권자의 선호는 선거제도에 구속되고, 권력기관인 언론의 보수적 기사의 선택적 배치에 따라, 그리고 후보자들의 재력의 정도와 조직력에 따른 현란한 홍보전략에 따라 형성되기 때문이다. 이렇게 주권자의 외부 환경이나 정치구조가 절대적인 영향을 미치는 선거는 민주주의 꽃이 아니라, 민주주의를 왜곡하고 좀 먹는다고 할 수 있다. 사적 의사나 주장이 지배할 것 같은 사회적네트워크서비스sns에서도, 주류적 집합 의사는 기득권 언론이나 정치세력이 의도적으로 생산하는 선전이나 조작에 가장 많은 영향을 받는다. 우파 포퓰리즘이 바로 그 단적인 예이다.

이기우에 의하면 대의제도가 곧바로 민주적이라고 하는 것은 반드시 옳은 것이 아니다. 대의제도는 민주적일 수도 있고, 과두적 또는 귀족적일 수 있다면서 민주정은 대의기관의 결정이 국민의 의사와 합치되는 경우에만 성립한다. 그런데 대의기관이 국민의 의사(일반의지)와 합치되는 경우가 불가능하다는 점에서, 결국 대의제는 민주적이 아니다. 과거에는 귀족이 출생에 의해 만들어졌다면, 오늘날에는 선거에 의해 태어나고 임기 동안 한시적이라는 차이만 있을 뿐 본질적 차이는 없다. 따라서 선거제, 다수결주의, 대표선출제라는 정치 기제들은 이러한 과두정인 대의제를 옹호하고 논리적으로 체계화하기 위해 만들어진 대역민주주의에 불과하다. 더욱 심각한 것은 이러한 가짜 민주주의인 대역민주주의가 진짜 민주주의인 자치민주주의의 확산을 차단한다는 점이다.

따라서 이 책은 근대 시민혁명 이후 대의제의 철학적 근원을 탐구함으로써, 대의제가 권력의 주인인 시민을 배제하고 소수 정치인에 의한 과두정치로 귀결될 수밖에 없는 이유를 밝히려고 한다. 가짜 민주주의인 선거제, 다수결주의, 대표선출제인 대역민주주의를 극복하는 것은, 자치민주주의를 통해 가능하다는 것이 필자의 주장이다. 주권자의 권력 행사가 없으니, 대의제에는 시민의 영혼도 없고, 공동체의 미래도 없다. 그래서 참여와 주권 행위를 통한 인간의 자아실현과 공동체의 공공선은 개인주의와 적자생존에 맡겨졌다.

자치민주주의는 인간의 자아실현과 공동체의 공공선은 집합적 정치참여와 권력 행위를 통해 가능함을 보여준다. 이것은 인간의 정치참여와 주권행사가 단지 소수 권력자에 의한 정치시장에서의 선거행위로 대체될 수 없다는 것을 의미한다. 자치민주주의의 실현은 자본주의 대량소비시장의 천박한 소비자로서, 인간이 소유와 소비에 너무 집착한 나머지 자신과 세계에 무지해 정신적으로 퇴화하는 비극적인 존재로 살 것인지, 아니면 자아실현과 공동체의 공공선이 보장된, 인간 창의성의 발현을 무한대로 촉진하는 영구 진화의 길을 찾아서 갈 것인지의 문제이다.

인간의 능력은 단련되어 계발되며, 사상은 폭이 넓어지고 감정은 고상해지며 영혼은 고양되는 …… 지식 없고 사리에 어두운 한 동물에 불과하던 자신을 지적인 존재, 즉 한 인간으로 만들어 준 이 행복한 순간을 오래도록 축복해야만 되겠다는 ……
- 장자크 루소 사회계약론

마을 민회는 자치공동체를 향한 협동과 연대와 결합된다. 상호부조의 자치공동체의 민회는 인간이 자치적 정치 행위를 통해 스스로를 혁신시키고 고등 동물로 진화하는 생명력의 공간이다
- 크로포트킨

I. 서론

대의제는 근대 시민혁명 이후, 사회계약론의 원리에 따라 동의를 매개로 선출된 권력 간의 상호 견제와 균형으로 작동되는 공적 권력체계를 말한다. 자유주의자와 공화주의자에 의해 설계된 근대의 대의제는 현대에 이르러 확고한 민주적 정치체제로서 발전하였다. 이에 사람들은 권력분립에 의한 정당정치와 선거민주주의를 민주주의의 본질이요, 전부인 것처럼 잘못 인식하고 있다. 그러나 인민[1]의 동의를 명분으로, 인민주권을 간접적으로 실현한다는 대의제는 타인에 의해 주권이 대표될 수 있는지에 대한 근본적인 회의에 직면하고 있다. 주권이 타인에 의해 잘못 대표될 시 반민주주의적 경향을 표출하기 때문이다.[2] 그 결과 현대의 대의제 정당정치는 자유와 평등을 실현하는 민주주의적 공간이 아니라, 권력을 놓고 대결

---

[1] 여기서 인민(people)의 개념은 국가의 단순한 구성원으로서 국민이나 근대 시민혁명 이후 권력을 장악한 후, 국가에 자유와 권리를 요구하는 자유주의적 시민의 개념이 아닌, 지배와 피지배의 관계에서 자치적 권력 행위의 주체로서 유적 존재를 의미하는 학술적 개념이다. 영어 'people'과 같은 뿌리를 지니는 독일 바이마르 헌법의 'Volk'는 멀리 거슬러서 볼 때 시민공동체를 의미했던 옛 그리스어 '폴리스'(πόλις)에 어원을 두며, 고대 로마의 전체 주민을 호칭했던 '포풀루스'(populus)와 친화성을 지닌 말이다. 그러므로 그 의미 영역에는 정치공동체에 자발적으로 참여하면서 권력 행위 주체로서 권리와 의무가 들어 있다. 송호근. 2015.『나는 시민인가: 사회학자 송호근, 시민의 길을 묻다』. 문학동네; 박근갑. 2009. "유럽 시민과 시민사회."『지식의 지평』2.0. 3에서 참조.

[2] 근대 시민혁명의 사상적 지주였던 장자크 루소에 의하면 "주권은 양도될 수 없다는 것과 같은 이유에서 대변될 수 없다. 그것은 본질적으로 전체의사로써 성립된 것으로 대변될 수 없는 것이다. 그것은 그 자체이거나 다른 것일 수밖에 없다." 루소 저. 정하영 역. 2005: 210.

하는 정치 엘리트들 간의 게임장으로 전락하고 말았다. 필연적으로 발생하는 파당성으로 인해, 정당정치는 사회적 지위와 경제적 자원을 독점하려는 기득권 정치 세력들 간의 전쟁터가 되었다. 민주적 자치공동체에 대한 참여를 통해 자아실현과 공공선을 이루어야 할 인민은, 거대한 자본주의 상품시장에서 편의와 향락만을 좇는 수동적 소비자로 전락하였다(Macpherson 1992: 65).

본고의 목적은 자치민주주의를 인민이 직접 정치의 주체가 되는 자기 입법, 자기 복종의 개념으로 규정하고, 역사적 이론과 사례에 대한 분석을 통해 현재 위기에 처한 대의제 한계의 극복 방안을 모색하기 위한 것이다. 자치민주주의에 대한 일반적 이론과 사례에 대한 탐구를 통해 자치민주주의 고유의 이념인 '인민의 자치력'이라는 개념을 설정할 수 있었다. 필자는 자치민주주의에 대한 보편적 이념을 토대로 하여, 한국의 특수한 자치민주주의에 대한 분석을 시도하였다. 한국형 자치민주주의에 대한 유형과 실천의 사례로는, 자치민주주의의 보편성과 한국적 특수성을 함께 보유한 경기 중부-군포지역을 선택하였다.

유럽의 고대 아테네와 중세 시대의 촌락공동체, 길드, 자치도시에서 유래한 자치분권의 역사는 자연 발생적이었다. 특히 중세 유럽은 영주적 분권체제였다는 점에서, 중앙 권력에서 벗어난 지역에는 자율적인 공동체의 자치가 존재했다. 정기적인 촌락 회의가 지방자치 발전의 토대가 된, 스웨덴의 경우 1700년대부터 교회가 있는 마을을 단위로 자치 구역이 생겼다. 마을을 단위로 하여 만들어진 자치제 형태의 행정 시스템이 오늘날 기초 자치 단위인 스웨덴

교구the parishes의 전신이 되었다. 독일의 게르만 시대에도 마을공동체나 촌락공동체 등의 형태는 존재하고 있었다. 당시 촌락공동체는 자신들의 민회나 법정 그리고 독립적인 경영권을 가지고 있었고, 자치적인 공동생산과 분배의 규범이 작동하고 있었다(크로포트킨 2009: 270). 자치행정의 용어는 대체로 19세기에 들어와서 일반적인 용어가 되었지만, 자치행정의 전형은 이미 고대 로마의 역사가인 타키투스Tacitus의 게르마니아Germania에 언급된 자유인의 조합으로서 'civitates'에서 찾고 있다. 중세에 들어오면서 자치는 특권의 범위를 넘어 점차 한자동맹[3])이 가지는 것과 같은 포괄적 자치로 발전하였다(정남철 2018: 37, 홍세영·박현숙 2018: 31 참조).

이러한 유럽과 달리, 오랜 중앙집권적 전통을 가진 한국에서는 분권과 자치의 개념은 권력으로부터 억압의 대상이었다. 더구나 일제 식민 지배 36년 동안 지역의 자치조직은 말살된 상태에서, 해방 이후 파시즘적 국가권력으로 말미암아 지역의 다양성과 자치에 대한 의도적인 봉쇄는 계속되었다. 이러한 오랜 중앙집권화 관습의 영향으로, 민주화 이후에 민주 정부가 추진하는 지방자치나 주민자치에 '대역 자치'[4])의 현상이 발생한다. 이러한 중앙집중적인 한국

---

3) 중세 북유럽의 상업권을 지배한 북부 독일 도시들과 외국에 있는 독일 상업 집단이 상호 교역의 이익을 지키기 위하여 창설한 조직이다. '한자'(Hansa)란 원래 유럽 여러 나라에서의 도시 상인들의 조합을 말하였으며, 이러한 한자가 12, 13세기경 많이 존재하였다. 14세기 중엽 한자동맹에 가입한 도시의 수는 70~80개에 이르렀고, 런던, 브리지, 베르겐, 노브고로트 등에 상관을 설치하여 16세기 초엽에 이르기까지 북방 무역을 독점하였다. 자체 방어를 위하여 해군을 소유하였으며, 자체의 법과 법정을 가지고 도시를 자치적으로 운영하였다.

4) 폴 우드러프는 최초의 민주주의(First Democracy)에서 현대 대의제의 선거, 다수결주의, 대표 선출제를 대역민주주의라고 규정한다. 사람들은 대역민주주의를 민주주의라고 생각하지만, 사실은 진짜 민주주의가 아닌 대역에 불과하다는 것이다. 그러면서 그는 고대 아테네 민주주의의 가치와 정신을 존중하고 계승해야 한다면서 투표로 대표자를 선출하는 것이 아닌, 누구에게나 정치적 평등권이 주어지는 추첨제 방식에 의해 시민이 직접 참여하고 결정하는 자치 방식을 주장한다. 마찬가지로, 한국의 민주화 이후 행정이 주도하는 주민자치에는 자발적인 주민의 참여에 의한 자치활동 대신, 기획된 행정만이 존재하면서 참여적 기획 행정이 마치 주민자치인 것처럼 왜곡되고 있다. 폴 우드러프 2009: 34 참조.

의 문화는 전통적 민주화운동이[5] 지역의 주민자치와 분리되는 구조적 원인이 된다. 따라서 이러한 중앙집권적 전통의 영향을 받은 지역의 자치 운동도 전통적 민주화운동과 분리된 채, 내부의 협동과 자치적 활동을 통한 자조적 공동체 운동의 성격을 띠게 된 것이다.

이와는 달리, 경기 중부-군포지역은 한국의 전통적 민주화운동과 주민자치 운동의 결합을 보여준다. 한국에서는 해방 이후 반공을 지배 이데올로기dominant ideology로 삼은 군사정권이 통치하면서, 보통선거권의 획득과 자유로운 정당정치가 마치 민주주의의 전부인 것처럼 인식되었다. 1987년 6월 항쟁 이후 보통선거권과 정당정치의 자유가 회복되면서, 이제 사람들은 민주화운동을 계승한 정당이 선거에서 이기는 것을 통해 민주주의가 완성된다고 생각했다. 그러나 정권교체에도 불구하고, 의회에서의 정치개혁이 민주주의적 과제로 설정되면서, 전통적 민주화운동이 주도해야 할 민주화 이후의 민주주의에 대한 담론과 이념의 범위는 제한적일 수밖에 없었다. 이러한 상황에서 민주화운동과 분리된 주민자치는 자치단체의 단체장이 추진하는 개혁적 행정 행위에 머물렀다.

이러한 한국 사회의 현실은 전통적 민주화 세력이 지역의 주민자치나 풀뿌리 자치운동과 분리되고 단절되는 원인의 하나로 작용한다. 그러나 경기 중부-군포지역의 경우는 이 두 개의 영역이 각자 고유한 역할을 하면서도, 시민사회의 범위 안에서 상호 보완과 협동 체제를 구축한다. 전통적 민주화운동 세력은 고유사업 추진과 제도권과의 협치를 통해 지역 차원에서 민주화 정신의 대중화를 시

---

5) 여기서 전통적 민주화운동은 노동, 통일, 민주화운동 세 가지 모두를 의미한다. 본고에서는 전통적 민주화운동을 군사정권 시절의 노동운동과 통일운동, 민주화운동 모두가 하나의 사회 변혁적인 진보적 민중운동이었다는 의미로 사용하였다.

도하면서도, 동시에 주민자치 운동과의 네트워크를 통해 주민자치 사업의 활성화를 촉진한다. 반면, 중간지원조직과 연계된 주민자치 조직은 주민의 자치력을 높일 수 있는 콘텐츠와 제도적 틀을 만드는 동시에, 전통적 민주화운동과의 네트워크를 통해 민주주의의 철학 및 기본 원리와 조우한다. 따라서 전통적 민주화운동과 주민자치 운동이 결합한 이곳의 구체적 사례를 통해, 필자는 국내외의 사례와 유사하면서도 구별되는 한국적 자치민주주의만이 갖는 특질을 밝히고자 한다.

본고에서 자치민주주의에 대한 이론과 사례를 고찰하는 이유는, 대역민주주의인 투표, 다수결주의, 대표 선출제를 기제로 작동하는 대의제 정치체제를 보완하고 극복하기 위한 것이다(폴 우드러프 2009: 34-35). 일반적으로 지역적 범주의 문제로 논의되는 자치민주주의와 달리, 대의제는 국가 단위 범주의 대표적 정치체제로서 인식되고 있다. 시민혁명 이후 양도되거나 대표될 수 없다는 루소의 일반의지는, 위임되어 대표될 수 있다는 대의제의 정당정치로 정착되었다. 일반의지인 주권을 대표할 수 있다는 주장은, 선거를 통해 주권을 대표하면서 공익에 헌신적이고 능력이 탁월한 정치가가 선출될 수 있다는 논리에 근거한다. 미연방의 공화주의를 체계화한 매디슨$_{Madison}$[6]은 선출된 대표자를 통하여 인민주권의 정신을 실현할 수 있다는 논리를 내세웠고, 제2차 세계대전 이후 미국 자

---

6) 제임스 매디슨(Madison, J.)은 미국 건국 시조의 한 사람으로 '헌법 제정 회의'에 참석해 연방 헌법의 입안과 비준에 영향력을 행사한다. 그는 선거를 통해 탁월하고 이타적인 권력자가 선출된다는 논리를 내세우면서, 중우정치에 빠질 우려가 있다며 인민의 직접 정치, 자치분권을 비난한다. 그는 공화주의 원칙을 사용함으로써 소수파별을 통제할 수 있다고 주장하고, '공화주의 원칙'을 다수결 원칙과 동일시하면서 참여와 자치의 공화주의의 원리를 선거의 정당정치로 치환했다.

본주의가 세계 경제의 패권을 장악하자, 자연스럽게 정치적 담론을 장악한 미국식 선거체제와 정당정치는 참여와 자치라는 민주주의의 본질을 왜곡하게 된다(피시킨 2009: 135 참조).

그러나 민주주의가 내세운 본질적 이상과 멀어지면서, 현대 대의제는 민주주의 위기의 주범으로 등장하고 있다. 근대 최초의 자유민주주의는 개인을 봉건적 신분 질서의 억압으로부터 해방하고 자유와 평등·정의라는 진보적 가치를 표출했다. 그러나 권력분립, 법치주의, 언론의 자유에 기초한 정당정치를 발전시킨 대의제는 그것이 가진 결함으로 인해 본래 민주주의의 원리에서 이탈했다는 반론에 직면하고 있다. 필자는 대의제에는 없지만, 인류적 발전과 진화를 위한 자치민주주의만이 가진 고유한 이념과 가치를 발견할 수 있다면, 대의제가 극복되어야 할 이유는 분명하다고 판단하였다. 따라서 자기 입법적이며 자기 결정적인 다양한 자치적 정치제도의 이념과 역사를 통해, 필자는 자치민주주의의 인류적 정신과 철학을 찾으려고 하였다. 그리고 이로부터 추출된 개념을 토대로, 자치민주주의의 개념과 범위도 설정할 것이다.

본고에서는 자치민주주의에서 말하는 인민의 직접 지배의 개념을 '인민의 자치력'으로 설정하였다. 따라서 '인민의 자치력'의 개념은 민주주의의 이상적 내용과 다양한 유형의 자치민주주의가 갖는 특징으로부터 추출되었다. 필자는 이것을 통해 대의제의 결함을 극복하고 인민을 권력 행위의 주체로 세우는 자치민주주의의 원형을 찾으려 하였다. 이에 '인민의 자치력'[7]의 개념은 인민주권이 최

---

7) '인민의 자치력'은 시민의 권한과 능력의 향상을 통해 시민주권의 힘을 강화시키는 empowerment 나 Arnstein의 시민참여사다리 마지막 8단계인 Citizen Control(시민 통제)의 개념으로서 계획, 정책 결정 그리고 정책의 실행과 관리의 모든 것에 시민이 직접 통제권을 가지는 것과 국내의 유창복 등 주민자치 연구자들의 시민력의 개념을 참고하였다. 논문에서는 달(Dahl)의 association(결사

대로 발현될 수 있는 것으로, 로버트 달Dahl, R.이 언급한 정치적 평등으로서 이상적 민주주의의 기준과 역사상 자치민주주의 유형들에서 나타나는 기준들을 함께 배합하여 추출하였다. '인민의 자치력'의 범주에서는 형식적 차원에서는 '인민의 참여 정도', '계발된 숙의의 정도'로 나누었고, 내용적 차원에서는 '인민의 입법권 소유 여부', '공공선의 실현의 정도'로 구분하였다. 이 네 가지 개념의 기준을 통해 여러 유형의 자치민주주의 상호 간은 물론, 대의제로 나타나는 자유주의 공화정과의 비교를 통해, 현실 정치에서 자치민주주의가 갖는 특질에 대한 구체적 탐구를 시도하였다.

결국, 필자는 자치민주주의에 내재한 고유한 인류적 이념에 대한 추적과 그 속에서 발양하면서 대의제를 극복하는 '인민의 자치력'을 추출할 것이다. 그리고 경기 중부–군포지역의 사례는 이러한 이념과 자치력의 일반성에 기초하면서도, 민주화의 전통을 계승한 한국의 특수한 자치민주주의의 유형에 대한 고찰이다. 자치민주주의의 이념과 실천은 시기에 따라 혹은 나라별로 특징을 가지며 다양한 유형으로 나타난다. 이것은 위기에 처한 대의제의 공세에도 좌절하지 않고, 인류는 스스로를 진화시키기 위한 자치적 정치체제를 역동적으로 창조해 왔다는 것을 의미한다. 이러한 현상은 한국적 상황도 예외는 아니다. 따라서 한국형 자치민주주의의 모습은 변혁을 지향하는 전통적 민중운동, 촛불집회와 같은 광장 민주주의, 시민단체의 사회운동, 풀뿌리 주민자치 운동, 협동조합 등 생활공동체 운동 등이 서로 교차하고 병행하는 특수한 한국의 역사적 상황에 기초해야 한다.

___

체)에서의 요구되는 이상적 민주주의 기준과 역사상 자치민주주의에 나타나는 자치의 개념을 종합해서 하나의 준거틀로 설정하였다.

자치민주주의에 대한 사례는 외국 것과 국내 것을 함께 살펴보았다.

① 외국 사례

대의제 이론가들이 불가능하다고 주장한 집회 민주주의가 스위스에서는 빈번히 진행된다. 또한, 일정 수의 서명으로 법률안을 발의하는 국민발안제와 국회를 통과한 법률안이라도 재승인 여부를 국민투표로 물을 수 있다. 스위스의 사례를 통해, 대의제 의회와 독립하여 별도로 작동하는 주민총회(란츠게마인데)가 가지는 권한의 범위와 내용을 분석하는 것은 인민 자치권의 수준과 질을 파악하기 위한 것이다. 브라질의 주민참여예산제에서는 주민이 총회와 평의회 구조를 통해 집행되는 예산의 우선순위를 정한다. 여기서는 주민총회와 대의원(평의원)제도를 병행함으로써, 집합식 토론과 숙의를 결합하였다. 따라서 1년 동안 집합적 토론과 전문적 숙의가 진행되는 절차와 방식, 그리고 그 결과로 나타나는 자치의 실행력을 분석하게 된다.

캐나다 브리티시컬럼비아주의 시민의원은 모든 시민을 대상으로 한 무작위추첨 방식으로 선정된다. 따라서 시민의회는 피시킨이 말하는 소우주에 해당한다. 시민의원은 자체 학습과 공청회를 통해 정제되고 사려 깊은 대표자로 성장한다. 그러나 숙의로 선정된 안이 최종적으로 주민투표를 통해 결정된다는 점에서, 이곳의 시민의회는 다양한 자치민주주의의 콘텐츠를 종합적으로 분석할 수 있는 사례가 된다. 일본의 가나가와현의 지역 정당운동은 결사체 네트워크라고 할 수 있다. 결사체들의 네트워크 활동이 곧 지역정당 활동이다. 따라서 결사체들의 네트워크를 통한 지역정당 활동은 정치활동이면서 시민사회의 활동이다. 이 사례는 시의회에서의 정치적 행위와 네트워크 시민운동과의 연관성 및 차별성에 대해 분석하기 좋은 경우이다. 미국 포틀랜드시의 NA(Neighborhood Association)는 지역 운동을 통해 자생적으로 형성된 70여 개의 자치적 결사체다. NA들은 연대를 통해 시와의 협치체계를 구축한다. 따라서 여기서는 자치적 결사체 태동으로부터 시작하여 자치조직으로서 강력한 위상을 확보해 나가는 주민자치력과 거버넌스의 통합적 과정을 분석하게 될 것이다.

5개의 외국의 사례는 주권자인 주민이 다양한 방식을 통해 자기입법과 자기 결정의 절차와 방식을 보여준다. 이러한 자치민주주의의 다양한 방식의 각 절차에서 차지하는 역할과 의미를 탐구하는 것은, 지역과 나라마다 특색 있게 발전하는 다양한 자치민주주의에 대한 유형을 분석하기 위한 것이다.

- ○ 스위스
  코뮌의 민회(란츠게마인데)와 표결민주주의(국민투표, 국민발안) 결합 사례
- ○ 브라질 포르투 알레그리시
  주민참여예산제: 참여, 숙의, 직접민주주의 결합 사례
- ○ 캐나다 브리티시컬럼비아주의 시민의회
  숙의민주주의와 직접민주주의 결합 사례
- ○ 일본 가나가와현 네트워크
  지역 정당운동
- ○ 미국 포틀랜드 NA(근린자치조직)
  주민자치조직에 기반한 민관협치 사례

② 국내 사례

국내 사례로는 서울 마포구의 성미산마을, 충남 홍성군의 홍동마을, 강원도 원주협동조합 공동체를 고찰하였다. 성미산은 공동 육아에서 시작되어, 생협을 통해 확산한 생활공동체가 자본과 권력 위주의 성미산 개발 반대 투쟁에서 승리하면서 자치공동체로 발전한 사례에 해당한다. 정치적인 집합적 구조의 형성에는 관심은 없었지만, 이곳은 자치적인 삶 공동체를 통한 시민의 자치성과 민주성을 탐색할 수 있는 사례로 선택했다.

홍동마을은 농촌 지역의 자립적 소득증가를 목적으로 출발한 생산자 생활협동조합 운동이 자연스럽게 공동체적 삶의 형태로 발전된 경제·생활공동체 유형에 해당한다. 지금은 지자체의 주민자치 행정과 자치적인 경제·생활공동체의 접맥이라는 새로운 실험을 하고 있다. 최근에 행정과 주민조직의 협치적 역할에 대한 중간지원 조직의 위상과 역할에 대한 비판적 고찰[8])에서 보듯, 이 마을은 현재 한국의 자치민주주의에 있어 협치와 자치의 현실적 수준을 이해하는 데 좋은 사례가 된다.

일제 강점기부터 역사를 가지는 원주의 협동조합 사례는 군사 파시즘 체제에서도 민주화 세력을 통해 협동조합 운동이 진척된 경우이다. 일명 원주그룹에 의해 대안 운동으로 진행된 협동조합운동이 지역 사회적경제 거버넌스로 발전된 사례에 해당한다.

---

8) 진필수는 "협치의 이상과 자치의 딜레마: 홍성통의 지역 거버넌스 분석"에서 관 주도의 협치가 주민자치를 직접 생성시킨 예는 거의 없다면서 자치적 공동체의 시민 주체 형성에 있어 적극적 촉진자로서 중간지원조직의 역할을 강조한다.

세 유형은 중앙집권적인 한국의 정치문화에서 독립한 지역 차원의 자율적 공동체의 유형을 보였다면, 이와는 또 다른 양태를 보이고 발전하고 있는 경기 중부-군포지역 사례와의 비교를 통해 한국적 자치민주주의의 특질과 모습을 탐색할 수 있다.

③ 한국형 자치민주주의 사례: 경기 중부-군포지역의 이원적 상호 통합형 사례

이 지역은 한국의 전통적 민주화운동과 주민자치 운동이 독자적 고유 사업[9])을 하면서도, 네트워크를 통해 상호 유기적인 지원과 협동이 진행되는 사례이다. 일반적으로 한국의 민주화 이후 민주주의에 대한 담론과 관련하여, 민주화와 주민자치와의 긴밀한 연계성에 대한 논의가 부재하다는 점에서, 이 지역은 국내 사례 중 한국의 역사적 특성을 나타내는 사례로 분석하였다. 특히 협동조합 운동에서 시작하면서 지역 차원의 사회적 연대 경제라는 네트워크로 발전하는 한국의 일반적인 사례와 달리, 이 지역은 전통적 민주화운동과 주민자치 운동(사회연대 경제 포함)이 함께 발전하는 경우이다. 각자 고유의 지위를 갖고 역할을 하면서도 상호 통합적 네트워크를 추구한다는 점에서, 시민사회를 중심으로 한 지역 거버넌스 자치민주주의의 형성 사례로서 탐구하였다.

---

9) 이 지역에서는 민주화 이후의 전통적 민주화 세력은 민중운동의 고유의 사업인 노동, 통일, 민주화운동을 지속해서 전개하면서도 민관협치, 주민자치 영역에서 독자적으로 움직이고 있는 주민자치 운동과의 통합적 네트워크를 통해 상호 시너지 효과를 내면서 인민의 자치력 고양을 통해 시민사회의 영역을 강화 확장을 추구한다.

1. 선행 연구

필자는 본고의 연구 범위를 인민의 집합식 참여를 통한 자기 통치를 의미하는 공동체형 자치민주주의와 대의제 민주주의에 개입과 참여를 통한 참여형 자치민주주의로 설정되었다.

공동체형 자치민주주의로는 고대 아테네의 직접민주주의, 근대 시민혁명 후에 나타난 토크빌의 자유주의적 자치와 마르크스의 인민자치 유형인 '자유스러운 개인들의 연합'(자개연)을 분석하였다. 동시에 위 두 경향 모두를 비판하며 국가권력으로부터 해방된 자치를 주장한 아나키즘적 자치를 탐색하였다. 여기에는 지역적 자치 형태로 크로포트킨의 아나키즘과 연관된 촌락공동체, 길드, 자치도시와 노동의 자치 형태인 오웬Owen의 협동조합 이론이 포함된다.

참여형 자치민주주의는 전국 단위에서는 대의제 정치체제와 공존하면서도, 지역 단위에서 참여와 숙의적 기제가 작동되는 주요 이론들이다. 대표적으로 참여민주주의와 숙의민주주의를 들 수 있다. 본고에서는 마르크스주의의 계급혁명은 부정하지만, 자본주의 경제적 불평등의 극복을 위해 참여를 강조하는 참여민주주의와 소우주 속의 사려 깊은 시민을 부각하는 숙의민주주의를 중심으로 검토하였다. 또한, 대의제와의 관계에 연연하지 않고, 인민의 자치와 공동체의 의미를 민주주의의 중요 기제로 다룬, 바버Barber, 사워드Saward, 카우프만Kaufman 등이 주장하는 일군의 참여-공동체 자치이론에 대해서도 추가로 검토하였다.

1) 공동체형 자치민주주의

생활공동체의 집합식 자치와 관련 연구로는 고대 아테네의 직접 민주주의를 가장 먼저 꼽을 수 있다. 민주주의democratia라는 용어는 역사적으로 당시 문헌에서 처음 등장한다. 당시의 문헌에는 민주정과 참주정 간의 끊임없는 계급적 대립이 나타난다. 그만큼 민주주의(민주정)는 최초부터 부자와 가난한 자 간의 계급적 투쟁의 소산이라는 것을 말한다. 고대 세계에서 민주주의는 하나의 맹렬한 도전이었으며, 그에 대한 논쟁들은 민주주의 이념들을 더욱 분명하게 했다(폴 우드러프 2009: 30). 따라서 근대 시민혁명 시기 사상가들에게 고대 민주주의는 신분제를 타파하고 자유로운 시민사회의 모형으로 관심의 대상이 되었다. 봉건 시대의 신분제를 혁파해야 할 필요성을 느낀 사람들은 고대 아테네 민주주의를 사회계약적 관점에서 해석하기 시작하였다.

홉스Hobbes, Thomas(1651), 로크Locke, John(1690), 루소Rousseau, Jean Jacques (1762)의 사회계약론은 조금씩 다르지만, 그들은 자연 상태에서 벗어난 사회 상태를 인간의 자유와 자치의 영역으로 보았다. 사회 상태에서 이성적 인간인 시민은 주권자로 출현한다. 특히 루소에게 고대의 공화정은 인간과 공동체가 최고의 선을 실현하는 공적 영역이다. 정치공론장인 민회는 시민권을 가진 모든 시민이 토론과 결정을 통해 공공선을 추구하는 민주주의 학교이다. 인간은 집합적 공론장에서의 자치를 통해 지적이고 탁월한 새로운 존재로 탄생한다.

> 인간의 능력은 단련되어 계발되며, 사상은 폭이 넓어지고 감정은 고상해지며 영혼은 고양되는... 지식 없고 사리에 어두운 한 동물

에 불과하던 자신을 지적인 존재, 즉 한 인간으로 만들어준 이 행복한 순간을 오래도록 축복해야만 되겠다는...(루소 2005. 사회계약론 61)

　당시 집합식 직접민주주의에 관한 연구는, 루소에 이어 시에예스 Emmanuel Sieyes(1814)[10])에 의해 정립되었다. 시에예스의 사상도 루소와 같이 인간에 대한 인간의 지배를 해체하고 집단적 주권을 통해 개인적인 자결을 달성하는 것이었다(Enzmann 2009: 45; 이기우 2016: 80 재인용). 루소의 자치가 주권자 전체의 일반의지를 통해 공공선을 통해 표출된다면, 시에예스는 대표자를 통해 루소의 일반의지를 보완하려고 하였고, 의회는 대표자에 의해 일반의사가 구체화하는 장소이다(이기우 2016: 83). 그의 대의제 사상은 1791년 프랑스 헌법에서 선거를 통한 의회주의로 표현되었다. 그곳에는 인민의 동의는 존재하나 인민의 자치는 존재하지 않았다. 인민주권이 위임주권으로 변한 것이다. 인민이 직접 참여하여 결정하는 인민자치가 사라진 상황에서, 민주주의가 마치 권력 위임에 따른 대표자민주주의인 것처럼 인식되기 시작했다. 이에 반해, 콩도르세Marquis de Condorcet는 국민 또는 의회 어느 하나를 절대시하는 것을 배척하였다. 그는 민주적 일반의사는 시간을 두고 여러 장소에서 시민과 그 대표자 간의 공개적인 토론을 통해 형성된다고 보았다(Schults 2015; 이기우 2016: 83 재인용). 결국 루소, 시에예스, 콩도르세에

---

10) 1789년 5월 삼부회(三部會) 제3신분의 대표로 선출되었으며, 후에 국민의회의 중심인물로 크게 활약하였고 또한 이론가로서 프랑스 혁명을 지도하였다. 입법의회 시절에는 한때 정계에서 물러났으나, 1792년 국민공회에 다시 진출, 1794년 7월 이후 총재 정부에서 표면상에 나타나 외교정치 활동에 힘써 나폴레옹 치하에서 원로원 의원과 귀족이 되었다. 1814년 헌법을 기초하고 인권선언 초안(시에예스 초안)도 제출하였으나, 1815년 루이 18세의 왕정복고가 이루어지자 국왕 처형에 찬성한 죄목으로 추방되어, 네덜란드로 망명, 1830년 7월 혁명 이후 귀국하였다. 만년에는 아카데미 회원으로서 저술에 전념하였는데, 그의 사상은 인권선언 및 혁명 후의 헌법 제도 확립에 큰 영향을 끼쳤다.

게 있어 인민주권의 실현 방법에 대한 차이는, 시민의 자치권을 어느 정도 인정하느냐의 문제와 연결된다.

　이것은 근대 시민혁명의 정신인 자유, 평등, 박애에 기초해 민주주의의 정치체제에 대한 구상이 싹텄다고 할 수 있지만, 그러한 민주주의에 인민이 권력의 주체가 되는 것에 대한 고민은 부재했다. 자유의 개념이 개인을 억압한 봉건 왕정을 무너뜨리는 이데올로기로서 긍정적 역할을 한 것은 맞지만, 개인에 대한 해방의 귀착지는 추상적이고 제한적이었다. 그 이유는 당시의 자유를 향유하는 대상이 부르주아지에 한정되어 있었다는 점과 자유의 향유를 가능하도록 하는 자치가 빠졌기 때문이다. 자치의 배제는 해방된 민중의 정치참여를 원천적으로 차단하는 선출 대표제 방식의 정치체제에 대한 정교한 고안으로 나타났다. 시민혁명이 완성되어, 구체제 지배자들이 사라지자, 혁명을 수행한 지식 엘리트들은 시민혁명의 가치와 정신을 담으면서도 자신들이 그 자리를 대신할 수 있는 정교한 정치체제를 고안하였다. 선거를 통해 경쟁하는 정치 엘리트 중에서 선출한 사람에게 주권을 한시적으로 위임하는 대의제는 이들이 설계한 최초의 민주주의 정치체제였다.

　원래 주권을 발견한 것도, 그것의 타인에게로 위임의 정당성을 발견한 것도 사회계약론자였다. 그들은 동의의 개념을 발견함으로써 사회계약론에서 주권이 계약을 통해 타인에게 위임될 수 있는 철학적 근거를 마련했다. 그러나 이들이 발견한 동의의 개념에는 일반의지인 주권을 민법 상의 사적 재산권이나 권리와 동일시한 오류가 있다. 유식한 혁명가들은 어려운 철학적 개념이 마치 법적 개념인 것처럼 사용하면서 무지한 민중을 현혹했다. 그들은 선거가 주권위임의 사회적 계약 행위인 것처럼 말했지만, 그러나 인간의 절대권인 주권이 위임될 수 없다는 점은 숨겼다. 더구나 선거에 참여하지 않는 주권자에 대해서는 주권에 관한 사회적 계약 자체가 성립하지 않는다는 점에서 대의제에 관한 법리적 논리의 허술함도 속였다. 따라서 시민혁명 이후 사회계약론자나 밀J. S. Mill, 몽테스키외 등이 정교하게 설계한 대의제 정치체제에는 민주주의의 본질적 요소인 '자치'의 부재와 인민주권의 관계에 대한 철학적 논리가 빈약하다.

루소에게 있어 민회의 공론장은 인간의 자유와 자치가 숨 쉬는 공간이다. 따라서 공론장에서 인간은 자치와 협동을 통해 정신적 진화가 진행된다. 직접 지배의 정치를 통해 공동체는 갈등을 해소하고 최고의 공공선인 일반의지를 획득해 나간다. 루소의 집합적 일반의지 사상은 직접민주주의에 대한 찬반으로 나타나는 결과를 초래한다. 이것은 정치사상사에서 어리석은 인민에게 권력을 운용할 능력이 존재하는가에 대한 문제로 제기된다. 따라서 근대 시민혁명 이후 루소가 주장한 광장정치와 관련한 집합식 자치공동체에 관한 해석은 다양한 논점과 정치·철학적 차이를 가지고 나타난다. 루소의 주권론에 의한 일반의지의 개념은 그를 직접민주주의자로 해석하게 만들면서 자치민주주의에 대한 표상으로 자리 잡게 한다.

그러나 광장에서 자치를 통한 의사결정 방식을 민주적 정치체제로 설계하지 못함으로써, 그가 대의주의자라는 해석을 가능하게 하는 혼선을 남겼다. 이러한 경향은 사회계약론Social Contract이라는 저서에서도 그대로 나온다. 그는 주권이 양도될 수 없다고 주장하면서도 국회의 입법위원회에서의 전문적 입법 과정은 찬양한다. 이렇듯 근대 시민혁명 시기의 계몽주의자나 정치사상가들의 자치 개념에는, 인민 대중을 권력의 행위자로서 세우지 못하는 한계를 드러낸다. 이러한 한계는 이후 사회주의자들에 의한 공격의 대상이 되었다.

혁명의 세기인 1800년대에 집합식 자치공동체 관련 연구는, 저명한 두 사람에게서 공통으로 나타나지만, 철학적 관점과 대안은 상이하다. 미국 뉴잉글랜드 지역의 타운십 제도를 칭송한 토크빌Tocqueville(1835)이 자유주의적 자치라면, 계급혁명을 주창한 칼 마르크스Marx K.(1871)의 자치는 인민 권력에 의한 사회주의적 자치이다. 토크빌은 『미국 민주주의Democracy in America』에서 시민혁명 이후에도 국가권력이 위세를 떨치고 계급적 대립이 심화하는 유럽과 달리, 자치와 공동체가 활발한 미국 뉴잉글랜드 지역의 타운십 제도를 칭송한다. 그에게 이곳 타운십의 자치제도는, 시민주권이 실현되는 민주주의에 대한 새로운 영감을 제공해 주었다. 그에게 공적 영역은 중앙 권력인 국가의 간섭이 예상되는 영역이었다. 국가는 민주주의의 혁명의 와중에 모든 갈등의 중심이었다(Held 2005: 169). 국가는 자치를 위협하는 위계적인 중앙 권력의 상징이면서 계급 갈등을 부추기는 악마였다. 그의 민주주의적 자치는 중앙 권력과 지방 권력 간의 긴장 관계 속에서 고민될 수밖에 없었다. 그래서 토크빌은 시민의 공동체적 자치성은 부각했지만, 자치공동체의 공적 공간에서 정치·경제적 공정함을 실현해 나가는 법적·제도적 장치와 절차에 관한 연구에는 한계를 보였다.

반면, 마르크스주의의 자치에서 보면, 밀J. S. Mill의 영향을 받은 토크빌의 자유주의적 자치는 나이브하다. 마르크스주의자들에게 계급투쟁이 활발한 유럽에서 계급적 문제를 해결하지 않은 자치공동체는 존재하지 않았다. 그들에게 미국과 유럽은 완전히 다른 조건의 사회였다. 사회주의자에게 자치는 계급투쟁을 통해 새로운 사회를 건설한 후에야 가능한 것이었다. 새로운 사회인 '자유로운 개인들의 연합'(자개연)이라는 최고의 공산주의 단계에 돌입하면, 유적존재로서 인류의 자치적 행위는 고도의 수준에 달한다. 공동노동, 공동생산, 공동분배가 관료적 시스템에 의해 결정되는 것이 아니라, 고도로 진화된 인간의 자율적인 협동과 연대를 통해 진행된다. 따라서 자개연의 자치는 일인은 만인을 위하고, 만인은 일인을 위하는 이상적인 공산주의적 자치를 말한다.

그러나 마르크스의 자개연은 실현될 수 없는 모순에 빠진다. 해방된 공동체의 자치를 위해 현재의 자치를 유보해야 한다는 자치의 역설에 직면하기 때문이다. 국가권력이 추동하는 사회주의 체제는 인민의 자치정치가 아니라 자유주의 국가와 유사한 대표제였기 때문이다. 사회주의가 자개연으로 돌입하기 전에, 자치와 공동체는 관료화된 공산당의 중앙 권력에 의해 차단되어 버리는 것이다.

아나키즘은 몰계급적 자유주의적 자치와 중앙 권력에 의해 사라진 사회주의적 자치 모두를 비판한다. 국가권력과 자본으로부터 해방을 주장한 아나키즘의 대표적 연구로는 관례적으로 윌리엄 고드윈 William Godwin(1756-1836), 피에르 조제프 프루동Pierre-Joseph Proudhon(1809-1865), 미하일 바쿠닌Mikhail Bakunin(1814-1876), 표트르 크로포트킨 Pyotr Kropotkin(1842-1921) 등 네 명의 사상가와 저술가를 중심으로 설명된다(콜린 워드 2019: 13). 아나키즘 사상은 1793년 윌리엄 고드윈William Godwin(1756-1836)이 출간한 『정치적 정의에 관한 논구Enquiry concerning Political Justice』에서 처음 등장한다. 이 책에서 고드윈은 타락한 정치야말로 인류의 가장 무서운 적이고 정치가 정의를 실현하기 는커녕 불평등과 폭력을 낳은 주범이라고 주장한다(하승우 2008: 36). 그에게 서구 근대 혁명의 사회계약론은 혁명에 성공한 부르주 아가 프롤레타리아에 대한 착취와 억압을 정당화해 주는 지배자들 의 이데올로기에 불과하다.

프랑스의 프루동은 1840년 "재산은 도둑질한 것이다"라고 선언 한 시론으로 유명하다. 그에 의하면, 사유재산은 개인이 사회경제 관계에 처한 위치로부터 형성된 구조적인 것으로 개인의 능력에 의 해 형성된 것이 아니다(콜린워드 2019: 15). 프루동의 사유재산에 대한 부정은 좀 더 본질적이고 구조적이다. 그는 현장에서 열심히 땀 흘린 노동으로 획득한 것이라도, 그것은 공동노동의 산물이므로 사적 소유는 부정된다고 말한다. 노동했다는 이유만으로 자신의 것 이라는 논리는 성립하지 않는다. 그에게 사회의 발전과 생산량의 증가는 한 개인의 노력이 아니라, 여러 사람의 협동으로 이루어진 다. 즉 여러 사람이 힘을 모아 이룬 성과를 한 사람이 독차지하는 것은 부당한 일이다(하승우 2008: 40). 미하일 바쿠닌은 1870년대 제1 인터내셔널에서 마르크스의 사회주의와 정면으로 충돌한다. 그 는 "사회주의 없는 자유는 특권이자 부정의이고, 자유 없는 사회주 의는 노예이자 야만이다"라고 말함으로써, 20세기 프롤레타리아 독 재의 결과를 놀랍도록 정확하게 예언한다(콜린 워드 2019: 17). 바 쿠닌은 인민의 자치 권력이 사회주의 계급혁명으로 창출될 것으로 믿지 않았다. 그는 정치혁명을 통해 프롤레타리아가 장악하는 중앙 집권적 국가권력에 대한 위험성을 경고하는 데 더 관심을 가졌다.

크로포트킨의 『빵의 쟁취The Conquest of Bread』(1892)는 혁명 이후의

사회를 자율적으로 조직하는 방법을 위한 안내서이다. 『상호부조론 Mutual Aid』(1902)에서 그는 협동이 경쟁보다 인류 생존의 전제 조건으로서 훨씬 중요하다는 사실을 입증함으로써 다윈의 적자생존론을 반박하였다(콜린 워드 2019: 18). 그의 아나키즘은 인간의 본성을 밝힘으로써, 사회 진화의 필연성을 밝히려고 하였다. 인류 진화의 역사는 협동과 상호 지원의 과정이다. 그렇다고 다윈이 말한 적자생존을 위한 상호 경쟁을 부정하는 것은 아니지만, 그에 의하면 경쟁은 제한적이고 일시적이나 상호 협동과 연대는 지속해서 인류의 진화를 촉진해 왔다(크로포트킨 1902: 192). 따라서 크로포트킨의 아나키즘이 말하는 상호 지원의 자치는 자치공동체를 향한 협동과 연대로 연결된다. 그에 있어 자치공동체는 진화를 위한 상호부조의 공간이다. 자치공동체의 민회는 인간이 자치적 정치 행위를 통해 스스로를 혁신시키고 고등 동물로 진화하는 생명력의 공간이다. 인간의 본질적 생명 운동과 자치적 협동의 유기적 관계라는 철학적 개념을 제시함으로써, 그는 다른 아나키즘의 자치와 차별성을 보여준다.

그러나 아나키즘적 자치는 국가권력이 인간에게 가하는 억압의 모습을 보면서 국가로부터 해방된 자유로운 공동체를 그렸지만, 그러한 공동체가 자체 공동체의 생활 세계로부터 더 넓은 공동체의 문제로 나오는 데는 실패했다. 그것은 아나키즘이 부정한 국가권력으로부터 가해 오는 전면적인 압박으로부터 방어와 도피의 과정에서 발생한 결과이다. 이들 역시 민중을 억압하고 착취하는 거대한 국가권력을 해체하는 방법은 국가권력과 전면적 투쟁을 하거나, 국가권력이 존재하지 않는 자치적 공동체를 건설하는 것이었기 때문이다. 마르크스-레닌주의자들이 국가권력에 대항하면서 변해 가는 노동계급의 상태에 따라 자신들도 변화해 나갔다면, 아나키즘은 국가권력이 미치는 생활 세계의 모든 삶의 형식에서 벗어나 독자적 생활 법칙이 작동하는 자치공동체의 건설이 국가권력에 대항하는 영구혁명의 길이라고 판단했다. 따라서 무자비한 국가권력에 대응한 생활자치라는 저강도 영구혁명을 선택한 아나키스트 자치는 변혁의 주체 세력인 민중과의 소통과 공론이 가능한 외부세계에 대한 무관심을 낳은 요인이 된다. 이러한 경향성은 최근의 사회경제공동체나 마을공동체가 국가권력과 정치에 대한 무관심으로 나타나는 사상적 근원으로 자리 잡고 있다. 국가권력의 해체에 대한 사상이 정치에 대한 무관심이나 혐오와 연결되면서 정치와 공동체를 분리하는 경향성이 발생한다. 따라서 정치와 분리된 자치공동체나 마을공동체는 외부 시민사회와의 연대의 취약함으로 인해 생활세계 전체에 권력 작용이 가능한 권력과 자본(시장경제)의 공세에 무기력한 현상이 발생한다. 연대가 부족한 자치의 무기력함이다.

1921년 11월 29일 일본에서 박열과 김약수, 원종린 등이 결성한 '흑도회'는 크로포트킨의 상호부조를 사회 운영의 원리로 받아들인 한국의 아나키스트들이다. 그들은 직접행동을 통한 사회 변화를 추구했다. 그러나 흑도회는 박열로 대표되는 아나키즘 계열과 김찬, 김약수로 대표되는 볼셰비키 계열로 나뉘어 대립을 거듭하다 박열이 흑우회를, 김약수가 북성회를 조직하면서 해체되었다(하승우 2008: 60). 신채호는 대표적인 국내의 민족주의자였지만, 3.1운동을 거치면서 그의 민족주의는 아나키즘으로 변해 나간다. 일본 제국주의로부터 독립 국가를 건립하기 위해서는 아나키즘의 직접행동이 절실했기 때문이다. 이희영, 유자명, 유기석, 정화암 등의 한국인 아나키스트들은, 1930년대 중국 상하이에서 남화한인청년연맹을 결성하고 "우리는 절대적으로 자유 평등한 이상적 신사회를 건설한 다'라는 테제와 "사회혁명을 목적으로 한다"라는 규약을 밝혔다(하 승우 2008: 61). 서구의 아나키즘이 국가권력과 자본에 대한 저항 이라면, 한국의 아나키즘은 제국주의로부터 국가의 주권을 되찾고 근대적 민족국가의 건국이라는 민족주의적 성향이 있다.

관료적 경직성으로 인해, 소련의 국가사회주의가 비판에 직면하 면서, 20세기 집합식 자치공동체에 대한 새로운 관심의 영역은, 자 유민주주의 대의제가 갖는 결함을 치유하는 것이었다. 그렇지만 이 러한 연구는 사회주의를 거부하고 자본주의 체제를 수용하는 환경 에서 진행될 수밖에 없었다. 그들은 착취적 계급 관계가 내재하는 현실 자본주의 체제에서 불평등이 초래하는 자치의 제약 요소를 어 쩔 수 없이 감수해야만 했다. 이러한 이념적 제약 속에서도, 인민의 직접 지배의 원칙에 근거해 민주주의에 대한 혁신을 주장한 주요 이론가로 바버Benjamin Barber(1986), 사워드Saward, M.(2000), 카우프만 Kaufmann, M.(1977), 프레이Frey S. Bruno(1986), 펑Fung, A.(2003), 피시킨 Fishkin, J.(1991), 하스켈Haskell(2001) 등을 열거할 수 있다.

이들은 시민의 참여를 배제하는 대의제를 비판하면서, 면대면 인 민의 직접 지배 방식을 주장한다. 각자 서로 강조점은 다르지만, 대 의제를 보완 및 극복해야 하는 방안으로 공동체와 참여·자치를 주 장한다. 카우프만은 대의민주주의의 제도적 결함과 위기를 극복하 기 위한 공통적인 대안인 시민의 관심과 참여를 확대하는 방안으로 직접민주주의를 말한다(주성수 2009: 18). 사워드는『직접 그리고 심의민주주의Direct and Deliberative Democracy』에서 자유로운 토론과 심의가 전제되지 않는 직접민주주의는 공공선의 도출과 거리가 멀다고 말한다. 그는 모든 성인이 '효과적인 참여자'가 되려면 의사 결정에의 참여가 권리로서 보장되어야 하는데, 이를 위한 최소한의 제도로 주민발안, 주민투표, 시민총회Assembly를 주장한다(주성수 2009: 21). 하스켈도 마찬가지로 직접민주주의는 "시민들이 투표로 또는 직접 대면이나 전자 도구를 통해 심의와 토의에 의한 정책 결정 그리고/또는 정책형성에 직접 관여할 때에 해당된다"(Haskell 2001: 50, 주성수 2009 재인용).

2) 참여형 자치민주주의

참여형 자치민주주의자들은 대의제의 정치 기제에 대한 개입을 통해 자유민주주의에의 참여 및 숙의를 자극하고 독려한다. 참여민주주의와 숙의민주주의가 주를 이루는 신좌파인 이들은 사회주의의 인민 권력과 자유주의 대의제 모두를 비판한다. 참여민주주의의 주요 사상가로는 페이트만C. Pateman(1986), 맥퍼슨Macpherson(1922), 노모스Nomos(1956), 제란트 페리Geraint Parry(1972) 등이 있지만, 본고에서는 페이트만과 맥퍼슨의 연구가 중심이다. 자유주의적 계발민주주의는 시민참여를 통해 대표성의 결핍을 치유하려고 하지만, 신좌파적 참여민주주의는 마르크스의 계급혁명은 부인하면서도, 경제적 모순에 대해서는 비판적 해결 방안을 모색한다.

참여민주주의[11)는 1960년대 6.8학생 혁명 이후, 신좌파는 자본주의 시장경제 내에서 대의제의 위기를 극복하는 방안으로 참여와 자치를 강조하기 시작하였다. 자유민주주의 대의제가 노출하는 대표성과 정당성의 위기로 인해 정부에 대한 불신이 깊어지는 상황에서, 참여민주주의는 사회주의로부터 유래한 인민의 직접 지배 사상을 대의제 정치에 적용하기 시작한다. 페이트먼Carole Pateman(1986)은 자유민주주의에서 개인들이 '자유롭고 평등하다'라는 생각에 이의를 제기하면서, 공정한 심판관으로서의 국가에 대해 문제를 제기한다. 그녀에게 국가는 개인이 자의적으로 거부할 수 있는 대상이 아니다. '국가는 일상의 불평등을 유지하고 재생산하는 데 불가피하게 얽혀 들어와 있는 상태에서 국가에 대한 특별한 충성을 요구하는 것 자체가 민주 정부의 모순이다(Pateman 1999: 173). 공평하지 않은 국가 체계 내에서 선출된 엘리트 정치가에게 주권을 위임하는 절차인 선거 메커니즘은, 시민혁명의 가치인 자유와 평등을 보장하지 못한다. 그러나 그녀의 이러한 비판에도 불구하고, 신좌파의 인민 지배의 원리에 맞는 인민의 참여라는 참여민주주의는 한계에 봉착한다. 이들은 마르크스주의의 계급적 폭력혁명은 반대하면서 시민의 참여를 주장했지만, 자본주의가 대의제에 대한 시민의 참여를 근본적으로 차단하는 현실에서, 참여의 범위는 지식인에 그쳤기 때문이다.

맥퍼슨Macpherson(1992)에게 참여민주주의의 전제는 인민의 의식적 변화이다. 그에게 참여민주주의의 실현은 인민이 자신을 소비자로 간주하고 행동하는 것으로부터 자신을 잠재능력의 행사 및 향수자

---

11) 1960년대 신좌파 운동으로부터 본격화하기 시작한 현대적 참여민주주의 이론은 자유주의에 대한 마르크스주의적 비판에 기초하여 참여민주주 형태를 탐색하기 시작한 맥퍼슨으로부터 출발하였다.

로서 간주하고 행동하는 것으로의 변화이다(Macpherson 164). 그에 의하면, 자본주의 경제와 생활양식에서 정치참여는 근본적으로 불가능하다. 쏟아져 나오는 자극적인 상품에 대한 탐닉과 물질적 안온함을 느끼는 사회현실에서, 유대적·공동체적 삶을 통해 정신적 풍요함과 협동을 얘기하는 것은 시대착오적인 것으로 치부된다. 이러한 사회에서 정치는 재산을 소유한 기득권 야망가들 간의 정치적 경쟁행위에 불과하다. 투표행위는 백화점에서 자신이 선호하는 상품을 선택하는 것과 같이, 정치 시장에서 자신이 좋다고 판단하는 후보를 선택하는 것이다. 따라서 맥퍼슨에게 참여를 통한 직접 민주주의가 가능하다고 생각한 영역은 정당과 직장이었다. 직접 대면하고 토론하고 결정할 수 있는 현실적으로 가능한 영역인 정당에 직접민주주의적 자치를 결합한 것이다. 이념의 색깔이 어느 정도 비슷한 정당에는 상호 모순적 대립이나 갈등이 존재하지 않기 때문에, 숙의적 자치가 가능하다는 것이다.

　일반적으로 참여민주주의를 의사결정 과정에 참여하고 발언하는 민주적 절차로서만 이해하는 경향이 존재한다. 그러나 맥퍼슨과 페이트먼의 참여민주주의는 참여를 차단하는 경제적 불평등 구조에 대한 해결에 주목한다. 참여민주주의는 경제적 불평등을 야기하는 자본주의의 계급대립을 완화하기 위한 정치·경제적 처방과 동시에 추진되어야 한다는 것이다. 이에 그들은 자본주의 착취적 경제 양식을 변화시킬 생산자 협동조합의 활성화나 길드 사회주의를 기대한다. 따라서 그들은 물적 자원의 재분배를 통해 집단들의 자원 기반의 결핍을 직접 개선하여 경제적 불평등을 해결해 나갈 때, 유기체적 존재로서 자발적 참여가 가능한 민주주의가 된다고 생각했다.

그들은 마르크스주의의 계급혁명은 거부했지만, 자본주의 경제적 불평등으로 인해 인민의 참여와 자치가 차단되고 있는 대의적 자유 민주주의의 경제질서도 거부했다.

그러나 두 사상가의 사상은 참여의 조건으로 경제적 빈곤과 불평 등의 해소를 주장했다는 점에서, 참여민주주의의 근본적 해결책을 제시한 것으로 평가할 수 있다. 이들에게 참여민주주의는 참여를 가능하게 하는 경제적 구조의 변화를 촉진할 수 있는 사회 구조적 변화 방안과 함께 연구되어야 한다. 왜냐하면, 참여의 공간을 통해 경제적 불평등이 해소되거나, 경제적 조건의 변화를 논의하는 정치 적, 제도적 틀을 구축할 수 있기 때문이다(페이트먼 1999: 245). 이 들의 참여민주주의에 대한 정치·경제 구조적 접근 방식은, 이후 제도적, 법적인 인민주권의 틀을 만드는 자치민주주의의 유형으로 발전하게 된다. 두 사상가의 참여민주주의는 단순히 대의제에 대한 정치참여의 촉진 수준을 넘어, 사회 구조적 변화를 촉구하는 근본 적 대안에 관한 것이다. 그러나 자본주의 시장경제가 작동하는 대 의제 내에서 길드사회주의, 생산자 협동조합 방식을 통해 얼마나 정치적 참여가 확대되었는지에 대해서는 회의론이 많다. 그 이유는 국가권력 운영의 주체를 변화시키는 것에 주안점을 두기보다는, 자 신들의 작은 국가의 건설에 집중했기 때문이다. 노동계급에 의한 폭력혁명은 부인하면서도, 경제적 불평등과 착취를 해소할 수 있는 최적의 전략을 찾기 쉽지 않은 자본주의적 시장경제의 고질적·구 조적 문제가 이들을 시장경제 외부에서 내부 원리에 의해 작동하는 자생적 경제공동체에 관심을 두게 했다.

일반적으로 참여민주주의가 시민의 참여나 방식에 많은 관심을 가진다면, 숙의민주주의는 사려 깊은 심의를 통한 공공선의 추구를 강조한다. 숙의민주주의를 집중적으로 연구한 주요 사상가로는 피시킨Fishkin, J. S.(1991), 오페와 프레우스Offe and Preuss(1991), 베셋J. Bessette (1980), 드라이젝Dryzek(2012), 마넹Manin(1987), 헬드Held, D.(2010) 등을 들 수 있다. 숙의적 연구는 단순한 참여를 통해서는 인민의 공공선을 획득할 수 없다는 비판에 근거한다.

숙의민주주의Deliberative democracy 용어는 베셋에 의해 처음 사용되었다(Bessette 1980: 1994. 헬드 2010: 440 재인용). 오페와 프레우스에 의하면, 자유민주주의 대의제의 위기는 참여의 양이 아니라 참여의 질에 있다. 참여의 양이 많다고 공공선에 도달할 수 있는 합리성이나 가능성이 커지는 것이 아니라는 것이다. 따라서 그들의 도전 과제는 '숙고를 거친, 일관된, 상황에 얽매이지 않은, 사회적으로 입증되고 정당화될 수 있는 그런 선호가 형성되도록 장려하는 절차의 도입'에 관한 것이다(Offe and Preuss 1991: 167). 공공선은 계발된 숙고에 익숙한 무작위 시민에 의해 획득된다는 사상은, 자유민주주의 대의제와 신좌파적 참여민주주의의 한계를 뛰어넘는 새로운 민주주의에 대한 희망을 준다. 즉, 다양한 공론장에서의 숙의적 논의를 통해 민주주의는 질 높은 수준으로 성장한다는 것이 이들의 생각이다. 이들에게 진정한 자치민주주의는 숙의와 심의의 과정을 통할 때 가능한 것이다.

이들과 달리, 피시킨은 미국 최초의 대의제에서 숙의의 본질을 찾는다. 그는 프로그램을 설계하여 공론조사를 실제로 실행함으로써, 숙의민주주의를 현실 정치에 구체적으로 적용하였다. 그는 숙의의 원초적 근원을 미국 연방 헌법의 정신적 지주로서 대의제론자인 매디슨으로부터 찾으면서, 선거는 공적으로 유능한 대표자를 발굴하는 성스러운 행위가 된다는 매디슨의 주장에 공감하였다. 사람들이 가장 쉽게 정제된 여론과 만나는 방법은, 매디슨이 말한 것처럼 "공중의 견해를 시민의 선출된 기구라는 매개물을 통해 통과시킴으로써 정제하고 확대하고자 하는" 대의제를 통해서이다(피시킨. 박정원 역 2020: 48). 그는 대의제의 결함을 보완하기 위한 것이 아니라, 미국 연방주의자들이 고안한 대의제의 원형으로 돌아가기 위해 정제된 숙의를 제시한다. 그러면서도 숙의, 정치적 평등, 대중참여 세 가지 원칙은 숙의에 3중 딜레마의 옵션들이다. 피시킨의 실제화하는 소우주 숙의에도 참여가 문제라는 것을 말해 주고 있다.

그러나 철저한 엘리트주의에 기반해 대의제를 설계한 매디슨으로부터 찾은 피시킨의 숙의민주주의는 상호 모순적이다. 매디슨은 선거로 선출된 소수의 대표자는 전문적 지성과 포괄적 공익성이 객관적으로 검증된 탁월한 지도자들이라고 주장한다. 그래서 이러한 위정자들은 공공선 도출이 가능한 피시킨의 소우주에 해당한다. 비록 매디슨이 대의제를 그렇게 이상적으로 설계하고 예상했더라도, 숙의와 공공선 도출이 불가능한 상황의 존재 기반이 매디슨이 설계한 대의제 정치체제라면, 숙의민주주의는 매디슨의 대의제로 복귀하는 것이 아니라, 최초로 설계된 대로 진행되지 않은 대의제에 대한 성찰과 비판 속에서 탐구되어야 하기 때문이다. 이러한 그의 비과학적 모습은 숙의민주주의가 소수 전문가의 숙의라는 비판에 직면하는 원인과 연동된다. 공공선은 소수의 검증된 사람들로부터만 가능하다는 편향된 결론에 도달하게 된다. 물론 그는 이러한 편향성을 극복하기 위해 숙의의 날이라는 시민 대중의 참여에 의한 숙의 방식을 보충했지만, 이러한 방식은 보충의 방식이 아닌 소수 정예에 의한 숙의가 불완전하다는 것을 우선 원천적으로 인정하는 것부터 출발하지 않은 논리적 오류를 보였다.

〈표 1〉 3중 딜레마 옵션들

	정치적 평등	참여	숙의
옵션 1: 대중민주주의	+	+	−
옵션 2: 동원된 숙의	−	+	+
옵션 3: 소우주 숙의	+	−	+

출처: 피시킨 저. 박정원 역. 『숙의민주주의』

드라이 잭Dryzek, J. s.(2012)은 '숙의민주주의와 그 너머'Deliberative Democracy and Beyond에서, 민주주의의 정당성은 투표나 이해관계의 단순한 결집에 있지 않고, 진정한 숙의Authentic deliberation를 통한 의사결정 과정에 있다는 점을 강조한다. 특히 그는 숙의 과정에 참여한 개개인이 스스로 가치체계와 선호를 변화시키는 전환적 힘transformation power이 작동될 때 비로소 진정한 숙의가 이루어진다고 본다. 그러나 숙의를 통한 합의는 위협이나 강권의 결과로서가 아니라, 이성적 논증을 기반으로 이루어져야 하므로 이를 위해서는 일련의 절차적 조건들이 필요하다는 것이다(Dryzek 2012: 31). 그에게 숙의 과정에는 소수의 이해관계자들뿐만 아니라 성별, 인종, 지역, 계급, 나이 등 대표성 있는 다양한 시민들의 광범위한 참여가 중요하며, 숙의는 참여자들이 토론과 성찰을 통해서 자신들의 판단, 선호, 관점을 변화시켜 나가는 사회적 과정이다. 숙의 과정에서 이러한 변화가 일어나기 위해서는 상호 존중, 공동체의식, 신뢰 등과 같은 시민성civility이 필요하다. 그 역시 선거를 통한 민주주의를 비판한다. 심의는 특정한 종류의 소통인데, 여기서 개인들은 다른 사람들의 의견을 청취한 후 그러한 관점에서 자기 자신들의 견해를 심사숙고하며, 이상적으로는 강제, 조작, 기만 등으로부터 자유로운 맥락에서 이루어진다(Dryzek: Dunleavy 2009. 김욱 역: 290).

표결민주주의Abstimmungsdemocratie는 직접 참여와 토론을 통해 면대면 방식으로 결정하는 것이 아니라, 투표소에서 표결을 통해 안건을 결정하는 직접민주주의이다. 앞으로는 전자 투표를 통한 표결 직접 민주주의가 더욱 확대될 것이다(이기우 2016: 48). 표결민주주의는 소규모 단위에서 직접 참여, 숙의하는 방식은 아니지만, 자치가 아닌 표결을 통해 대의제를 보완하므로 참여형 민주주의로 분류하였다. 표결민주주의를 주장하는 학자들은 상당히 많다. 표결민주주의를 연구한 학자들은 이핸버그Eichenberger(1999), 융Jung(2006), 브랑카트Blankart(2002), 엔즈만Enzmann(2009), 킬만세그Kielmannsegg(1944), 그로스Gross(2015), 린다Linder(2012), 프레이·슈처Frey&Stutzer(2004), 보울러·도노반Bowler&Donovan(1998), 하스켈Haskell(2002), 가렛트Garrett(2001), 크라머Kramer(1978), 벗지Budge(2003) 등이다.

이핸버그Eichenberger(1999)에 의하면, 직접민주주의는 정치 시장의 장벽을 낮춘다. 시민들이나 새로운 정치집단은 기성 정치권에서 소홀히 하던 정치적 의제를 직접 제안해서 국민의 지지를 호소할 수 있게 된다. 그는 직접민주주의를 정치 시장과의 상관관계 측면에서 관측하였다. 융Jung(2006)은 직접민주주의의 필요성을 대의제와의 관계에서 찾는다. 그는 표결이 자주 이루어지면 대의제를 단순히 보완하는 것을 넘어 개선하게 된다고 주장한다. 스위스에서 국민투표와 국민발안이 매년 수십 건에 이르지만, 연방이나 칸톤 의회는 약화되지 않고 오히려 더 중요한 기능을 수행하고 있다는 것이다. 엔즈만Enzmann(2009)은 표결로 이루어지는 다수결주의를 통해 일반의지를 도출할 수 있다고 주장함으로써, 토론과 숙의 없이 진행되는 표결주의가 반대자의 의견을 수렴하지 못한다는 비판을 반박한다. 그에 의하면 민주주의는 투표에 참여한 국민 다수의사로 성립한다는 것이다. 그러나 표결민주주의가 민회나 공론장 방식의 자치민주주의를 대체할 수 있다는 그의 주장에 큰 설득력은 없다. 오히려 표결민주주의와 집합식 직접민주주의의 유기적인 결합을 통해, 숙의와 자치가 확장하는 자치민주주의의 사례가 더 많이 존재하기 때문이다.

자치에 관한 선행연구를 종합해 보면, 국가 차원의 대의제에 대한 정체를 인정하는 주류의 자유주의적 자치와 자유주의적 국가체제를 부인하는 아나키즘적 자치로 구분할 수 있다. 이러한 모습은 공동체형과 참여형으로 개념화할 수 있다. 현대사회에서 나타나는 자치적 정치체제의 형태는 양측 모두로부터 영감을 받아서 진화해 오고 있다. 그런데 현대사회에 나타나는 직접민주주의, 참여민주주의, 숙의민주주의 등에는 민주주의democracy의 본래의 의미인 '인민의 지배'가 본질적으로 왜 중요한 것인지에 대한 철학적 이해는 자취를 감췄다는 점이다. 필자는 이곳에서 고대 아테네 최초의 민주주의에서 시작해서 다양한 형태로 나타나고 있는 인민의 지배의 본질이 인민이 직접 정치에 참여하고 결정하는 권력 행위의 주체화를 통해 인간과 공동체의 지적·정신적 진화를 촉진한다는 철학과 사상을 발견할 수 없었다. 현대의 직접민주주의에는 인민 대중의 참여를 통한 대표성의 완결성은 강조되지만, 그러한 대중적 참여를 통해 자아실현과 공공선으로 진화하는 인간의 진보적 생명 활동으로서의 절실함이 빠져 있다. 숙의민주주의에는 모든 이를 대상으로 추첨한 소수의 숙의적 성찰을 통해 획득 가능한 공공선에 대하여 민주적 정당성을 주장하지만, 이 역시 인민의 참여의 의미를 단지 숙의를 통한 공공선 획득 가능성이 커지는 것에만 두는 순간, 그 공공선에는 인민 대중의 자아실현과 지적·정신적 진화라는 본질은 빠지게 된다.

따라서 인민의 자치 수준을 높이기 위해서는 국가권력의 교정과 변화를 추동하기 위해 시민사회에 계속 머물러야 한다는 것과 암만 내용이 알차고 좋더라도, 인민대중의 참여와 숙의를 통해 나오지 않는 그것은, 민주주의가 추구하는 인민의 자아실현을 통한 지적·정신적 진화와는 상관없다는 점이다. 이것은 자치민주주의가 인민의 자치력에 뿌리를 박고 논의되고 실행되어야 하는 이유를 제공한다. 이론과 사상, 사례를 탐구하더라도, 그것이 가진 역사적인 민주적 콘텐츠의 장점을 수용하고 정당성을 강조한다고 해서, 인민의 지배가 가진 철학적 의미를 생략하는 것은, 현재 민주주의를 제대로 이해하지 못하는 가장 근본 원인으로 작용한다.

<表 2> 자치민주주의에 관한 선행연구 분류

공동체형 자치민주주의	참여형 자치민주주의
고대 집합식 민주주의 루소의 급진적 공화주의/총회를 통해 일반의지 형성. 토크빌: 미국의 뉴잉글랜드 타운십 자치 마르크스/엥겔스: 코뮌의 인민자치(자개연) 아나키즘: 고드윈, 프루동, 바쿠닌, 크로포트킨 크로포트킨: 지역공동체 자치(농촌공동체, 길드, 자치도시: 민회) . 오웬: 노동의 자치: 협동조합 <국내> <직접민주주의, 풀뿌리민주주의, 마을민주주의> 이기우(2016), 주성수(2009), 하승우(2014), 안성호(2016), 곽현근(2015), 조대엽(2015), 홍성태(2012), 박근영(2017)	<참여민주주의> 페이트만(C. Pateman 1986), 맥퍼슨(Macpherson 1922), 노모스(Nomos 1956), 제란트 페리(Geraint Parry 1972) <숙의민주주의> 오페와 프레우스(Offe and Preuss 1991), 베셋(J. Bessette 1980), 드라이젝(Dryzek 2012), 마넹(Manin 1987), 헬드(Held 2010), 바버(Barber 1986), 맷슨(Mattson 1998), 피시킨(Fishkin 1991) 참여적 자치주의자들: 바버(1986), 사워드(2000), 카우프만(1977), 프레이(1986), 펑(2003), 피시킨(1991), 쉐보르스키(1995) <표결민주주의> 브랑카트(Blankart), 엔즈만(Enzmann), 켈만세그(Kielmannsegg), 그로스(Gross), 카우프만(Kaufmann), 코바(Kobach), 린다(Linder), 프레이 · 슈처(Frey&Stutzer), 보울러 · 도노반(Bowler&Donovan), 하스켈(Haskell), 가렛트(Garrett), 크라머(Kramer), 벗지(Budge) 이기우, 주성수, 하승우, 안성호

II. 자치민주주의의 개념과 조건

1. 자치민주주의의 개념과 유형

1) 개념과 이념 및 국내 논의

(1) 개념의 전개

자치민주주의self-governing democracy의 의미는 '민주주의' 혹은 '자치'라는 용어의 개념이 다양한 것만큼 다양하다. 근대 부르주아 혁명 이후, 권력분립과 정당정치를 통해 정치학의 주류를 장악한 대의제는, 국가적 정치체제 및 사회 전반에 걸친 참여와 숙의를 대안으로 내세우는 자치민주주의와 서로 대립해 왔다. 시민혁명 이후 공화주의자였던 프랑스의 시에예스Emmanuel Sieyes나 미국의 매디슨Madison이 기초한 대의제를 현대 자유주의적 민주주의로 정교하게 다듬은 슘페터Schumpeter(1947)에게 민주주의란 하나의 정치적 방법을 의미한다. 인민의 표를 얻은 데 성공한 결과로서, 모든 문제에 대한 결정권을 특정 개인들에게 부여하는 방식을 통해 정치적(입법적·행정적) 결정에 도달하려는 제도적 장치가 민주주의라는 것이다(슘페터

1947: 269).

그에게 민주적 생활이란 정당에 속해 있는 엘리트 지도자들이 경쟁적으로 통치권 획득을 위해 투쟁하는 그 자체다. 따라서 민주주의란 시민혁명에서 민중들이 외쳤던 자유와 자치라는 창조적 환경에서 인간 잠재력 계발을 위한 최상의 조건이나 평등을 향한 약속으로 특징지어지는 주권자로서 해방된 생활방식이 결코 아니다. 슘페터의 정교한 자유주의적 민주주의에서는 정치는 자본의 체계적 이동과 증폭에 종속되는 것으로 정치 권력을 놓고 사회 엘리트 간의 경쟁하는 운동 경기의 정교한 게임 규정 같은 것이다. 인민은 축구 경기나 풋볼 경기를 보면서 민주적이라고 포장되는 예의 바르고 격조 있게 환호하거나 슬퍼하는 '참여하는 관람객'에 불과하다 (David Held 2010: 276).

이러한 기술적 수단으로서 민주주의와는 달리 민주주의 자체를 수단이 아니라 목적으로 보고, 시민주권의 개념을 중점으로 접근하는 민주주의도 끊임없이 나타났다. 일반적으로 대의제와 대비되는 것으로, 고대 아테네의 고전적 직접민주주의를 많이 인용한다. 이들은 고대의 민회를 민주주의의 원형으로 인용함으로써, 권력 행위의 주체로서 인민의 참여와 결정을 강조한다. 그들에게 인민의 참여와 결정은 공동체의 민주적 발전을 위한 것이면서도 개인적으로 자아실현을 촉진하기 위한 것이다. 일반적으로 직접민주주의란 국가권력을 국민이 직접 행사하는 것을 의미한다. 즉, 시민들이 가장 중요한 정치적인 문제를 토론하고 투표를 통해 집행할 것을 결정하는 정치체제를 말한다(Budge 1996: 36). 버지는 대의제와 직접민주주의를 단순 비교하면서, 모든 정책 결정을 선거로 뽑힌 대표자가

하면서 시민은 단지 대표자 선출에 한정하는 것이 대의제라면, 중요한 문제에 대해 시민의 결정을 인정하는 것이 직접민주주의다 (Budge 43-44).

직접민주주의에서 인민은 자기 입법self-legislation, 자기 통치self-governing, 자기 복종self-obedience의 주체를 의미한다. 민주주의democracy의 원리로서 인민주권은 모든 인민이 주권을 소유하고 있다는 의미에서 민주적 주권이며, 이 민주적 주권의 핵심적 요소는 법을 제정하는 권리라고 할 수 있다(김용민 2016). 자기 입법은 권력의 주체인 인민이 자기가 복종할 법을 스스로 만드는 권리이다. 시민사회에서 자기에게 해악이나 불이익을 강제하는 입법권을 타인에게 위임하는 것 자체가 성립하지 않기 때문에, 자기 입법은 민주주의의 요체이다. 이에 자기 통치와 자기 복종은 자기 입법이 성립되어야 가능하다. 인민 자신은 일반의지에 의해 성립된 법률에 따를 때, 자발적인 복종이 가능하며, 비로소 진정한 자유인으로 태어나기 때문이다.

> 사회상태가 주는 이득은 앞에서 말한 이득 이외에 도덕적 자유가 있는데, 바로 이 자유만이 인간을 진정으로 자신에 대한 주인이 되게 한다. 왜냐하면, 욕망의 충동에만 따르는 것은 노예적인 예속이며, '자신이 스스로 규정한 법'(the law one has prescribed for oneself)에 복종하는 것은 자유이기 때문이다.
>
> (루소 2005: 61-62)

루소Jean-Jacques Rousseau에 의하면 인간의 진정한 자유는 자기 입법에 따른 자기 복종을 통해 실현된다. 여기서 주권은 지상 최고의 권력을 행사하려는 인간의 자유의지이다. 주권은 자기 입법을 실행하는 신성한 일반의지의 실현체가 된다. 그런데 인민이 자신의 절대적인 권력을 타인에게 양도할 수 있는지의 문제는 민주주의 성립의 본질적인 문제로 논란의 대상이 된다.[12] 그의 일반의지로서 주권은 위임되거나 양도될 수 있는 것이 아니다. 그에 의하면 법률은 정확하게 말하면 사회적 결합을 나타내는 계약 조항일 뿐이다. 그러므로 법률에 복종하고 있는 국민이 법률의 제정자가 되어야 한다. 왜냐하면, 모임살이를 하는 자들만이 그 모임의 조건을 결정하는 권리를 가질 수 있기 때문이다(루소 2005: 98). 따라서 일반적으로 사람들이 현대 민주주의를 사회계약론의 동의 절차에 의해 정당화된 대의제로 인식하는 상황에서, 자치민주주의는 이러한 사회계약론을 거부하고 다양한 방식을 통한 주권의 직접 행사를 창조한다. 스위스 등 여러 나라에서 실시되는 시민발안과 국민투표는 고전적 직접민주주의가 현대적 변화를 통해 발전한 자치적 개념을 함유한다. 한 시민의 자유는 그 또는 그녀의 능력, 정치 결정에의 참여 요구에 달려 있다. 이는 공화주의의 중심 사상의 하나이며, 민회 민주주의의 실천과도 일치한다. 순전한 의회민주주의와 달리 근대 직접민주주의는 수 세기에 걸친 옛 전통을 이어가고 있다. 새로운 시민발의와 국민투표라는 새로운 도구를 가지고 그렇게 하는 것이다(부르노 카우프만 외 2 2008: 74).

이러한 고대의 아테네 민주주의는 중세에는 자치공동체 내의 민회의 형식으로 계속된다. 물론 매 시기마다 조건과 형태는 달랐지

---

12) 근대 자유주의 공화정의 성립 이후 선거에 의한 정당정치를 대의제 민주주의인 간접민주주의라고 주장하지만, 대의제의 주권 양도 개념을 부정하는 사람들은 직접민주주의만이 민주주의라고 주장하거나, 적어도 직접민주주의와 결합하지 않는 대의제는 인민의 지배로서 민주주의(democracy)가 아니라고 주장한다. 특히 미헬스의 '과두제의 철칙'에 의하면 주권이 위임된 권력이 소수의 엘리트 집단에 집중되고, 주권자는 권력으로부터 배제된다는 점에서 대의제 정당정치가 인민의 지배로서 민주주의인가에 대한 부정은 계속될 수밖에 없다. 미헬스가 깊이 연구했던 독일 사회당의 경우가 보여주듯이 과두제가 지배자 및 피지배자 양쪽의 이상과 의도에 모두 배치되어도 권력은 소수의 손에 집중되는 쪽으로 나아가게 되어 있다는 것이다.

만, 이 둘은 대표자에 의한 위임 방식의 운영이 아니라, 구성원 스스로에 의한 자주적 형태였다. 중세의 촌락공동체, 길드, 자치도시도 고대 아테네 민회가 가졌던 인민의 자치self-government 모습을 띤다. 이들은 대의제와는 분리된 별도의 독자적 공동체에서의 자치를 추구했다. 그러나 시대적 상이성과 이념적 차이로 인해, 정치체제를 이루는 데 필요한 사회정치적 조건이나 동력이 다른 상태에서, 이러한 여러 유형을 자치민주주의라는 하나의 개념으로 규정하는 것이 타당한 것인지에 대해 의문을 제기할 수 있다. 그러나 이 글에서 대의제의 결함을 보완·극복하려는 자치민주주의는, 조건과 양태는 다르지만, 민주적 절차에 의한 모든 형태의 집합적 자치를 포괄한다. 현대 민주주의는 국가권력의 수평적 작동이나 운영에 관한 제도로서 이해되어 발전되어 오면서, 권력의 독점 방지를 위한 권력 시스템이나 그러한 시스템의 작동을 촉진하는 권력 외부의 기제(선거, 권력분립, 언론 등)를 중심으로 발전되어 왔다(헬드 2005: 143). 그러나 그러한 방식은 권력의 주체인 인민의 자치를 원천적으로 봉쇄하고는 대의 권력을 민주주의의 요체인 것처럼 유포했다는 데에 결정적 역할을 했다. 자치를 근본적으로 위험시하거나 민주주의 기제의 범주에서 제외하는 대의제에서는 자치민주주의의 진화를 숙고하는 것의 한계가 명확하기 때문이다. 역사적으로 보아도, 현대의 직접민주주의는 중세 게르만의 집회를 거쳐 농촌공동체와 자유도시에서의 민회를 경과하면서 마을의 게르마인데 총회로 발전해 왔다는 점이다. 실제로 현실 정치에서 대의제 정당정치를 보완하거나 극복하는 방안으로 참여와 숙의, 공론장, 주민자치 등의 개념과 제도는, 대의제의 뿌리인 근대 시민혁명으로부터 유래한 것이 아니라, 수천 년 역사에서 나타나는 조건과 양태가 다른 자치공동체에서의 집합적 민회의 삶에서 영감을 받은 것이기 때문이다. 결국, 민주주의는 역사적인 인간의 자치적 삶의 공간에서, 다양한 생활의 모든 영역에서 자신을 권력의 주체로 세움으로써, 보다 고등동물로 진화하려는 인간의 본능적 생명 행위의 방식으로 표출됐다.

대의제를 비판하는 직접민주주의는 현대에 오면서 변화에 직면한다. 고대 민회의 직접민주주의는 소규모의 동일한 생활공동체를 벗어난 광대한 민족국가 단위에서는 불가능하다는 인식이 확산하는 와중에서도, 직접민주주의는 대의제에 대한 극복을 끊임없이 시도한다. 이것은 대의제와 함께 작동하면서 정치사회의 변화를 촉진하는 양태로 나타난다. 『강한 민주주의Strong Democracy』의 저자 바버Barber (1984)에 의하면 대의제에 기초한 자유민주주의는 시민들의 정치에 무관심을 증가시키고 궁극적으로는 소수 엘리트에게 정치 권력을 집중시키는 결과를 초래한다. 따라서 자유민주주의는 민주주의의 원래 이상에 부합하지 못하는 취약한 민주주의에 지나지 않는다 (Barber 1984: 3-25 참조). 그는 대의제의 정치 엘리트들보다 참여하는 인민의 능력을 더 신뢰한다. 강한 민주주의는 자치하는 개인들의 능력에 무한한 신뢰를 주지는 않지만, 그것은 다수가 왕들보다 더 현명하든지 그만큼은 현명하다는 사실을 마키아벨리에게 확신시켜 주며, 소수의 사람이 다수의 평범한 사람들을 지배하려 하는 데서 생기는 실수보다 다수의 평범한 사람들이 자신을 다스리는 데서 생기는 실수가 더 적다는 점을 루스벨트에게 확인시키고 있다 (바버 1984: 230).

<표 3> 시민성의 형태

	대의제적 민주주의	강한 민주주의
시민에 대한 관념	법적 인격	이웃
결속 이유	계약	공동의 참여 활동
정부를 ...로 관련지음	최고의 위치지만 역시 종속적인 것	능동적 참여자들
관계	수직적(정부에 대한 시민의)	변증법적 <수준들>이 사라짐
정치 스타일	불신적·수동적	협동적·능동적
시민적 미덕	책임성(상호 통제)	시민성(상호 간의 감정이입과 존경)
시민의 위치(다른 사회적 신분들과 비교하여)	임의적(많은 것 중의 하나)	최고의 위치에 있음(동등한 것 가운데 첫째)
관념적 근거(실질적 근거는 영토임)	공동계약	공동담화, 공동결정, 공동작업(창조적 합의)

출처: 바버 저. 박재주 역. 1992. 『강한 민주주의』 323

<표 3>에서 바버는 대의제라는 약한 민주주의를 극복하는 길은 공동의 참여를 보장하는 강한 민주주의를 통해서다. 대의제가 사회계약론에 의한 추상적 동의에 기초한 것이라면, 강한 민주주의는 구체적인 공동담화, 공동결정, 공공작업을 통한 창조적 합의에 기초한다. 민주주의를 이미 기득권이 형성된 정치 세력이나 정치인들을 정기적으로 선출하기 위한 선거권을 의미한다면, 그 민주주의는 일반적인 인민의 자유와 평등의 가치와 배치되는 귀족 혹은 엘리트 민주주의에 불과하다(바버 1984: 190). 그의 강한 민주주의에는 대의제와 반대로 능동적 참여와 공동체가 강조되어 있다. 자치민주주의는 능동적 참여를 통한 자기 입법으로 공동체에 대한 자기 통치를 말한다. 민주주의로서 인민의 지배는 수평적인 인민의 공동체 속에서 자치를 통해 실현된다. 이것은 자치 없는 인민의 지배는 불가능하다는 것을 말한다.

자치적 공간의 중요성을 강조한 것은 참여민주주의나 숙의민주주의도 마찬가지다. 이들은 민주주의가 오직 국가적 정치 및 정치 제도나 절차를 조형하는 것에만 적합하다는 관점에 이의를 제기했다. 민주주의가 다양한 공간과 장소에서 실행될 수 있고(또 실행되어야 하고), 국가나 정부 안에서는 물론 밖에서 이루어지는 많은 결정 과정의 일부일 수 있다(또 일부여야만 한다)고 주장했다 (Michael Saward 2018: 120). 참여민주주의자인 페이트먼Pateman은 산업체에서의 민주주의와 참여의 가능성에 대한 논의를 제기했다. 그녀는 이를테면 산업체와 같은 영역은 "국가적 수준에 더해서 참여의 영역을 제공하는, 마땅히 그 자체로서 정치적인 체계로 보아야 한다"라고 주장했다(페이트먼 1970: 43, Saward: 122 재인용). 맥퍼슨Macpherson은 참여민주주의의 전제는 인민의 의식적 변화이다. 그에게 참여민주주의의 실현은 인민이 자신을 소비자로 간주하고 행동하는 것으로부터 자신을 잠재능력의 행사 및 향수자로서 간주하고 행동하는 것으로 변화이다(Macpherson 1992: 164). 그는 산업체 영역을 주장한 페이트먼과 달리 정당 내에 아래로부터 올라오는 피라미드식 참여 구조를 주장했다. 그에게 자유주의적 대의제가 국가·사회 전체를 압도적으로 지배하는 정당 체제에서 시민의 참여와 자치가 가능한 공간은 정당 내였다. 그는 당원들에게 정파적 일체감이 존재하는 당내에서는 정책에 관한 심의적 토론 후에 전 당원 투표 방식의 직접적 자치가 가능하다고 생각했다. 이렇게 정당 내 당원의 직접민주주의가 정착되면, 국가와 사회 전체에 자치민주주의가 확산하게 된다는 것이다.

반면, 역사적으로 존재하는 민주주의 모델들Models of Democracy을 분석하면서 정치체제와 관련해, 자치와 민주주의의 개념이 설명되기도 한다. 데이비드 헬드David Held(2010)는 역사적으로 9개의 민주주의 모델들을 분류한다. 그는 민주주의의 기원이 되었던 고대 아테네의 직접민주주의부터 시작하여 근대 자유민주주의를 거쳐 신좌파의 참여·숙의민주주의를 분석하면서, 마지막으로 최고의 민주주의 정치체제로서 '민주적 자치' 모델을 제시한다. 그에 의하면, 현대의 민주주의는 자치를 통해 상호 결합할 때, 자유민주주의 대의제가 안고 있는 모순과 문제점을 극복하고 진화시킬 수 있다. 그에게 자치의 개념은 '인간이 의식적으로 판단할 수 있는 능력, 그리고 자기 성찰적이며 자기 결정적일 수 있는 능력'을 의미한다. 그것은 사적·공적 생활에 있어 여러 행동 방침에 대해 숙고·판단하고 선택하여 실행할 수 있는 능력이다(David Held 2010: 443). 그러나 헬드의 자치의 개념에는 공공선을 향한 성찰과 숙의는 강조하고 있지만, 그것의 주체로서 인민 자체의 개념은 간과된다. 그래서 소수 덕성 있는 시민의 숙의에 의한 공공선의 도출이 인민의 참여보다 중요할 수 있다. 인민의 참여와 결정이 중요하지 않다 보니, 그의 민주적 자치의 개념은 엘리트 자치로 평가될 수 있다. 헬드의 자치의 개념인 공적 사안에 대한 선택과 실행의 능력은 완숙한 형태로 나아가는 자치력 과정의 하나이다. 그가 비록 숙의적 과정과 주민투표가 결합할 때, 더 완숙한 자치의 모습이 나타난다고 하였지만, 민주주의의 주체인 인민의 소외 현상은 그의 민주적 자치의 결정적 단점이다.

이와는 대조적으로, 정치적인 민주주의의 모델에는 들어가지 않지만, 인민의 주체적인 참여와 자치를 강조하는 아나키즘Anachism이 추구하는 자율적 공동체나 협동적 민회도 자치민주주의의 범주에 포괄된다. 중세의 촌락공동체, 자치도시, 길드 등은 국가의 정치체제를 거부하고 인간의 독자적인 해방 공간에서 자치 정치를 실현했다. 크로포트킨은 『근대과학과 아나키즘Modern Science and Anarchism』에서 "인간의 경제적·정치적 해방이 국가에 의해 확립된 형태(제도)를 대신하여 삶에서 그러한 해방을 표현하기 위한 새로운 형태를 창조할 것이다"라고 선언하였다. 왜냐하면, 그는 "이러한 새로운 형태는 대의 정부보다 더 민중적이고, 더 분권적이며, 민회folk-mote에 더 가까운 자치self-government여야 할 것"이 자명하다고 보았기 때문이다(콜린우드 2019: 53-54). 따라서 아나키즘의 자치민주주의는 대의제의 선거제도 자체를 부정한다. 그는 고대 아테네 집회 방식처럼 중앙권력의 통제에서 벗어난 자유로운 자치적 권력체계를 민회 형태로 구상하고 있기 때문이다.

따라서 자치민주주의의 개념을 종합적으로 정리하면, 그 수준은 다양하지만, 고대 아테네의 민회나 자치공동체처럼 인민의 집합식 자기 결정을 추구하는 독자적 '공동체형 자치민주주의'와 대의제에 대한 인민의 개입과 참여를 통해 대의제와 병존해서 작동되는 '참여형 자치민주주의'로 구분할 수 있다.

[그림 1] 자치민주주의 개념 형성과 관련된 자치적 사상의 부류들

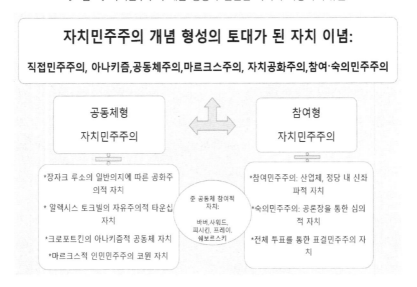

(2) 가치와 이념: 자아실현과 공공선

대의제의 이데올로기인 자유민주주의는 시민혁명을 통해 시대정신이 된 인간의 자유와 평등을 주창했다. 그러나 대의제는 인민을 정치로부터 배제함으로써, 정치참여를 통해 인간의 자아실현 및 공공선의 추구라는 인류적 목표와 이상은 상실되기 시작하였다. 대의제 정치체제는 선거로 선출된 대표자들에게 자신들의 정파적 혹은 개별적 이익을 추구할 권리는 주었지만, 자신들의 해방을 위해 피흘린 인민들로부터는 자신들의 행복을 위해 정치에 참여할 권리를 빼앗았다는 비판에 직면했다.

인민이 자신의 정치적 결정권을 타인에게 양도한 정치체제를 민

주주의라고 부른 역사는 오래되지 않는다. 그리고 민주주의라는 용어는 근대 시민혁명 이후에도 정치적 공화주의자들에게는 경계의 대상이었다. 평등사상과 인민주권 사상은 고대 아테네의 광장정치에서는 인간은 공동체의 자치적 삶을 통해 진정한 행복과 자유를 누린다는 자치적 정치사상으로 나타난다. 고대 폴리스에서 개인의 자아실현과 공동체의 공공선은 변증법으로 결합한다. 고대 광장정치의 자치민주주의는 공동체 생활을 통해 개인의 자유와 공적인 생활을 담보한다. 고대인들은 민회에 모여 치열한 토론을 통한 공익적 결정으로 자신의 자유적 삶과 폴리스의 공공선을 추구했다. 폴리스에 대한 자치적 정치에서 유래하지 않는 개인의 자유와 번영은 존재하지 않았다.

또한, 고대에는 개인의 자아실현은 폴리스의 공공선의 실현을 통해서만 가능한 것이었다. 폴리스에의 참여를 통해 개인의 능력 계발과 공공선의 텔로스$_{telos}$가 실현되었다. 도시국가에서 시민의 적절한 역할과 자리를 확보하고 실현하는 것이 바로 정의의 의미였다 (Held 2010: 40). 그들은 자치를 통해 그들이 결정한 공동의 목표가 정의라고 생각했다는 점에서, 광장 정치인 민회는 자아실현과 공공선이 통일되는 공간이었다.

중세 이탈리아 자치 공화정과 관련, 르네상스 공화주의에서도 최고의 정치적 이상은 자주적이고 자치적인 인민의 시민적 자유다(헬드 2010: 75). 인간의 자주성과 시민적 자유의 결합은, 높은 지적·문화적 수준을 넘어 정치적 자주성을 통해 인간에게 운명의 주인으로서 <자아실현>을 보장하는 것이다. 따라서 리비우스는 로마사에서 공화주의의 권력은 전체 인민들 정신의 겸손함, 공명정대함, 고

결함 등과 연결된다고 주장했다(헬드 2010: 77). 비록 참여하는 시민의 수가 제한적이라는 한계는 있었지만, 르네상스 공화정에서 추구했던 고결한 시민성과 현안을 바라보는 공명정대함에는 바로 <자아실현>과 <공공선의 추구>라는 자치 사상의 개념이 담겨 있다.

중세 공화정 자치가 추구했던 기본적 원칙은 상업 도시 내부의 자율과 자유였다. 중세의 교황이나 왕권으로부터 독립한 도시는 자율적으로 600인 평의회를 구성하여 독립적이고 자치적으로 운영되었다. 시민들은 자유로운 경제활동을 통해 부를 형성하면서도, 신이 지배하던 중세에서 벗어나 이성과 인간 중심의 르네상스 시대의 주체가 되었다. 사람들은 왕성한 자유무역을 통해 혁명적인 경제적·문화적 부흥을 촉진하기 시작하였다. 베네치아, 피렌체 등 수많은 자치도시는 자율적인 정치·경제체제를 운영하면서 안녕과 번영이라는 공동체의 정신을 담았다. 이들은 절제된 통치 형태와 병든 통치 형태를 구분하였는데 그 기준이 된 것은 무엇보다도 공공선을 위해 행동하느냐의 여부였다(마르실리우 1980: 32; 헬드 2010: 106 재인용).

밀Mill. J. S.에 의하면 좋은 정부란 구성원들의 자질, 특히 도덕적·지적 자질을 얼마나 잘 발전시킬 수 있는가에 달려 있다(Mill 1975: 37). 따라서 인간의 능력 중에서 활동성, 정력, 용기, 독창성을 촉진시키는 요소는 없어서는 안 되는 것이다(Mill 1975: 30). 밀에 의하면, 시민의 덕성과 자질을 발전시키는 좋은 정부는 시민이 직접 공직에 참여하여 행정관으로 업무를 수행할 때 가능하다. 즉, 공공을 위해 무엇인가 일을 하게 되면 위의 모든 결핍들을 한꺼번에 해소할 수 있다. 기회가 되어서 상당한 수준의 공적 의무를 수행한다면, 그 사람은 곧 양식과 교양을 갖춘 사람이 될 수 있다. 법정과 시민총회 참여를 통해 아테네 일반 시민들의 지적 수준이 놀라울 정도로 높아졌다. 따라서 아테네는 고대, 현대 그 어느 곳보다 큰 발전을 이룩한 것이다(Mill 1975: 72-73). 밀의 계발적 자유주의 사상에는 일반적인 자유주의 사상에는 찾아볼 수 없는 참여를 통한 인간의 잠재력 계발의 필요성을 언급하고 있다. 그에게서 정부와 정치는 자유인인 인간의 자질과 능력이 발현되고 진화하는 공적 영역이다.

아나키즘은 자유주의와 사회주의 모두가 숭배하는 국가권력을 비판했다. 아나키즘은 사회를 변혁하는 혁명적 이론이면서도 자연과학이었다. 이들은 인간과 사회의 모순과 착취를 근절하고 평화롭고 평등한 사회를 만들기 위한 정치 철학적 이론을 자연과학적인 상호부조와 진화의 논리와 연결했다. 아나키즘은 이념에 따라 다양하지만, 이 다양한 아나키즘을 하나로 연결하는 것은, 외적 권위에 대한 거부이다. 즉 국가나 고용주의 권위도, 혹은 행정이나 학교나 교회와 같은 기존의 서열적 제도의 권위도 거부한다(콜린우드 2019: 13). 중앙의 권력과 모든 기존의 사회적 권위로부터 자유로운 아래로부터의 자치만이 인간의 자유와 능력의 계발을 통한 진정한 행복을 보장한다. 아나키즘적 공산주의는 지금까지 우리에게 알려진, 서로 간의 투쟁 속으로 사람들을 밀어 넣는 개인주의적 발전이 아니라, 개성의 발전을 위한, 그리고 모든 인간 능력의 완전한 개화, 인간 속에 있는 모든 창조성의 최상의 발전, 이성과 감정과 자유의지의 최고의 활동을 위한 최상의 토대이다(크로포트킨 2009: 58).

개인이 자유로운 영혼과 최상의 지적·문화적·심리적·정신적·
도덕적 잠재 능력을 발양시키지 못하는 어떠한 국가나 체제도 거부
한다는 것이 아나키즘의 사상이다.

자치와 협동으로 인간의 문명은 번영하고 고도화한다. 크로포트
킨은 하나의 영광된 시대인 고대 그리스 도시국가의 시대를 제외하
면, 인류가 중세 르네상스 시대처럼 빠른 속도로 발전한 적은 없었
다고 주장한다. 2, 3세기 만에 인간이 그렇게 심오한 변화를 겪고
자연력에 대한 지배력을 그 정도 수준까지 발전시킨 적이 없었다
(크로포트킨 2009: 100). 아나키즘은 자연과 생태를 고갈시킴으로
써, 결국 인류 자신을 파멸시키는 착취와 약탈의 자본주의 체제와
이러한 자본주의 체제를 지탱하는 국가권력을 반대한다. 따라서 인
류의 공공선은 자본주의와 국가권력으로부터 인류를 해방시키는 것
이다.

참여민주주의자인 맥퍼슨이나 페이트먼의 자치 사상도 마찬가지
다. 참여민주주의는 인간의 계발을 촉진하고 정치적 효능감을 제고
해 주며 권력 중심으로부터 소외감을 감소시키고 집단적 문제에 대
한 관심을 키울 뿐만 아니라, 정부의 일에 좀 더 민감하게 관심을
가질 수 있는 적극적이고 식견 있는 시민을 양성하는데 기여한다
(Pateman 1970: 212). 페이트먼의 참여민주주의에는 식견 있는 탁
월한 시민의식과 공공선을 창출하는 인민의 집합의식이 통일된다.
그래서 허용과 허위의식에 사로잡힌 현대인의 삶을 비판한 맥퍼슨
은, 참여민주주의의 첫 번째 전제 조건은 민중의 의식이 스스로를
본질적으로 소비자로 간주하고 행동하는 것으로부터 스스로를 자기
자신 잠재능력의 행사와 계발의 행사자와 향수자로서 간주하고 행

동하는 것에로의 변화이다(Macpherson 1992: 164).

숙의민주주의자들의 경우는 결이 좀 다르다. 이들은 숙의의 주체는 인민이 아니라, 소수의 선정된 사람에 한정된다. 광장정치의 대중은 우매하므로 숙의의 걸림돌에 해당하며, 따라서 숙의가 결핍된 인민의 논의는 민주주의에 바람직하지 못하다. 그러나 추첨이나 공론조사를 통해 인민 대표성의 중요성을 부각한 점은 숙의민주주의의 공로이다. 이들은 대중이 아니라, 합리적 토론과 현명한 의사결정이 가능한 정제되고 사려 깊은 학습된 시민을 요구한다. 피시킨에 의하면, 대부분의 공중은 정보도 부족하고, 엘리트들이 논하는 특정 정책에 대한 자신의 의견을 갖고 있지 못하며, 대화의 주제와 소재를 유사한 관점이나 지위를 가진 사람들에게만 한정한다. 이러한 이유로 조작에도 조약하다(피시킨 2009: 37). 또 한편으론 숙의적 결과보다는 숙의 과정 자체를 강조하기도 한다. 이들에게 중요한 것은 갈등과 대립이 첨예한 현대사회에서 공동의 의사로 통일시켜 나가는 과정 그 자체가 중요한 것이며, 그럴 때만이 사회의 안정성과 지속 가능성이 보장되는 공공선도 가능하기 때문이다. 사실에 기초해, 미래를 예측하면서, 타인에 대한 배려 속에 토론이 진행되어 민주주의 절차가 확보되어야 민주적 대표성과 정당성이 인정받는 공공선이 가능한 것이다.

숙의민주주의에서 자아실현의 과정은 학습 과정을 거쳐 건전하고 합리적인 정치적 판단을 통해 완성된다. 숙의는 무지한 사람을 덕성 있는 탁월한 시민으로 성장시킨다. 높은 정치적 판단력은 정치 행위의 능력으로 연결되면서 개인에게는 지적·문화적·심리적 차원에서 정신세계의 진화에 도움이 된다. 정치적 판단력과 자아실현은 정신세계의 진화와 접맥되는 것이다. 사실 숙의민주주의에서 시민 개인의 자아실현보다 더 중요한 것은, 숙의를 통해서만 공공선의 취합이 가능하다는 주장이다. 드라이젝Dryzek, J.(1990)에 의하면, 기존의 자유민주주의의 모델의 결함은 현대사회에서 우리가 당면하고 있는 집합적 문제에 대해(중요 공적 현안으로 연금 위기에서 환경 훼손에 이르는) 집합적 해결책을 모색할 수 있도록 논증적·의사소통적 합리성을 강화함으로써만 극복될 수 있다(드라이젝 1990: 35). 이들에 의하면, 정파 간 권력투쟁의 장인 의회에서는 집합적 문제에 대한 합의가 불가능하다. 왜냐하면, 국회에서는 논증적·의사소통적 합리성이 지배하는 것이 아니라, 정파적 입장만이 존재하기 때문이다. 현재 민주주의의 도전 과제는 사회적 공공선에 도달하는 길은 '숙고를 거친, 일관된, 상황에 얽매이지 않은, 사회적으로 입증되고 정당화될 수 있는 그런 선호가 형성되도록 장려하는 절차의 도입'에 관한 것이다(Offe and Preuss 1991: 167). 따라서 숙의는 인간의 자치적인 사고 행위에 기반한다는 점에서 숙의와 자치는 숙명적으로 결합된다. 숙의적 자치만이 민주주의의 목표인 공공선을 보장하기 때문이다.

풀뿌리민주주의는 중앙 권력으로부터 인민의 소외에 대한 저항이다. 대의제는 정당정치의 체계를 발전시키면서 선거민주주의를 발전시켰다. 선거민주주의는 득표에 따라 정당의 존망이 결정되기 때문에, 정책이나 가치보다는 득표에 유리한 선거 전략과 전술이 득세한다. 현대의 정당정치는 이념 정당에서 변한 대중정당이 다시 포괄정당13)으로 변모하였다. 그래서 널리 유권자들의 선호를 파악

---

13) 포괄정당(包括政黨, 영어: catch-all party) 또는 빅텐트(영어: big tent)는 특정 계급이나 이념에 한하지 않고 다양한 계층이나 이념을 가진 사람들의 정당을 의미한다. 이러한 정당들은 주로

할 수 있고, 그에 부응하는 상징과 이미지를 창출해 확산시킬 수 있는 정당 지도자나 공직 후보자 같은 인물들에 대한 상징과 이미지 조작에 능숙해 선거 승리에 기여하는 선거 전문가들이 부상한다 (김윤철 2009: 23). 따라서 일반 시민은 정당정치에서는 참여의 주체가 아니라, 성공적인 홍보와 상징 조작의 대상이 된다. 이러한 과정에 주체적이고 자주적인 정치적 판단력을 겸비한 자치력 소유의 주권자는 존재하지 않는다. 전자 메신저 기술이 발달하고 1인 미디어 시대가 열리자, 자극적인 가짜 뉴스가 사람들을 합리적이고 객관적인 판단에 이르게 하는 숙의적 공론장을 대신한다.

따라서 각 자치민주주의는 인간의 정신세계와 사회를 진화시키는 다양한 이념과 가치를 발양한다. 필자는 이것을 인간 개인에게는 자신의 잠재력 및 소질을 최대한 발양시키는 '자아실현'과 공동체 차원에서는 불편부당한 최적의 집합의견이라는 '공공선'에 대한 도출의 의지로 집약하였다. 이를 통해 민주주의는 단순한 권력에 대한 효율적 운용의 문제를 넘어, 인민이 권력 행위의 주체가 됨으로써, 인간 자신과 인류에게 정신적·물질적·사회적 진보 및 진화를 촉진하는 목적적 측면을 강조하는 것이다. 자치주의 사상가들은 인민이 권력 행위의 주체가 됨으로써, 지적이며 덕성 있고 도덕적 인간으로 변모한다고 보았다.

이들은 참여하고 숙고하는, 선택하고 결정하는 자치를 통해, 자치민주주의의 공간은 시민적 덕성과 잠재력을 발전시키는 자아실현의 학교가 될 것으로 기대했다. 자치 정치를 거부하는 대의제에서는 자아발전과 잠재력 개발의 주체자인 자주적 시민을 기대할 수

중도주의 정당으로 분류되는 경우도 많으나 항상 그런 것은 아니다. 정당 발전 과정은 명사 정당-대중정당-포괄정당-카르텔 정당-선거운동 정당으로 구분한다.

없다. 대의제의 엘리트 정치에는 시민을 정치참여로부터 배제하는 원리가 작동하고 있기 때문이다(맥퍼슨 1992: 43). 그 결과 근대 초기 시민혁명 때 표출되었던 정치참여를 통한 인간 스스로의 계발과 자아실현의 목표는 역사에서 사라져 버렸다. 의회가 정치 패거리들의 권력 싸움의 장으로 변해 버린 대의제에서 공공선은 존재하지 않으며, 설사 존재한다고 하더라도 매우 선정적이고 일시적이다. 반면, 일반의지를 추출할 수 있는 공적 공간이 존재하는 자치민주주의는 치열한 공론과 심의를 통해 사회의 공공선에 가까이 가려고 한다. 그림같이 직접민주주의는 주민총회, 참여민주주의의 참여의 틀, 숙의민주주의의 사려 깊고 정제된 심의, 풀뿌리민주주의의 마을 공론장은 자아실현과 공공선에 도달하는 인민의 정치적 행위와 구체적 삶의 공간이다.

[그림 2] 각 자치 공간에서 생성되는 자치민주주의의 이념들

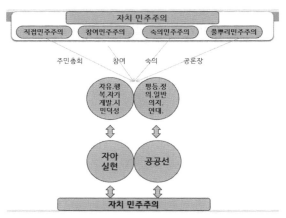

(3) 국내 논의

한국에서 민주화 이후 민주주의에 대한 이행과 관련된 논의는 정당 중심론과 시민사회 중심론이라는 서로 다른 각도의 논의로 나타난다. 대의제 정당정치를 중심축으로 생각하는 최장집(2006)의 경우는 민주화 이후 민주주의 위기의 근원을 대의제 선거체제가 아니라, 자유주의 기조 속에서 분출되는 사회경제적인 욕구를 민주적으로 조정하고 해소할 선진적 정당 체제나 진보적 대중정당의 부재에서 찾는다. 민주화 이후 한국 사회는 강력한 중앙집권의 전통을 갖는 약화되지 않은 국가와 사회의 주요 영역에서 강력하게 집중화된 사적 거대조직/사적 거대권력들이 상호 의존적 관계를 발전시키는 것으로 나타났다(최장집 2006: 73). 따라서 그의 시민사회는 이중적이다. 민주주의를 방해하는 사적 거대권력이 발흥하는 온상이기도 하지만, 국가의 중앙집중화를 견제하고 민주주의를 심화시킬 수 있는 자율적인 사회 중간결사의 영역이다. 그러나 그의 주장에 따르면, 한국은 자율적인 사회 중간집단의 허약함으로 인해 민주주의의 심화적 이행에 실패했다는 것이다. 그래서 대신 사회 중간집단의 역할을 대신할 정당정치가 요구된다. 그는 토크빌과 헨더슨의 주장을 인용하며 정부의 권력이 미치기 어려운 시민사회의 성장이 국가권력과 대중과의 직접적인 연계를 차단할 수 있을 때, 권력 중심의 분산이 가능할 수 있다고 보았다. 한국에서 이러한 중간집단의 역할을 사회의 균열과 갈등, 경쟁하는 이익과 가치를 대표하는 정당의 발전에서 찾았다(최장집 2006: 83).

반면, 조희연(2005)에게 있어 민주주의의 심화는 민주화 시기인

정치적 독점의 해체를 경과한 이후에도 여전히 남는 경제적·사회적 독점을 해체하는 과정이다. 민주주의가 달성된 이후의 민주주의에서는 자유와 자율의 확장된 공간 속에서 자신들의 요구와 권리를 다양하게 조직화된 방식으로 표현하게 된다. 정치적 민주화가 달성되어 정치적 공간이 확대된 상황에서 민중들은 형식적 민주주의에 만족하지 않고 민주주의의 정치적·경제적·사회적 차원에서 다양한 저항을 분출하게 된다. 특히 포스트-이행국면에서는 경제적·사회적 독점의 해체와 변화를 위한 갈등이 전개된다. 이러한 차원들을 둘러싸고 다층적인 갈등이 전개되기 때문에, 공고화와 그를 뛰어넘는 '민주주의의 사회적 정착'이 이루어지려면, 바로 이러한 차원들에서 활성화된 시민사회(시민사회 활성화)와 정치·국가의 괴리, 혹은 주체화된 민중(민중의 주체화, 그 조직화된 표현으로서의 사회운동)과 정치의 괴리가 일정한 수준ー이의 개념화 및 경험적 지표화가 이루어져야ー으로 극복돼야 한다(조희연 2005: 14). 따라서 그에게 민주주의 심화 과정은 정치·국가의 막강한 영향력을 통제할 수 있는 시민사회 역량의 확충이다. 여기서 시민사회의 강화는 사회운동social movement이다. 자율적·운동적 결사체나 주민자치 영역의 풀뿌리 결사체의 확장과 더불어 민중운동 세력의 정치화를 들 수 있다.

이렇듯 최장집이 시민사회의 중간집단의 역할을 대신할 수 있는 것으로, 선진적 정당 체제나 새로운 대중적 진보정당을 고려했다면, 조희연은 최장집이 정당이 대신해야 한다고 생각하는 사회 중간단체의 확장을 통한 새로운 민주적 질서 속에서의 헤게모니를 주장한다. 최장집의 선진형 민주주의는 갈등적인 사회경제적 요구에 대해 민주적으로 수렴하고 조정하는 역할을 하는 정당 체제를 통해 완성된다. 그러나 사회·경제적인 계급·계층적인 요구를 반영하는 정당 체제를 절대로 불허하는 기존의 정당 권력(철통같은 지역에 기반한 양당제라는 한국 보수이념의 과두적 정당 체제의 철칙으로서)에 대항하기 위해서는, 시민사회의 권력이 강화되어야 한다는 것에 대한 최장집의 무시는 '정당 체제의 순환론'의 함정에 빠진다는 비판에 취약하다. 서구 초기 계급정당의 출현도 정당 체제 내부의 혁명이 아니라, 시민사회로부터 분출한 민중의 개입으로부터 가능했기 때문이다. 조희연은 민주화의 이행과 심화는 정당정치를 통해서가 아니라, 시민사회 형성의 주체화로부터 '시민사회의 다층적 분화'를 통해 진척된다. 최장집이 사회경제적 갈등에 대한 정당정치 내로의 제도화를 민주주의의 진화로 보았다면, 조희연에게 민주화의 진전은 사회경제적 독점이 해체되는 과정이다. 그는 이것을 시민사회에서의 사회화 과정을 통해 주류 정치화될 때 가능하다고 보았다. 둘 모두는 사회경제적 갈등에 대한 주류 정치화가 민주주의의 진화(공고화)로 본 것은 같지만, 조희연의 주류 정치화는 '사회화'를 통해 사회경제적 독점의 해체를 통해서 가능하다는 점에서 최장집의 논리와는 차이가 있다(조희연 2005: 17 참조).

김동춘(2006)에게 민주화 이후의 민주주의에서 가장 큰 관심은 민주화와 지구화를 통한 한국의 비대칭적 계급구조의 변동이다. 계층론적 차원에서 양극화, 불평등화의 심화, 중간층의 축소, 노동자의 파편화, 주변층의 확대 등의 제반 현상들은 한국의 계급 구조화에 중대한 함의를 준다(김동춘 2006: 106). 민주화 이후 한국의 시민사회는 한국적 분단체제와 일탈적 정당정치로 인해 민주주의의 주요 기능체제로 등장하지 못한다. 따라서 시민혁명 이후 선거로 선출된 대통령에게 민중적 요구나 저항운동의 요구가 위임되었다. 그에 의하면 정당이나 시민사회보다 대통령이 '수동 혁명'passive revolution의 중심적인 역할을 했다(김동춘 2020: 45). 민중과 시민의 사회경제적 요구 실현의 성패는 오직 청와대에 달려 있으면서, 시민에게 권력을 배분하거나 자치 권력을 행사하는 방안을 창출하는 자치 운동은 민중운동과 관계없는 행정행위로 추락하게 된다.

[그림 3] 민주화 이후 민주주의의 공고화로서 경제 사회적 재편 도형

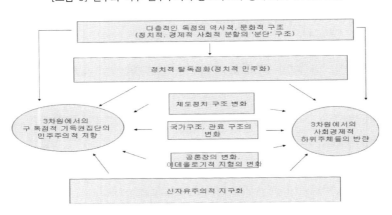

출처: 조희연 2007. '민주화 이후 민주주의' 이후 경제적 독점의 변형적 재편

이와 같은 논의를 보면, 민주화 이후 민주주의와 관련된 담론에서 민주화운동(민중운동)과 주민자치 운동은 서로 관계가 없는 별도의 영역으로 진행되었다. 민주화 이후 민주주의의 주요 담론은 민주화 이전에 소외되었던 민중들이 주류적 정치체제 내로의 진입에 초점이 맞추어졌다. 설사 시민사회나 시민운동을 이야기하더라도 중앙 중심의 사회운동에 국한하였다. 자치와 분권은 행정 민주

화의 일환이었고, 중앙정치의 하위 범주로서 민중운동과는 독자적인 방식과 문법에 따라 생산되었다. 설사 민주주의 이행과 공고화의 과정에서 사회운동이나 시민단체의 역할과 중요성을 얘기하더라도, 그 속에는 주민자치 운동은 존재하지 않거나 아주 미약한 보조적 영역이었다. 그 이유는 한국 민주화의 과정에서 시민사회에 축적된 사회적 자본 구성 형태의 수준과 성격에서 기인한다.

87년 민주화 이후 시민사회는 다변화되었지만, 시민사회 모든 영역의 활성화를 가져온 것은 아니었다. 변혁적이며 계급론적 민중운동은 상대적으로 쇠퇴하는 경향을 보였고, 반면에 점진적 개혁과 초계급적, 혹은 전 인류적인 시민운동이 활성화되는 현상을 보였다 (강대현 2006: 145). 노동·통일·민주화를 통해 근본적인 사회변혁을 추구했던 민중운동 진영은 자체 분열되거나, 정당정치에 포섭되면서 약화되었다. 그들은 민주적 정권에서 민중운동이 사회변혁을 촉진하고 가속하는 길은, 이전의 집단적 동원 전략을 시민의 권력화 전략으로 전환하는 것이라는 사실에 무지했다. 민중운동 세력은 민중의 사회경제적 요구를 수행할 민주노동당 등 진보정당 운동을 통해 계급·계층적 이익이 반영되는 정당 체제를 시도하였으나, 자체 분열 과정을 통해 민중운동 세력은 해제되었다. 따라서 민주화 시기 민중운동 세력의 약화는 시대의 변동에 따른 다양한 사회·경제적 세력으로의 필연적 분화과정이기도 하지만, 민중운동 세력의 비과학적 전략 노선과 내부 권력투쟁의 결과로 초래된다.[14] 민중운동이 서울 중심과 엘리트주의에 기인하면서, 중앙집중

---

14) 민주화 이후 민중운동 세력은(노동, 통일, 민주화) 빠르게 독자적 진보정당 운동으로 집중되었다. 여기에는 최초 진보정당 창당을 반대했던 급진적 NL과 민주노총 내 급진좌파도 합세하면서 민중운동 세력은 민주노동당이라는 정당 운동으로 집결했다. 그러나 급진적 NL 세력과 급진좌파 블록 양측 모두 반공-분단구조와 신자유주의에서 초래되는 계급적 허약함(계급적 비대

적인 진보정치 세력의 해체는 민중운동 전체의 역사와 이념의 해체로 이어졌다. 따라서 서울 중심주의와 엘리트주의에 찌든 이들에게, 시민 권력화의 공간에서의 지역 자치 운동은 부차적이고 철 지난 순진한 개념이었다.

이러한 민중적 진보 운동의 문제는 중앙집권적 시민운동의 영역에서도 동일하게 나타났다. 시민운동은 민중운동의 사회변혁론[15]을 비판하면서, 시민과 밀착된 생활 세계의 변화를 주장했지만, 시민운동을 얘기하는 그들의 운동 내에도 시민은 존재하지 않았다. 서울의 시민단체 소수의 상근자와 전문적 활동가가 시민사회의 보편적 의제와 시민을 대표하는 '대표성 왜곡 현상'에 무감각했다. 시민운동은 학계나 법조계 인사들이 정치권으로 진출하기 전에 '몸값 올리기' 위한 데뷔 정치인의 흥정소라는 냉소적 비판에 직면했다. 결국, 1990년대 이후 시민운동을 통해 등장한 시민단체들이 인권, 여성, 노동, 환경, 교육, 복지, 아동, 청소년 등 많은 분야에서 전문성을 확보하고 국가와 자본의 비공익적 논리를 견제해 왔지만, 정작 구체적 생활 세계를 구성하는 지역사회 주민들의 정서와 생각을 대변하는 데는 실패했다(진필수 2020: 147). 결국, 지역 주민들의 자치적 민주체계 구축을 통한 일상적 생활 세계에 대한 변화와는 동떨어진 채, 시민 없는 시민단체, 혹은 시민 없는 시민운동의 문제

칭화)과 민중적 파편화의 한계가 존재하는 상황에서, 자체 분열 시 진보정당의 존립 자체가 어렵다는 한국의 객관적인 정치·경제적 조건에 대한 과학적 인식이 미천했다. 물론 분파적인 자유주의적 권력투쟁 양태를 보인 특정 세력의 책임이 크지만, 민중운동은 작은 당권에 대한 패권적 경쟁 구도에 빨려들어 자체 분열함으로써, 사회경제적 갈등에 대한 내재화가 불가능한 한국의 정치권에 진보정당을 정치체제 틀에서 소거할 대중적 명분을 제공했다(송재영, 2016 한국에서 노동자 정치세력화 실패 원인 분석. 석사 논문 참조).

15) 87년 체제 이후 시민운동 진영은 정치적 민주화가 일정 정도 진척되었다고 보고, 노동, 통일의 영역에서 사회변혁을 지향하는 민중운동의 대중적 결합력의 취약성을 비판하면서 환경, 인권, 여성 등 시민 대중의 현안 생활 세계의 문제를 해결하는 신사회운동으로서의 정체성을 주장한다.

가 드러나기 시작한 것이다. 이들은 민중운동의 변혁 지향성을 비판하고 신사회 운동으로서 시민의 구체적 삶과 연결된 생활적 변화를 주장하였지만, 독자적 시민사회의 구축 전략의 부재와 중앙주의와 출세주의에 경도된 채, 시민사회는 국가와 시장과의 관계에서 정체성과 독자성을 상실하고 만다.

이러한 시민운동 명망가들의 모습은 국가-시장-시민사회라는 3각 구도가 해체되고 시민사회가 국가와 시장의 보조물로 전락하는 주요 원인이 된다. 시민사회의 왜소화 현상은 정치권 내로 진입한 명망가들이 시민사회 내용의 확장이 아닌 기존 정치권으로의 동화에 치중한 결과이다. 따라서 시민사회는 국가와 시장의 승자독식 경쟁주의에 대응한 대안 창출에 실패했다. 이러한 기존 정치에 대한 시민사회의 '정치 부품화 현상'은 이들이 자신의 상품값을 올린 공간이었던 과거 시민사회의 문법과 이념을 전면적으로 부정해 버리고, 갑자기 국가와 시장의 주류적 가치와 논리에 빠지면서 발생한다. 마치 주류적 권력 질서에 대한 진입에서 탈락한 야망가가 공정과 정의의 이미지를 활용해 자신의 상품성을 높인 후 시민사회라는 우회로를 통해 주류의 권력에 재진입하는 모양이 되면서, 공적 영역이라는 시민사회의 이미지는 추락한다. 따라서 국가와 시장의 신자유주의적 논리와 행위를 비판하고 제어하면서, 공익과 자치적 영역을 개척해야 할 시민사회의 위상을 추락시키고 독자적 영역을 축소하는 데 그들의 역할은 컸다.

이러한 공익과 자치 영역의 생산자로서의 시민사회의 실패는, 자체 역량이 미흡한 시민사회가 국가와 시장의 일부 영역 안에서 그들과의 연합과 타협을 통해 상호 발전할 수 있는 유연한 전략 발휘조차도 힘든 결과를 초래했다. 시민사회 자체가 독자성을 유지하면서도, 공익성과 자치성에 있어 허약한 시장과 국가가 양보할 수밖에 없는 의제에 대한 사안별 연합을 통해 시민사회 고유의 영역을 강화, 확대할 수 있는 당연한 권리조차 탈진해 버렸다. 이에 외골수 극소수가 대중과 괴리되어 비사회적 길을 가든가, 아니면 기존 기득권에 복속되든가 양자택일만 남았을 뿐, 공익과 자치를 향한 시민사회의 풍부한 전략적 유연성과 창조성은 길을 잃고 만 것이다. 민주화 이후 민주주의의 과정에서 객관적으로 표출된 그들의 모습은, 중앙집중적 한국 사회에서 사회적 지위 및 부 획득의 경쟁에서 승리자가 되고자 하는 주류 자유주의자들과 별 차이가 없었다는 점이다.16) 따라서 민주화 이후 한국의 시민사회는 정체성과 대중적 신뢰를 상실하고, 무한 질주의 권력과 자본을 견제할 수 있는 공익과 자치의 독자적 영역에 대한 창조적 대안을 제시하는 데 힘겨워하는 것이다.

따라서 한국의 시민사회에서 변혁적 민중운동 및 시민운동과 시민에게 권력을 배분하는 자치 운동과의 관계에 대한 체계적 담론이나 실천 활동은 활발하지 못했다. 국내에서 자치민주주의에 대한 논의는 지방자치의 확대 및 주민자치와 관련된 개혁적 행정행위의 영역에서 시작되었다고 볼 수 있다. 국내의 자치민주주의의 관점에

---

16) 민중운동이나 시민운동 중앙의 행위자들이 자신의 가족이나 가문(학교)에서 인식되고자 원하는 것은, 기득 권력 질서 주류의 행위자들처럼 사회적 지위와 부에 대한 승리자로 인정받는 것이었다. 그래서 그들의 세계에서는 정치인이나 고위직 공무원이 되는 것과 중앙 결사체의 대표가 되어 언론의 지명도가 올라가는 것이나 별 차이가 없다. 즉, 그들은 가족이나 고향, 동문에서 힘이 있고 출세한 것으로 인정받는다는 것을 선호했다는 점에서 동일했다. 그러나 이들은 국가의 행위자가 권력을 추구하고 시장의 행위자가 돈을 추구하는 것을 시민사회도 따라할 때, 시민사회의 정체성과 존재 기반 자체가 흔들린다는 것을 이해할 정도로 사회·역사적 지적 능력과 도덕률은 높지 못한 것으로 보인다.

있는 직접민주주의에 관한 연구는 이기우(2016), 주성수(2009), 하승우(2014), 안성호(2016), 곽현근(2015), 조대엽(2015), 홍성태(2012), 박근영(2017) 등이다. 이들에 의하면, 대의제와 직접민주주의는 대립하지 않고 상호 보완적이다. 지역에서 풀뿌리민주주의의 도입과 강화는 스위스나 미국처럼 대의제를 보완한다. 이들은 스위스와 달리 인구가 많고 영토가 넓은 한국에서의 직접민주주의는 불가능하다는 주장에 대해 반박하면서, 대의제의 대표성을 보완하는 방안으로 직접민주주의를 주장한다.

국내의 자치민주주의로는 스위스의 정치제도와 마을 민주주의가 자주 논의된다. 스위스 사례가 직접민주주의에 관한 연구라면, 마을 민주주의는 주민자치와 관련된 숙의민주주의에 대한 것이다. 이기우(2016)는 직접민주주의는 스위스와 같이 작은 국가나 지방 수준에서나 실시 가능하며 국민의 수가 많고 영토가 넓은 우리나라에서는 실현 가능성이 없다는 주장을 강하게 비판한다. 그에 의하면 현대적 직접민주주의는 고대 아테네의 집회 민주주의 방식과는 거리가 멀다. 아테네 폴리스의 면대면 정치는 작은 지역에서 문화적 공감대가 형성할 때 가능하다. 그러나 광범위한 영역에 이질적 사람들이 섞인 민족국가 시대에는 집합적 방식이 아니라 표결을 통해 직접민주주의가 가능하다는 것이다. 이것이 주요 현안에 대해 국민이 투표소에서 표결을 통해 결정하는 표결민주주의이다(이기우 2016: 16). 그는 영토의 크기와 상관없이 충분히 실현 가능한 국민투표, 국민발안 등을 실시하지 않고 있는 한국 헌법상의 국민주권의 허구성을 공격한다. 그는 한국 정치에서 말하는 국민주권에는 주권이 없으며, 주민자치에는 자치가 없다면서 대의제 국민주권론자들을 허구적이라고 비판한다.

그는 직접민주주의의 계보를 크게 세 개의 줄기로 나눈다. 첫 번째 줄기는 루소와 프랑스 혁명을 거쳐 형성되어 온 프랑스의 플레비사이트Plebiscite 민주주의를 든다. 두 번째 줄기는 정착민 민주주의와 타운미팅을 거쳐 19세기 말에서 20세기 초에 미국의 주들이 도입한 직접민주주의이다. 세 번째 줄기는 게르만의 집회 형태와 칸톤 총회를 거쳐 19세기 중엽에 도입된 스위스의 직접민주주의를 든다. 그에 의하면 이 세 줄기의 직접민주주의는 고립적으로 발전된 것이라기보다는 서로 영향을 주고받으면서 발전해 왔다(이기우 2016: 93).

[그림 4] 직접민주주의 계보

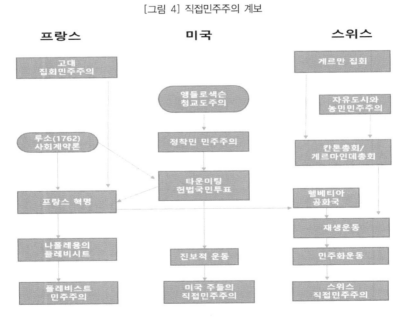

출처: Moeckil 2013: 29; 이기우 2016: 94에서 재인용

이기우에 의하면 대의제도가 곧바로 민주적이라고 하는 것은 반드시 옳은 것이 아니다. 대의제도는 민주적일 수도 있고, 과두적 또는 귀족적일 수도 있다면서 대의기관의 결정이 국민의 의사와 합치되는 경우에만 민주적이다. 대의기관이 국민의 의사를 대변하지 못하고 대표자의 의사를 대변하는 경우에는 비민주적이다. 과거에는 귀족이 출생에 의해 만들어졌다면, 오늘날에는 선거에 의해 태어나고 임기 동안 한시적이라는 차이만 있을 뿐 본질적 차이는 없다(이기우 2016: 35). 그에 의하면 고대 아테네의 민회나 스위스의 주민총회, 미국의 타운미팅 같은 직접민주주의 모델은, 국가의 주요 현안을 국민이 투표소에서 표결을 통해 직접 결정하는 표결 방식으로 변화하고 있다(이기우 2016: 16). [그림 4]를 보면, 현대 스위스의 게마인데 총회나 국민발안제도는 프랑스 시민혁명의 산물이 아니라, 게르만 시대부터 내려온 촌락공동체와 중세 자치도시의 민회라는 점이다.

그의 직접민주주의는 국가의 정치 권력에 대한 인민의 직접 결정권이 보장되는 시민발의나 국민투표에 초점이 맞추어져 있다. 따라서 그는 국민자치권을 강하게 주장한다. 민주주의는 결국 국민의 자기 결정, 즉 국민자치가 보장되어야 실현될 수 있다. 그는 전국 시·도지사협의회와 전국 시장·구청장협의회 등 4단체 협의회가 발주한 헌법 개정안 용역에서 국민자치권의 도입을 주장한다(이기우 2016: 404). 그러나 그의 이러한 제안에도 불구하고, 시민발의, 국민투표권은 자치분권 시행계획에서 빠진다. 이것은 중앙 정치권에서 국민자치권에 대하여 부정적이라는 것을 의미한다. 정권이 바뀌어도 중앙 중심의 한국의 고질적 정치 행태는 변하지 않는다는

것을 보여준다. 또한, 시민사회나 진보적 학계조차 헌법상 국민자
치권의 실시에 소극적이다. 이러한 한국적 현실은 민주화 이후 민
주주의에 대한 담론 생성이 차단된 현실을 반영한다. 그래서 시민
의 자기 결정권을 강화하는 자치적 제도를 개발하고 활성화하는 것
보다, 제한된 소수의 인자가 대표하는 정당정치의 혁신이 민주주의
발전의 전부인 양 과장된다.

　국민자치권을 주장하는 것은 이기우와 유사하지만, 주성수(2009)
는 여러 영역의 직접민주주의가 존재하는 상황에서 아래로부터의
풀뿌리민주주의에 더 큰 비중을 둔다. 이기우가 정체성과 역사성에
중심을 두고 대의제와 직접민주주의를 비교했다면, 주성수는 민주
적 정치과정과 시민참여의 동학에 더 많은 내용을 할애한다. 특히
대의, 심의, 전자민주주의 등 민주주의 전반에 걸쳐서 진행 중인 민
주주의에 관한 개혁 논의에 연구의 초점을 맞춰, 직접민주주의가
대의민주주의뿐만 아니라 심의민주주의와 전자민주주의 제도들과
의 결합 또는 통합으로 개혁될 필요성과 방향을 탐구하였다(주성수
2009: 7). 그의 직접민주주의에 대한 논의는 시민이 쉽게 참여하고
의사결정을 내릴 수 있도록 정책이나 이슈에 대한 정보 소통이 가
능한 풀뿌리 공동체 차원의 자치에 주목한다. 그에 의하면, 고대 아
테네처럼 모든 시민이 행정관에 참여할 기회를 부여받거나, 민회에
서 빈번한 토론을 통해 폴리스의 정책과 목표를 결정하거나 재판의
배심원으로 누구나 참여하는 직접민주주의는, 오늘날에는 실현되기
어려운 이상향에 지나지 않는다. 대신 그는 시민들이 제안한 주민
발안과 주민투표 그리고 주민소환제도를 직접민주주의로 간주한다.
이런 주민발안, 주민투표, 주민소환 중심의 민주주의는 실제로 '직

접'이 아니라 '준직접'semi-direct 민주주의이다(Kobach 1993: Council of Europe; Linder 2001; Frey&Stutzer 2004; 주성수 2009: 29 재인용).

이와 달리, 하승우의 풀뿌리민주주의는 대의민주주의나 참여민주주의와는 엄밀히 구분된다. 여기에선 국가권력과 분리된 민중의 자율적 결정과 행동을 통해 자치적 변혁을 추구하기도 한다. 풀뿌리민주주의는 제도화되지 않은 여성, 생태와 같은 비관례적인 주제 영역을 확장한 정책의제를 설정해 일상생활에서 드러난 모순과 갈등을 주민 스스로 자치적으로 해결하려는 '실질적' 참여를 지향한다(하승우 2006: 213). 대의제가 정착되면서 인민의 지배라는 인민주권의 사상은 인민을 대신하는 통치자들에 의한 지배로 전환되었다. 이러한 대의제는 인민의 이익과 요구를 대변하는 대표성도 가지지 못하고, 그렇다고 공공선도 추구하지 못하게 되자, 풀뿌리민주주의는 자치적 실천을 통한 해방된 자치 세계를 추구한다. 따라서 풀뿌리민주주의의 이념에는 자기 입법과 자기 복종을 가능케 하는 인민의 직접 지배의 원리가 작동한다. 따라서 풀뿌리민주주의는 국가권력으로부터 해방된 무정부주의적 가치를 넘어, 구체적인 자치적 형태의 공동체적 제도를 포함한다. 여기에는 지역 차원에서 진행되는 주민발안, 주민투표, 주민소환 등도 있지만, 마을공동체 형성을 통한 주민자치의 의미로도 제기된다.

반면, 직접민주주의나 자치의 개념을 마을을 중심으로 지역 민주주의와 연결하면서 논의를 활발히 제기하는 부분도 있다. 홍성태(2012), 박근영(2015), 조대엽(2015) 등의 직접민주주의는 마을 만들기를 넘어 마을 민주주의에 관한 연구이다. 이들은 그동안 지자체의 마을 만들기가 지역 민주주의로 발전하지 못한 것을 비판한다. 홍성태는 '자치민주주의'라는 용어를 직접 사용하면서, 지역 민주주의를 자치민주주의의 개념으로 규정했다. 그는 『자치민주주의의 사회적 조건: 마을 만들기를 넘어 '마을 민주주의'』에서 자율 Autonomy의 원칙은 자치를 자기 제한적인 속성으로 규정하는 대신, 밀도 높은 정치 사회적 상호작용을 조건으로 하는 시민사회의 수준 높은 공공성을 상정하게 만든다(홍성태 2012: 27). 주권국가와 인민주권의 이질적 틈이 커지면서 더욱 심화한 민주주의의 딜레마를 해소하는 데 유익한 모델로서 자치와 자율의 사상이 오랜 기간 '민주주의의 권력과 매력'의 원천으로 작용해 왔다(Dunn 1993: vi 참조. 헬드 2010: 234 재인용). 그는 법치와 참여의 사회적 지평을 확장하는 데 필수적인 자율의 원리를 인간의 '자율신경계'처럼 시민사회에 구조화할 필요가 있다고 말한다. 거대한 중앙 권력의 조절 명령 없이도 시민 스스로 지역과 마을의 문제점을 찾아내 자율, 협력, 책임의 원리로 해결하는 독자적인 조절기능을 갖추는 것이다(홍성태 2012: 72).

조대엽(2015)의 자치민주주의는 일상생활에서 마주하는 마을의 공적인 문제들을 자율적으로 정의하고 협력적인 해결 방안을 모색하며, 그 결과에 대해서는 성찰적인 연대의 책임을 공유하는 것이다. 이러한 공적 생활의 정치적 재구성을 통해, 개인의 실존적 삶에 내재한 소외, 고립, 고통, 가난, 불안, 우울, 분열, 해체와 같은 불안정한 정서들을 공감, 소통, 협력, 공존하는 시민의 공적 질서로 정치화할 수 있다(조대엽 2015: 63). 박근영(2017)은 직접민주주의를 지역 민주주의에 대한 개념으로 접근한다. 프랑스 지역 민주주의를 연구한 그에게, "토의 혹은 토론이 가능한 공간의 창출"이야말로 프랑스 지역 민주주의의 발전 방향성이다(박근영 2017: 13). 그에게 합리적 토론의 공론장은 시민이 가장 쉽고 가깝게 다가갈 수 있는 공통적이고 보편적인 이익에 관한 사회적 합의의 공간이다. 이러한 공간 수준에서 이루어지는 것과 더불어 시민에게 사회적 합의에 따르는 결정권이 부여되어야만, 민주주의의 학교라고 불리는 자치의 실질적인 구현이다(박근영 2017: 14). 숙의민주주의와 유사한 프랑스 지역 민주주의 법을 한국 사회에 적용하기 위해서는, 자치권의 지방 이양에 소극적인 한국의 중앙집권적 권력 형태를 극복하는 것이 그의 선결 과제로 다가온다.

최근 성찰적 자치인 숙의민주주의에 관한 연구는 주로 정치학, 정책학 분야에서 이뤄지고 있다(김병준 2013; 김찬동 2015; 김정인 2018; 김지수·이재용 2019; 정병순 2020; 김용희 2020; 김은주 2020). 구체적 숙의 사례는 피시킨Fishkin(1998)에 의해 처음 고안되어 세계적으로 다양한 공공정책 결정 과정에서 활용되었다. 숙의민주주의와 관련해서 한국에선 공론조사 및 신고리 5, 6호기 공론화 사례에 관한 연구가 주를 이룬다(김정인 2018; 송인재 2018; 김학린·정원준 2018; 김지연 외 4인 2018; 최태현 2018; 김건희 2019; 김창수 2019). 최근 들어 지방자치단체에서도 주민자치회의 실질적 자치기구로서 변화 시도와 맞물려, 원탁회의, 주민총회, 공론장 같은 숙의적 정책들을 시행하고 있다. 이것은 현재 추진되는 주민자치회가 집합적 방식의 주민총회보다는, 소우주에서의 숙의적 논의에 초점을 맞춘다는 것을 의미한다. 따라서 현재 숙의적 결정 구조를 추구하는 주민자치회는 진정한 주민의 자치력이 보장되는 자치

기구가 아니라는 비판이 제기되고 있다(곽현근 2020; 김태호 2017; 전상직 2019; 김찬동 2019; 박철 2020).

곽현근(2020)에 의하면, 현재 주민자치회 법(안)에서처럼 국가와 지방자치단체의 행·재정적 지원의 근거를 특별법 성격의 개별법에 명시할 경우, 주민자치회는 시간을 두고 국가 수준의 이익집단으로 전락할 가능성도 그만큼 커진다. 지방자치법 전부개정(안)에서 제시된 것처럼 행정체제 개편특별법을 보완하는 수준의 주민자치회 설치와 관련된 최소한의 법적 근거를 마련하고, 기초자치단체 주도로 주민자치회 제도화를 주도해 나갈 수 있도록 현재와 같이 표준조례(안)를 통해 가이드를 제시하는 것이 좀 더 풀뿌리 자치의 취지에 부합하는 것이다(곽현근 2020: 55). 김태호는 주민자치위원회가 주민자치회로 바뀌더라도, 실질적 주민참여의 가능성에 대해 근본적 의문을 제기한다. 주민 직접 참여제도에 대한 불만족 중에 대표적인 것은 제도에 대한 주민의 활용도가 낮다는 점에 있다. 그는 주민의 활용도가 낮은 이유로 제도의 설계가 주민의 절차 접근에 대한 편의성을 충분히 고려하지 못하였을 뿐 아니라, 현재의 주민참여제도가 주민의 관심 자체를 끌지 못하는 점에 주목한다(김태호 2017: 33). 김찬동 역시 주민자치위원회처럼 주민자치회도 행정의 하부조직에 불과하다고 지적한다. 기초 행정조직이 그대로 존재하는 상태에서, 협의사무, 위탁사무, 자치사무를 주더라도, 행정의 하부조직으로서 주민자치회의 위상에는 변화가 없기 때문이다. 그에 의하면, 주민자치회는 의사결정 기구가 아니라, 행정조직 일부이거나, 행정사무를 위탁받아서 처리하는 외주outsourcing 조직으로서 인식된다. 국가의 하부조직으로서의 행정과 시민사회의 자치적 조직으로서의 자치가 대등한 관계로서 역할 분담 관계에 있다는 인식이 빠져 있는 것이다(김찬동 2019: 55).

〈표 4〉 자치민주주의에 관한 국내 논의 유형

국내 자치민주주의 논의 유형	주요 자치 내용	대의제와의 정치적 영향 관계
지역 차원의 집회민주주의	주민총회	대의제 > 집회민주주의
국가 차원의 표결민주주의	국민투표, 시민발안	대의제 < 표결민주주의
지역 차원의 준직접민주주의	주민투표, 주민발안	대의제 > 준직접민주주의
풀뿌리민주주의	공론장, 민회	대의제 배제
마을 민주주의	주민총회	대의제 > 마을 민주주의
숙의민주주의	공론조사	대의제 > 숙의민주주의
주민자치	주민자치회	대의제 > 주민자치회

2) 공동체형 자치민주주의

(1) 고대 아테네 집회식 민주주의

Democracy를 의미하는 데모크라티아δημοκρατία는 '인민'을 뜻하는 데모스δῆμος와 '지배'를 뜻하는 크라토스κράτος가 합쳐져 생긴 낱말로서, 기원전 440~430년에 걸친 고대 그리스 헤로도토스의 저술에서 처음 발견된다. 고대 민주주의는 기원전 5세기 무렵 세계 최초로 그리스의 도시국가(폴리스)인 아테네(로마자로 표기하면 Athênai)에서 시작되었다. 아테네 민주주의는 입법과 행정에 대한 정책 방향을 광장에 참여한 시민이 논의와 투표로 결정하는 직접민주주의 체제였다. 이후 이러한 아테네의 직접민주주의는 그리스 전 도시로 확산하였다.

페리클레스Pericles의 장송 연설은 당시 아테네 직접민주주의의 이상과 목표 그리고 실현 방식에 대한 큰 틀의 상을 그릴 수 있게 한다. 그들은 자신들의 정치체제를 Democracy라고 규정했다는 점과 권력이 전 인민의 손에 있다는 인민주권 사상을 명확히 했다. 그러면서 민회에 참여하지 않는 사람은, 공동체에서 전혀 하는 일이 없는 멍청이idiot로 규정했다. 정치참여를 시민의 당연한 의무와 덕성으로 강조함으로써, 그들은 민회식의 직접민주주의에 대한 자부심을 품었다. 정책 결정을 '우리 스스로 내린다'라는 구절은, 민회는 시민의 자기 입법, 자기 통치의 공간이라는 것을 말한다. 공적인 의사결정은 이세고리아isegoria[17])에 의해 보장되는 자유롭고 제한 없는 토론에 기반하고 있었다(Finly 1992: 18-19).

> 우리의 통치 체제는 이웃의 제도들을 모방하지 않았음을 말하고 싶습니다. 우리가 다른 누구를 흉내 낸 것이 아니라 다른 이웃에게 모델이 되었습니다. 우리의 정체는 민주주의라고 불립니다. 왜냐하면 권력이 소수의 손에 있는 것이 아니라 전체 인민의 손에 있기 때문입니다. … 우리 아테네인들은 정책에 대한 결정을 우리 자신들이 스스로 내리거나 적절한 토의에 회부합니다. (페리클레스의 장송 연설. Thucydides, The Peloponnesian War, 145, 147: 헬드 38 재인용)

민회에 참여한 모든 시민은 안건이나 법률안을 발의할 평등한 권리를 가지고 있었으며, 발의된 안건은 찬·반 토론을 거친 후 대체로 만장일치로 처리되었다. 하지만 견해차가 크게 나거나 사적 이익이 충돌할 가능성도 충분히 생각하여 해결하기 어려운 문제는 다

---

17) 고대 아테네에서 직접민주주의를 실현시켰던 힘은 민회라는 제도보다 그 제도가 보장했던 여러 권리, 즉 평등한 발언권을 의미하는 이세고리아isegoria, 법 앞의 평등을 의미하는 이소노미아isonomia, 시민이라면 누구나 참정권을 가져야 한다는 이소고리아isogoria, 오늘 다스리는 사람이 내일에는 다스림을 받을 수 있어야 한다는 이소크라티아isokratia였다.

수결원칙에 따른 공식 표결에 부쳤다(Larsen 1948: 23). 그러나 민회에 상정되는 법률안이나 정책 안건은 미리 500인 평의회에 신청해야만 했다. 500인 평의회와 50인 위원회는 집단적 회의 체계인 민회를 효율적이고 체계적으로 진행하는 사전 심의기관이었다. 민회에 대한 총괄 운영을 맡은 500인 위원회 안에 50인 위원회가 있었는데, 이곳에서는 임기 하루인 위원장이 500인 평의회의 운영을 책임졌다. 500인 평의회는 각 10개의 부족에서 추천한 50명씩으로 구성되었는데, 부족 단위의 50명씩이 돌아가면서 50인 위원회를 맡음으로써, 이곳이 권력화 되는 것을 철저히 방지했다. 의결정족수 6천 명 이상의 시민이 참여하는 민회는 1년에 40회 이상 열렸다. 시민 스스로 발의한 법안을 토론하고 결정하는 모습 속에서, 후세인들은 자기 입법, 자기 결정이라는 인민자치의 원형을 본다. 아테네인들이 복종해야 하는 법은 오직 자신들이 민회 광장에 모여 스스로 만든 법이었다. 그들의 자유는 스스로 만든 법을 지킬 때 가능한 것이었다. 아테네의 프록스 광장은 덕성 있는 시민이 성장하는 민주주의 학교였다. 민회의 광장 민주주의를 극찬했던 루소는 사회계약론Social contract에서 자치적 정치 활동을 통한 인간의 정신적 고양을 강조한다. 그에 의하면 정치참여를 통해 '인간의 능력은 단련되어 계발되며, 사상은 폭이 넓어지고 감정은 고상해지며 영혼은 고양되는… 지식 없고 사리에 어두운 한 동물에 불과하던 자신을 지적인 존재, 즉 한 인간으로 만들어준 이 행복한 순간'(루소 2005: 61)이라고 할 정도로 민회식 자치는 인간의 자아실현과 공동체의 공공선이 실현되는 공적 공간이다.

아테네 민주주의는 대중참여와 집합적 결정이라는 권력 행사의 과정이 핵심이지만, 그러한 체제가 작동하고 있는 내부의 원리에는 시민의 자유에 대한 무한한 인정과 덕성 있는 시민이 강조된다. 그동안 대의주의자들은 아테네의 직접민주주의에 대해, 소수 정치가의 선동으로 공익적 결정에 취약할 수 있으며, 다수에 의한 소수의 폭력적 지배를 정당화하는 전체주의적 경향성이 있다고 비판해 왔다. 그들은 직접민주주의는 광범위한 민족국가 단위에서는 불가능한 소규모 공동체의 클럽 민주주의 정도로 폄훼해 왔다. 엘리트 대의제 민주주의를 강조한 슘페터는 대중은 어리석고 우매하므로 그들로부터 공공선인 일반의지가 도출된다는 생각 자체를 비판하였다. 그래서 그는 루소의 일반의지를 다양한 자유로운 이견의 토론을 무시하는 전체주의적 경향이라고 비판했다(헬드 2010: 234).

그러나 이러한 비판은 아테네의 민주주의가 갖는 부분적 문제점을 일반화하는 오류에 해당한다. 아테네의 민회는 참여를 통해 직접 입법을 함으로써 자기 지배와 자기 복종이라는 민주주의의 기본 원리의 실현장이었다. 또한, 행정관들이 공개적인 추첨 방식에 의해 선정되었다는 점은, 소수 엘리트에게만 허용되는 대의제와 달리 전 인민에게 관직에 대한 정치적 평등이 보장되었다는 것을 말한다. 주목할 만한 것은, 추첨으로 선정되는 500인 평의회가 민회에 부의할 안건을 사전에 조율하고 통합하는 대의제적 심의 기능을 가졌다는 점이다. 이것은 아테네 직접민주주의의 원활한 작동은 대의적 기능과의 병존으로 가능했다는 것을 말한다. 인민의 자기 입법이라는 직접 정치의 기능과 평의원, 행정관이라는 대의적 심의 기능의 결합을 통해, 민회 광장에서의 집합적인 숙의적 토론이 가능했다. 이것은 조정과 심의라는 대의적 기능과 광장의 집합적 논의가 상호 병행할 때, 시민의 자치적 기능이 장기간 가장 잘 발현된다는 것을 의미한다. 고대 아테네에서 선거는 매우 제한적이었고, 공직과 배심원에 대한 광범위한 추첨제를 통해 모든 시민은 지배하면서 동시에 지배당하는 자기 지배self-governing의 원리를 실현했다.

따라서 아테네 민주주의는 비이성적 다수에 의한 소수에 대한 지배로서, 토론과 심의 기능이 취약했다는 주장은, 평의회의 대의적 심의 기능에 대한 몰이해에서 비롯한다. 아테네의 고전 민주주의는 인민의 공적 참여와 자기 결정 구조를 통해 시민성에 기반한 공동체의 번영을 일구는 자치 형태를 가지고 있었다. 그래서 입법권을 소유한 공인으로서 시민의 개념은 고대 아테네에서 나왔다. 루소는 "시민Bürger이란 자신을 구속하는 법을 제정하거나 그 과정에 기여하는 자유롭고 자율적인 개인"이다(박혁 2012: 23). 루소에 의하면 올바른 국가 형태인 공화국은 입법권Legislative이 직접적으로 인민에게 있을 때 존재한다. 그것이 바로 인민주권 원리인데 인민주권은 대의될 수 없으며 만약 대의된다면 인민은 더는 자유롭지 않게 된다(박혁 2010: 6). 고대 민회는 인민의 자기 입법의 현장이었다는 점에서 민주주의의 인민주권론을 실현한다. 문제는 민회의 규모가 커지면 심의 기능의 한계로 인해, 대중집회를 통한 입법 과정이 어렵다는 점이다. 그러나 이것을 반대로 말하면, 작은 규모의 지역 단위에서는 숙의적 과정을 통해 인민의 자치 입법이 가능하다는 것을 말한다. 아테네인들은 자치 입법을 통해 자아실현과 공익을 찾는 집합적 자치를 창조했다. 결국, 도시 공동생활에의 참여를 통해 개개인은 자신의 육체적 능력과 공공선의 델로스telos를 실현할 수 있었다(Held 2010: 40).

문제는 노예제이다. 노예제가 없었다면, 아테네 민주주의의 작동이 가능했겠느냐는 물음이다. 거의 매주 한 번씩 열리는 프닉스 광장의 민회에 참여하여 종일 토론을 할 수 있었던 시민의 존재가 가능했던 것은 노동을 안 해도 먹고살 수 있는 노예 노동이 가능했기 때문이다. 따라서 고대 민주주의에서 모든 시민에게 정치적 평등권은 있었지만, 시민에서 제외된 노예나 여성에게는 평등권이 없었다. 그런 의미에서 당시는 인민의 지배가 아니라 시민의 지배에 해당한다. 물론 초창기에는 재산 있는 남성만이 시민권이 있었지만, 민주정이 확대되면서 가난한 사람들도 시민권을 획득하고 정치적으로 평등했다. 특히 가난한 사람들도 민회에 참여하면 하루 일당이 주어졌다. 어쨌든, 정치적 평등에 노예와 여성이 제외되었다는 것은 고대가 남성 지배의 계급사회로서 인간의 보편적 평등사상이 부재

[그림 5] 고전적 민주주의: 아테네

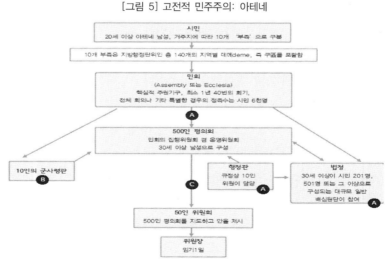

출처: Finley 1963; 1983; Sabine 1963; P. Anderson 1974a; Homblower 1992; 헬드 2010: 44 재인용

했다는 점이다. 그런데 이것은 단순히 노예나 여성을 정치적 참여로부터 배제했으므로 비민주적이라는 논의를 넘어선다. 왜냐하면, 민주주의 정치에 어두운 사람을 광장정치에 들러리로 참여시키는 것보다, 노예와 여성을 해방하는 것을 선행되는 것이 민주주의이기 때문이다.

(2) 지역 자치(촌락공동체, 길드, 자치도시): 크로포트킨의 아나키즘Kropotkin Anarchism

17~18세기 유럽의 시민혁명은 중세 국가 단위의 권력을 해체하고 시민사회의 견제를 받거나 혹은 공존하는 근대적 국가권력을 창출했다. 그러나 근대적 국가권력이 오히려 인간의 해방을 방해한다는 판단에 이르자, 아나키즘Anarchism은 국가권력에서 벗어난 자치공동체를 추구한다. 아나키Anarchie란 용어는 종래에는 무질서, 혼돈과 동의어로서 이해됐으나, 이 용어를 사상적 언어로 사용한 사람은 프루동Proudhon18)이다. 프루동은 아나키를 혼돈과는 정반대의 의미로, 즉 지배 권력으로부터 자유로운 자치적인 공동체 운동의 의미로 사용하였다. 가장 저명한 아나키즘의 이론가인 크로포트킨은 아나키즘을 자연과학적 관점에서 정치·사회적 이론으로 정립하였다. 그에게 아나키즘은 단순히 무無국가적인 자유로운 사회체제에 대한 이론을 넘어, 자연철학이고, 인간학이며 사회철학이었다. 그의 세계

---

18) "프루동은 우리 모두의 주인이다(Proudhon is the master of us all)." 미하일 바쿠닌의 이 말은 '아나키즘의 아버지'로 불리는 조제프 피에르 프루동(Pierre Joseph Proudhon, 1809.1.15.~ 1865.1.19.)에 대한 최고의 찬사이다. 어떠한 권위도, 지배(자)도, 또 통치(자)도 부정하는 아나키스트들에게 '우리 모두의 주인'은 있을 수 없다. 이율배반적이자 모순적인 이 표현은 아나키즘과 아나키스트들에게 있어 프루동이 차지하고 있는 위상과 그 영향력을 보여준다.

관에선 인간은 유기적 생물체의 한 부분이다. 그의 인식 방법은 '지구의 모든 생명은 동일하다'라는 원리 위에, 모두에게 적용되는 상호부조와 연대의 일반 법칙에 기초하였다(크로포트킨 저, 백용식 역 2009: 337).[19] 그에게 아나키즘은 사회의 모순과 착취를 근절하고 평화롭고 평등한 사회를 만들기 위한 정치 철학적 이론과 논리였다. 따라서 아나키즘은 천동설이 지동설로 변한 것과 같은 이치의 혁명적이고 자연과학적인 법칙이었다.

아나키즘은 국가의 성립과 관련하여 근대 시민혁명 이후 자유주의적 공화정의 사상적 토대가 되었던 사회계약론과는 다르다. 홉스, 로크 등 자유주의자들은 권력을 잡은 부르주아지에 정당성을 부여하는 방안으로, 인민의 주권에 대한 동의 절차라는 사회계약을 설계하였다. 결과, 사회계약을 통해 인간은 원자화되고 주권을 통치자에게 의탁한다. 통치자는 자유와 사유재산을 지키는 수호자를 자임하지만, 인간과 인간은 자본주의적 사적 이해관계로서 개별화된다. 반면, 아나키즘에는 지배 권력으로부터 자유로운 개인과 공동체communities라는 본질이 깊숙이 깔려 있다. 대의제가 인간의 참여와 자치를 차단하면서 공동체를 통한 인간의 진화를 촉진하는 존재 기반을 빼앗아 버린다면, 아나키즘은 억압하는 권력과 권위로부터 해방된 자치공동체적 삶을 통해, 인간의 진정한 자유·평등·해방을 희구한다(크로포트킨 저, 백용식 역 2009: 223).

바쿠닌과 함께 19세기 후반 대표적 아나키스트인 크로포트킨Kropotkin, P.은 『만물은 서로 돕는다 Mutual Aid, a Factor of Evolution』

---

19) 이 책은 크로포트킨의 주요 논문 중 5편을 백용식 충북대 교수가 번역하여 편찬한 것이다. 5편의 논문은 아나키즘과 철학, 국가관, 정의와 도덕, 공산주의와 아나키즘의 관계를 다룬 논문들이다.

(1902), 『청년에게 고함An Appeal to the Young』(1880), 『빵의 쟁취La Conquêtedu pain』(1892), 『전원, 공장, 작업장Field, Factory and Workshop』(1898), 『한 혁명가의 회상Memoirs of a Revolutionist』(1899) 등 많은 저서를 집필하였다. 『빵의 쟁취The Conquest of Bread』는 국가를 폐지하고 혁명 이후의 사회를 자율적으로 조직하는 방법을 위한 안내서이다. 『상호부조론Mutual Aid』은 인간과 동물 사회를 관찰하여 협동이 경쟁보다 생존의 전제 조건으로서 훨씬 중요하다는 사실을 입증함으로써, 경쟁적 자본주의를 정당화하기 위해 적자생존의 논리를 강조하는 다윈주의를 반박하였다. 『전원, 공장, 작업장Field, Factories and Workshops』은 노동의 인간화에 관한 연구로서, 크로포트킨은 농업과 공업, 두뇌노동과 육체노동, 지적 교육과 신체 교육의 통합을 통한 노동의 인간화를 추구했다(콜린워드 2016: 18).

크로포트킨에게 상호부조는 인간의 진화를 위한 본성이다. 그는 다윈의 적자생존론에 입각한 진화론을 비판한다. 동물이나 인간은 서로 적대적으로 싸우고 죽이면서 가장 강한 자가 살아남는 것처럼 보이지만, 진화의 원동력은 인간 상호 간의 협동과 지원이라는 것이다. 상호부조는 상호 투쟁과 마찬가지로 동물의 법칙일 뿐만 아니라, 진화의 요인으로서 훨씬 중요한 것임이 틀림없다. 왜냐하면, 그것은 에너지의 최소 소비로 최대량의 개체의 행복과 즐거움뿐만 아니라, 종의 지속과 더 한층의 발전을 보증하는 습관과 성격의 발달에 유효하기 때문이다(크로포트킨 2012: 76). 인간 정신의 진화에 있어 협동과 상호 지원 공동체는 필수적이다. 그에 의하면 인간의 지적 진화는 공동사고, 공동행동의 결과라고 말할 수 있다. 따라서 다윈주의자나 자유주의자들이 주장하는, 치열한 경쟁과 잔인한 전쟁은 악한 인간성에서 야기되는 것이 아니라, 이윤을 무한대로 창출하고 수탈하려는 자본주의적 체제의 구조적 소산이다.

진화의 본질적 요인인 상호부조와 협동은 촌락공동체나 자유도시의 자치를 통해 구성된다. 인간의 상호부조와 협동은 사적 생산과 소유가 아니라, 공유지에서의 공동노동과 공동배분을 통해 보장된다. 공유관계는 인간이 원시 시대부터 생존을 위해 채택한 본능적 생활체계이다. 따라서 촌락공동체는 공유지를 통한 공동노동과 공동생산, 공동분배를 보장하는 삶의 방식이자 공간이다. 이러한 상호부조는 인간이 유적 안전과 진화를 획득하는 데 가장 효율적이고 유리하다는 오랜 관습에 의해 체득된다. 따라서 상호부조를 통한 자치공동체 형성은 인간의 물질적·정신적·문화적 진화의 본질적 토대가 된다. 상호부조의 실천을 통한 공동체 생활은, 인간 내면에 잠재된 예술, 문화, 지식, 지성을 계발하고 발달시킬 수 있는 사회생활의 참된 조건을 만들어낸다. 그리고 상호부조의 경향에 기초한 제도가 가장 발달한 시대야말로 예술과 산업과 과학이 가장 진보를 성취한 시대였다. 그는 길드나 씨족 내에서 상호부조와 협동의 원리가 실천됨으로써, 엄청난 자발성이 표출된 두 개의 위대한 인류적 시대로서 고대 그리스와 중세의 자치도시를 꼽는다. 이 두 시대에서 인간의 자발성과 자치성이 최대로 발양되었으며, 문화적·지적 수준을 높이는 자치공동체가 성숙하게 작동되었다(크로포트킨 2012: 123-124 참조).

그에 의하면 상호 지지와 협동은 만물의 생존과 진화의 본질적 특성이다. 그는 같은 종이나 동류의 동물끼리의 치열한 생존경쟁은 사실이지만, 경쟁 이상으로 이들의 군집적 상호 보호, 상호 협동이

수반된다. 결국, 동물군 중에서 상호 지원과 상호부조가 활발한 종은 생존 과정에서 살아남고 더 우수한 형태로 진화된다는 것이다. 이것은 인간은 원시 군집 생활서부터 상호 협동과 상호 지원을 통해 진화해 오면서, 우수한 문명 시대를 개척하고 꽃피웠다는 것을 말해 준다. 크로포트킨의 상호부조의 원리는, 동종 간의 치열한 생존경쟁이 아닌 연대성과 사회성이라는 폭넓은 감정과 본능을 통한 연대 의식이 인간 진화의 집단적 요인임을 입증한다. 그는 상호부조의 실천이야말로 각자의 행복이 모두의 행복과 밀접하게 연결되어 있으며, 타자의 권리를 존중하는 의식, 이른바 정의감이나 평등 의식 등 더 높은 수준의 도덕 감정으로 발전한다고 본다(서동수 2015: 110).

국가의 억압과 착취로부터 해방에 대한 기대는 주권을 대표에게 위임하는 방식이 아니라, 공동생산과 공동경영이라는 인민의 자치에 의해 제공된다. 국가에 의해 통치되지 않는 자유롭고 자발적인 공동체, 그것이 코뮌이다. 따라서 크로포트킨은 국가의 관료제를 폐지하고 민중들의 자기 조직화를 주장한다. 그는 "국가가 관료제를 통해서 수행하는 사회적 기능들"을 떠맡게 될 새로운 형태의 사회조직을 마련할 수 있다고 주장한다. 이러한 그의 생각은 당시 민족국가 간의 강력한 적개심과 경쟁, 강대국들이 점령하고 식민지로 만들었던 지역에 유럽 제국주의가 남긴 유산에 주목하면서 내린 결론이다(콜린워드 2019: 62). 타 국가의 자원과 민중의 노동력을 수탈하고 착취를 통해 번영을 구가하는 유럽 제국주의가 볼 때, 민족주의는 악마의 화신이다. 따라서 크로포트킨은 『근대과학과 아나키즘Modern Science and Anarchism』에서 "인간의 경제적·정치적 해방이 국가에 의해 확립된 형태(제도)를 대신하여 삶에서 그러한 해방을 표현하기 위한 새로운 형태를 창조할 것이다"라고 선언하였다. 오히려 그에게 대의제 정부와 의회라는 국가체제는 민중을 억압하고 착취하는 저주받을 악마이기 때문이다. 그는 "이러한 새로운 형태는 대의 정부보다 더 민중적이고, 더 분권적이며, 민회folk-mote에 더 가까운 자치self-government여야 할 것"이 자명하다고 보았다(콜린우드 2019: 53-54).

따라서 그에게 중세 절대 왕정이 구축하고 자본주의 생산양식을 떠받치고 있는 국가체제는 인간의 자유와 행복을 강탈한 붕괴시켜야 할 악마에 해당한다. 그는 이러한 착취와 불행의 중추 기관인 국가의 지배 형태를 거부하고, 인간 자유와 행복의 공간으로 중세의 촌락공동체, 길드, 자치도시를 강조한다. 촌락공동체는 공동소유, 공동노동, 공동배분이라는 자족적 경제공동체이면서 관습법에 기초한 주권, 재판권, 입법권을 소유했고, 구성원들의 사회적 요구 대부분을 충족시켰다(크로포트킨 저, 백용식 역 2009: 84). 이곳은 자유와 자치를 통해 구성원들의 생활과 복지가 동등하게 보장된 곳이었다. 이들은 자신들의 행정·정치적인 문제가 발생하면 이것을 중재하기 위해 권력을 집중해서 해결하는 대신(현대의 대의제처럼) 스스로 재판하거나 이웃의 제삼자와의 연대와 협력을 통해 해결하는 자치적 운영 능력을 발휘했다. 그들은 어떤 일도 저지를 준비가 되어 있는 정부와 교회에 의해 타락한 사람들이 아니다. 이 때문에 그들은 직접 연합한다. 그들은 형제단을, 정치적·종교적 결사를, 수공업자 조합을 결성한다. 중세 유럽인들은 이것을 길드라고 불렀고, 카빌족은 소프라고 부른다. 이들 연합에서는 형제 정신이 실천

되었다(크로포트킨 저, 백용식 역 2009: 86).

그의 중세의 자유도시에서는 행정, 법률 기관을 자치적으로 운영한다. 상업의 발전으로 인해 신흥 부유층이 생기면서, 과거 촌락공동체의 공동소유와 공동분배의 관습은 느슨해지기 시작했지만, 각각의 거리와 교구는 옛 촌락공동체에 해당하는 공유지 개념의 토지체제였다. 이들은 촌락공동체의 자치적 운영의 전통을 이어받아 자신만의 거리의 장 혹은 교구장, 거리 민회民會, 법정, 선출된 성직자, 수비대, 깃발과 인장을 갖는다(크로포트킨 2009 97). 다른 거리들 그리고 교구들과 연합을 결성하는 때도 이들은 독립성과 자치성을 유지한다. 민회와 법정은 고대 아테네식 광장정치에 해당한다. 수공업의 발달로 농촌 경제공동체의 일부가 길드라는 수공업 조합으로 변하면서, 길드는 국가와 왕의 간섭을 배제하고 자치적 의사결정 체계를 갖기 시작한다. 따라서 이러한 자치공동체는 농촌공동체와 농촌공동체, 자치도시와 자치도시를 그물망처럼 이으며 연대와 협력으로 최대의 번영을 구가했다.

그러나 내부 의결권이 소수에 일임되어 있는 점과 봉건적 세습제도라는 자유주의자들의 공세에 의해 중세의 길드는 구체제(앙시앵 레짐)의 하나로 몰리게 된다. 길드 구성원 전체회의는 몇 개의 입법권을 보유했지만, 실제로 길드의 정책 통제권은 소수의 임원이나 자문위원회가 장악했다. 길드는 도제제도를 기초로 하여 위계질서를 극도로 중시하는 집단이 되어 갔다. 이 위계 제도에서 길드의 회원들은 장인匠人・직인職人・도제로 나뉘었다. 장인은 공인된 실력으로 자기의 공장을 경영하며 도제를 거느리는 기술자였으며, 도제는 장인의 집에 묵으며 기술을 익히는 10대 또는 사춘기의 소년들이었다. 길드의 배타성·보수주의·독점 형태와 선별가입 제도들은 결국 길드의 경제적 유용성을 잠식하기 시작했다. 도제제도는 거의 전적으로 세습화되었으며, 장인들은 도제가 직인이 되고 직인이 장인이 될 수 있는 기준을 터무니없이 높였다. 길드가 정치·사회적으로 성장하여 권력의 중심으로 성장해 나가자, 절대 왕정의 국가는 길드의 국가로부터의 독립성과 자주성을 파괴하였다. 또한, 길드의 모든 부를 몰수하였을 뿐만 아니라, 국가는 이와 함께 길드의 모든 경제활동의 기능까지도 빼앗았다(크로포트킨 2012: 127). 결국, 협동조합인 자치적 길드는 절대왕정이나 부르주아 국가 모두를 위협하는 분권적인 지역 중심의 자치적 결사체였다.

그러나 촌락공동체나 자치도시가 경제적 자치공동체로서 구성원들에게 복지와 정신적 안정을 제공했지만, 구성원 모두가 공적인 집단적 결정의 주체가 되는 자치에는 한계를 가지고 있었다. 즉, 자치민주주의를 인민의 자치에 의한 민주적인 집합적 결정이 가능한 정치적 방식이라고 할 때, 중세 자치공동체의 민회와 법정이 보장한 정치적 평등권은 고대 아테네의 그것과는 차이가 있었다. 즉, 생활공동체에서의 경제적인 상호 협동적 자치와 공적 사안에 관한 정치적인 집합적 결정과의 차이이다. 인간의 자주적인 공동체 생활은 구성원의 생활적 자치를 기초로 할 수밖에 없다. 크로포트킨의 상호 협동을 통한 자치는 촌락공동체의 유지를 위한 공동생산과 공동배분의 전 과정을 통해 작동한다. 정치적인 집합적 자치가 정치적 평등을 강조하는 것과 달리, 생활공동체 자치는 노동과 생산을 공유하고 배분 과정에서의 경제적 평등에 치중할 가능성이 크다. 그래서 고대 아테네가 사적 소유제였다면, 중세 자치공동체는 공동소유제였다.

토지 공유에 의한 경제공동체에도 불구하고, 공동체에는 생산력이 높아짐에 따라 축적된 잉여생산물에 대한 분배와 관련된 갈등과 대립을 민주적인 집합적 방식으로 해소하는 자치적 규범이 요구된다. 즉, 자발적 합의를 가능하게 하는 공적 방식의 절차나 내용을 어떻게 구성하고 제조할 것인지가 요구된다. 공동체 구성원들이 공적 결정에 관한 합의에 이르기 전에, 그 합의를 가능하게 하는 합의된 절차와 규율이 우선이기 때문이다. 협동과 상호부조가 인간적 본능이라면, 생산력 발전에 따른 계급의 생성 및 계급 간의 투쟁도 역사적 필연이다. 따라서 그의 인간의 본능에 대한 상호 협동Mutual aid 사상과 역사는 인간의 계급투쟁을 통해 발전했다는 마르크스의 사상과 갈등을 빚었다. 따라서 아나키즘은 국가를 통해 부르주아 사회를 건설하려는 자유주의와 국가 폐지를 통해 프롤레타리아 사회를 건설하려는 사회주의자 모두로부터 비난을 받았다.

그에게 계급적 갈등을 중앙집권적 국가를 통해 해결하려는 마르크스주의는 인간을 해방하는 것이 아니라, 인간을 새로운 국가권력에 다시 구속하는 것으로 보였다. 계급대립과 인간 소외에 대한 극복은 국가에서 벗어난 자치 권력의 확보로 가능하다는 것이 그의 생각이었기 때문이다. 따라서 그에게 계급적 갈등을 해소하는 집합적 논의 체계에 관한 관심과 상호 협동의 인간 행위는 서로 다른 영역의 문제였다. 결국 그의 자치공동체는 몰계급적이고 공상적이라는 비판에 직면한다. 마르크스주의자들은 부르주아지가 아닌 노동계급이 국가권력을 잡았을 때, 진정한 인간 해방과 무계급사회가 도래한다고 믿었기 때문이다.

상호부조 원리의 두드러진 중요성은 특히 윤리의 영역에서 확실하게 드러난다. 상호부조가 우리들의 윤리 개념에 실질적인 기반이라는 점은 너무나 명확한 듯하다. 상호부조의 감정이나 본능이 처음에 어떻게 해서 나타났든 동물계의 가장 낮은 단계로까지 거슬러 그 자취를 살펴야 한다. 그리고 오늘날까지 인간이 발전하는 모든 발전단계마다 무수한 반작용을 거스르면서 중단 없이 발전해 온 진화과정을 이러한 단계들로부터 추적해 볼 수 있다(크로포트킨 2012: 156).

크로포트킨에게 상호부조는 인간 진화를 향한 생물학적 본능이면서 윤리의 영역이었다. 인간은 공동체 속에서 서로 돕고, 의지하며, 협력하면서 스스로를 발전시키는 도덕적 힘을 가지고 있다. 상호부조는 인간과 사회가 독점하는 특별한 자질이나 능력이 아니다. 오히려 그것은 자연과 동물, 인간 사이에서 맺어진 연속성과 일관성을 가리키는 이름이자 기능이다(크로포트킨 2012: 58). 그에게 시민혁명 이후 숭배되던 인간의 합리성에 대한 찬미는 찾아볼 수 없다. 계몽주의나 사회계약론자들이 외치던 인간의 안전과 재산을 지켜주는 국가는, 새롭게 창조된 사회라는 이름으로 자연을 식민화하는 약탈적 권력에 불과하다. 따라서 그에게 국가의 정치체제 특히 시민혁명 이후 자유민주주의자들의 발명품인 대의제 정치체제는 민중을 압살하고 착취하는 제도적 악마에 해당한다.

촌락공동체는 자신들의 민회나 법정 그리고 독립적인 경영권을 빼앗겼고 토지는 몰수되었다. 길드는 자신들의 소유물과 자유를 강탈당하였으며, 변덕스럽고 탐욕스러운 국가 관리들에게 희생되었다. 도시는 주권을 빼앗겼고, 도시 내부의 삶의 원천—민회, 선출된 판사와 관리, 독립적인 교구와 길드—은 제거되었다. 이전에 유기적으로 연결되어 있던 모든 고리를 국가의 공권력이 장악하게 되었다. 국가가 만들어낸 치명적인 정책과 전쟁 탓으로 과거에는 인구도 많고 풍요롭던 지역들이 하나같이 헐벗게 되었다(크로포트킨 2012: 270-271).

크로포트킨은 고대의 민회와 공동소유와 공동노동을 통해 자연과 합일된 촌락의 '자치공동체', 중세의 '길드', '자유도시'를 연결한다. 아테네에서는 모든 부족원이 동등한 시민권을 가지고 누구나 행정관을 맡을 수 있었으며, 이세고리아라는 발언의 평등권을 통해 누구나 입법권과 재판권[20]을 가지는 정치적 평등권이 보장되었다. 반면 크로포트킨의 민회는 정치적 평등권보다는 공동소유와 공동분배라는 경제적 평등권이 우선이다. 아테네 폴리스의 자치공동체는 시민 모두에게 민회에서의 집합적 결정권을 부여하였다. 아테네가 추첨을 통해 공직자와 배심원을 선정하는 정치적 평등의 자치체제였다면, 크로포트킨의 자치에서는 공적 공간으로서 민회의 체계성은 떨어지고, 여기에 참여할 수 있는 구성원의 범위도 제한적이다. 그에게 자치공동체는 국가권력과 권위에서 벗어나기만 하면, 인민의 정치적 평등권은 저절로 보장되는 것처럼 보인다.

그의 촌락공동체의 민회에서 정치적 대표권은 타인에 의해 대표되는 형식으로 나타난다. 민회는 모든 사안에 대해서 최고의 의사결정권과 권력을 소유한다. 지역의 관습은 곧 법이었고, 남자와 여자로 구성된 모든 가족 대표들의 공동 집회는 민사와 형사소송 모두를 담당하는 유일한 재판소였다. 모욕을 당한 공동체원은 보통 공동체 회의가 열리는 장소에 자신의 칼을 꽂기만 하면 되었다(크

---

[20] 민회는 입법권과 재판권이 중심이다. 민회를 관할하는 행정기관인 500인회는 10개의 부족에서 50명씩 추첨을 통해 선발되었다. 법원은 민회와 구성 요건과 달리 30세 이상의 시민들이 신청을 통해 배심원단의 자격을 가졌고, 재판이 열리면 배심원단 자격자 중에서 추첨을 통해 배심원을 구성하였다. 보통 수백 명 단위로 배심원이 선정되었다.

로포트킨 2009: 83). 토지의 공동소유와 공동노동을 기본으로 하는 농촌공동체는 관습법에 기초해 다른 권력으로부터 자유로운 주권, 재판권, 입법권을 소유했다. 그러나 농촌공동체의 민회가 국가권력으로부터 획득한 자치권과 공동체 내의 논의와 합의를 통해 형성되는 공론장의 자치권은 별도인 것처럼 착각하게 한다. 자치민주주의는 외부의 권력으로부터 자치를 기반으로 하지만, 인간의 계발과 진화, 공공선의 이념의 실현은 공동체 내부에서의 입법권 등 자치적 정치 행위에 의해 만들어지기 때문이다. 그러한 의미에서 아나키즘의 자치공동체는 자치민주주의의 '인민의 자치력'을 실현하는 데 역사적으로 깊은 영향력을 제공하면서도, 그러한 '인민의 자치력'을 정치하게 실현하는 법적·제도적 공간의 창출에는 취약하다는 비판에 자유롭지 못하다.

(3) 노동의 자치: 오웬Owen, R.의 협동조합론

로버트 오웬Robert Owen은 영국에서 자본주의적 생산 방식을 거부하고 사적 소유제를 폐지한 협동조합 운동을 전개한 사람이다. 그는 당시 '단결과 상호 협동의 마을'village of unity and mutual cooperation에 대한 구상에서 사람들의 질곡과 고통을 해소하는 방안으로 협동조합 자치공동체를 언급한다. 강제적으로 농촌공동체에서 쫓겨나 임금 노예의 형태로 도시 빈민화 되는 민중의 삶을 구제하기 위해, 그는 농업과 공업이 함께 존립하는 자립공동체를 설계한다. 이곳은 공동으로 노동하고 소유하는 사회주의 공동체였다. 계급과 착취는 존재하지 않으며, 능력에 따라 노동하고 필요에 따라 분배되는 '유토피아' 사회였다. 오웬은 이러한 공산주의적 협동공동체가 전 지역에 생기면, 잉여노동을 착취하는 비인간적이고 악마적인 임금 노예의 자본주의적 생산 방식을 극복할 수 있다고 생각했다(콜 2017: 34-35에서 정리).

그러나 그에게 자본주의의 현실은 냉혹했다. 그가 건설한 뉴 라나크 공장 내에 근무하는 2,500명에 대한 관리와 경영의 성공이, 지역과 세계로 퍼져가기에는 협동조합을 방해하고 탄압하는 자본가들의 탐욕과 반목의 힘이 너무나 강했다. 이들의 방해로 오웬의 협동공동체는 영국에서조차 제대로 성공하지 못하면서, 그는 뉴 라나크를 작은 아들에게 맡기고 큰아들과 함께 새로운 협동조합의 세계를 건설하기 위해 신대륙 미국으로 건너간다(콜 2017: 53). 이후 그는 1824년 미국 인디애나주에 뉴 하모니New Harmony[21]라는 협동공동체를 또 만든다. 그러나 3년 만에 뉴 하모니의 실험도 실패한다. 그러나 그의 협동조합에 대한 실험과 경험은, 노동을 착취하는 자본주의 생산체제를 극복하고 평등한 자치적 생산공동체의 지속 가능성의 문제를 제기했다. 즉, 착취와 경제적 불평등으로 인하여 극심한 계급투쟁이 진행되는 자본주의 체제 내에서, 착취 관계가 해체된 독자적인 경제체제가 가능하기 위한 정치 · 경제적 조건 및 자치적 내용을 숙고하는 계기가 되었다. 이러한 역사적 과정을 거쳐, 오웬

---

21) 오웬은 신세계에 공산주의 유토피아를 건설하기로 결심하고, 독일의 경건파 농민지도자 조지 랩이 미국 인디애나주에 건설했던 공산촌(共産村) 하모니(Harmony)를 인수하여, 1825년 5월 재산 공유제의 평등사회를 기치로 '뉴하모니'로 출범했다. 그는 900명의 추종자와 함께 공유 토지 1,200에이커(1acre=4,047㎡=1,224평)에 채소밭과 과수원, 공장과 사무실을 배치했다. 노동은 광범한 기계적 · 화학적 기술을 이용하고, 육체노동과 정신노동의 차별이 없으며, 노동을 레크리에이션으로 느낄 수 있도록 4시간으로 제한하여 과중한 노동을 피했다. 초기에는 성공을 거두는 듯했으나, 행정 및 종교적 이견으로 오웬은 지도자 역할을 할 수 없었다. 그는 자신의 재산 대부분을 쏟아부은 뉴하모니는 완전히 실패했지만, 이후 제자들에 의해 협동조합운동이 세계로 확산되는 데 선구자가 되었다.

의 협동조합 운동은 세계로 확산하면서, 주식회사 방식의 자본주의 시장경제를 보완하고 극복하는 사회적경제의 영역으로 부상하였다.

오웬의 구상에 찬성하면서 자치공동체 건설 운동에 참여한 사람들이 직면했던 문제는 공동체 건설을 위한 거액의 자금을 모으는 것이었다. 토지가 필요했으며, 협동 생활을 할 수 있는 주택이나 식당, 협동 노동의 현장인 공장을 건설하기 위해서 상당한 자금이 필요했다. 오웬주의자들이 생각했던 것은, 우선 공동체 건설의 출발점으로서 모두가 이용할 수 있는 협동매장 개설을 통해, 생필품을 판매하면서 자금을 조금씩 저축하여 조달한다는 단계적 전략이었다. 만일 자금을 충분히 모을 수 있다면 우선은 주택부터 건설한 후 공장을 건설하며, 마지막 단계에 토지를 사들여 농장을 경작한다는 구상이었다. 이들의 단계적 전략은 한꺼번에 거대 자금을 투자해 기반시설을 마련하는 방식과는 다른 것이었다. 협동매장을 통해 단계적으로 차츰차츰 자본을 축적하는 과정을 거치면서, 구성원 모든 사람의 평등성에 기초한 친밀감과 신뢰를 바탕으로 한 사회자본을 형성하는 방식을 우선했다. 이런 점에서 그동안 관습적으로 거대 자본에 의존하는 자본주의적 사고방식을 탈피하는 것이었다 (콜 2017: 76-79 참조).

그들은 자본을 형성하기 위해서는, 자본가의 선의에 의존하는 것이 아니라, 구성원 스스로 힘으로 문제를 해결하여야 한다고 생각하였다. 따라서 사실상 오웬의 협동조합은 오웬주의자들의 협동조합이었던 셈이다. 이런 이유로 1830년대 오웬주의자들은 영국 전역에 200개가 넘는 점포, 즉 오늘날로 이야기하면 생협 매장을 개설하였다. 이후 500개가 넘는 오웬주의 협동조합에는 2만 명가량의 회원이 가입하고 있었다. 초기 협동조합은 처음부터 조합원 모두가 함께 계획하면서 모든 면에서 협동하고 상호 지원하는 자치공동체 건설을 위한 첫걸음으로서 탄생했다. 그러나 이러한 원대한 구상 속에 시작한 초기 협동조합 운동은 1830년대 말이 되면서 거의 모든 매장이 폐쇄되기에 이른다(콜 2017: 84).

당시 협동조합 운동의 실패 원인은 내부 운영의 문제도 있지만, 협동조합의 확산을 우려하는 국가와 자본의 집중적 탄압도 한몫했다. 다른 한편으론, 사회주의자들은 오웬의 협동조합을 낭만주의적이고 공상적 사회주의[22]라고 비판했다. 엥겔스에 의하면,

> 공업과 농업에 종사하고 평등한 권리와 평등한 교육을 향유하는 이삼천 명 정도로 이루어진 홈 콜로니에서 재산의 공유제를 점차 도입할 것을 요구하고 있다. 이것들이 그들의 실천적 제안들이다. 이 사회주의는 공장주인 오웬으로부터 유래한다. 따라서 이 사회주의는 사실상 부르주아지와 프롤레타리아트의 대립을 뛰어넘어 가고 있지만, 그런데도 그 형식에서는 부르주아지에 대해서 매우 관대하고 프롤레타리아트에 대해서는 매우 불공평하다. 이 사회주의자들은 대단히 온건하고 평화적이다. … 중략 … 게다가 이 사회주의자들은 하층 계급의 타락을 항상 한탄하면서도 사회적 질서의 이러한 해체 속에 있는 진보적 요소들을 보지 못하며, 또한 유산계급 사이에서 보이는 사리와 위선의 타락이 훨씬 악질적이라는 것을 생각하지 못하고 있다. 이 사회주의자들은 역사적 발전을 조금도 인정하지 않는다(콜 2017: 123).

---

22) 공상적 사회주의는 잉글랜드의 정치가였던 토머스 모어의 저서 『유토피아』까지 거슬러 올라 갈 수도 있다. 공상적 사회주의자들로는 바뵈프, 생시몽, 로버트 오언이 있는데, 감리교 신자인 로버트 오언(Robert Owen 1771-1858)은 인간의 행복은 성격과 환경에 의해 결정된다고 판단, 뉴라나크의 공장에서 협동사업체를 구성하여 이를 실험하고, 기독교 사상에 의한 노동자 인권 향상에 힘썼다. 그러나 북아메리카에서의 뉴하머니는 완전히 실패했다. 그 뒤 영국으로 귀국하여 협동조합운동과 노동조합운동을 펼쳤으나 이 역시 실패로 끝났다. 하지만 그의 사상은 엥겔스가 기계처럼 정교한 이론이라고 할 만큼 훌륭한 이론이었다. 프롤레타리아 계급혁명이 실패로 끝나고 소련의 국가사회주의가 몰락한 상황에서, 그의 협동조합운동과 노동조합운동은 자본주의 경제체제의 모순을 극복 혹은 보완하는 사회적 경제 영역으로 전 세계적으로 확산되고 있다.

오웬은 노동자의 빈곤과 착취를 자본가들로부터 이해와 양보를 통해 해소될 수 있다고 판단했다. 그래서 그는 유럽과 미국을 오가면서 착취 없는 공동체를 설계하고 직접 운영했다. 그러자 마르크스주의자들은 오웬의 공상적 사회주의자들이 인간을 착취하고 이익을 내기 위한 도구로 여기는 자본주의 사회의 해악에는 민감하여 이를 저지할 열의는 강하나, 현실을 과학적으로 분석하지 못했다고 비판했다. 마르크스는 오웬이 협동조합을 통해 기독교적인 이상사회를 세우고자 한다고 생각했다. 성서에서 이상사회에 대한 이론적 근거를 구하려 했기 때문에, 그들의 논리는 종교적이기는 해도, 관념적이고 현실성은 없으며 거기에는 영도계급인 프롤레타리아의 존재와 발전에 대한 전망이 없다는 것이다. 과학적 사회주의자에 의하면, 공상적 사회주의는 민중을 구제나 시혜를 베풀어야 할 대상으로 볼 뿐이지, 스스로 계급투쟁을 통해 역사 발전의 주체로 서게 된다는 것을 이해하지 못한다는 것이다. 이들의 오웬에 대한 비판은, 노동자의 빈곤이 자본가들로부터 양보를 통해 해결될 수 있는 것이 아니라는 것에서 출발한다. 마르크스는 공상적 사회주의는 성장하는 노동계급이 프롤레타리아 혁명을 통해 계급사회를 타파하고, 새로운 사회를 만드는 혁명 세력이 된다는 것을 분석하지 못하였다고 비판했다(콜 167-169 참조).

그러나 사회주의자들에 의한 계급적 시각에서의 이러한 비판과 달리, 박주원(2016)은 최근 우리 사회에서 전개되고 있는 '국가'의 위기 또한 단순히 정책의 실패나 부패를 넘어 공동체적인 정치적 대안의 문제로 접근한다. 우리들의 삶을 묶어주었던 사회적·정치적 체계인 대의민주주의에 대한 신뢰가 의심받고 있는 시대적 현실에 대한 인식에서 출발한다. 그에게 삶의 가치와 방향을 잃고 물신성에 사로잡힌 우리 사회의 초상도 우연이 아니다. 정치가 효용의 척도로 환원되어 단순히 이를 효율적으로 집행하는 관리와 행정으로 귀결되어 버림으로써, 우리가 실존할 수 있는 정치의 공간과 의미를 잃어버린 결과이기 때문이다. 그래서 그는 새로운 정치 공간과 형식을 위한 여러 고민과 상상인 19세기에 모색되었던 공동체의 꿈과 경험을 통해 새로운 정치체polity에 대한 역사적 상상력을 확장해 보려는 하나의 시도로서, 오웬이 제안했던 공장 개혁의 모델 '뉴 라나크'New Lanark와 협동 마을 '뉴 하모니'New Harmony를 바탕으로 하는 새로운 정치 이념과 원리에 대해 검토한다(박주원 2016: 226).

그에 의하면, 노동조합과 협동조합 운동에 초점이 맞추어 평가되고 있는 기존의 오웬에 대한 연구는, 인간 자신의 변화와 발전에 깊이 관련시키고자 했던 오웬 내면의 철학적 태도를 충분히 관찰하지 못한다는 한계를 가진다는 것이다. 그 결과 그가 기술하고 있는 새로운 사회의 이념들을 단순히 경제적인 개선이나 정책적인 정치 공학적인 차원으로 귀결시킴으로써, 오웬의 협동조합이라는 경제공동체에 내재한 정치적 공동체로서 갖는 대안적 의미의 구상에 대해서는 무관심하다는 것이다. 경제공동체에 필연적으로 존재하는 공적 사안에 대한 사회·정치적 방식과 절차에 대한, 즉 자치성과 민주성에 기반한 정치적이고 공적 체계에 대해서는 무관심한 경제 공동체주의자들에 대한 비판이다.

이것은 사람들이 오웬의 초기 협동조합에서 노동에 대한 착취가 없는 평화롭고 평등한 공장이라는 이미지 이외에, 인간이 친밀감과

연대 속에서 평등하게 살아가는 대안으로서의 정치적 자치공동체를
새로 발견하는 것을 의미한다. 아렌트는 이것을 사회적 문제로부터
정치적 공간의 문제로 제기했지만, 오웬의 뉴 하모니 공동체의 정
치적 질서는 고대 아테네의 민회나 크로포트킨이 말하는 자치적 결
사체와 유사한 기본적 운영원리에 의해 작동한다. 협동조합 마을은
총회가 정한 내규와 규정에 따라 운영되었다. 총회의 결정에 의하
면 40세에서 50세 남녀 성원에 의한 평등한 비밀투표로 의사결정
이 이루어졌다. 총회의 구성은 보건, 내무, 농업, 공업, 제조업과 상
업, 가내공업, 외교 등의 7개 위원회와 그 산하의 소위원회를 두어
자치적으로 활동하도록 하였다(콜 2017: 135).

[그림 6] 로버트 오웬이 계획했던 인디애나주의 실험 공동체
'뉴 하모니'(New Harmony)의 협동마을 구성도

출처: 콜, 오웬 협동조합 2017

오웬은 나이별로 공동체 내의 지위와 역할을 균등하게 구분함으로써, 자치의 공정성과 효율성이 보장된다고 보았다. 그의 마을공동체의 정치체는 계획, 교육 및 세대별 역할 분담으로 조화와 협동이라는 질서와 도덕률이 보장되는 자치였다(콜 2017: 145-146 요약). 그러나 나이별 역할의 차이는 인정한다고 하더라도, 민회인 주민총회의 결정권을 40~50대에만 한정한 점은 정치적 평등에 하자가 있음을 의미한다. 민회의 공간이 전 구성원이 토론을 통해 학습하면서 민주적인 자치적·공적 기구로 확장해 나가는 민주주의의 학교가 아니라, 핵심자들에 의한 효율적 의사결정의 공간으로 제한되었기 때문이다.

오웬의 협동조합 공동체의 실패 원인은, 협동조합의 운영원리와 방식에서 시장경제 자체를 자본주의와 동일시하면서 거부했기 때문이다. 사실 시장경제는 자본주의 생산양식의 산물이 아니다. 형태는 조금씩 다르지만, 시장경제는 자본주의의 생산력이 발달하기 전인 고대 노예제나 중세 농노제 사회에서도 늘 존재했다. 시장경제 안에는 사적 소유제만 존재한 것이 아니라, 항상 공동소유, 집단농장, 협동조합 등 다양한 형태의 소유 형태가 공존했다. 따라서 시장경제와 사적 소유제를 동일시하는 것은 잘못이다. 사적 소유제는 특히 자본주의에서 강력하게 형성되었을 뿐, 역사상 존재하는 많은 소유 형태 중의 하나일 뿐이기 때문이다. 따라서 현대 자본주의 경제체제에서도 사적 소유제와 더불어 공동체적 소유, 협동조합적 소유, 국가적 소유 등이 시장경제 속에서 동시에 공존할 수 있다. 시장경제 내에서 인류의 진보에 가장 적합한 소유 형태는 계속 변화하고 상호 융합, 변형되면서 계속해서 창조될 것이다(예로써, 중국의 경우는 시장경제 안에 국가 소유, 사적 소유, 법인 소유가 병존하고 있다).

결국, 협동조합은 자본주의와 대립되는 경제체제가 아니라, 자본주의 경제와 한편으론 충돌하면서도, 다른 한편으론 시장경제 속에 스며들어 자생력을 키움으로써 자본주의 경제체제를 인간과 공동체 중심의 경제로 변화시키는 중요한 역할을 담당해야 한다. 공동체와 사회로부터 분리되지 않는 경제가 바로 사회적경제다. 현대 대의제는 자본주의 경제의 대량소비, 대량소비 체제를 지원하는 기능적 정치 기술로 전락했다. 근대에 들어와 경제는 결국, 자신의 모태인 사회의 꼭대기 위에 올라서서 그것을 지배하게 되었다. 그리고 그 결과 경제가 - 즉 경제 권력이 - 다양한 사회 갈등의 반영 지점이자 그것의 해소 장치인 정치를 포획하고 민주주의를 한낱 주기적 선거라는 형식으로 왜소화하고, 그것마저도 많은 경우 금권 정치- '선진 민주주의 국가'인 미국이 대표적이다-의 정당화 기제로 타락시키는 결과를 빚고 말았다. 이런 전도된 경제를 이제 사람을 위한 경제, 사회를 위한 경제, 민주주의에 우호적인 물질적·제도적 기반이라는 제자리에 돌려놓는 것이 바로 사회경제의 임무라고 할 수 있다(김창진 2016: 110).

크로포트킨과 오웬의 경제공동체는 국가와 자본으로부터의 소외된 인간의 삶에 대한 극복의 의지를 담았지만, 공적 공간에서의 인민의 정치적 자치성을 확보하고 강화하는 집합적 민주성의 절차나 내용은 미흡했다. 집단적 인간의 삶 속에서 필연적으로 수반되는 것으로, 개인들 간의 자원 배분과 관련된 규범으로서 공적인 합의를 가능케 하는 민주적 과정과 절차에 관한 것이다. 생산력 향상으로 마을 창고에 매년 쌓여가는 엄청난 양의 농산물에 대한 처리 및 배분의 문제(여기에는 잉여농산물을 외부와의 교환을 통해 들어오는 희소가치가 높은 다양한 물품의 배분과 관련되어 발생하는 심한 갈등을 해소하는 방안으로 외부와의 잉여농산물 교환을 아예 중단하자는 논의까지 포함된다)나 잉여생산물 교환을 통해 수입되는 다양한 희소가치의 물품들(방한을 돕는 주거 자재 및 고급 치료제, 건강 유지와 수명 연장을 도와주는 약재, 고급 의료 설비 및 전염병 치료 약품, 편리한 과학 제품, 따뜻한 의복 등 모든 구성원에게 돌아갈 정도로 양은 많지는 않지만, 인간 생활의 풍요로움에 도움을 주는 물건들)의 배분 등과 관련하여 발생할 수밖에 없는 구성원 간의 갈등과 대립을 해소하는 집합적인 민주적 절차에 대한 문제이다. 문제는 민회에 40~50대 연령층만 참여하거나, 논의나 결정 방식에 민주적 합의가 부재하면, 그 공동체의 지속 가능성은 보장되기 어렵다는 점이다. 모든 개인에게 참여와 발언의 평등권에 기반한 집합적 자기 결정(자기 입법)이 가능할 때, 자기 복종의 민주적 자치공동체가 성립하기 때문이다.

특히, 노동 능력이 없거나 미약한 구성원에 대한 배분의 양에 대한 합의를 포함해서 모든 사람에게 투명하고 공정한 배분이 되기 위해서는, 언제나 전 구성원의 참여와 논의를 통한 공동체 내의 합의 과정이 필요하다. 오웬의 주장처럼 40~50대만이 마을 일을 전격 결정할 경우, 자신들은 일은 제일 많이 하지만, 분배가 공평하지 못하다고 생각하는 청년들은 마을을 떠나려 할 것이다. 또한, 외부 세계인 자본주의 시장경제의 화려함과 편리성에 매력을 느끼는 터에, 공동체의 결정 과정에서 소외될 때 사람들의 마음을 공동체로부터 멀어지게 할 것이다. 따라서 자치공동체는 구성원 간의 이견과 갈등을 민주적이며 평등한 논의를 통해 최적의 공공선을 도출할 수 있는 제도 및 절차 자체에 대한 합의 과정부터 시작된다는 인식이 중요하다. 자치민주주의의 역사는 공동체의 구성원이 자발적으로 수용할 수 있는 집합적 합의 체계를 통한 자아실현과 공공선의 도출을 위한 인간의 갈망이 표출된 것이다. 그러나 촌락공동체와 협동조합은 경제적 착취 구조와 향락적인 소비체제인 자본주의 생산양식으로부터 인간 해방의 이상은 지원했지만, 의견이 집합적 공간에서 민주적으로 논의되고 결정되는 정치적 공간의 확보(법과 제도를 통해)와 규범의 생산은 소홀했다는 비판에 취약하다.

　자본주의가 가하는 인민에 대한 억압과 착취에 대항하여, 스스로 공동생산과 분배를 통해 대의제에 저항한 철학적 대안을 제시한 아나키즘은, 다른 자치민주주의와 같이 인류적 민주주의의 이념과 제도의 진화에 기여하였다. 그러나 아나키즘의 자치에는 영혼이 해방된 개인은 존재하지만, 그래서 그러한 개인들의 '묶음'은 존재하지만, 해방된 영혼들의 생명력이 유기적 관계에서 살아 움직이고 진화를 보장하는 공동체에서의 공적인 공간과 제도는 초보적이었다. 이것은 고대 아테네의 민주주의가 성행했던 이유는, 아테네가 10개의 부족 연합적 경제생활 공동체에서 뿌리를 둔 참여와 자치의 가치를 함유했지만, 이러한 가치와 정신을 발양시키고 집합적으로 묶어낸, 민회라는 법적·정치적 공간과 제도가 존재했기에 가능했던 이치와 비교된다. 박주원(2010)에 의하면, 고대 아테네의 공동체 민주주의는 기존의 정치적 제도와는 구분되는 새로운 정치적 공간을 요구하고 구성하는 법적·정치적 성장, 나아가 기존의 생활양식과는 구분되는 새로운 삶의 가치를 꿈꾸고 연대하는 새로운 인간과 정신세계의 등장에 있다(박주원 2010: 179).

민주주의는 공동체적 생산과 분배만을 통해서 존재하는 것이 아니라, 상호부조와 협동적인 공동체적 삶을 민주적 방식에 의해 법적·정치적으로 제도화하는 과정이다. 이 점에서 아렌트는 더 정밀하고 치밀하다. 자치민주주의는 생산과 분배의 문제뿐 아니라 정치공동체에 영향을 미치는 공적 사안에 대해 법적·정치적 공간에서 모든 시민이 참여하고 결정하는 권력의 공유를 말한다. 그런 의미에서 크로포트킨과 오웬의 자치공동체에는 구성원의 집합적인 공적 참여와 결정을 통해, 공공선에 도달하려는 자치민주주의가 지향하는 '인민의 자치력'에 대한 고찰은 미약하다. 이들은 인민자치를 통한 국가 차원의 정치공동체를 기대하는 것보다는, 국가적 범위에서 실현되는 인민의 자치적 권력 행위와는 독립된 별도의 공동체를 열망하기 때문이다. 공동체 안의 인민은 자립적이고 자치적인 생활 및 경제공동체를 형성하지만, 정치적 평등에 기반한 집합적 공론장으로서의 민주적인 정치적 공간의 창출은 부수적이다. 더욱이 이들이 공동체 내에서 권력 행위의 주체가 될 수 있다고 하더라도, 공동체에 속하지 못한 대다수 인민은 여전히 대의적 국가권력의 대상으로 남아 있는 '소외된 민중'인 것이다.

자본주의의 착취-피착취 관계, 이에 기초하는 지배-피지배 관계를 거부하고 자유롭고 평등한 인간 생태계로서의 협동조합 운동은, 대량생산과 소비 만능을 통해 인간의 존재 이유를 찾는 저급한 삶의 양식을 극복할 수 있는 비전을 제시해 준다. 그러나 이러한 비전 제시에도 불구하고, 그것이 갖는 집합적 민주성과 연대성의 취약이 공동체의 인류적 대안으로서 지속 가능성을 보장받는 데 한계로 작용한다. 민주성은 자치공동체의 구성원 모두가 정치적 평등을 누리는 것으로, 모든 인간에 대한 존엄성이라는 이념에 기초한다. 정치적 평등에 기반한 인간 존엄성의 가치는 최고의 우월적 가치로서 어떠한 이념이나 삶의 형태를 통해 대체되거나 축소될 수 없다. 국가권력과 독립된 경제적 공동체에는 공동노동, 공동분배의 절차와 방식에 대한 공평하고 투명한 결정 및 운영이 기본이어야 한다. 그래서 이러한 경제공동체 안에는 물물교환으로 생긴 희소가치 물품에 대한 배분, 다툼과 갈등에 대한 공정한 판결, 공유물에 대한 사용 권한 및 처리 방식, 이러한 공적인 문제를 처리하는 행정관에 대한 선정 문제와 권한 범위 등, 공동체 내에서 발생하는 공적 사안에 관한 결정 과정에 소수의 연장자나 전문가는 있어도, 인민 모두의 정치적 참여는 없었다는 점이다. 협동조합 같은 경제적 생활공동체가 폐쇄적이라는 비판을 듣는 이유는, 결사체 간의 상호부조Mutual aid와 연대Solidarity의 네트워크보다는 자체 생활공동체의 자립과 신뢰감 형성을 우선했기 때문이다. 시민사회는 결사체들의 연대와 네트워크를 통해 종교적·혈연적 공동체와 같은 폐쇄적이고 자족적인 공동체를 극복하고, 인류적 차원의 해방과 진화의 길을 안내해 주는 진정한 자치민주주의의 길을 염원한다.

[그림 7] 자치민주주의의 3대 요소

(4) 풀뿌리민주주의(Grass root-Democracy)

풀뿌리는 아무리 베고 또 베어도 야산이나 길가에 끝없이 자라나는 생명력이 강한 이름 없는 풀이다. 인간사로 보면 오랜 역사 속에 권력의 착취와 억압으로 가난과 굶주림에 쓰러졌지만, 민중의 이름으로 생산의 주역으로 노동을 하고 억세게 살아가는 가난한 민중들을 의미한다. 잡초처럼 쉽게 짓밟히고 뿌리 뽑힐 듯하지만, 끈질기게 생명을 이어가는 억셈을 가진 평범한 사람들을 풀뿌리라고 부른다(하승우 2009: 209). 그는 풀뿌리민주주의는 민중demos의 지배kratia를 의미하는 민주주의democracy와 일치한다는 것이다. 그의 풀뿌리민주주의는 인민주권의 이념으로서 고대 아테네 민중의 직접 지배 방식의 집합적 정치와 연결된다.

그러나 인민의 지배라는 인민주권의 사상은 인민을 대신하는 통치자들에 의한 지배로 전환되어 버렸다. 공적 사안에 대한 시민의 정치참여라는 공화주의 사상은, 엘리트 정치인에게 권력을 넘겨주는 투표 행위로 변해 버렸다. 그런데 민주주의를 경계해야 한다면서 만든 대의제 공화주의를 그들은 간접민주주의라고 규정하고 민주주의를 참칭하였다. 따라서 풀뿌리민주주의는 인민의 대표성이 없고 공공선 실현도 어려운 대의제에 대한 저항으로부터 탄생하였다. 서구에서 풀뿌리민주주의 운동은 1968년 학생 혁명을 전후로 출현했다. 이때는 기존의 중앙집중적인 관료제와 권위주의라는 사회적 금기에 강력히 도전하는 질풍노도의 시기였다. 새로운 세대는 체제에 포섭된 감정과 이성의 해방을 외치면서 당면 현실을 뛰어넘어 새로운 현실을 꿈꾸고 국제적 연대의 손길을 뻗었다. 조지 카치아피카스George Katsiaficas는 헤르베르트 마르쿠제Herbert Marcuse의 개념을 빌려 68년의 현상을 '에로스 효과'라 부른다(하승우 2009: 210).

근대 시민혁명 이후 초기 자유민주주의를 보호적 민주주의라고 할 때, 자유는 시장경제를 주도하는 부르주아지들이 마음대로 사적 재산을 축적하는 자유를 말한다. 제한된 투표권에 의해 선출된 대의제 정치 엘리트들의 위계적이고 권위주의적 행태는 인간의 진정한 자유와 해방을 억압하였다. 풀뿌리민주주의는 이러한 대의제가 갖는 중앙집권적인 관료제와 권위주의적 위계 문화에 대한 반감이었다. 풀뿌리민주주의, 참여민주주의 모두는 6.8학생 혁명 이후 신좌파의 정치 혁신 운동의 방식으로 탄생하였다. 참여민주주의는 자유민주주의 안에서 정당이나 직장에서의 민주적 참여를 통해 대의제를 보완하고자 했다면, 풀뿌리민주주의는 자유민주주의를 거부하고 민중의 자치적 정치 행위를 주장한다는 점에서 차이가 있다.

참여민주주의가 정당정치와 선출된 정부 권력을 부정하지 않고 보완하는 것에 방점을 두었다면, 풀뿌리민주주의는 자기 정치, 자기 지배를 통해 대의제 정치 시스템 자체를 대체하고자 한다. 따라서 풀뿌리민주주의는 다양한 시민의 정치참여만을 주장하는 것이 아니라, 정치제도권 외각에서의 시민의 직접행동을 통해 기존의 기득권화 되어 있는 정치체제 자체의 극복을 목적으로 한다. 풀뿌리민주주의는 제도적 분권과 자치를 추구하면서도, 이보다 중요한 것은 대중동원과 직접행동 전략이다. 참여민주주의의 정치참여를 위해서는 시민의 자발성과 덕성이 요구된다. 그러나 이기주의와 물질만능주의가 만연한 현대 자본주의 체제에서, 사적 이해관계가 아닌 공동체의 공익적 사안의 해결을 위해 자발적으로 참여하는 시민을 기대하는 것은 어렵다. 그래서 이러한 시민적 덕성을 지닌 공민은 민주 공화정의 근간이지만, 추상적 개념에 불과하다는 비판에 쉽게 직면하곤 한다. 그래서 풀뿌리민주주의에서는 공화정의 덕성 있는 시민이나 공익적 사안에 전념하는 주체적이고 자주적인 인간을 미리 상정하지는 않는다. 그 대신 환경이나 정치적 현안으로 발생하는 이슈와 관련하여, 해당하는 지역 시민을 대상으로 한 동원전략을 통해 대중적 직접행동이라는 정치적 압박을 조직하는 것이다(하승우 2009: 57). 덕성 있는 공민이 아닌, 행동하는 시민이 탄생하는 것이다.

이러한 행동 전략은 자율적 참여와 숙의적 역량을 소유한 덕성 있는 공민이 존재하지 않는 한, 민주주의는 존재할 수 없다는 순환론적 논리를 반박하는 중요한 이론이 된다. 레오나르도 애브리처 Leonardo Avritzer가 집단적인 대중참여에서 '반-제도적 대중동원'의 중요성을 강조한 것은, 카우프만Kaufman이 시민의 '풀뿌리 동원'을 주장한 논리와 유사하다(Avritzer, 2002: 3). 두 사람 모두에게 일반적 대중의 일상적 참여의 제도화가 진행되기 위해서도, 당위적인 시민 참여의 강조보다는, 의식 있는 시민들의 사안별 참여 방식이 오히려 더 현실적일 수 있다. 대중적 참여가 불가능한 상태에서는, 우선은 양식과 의식 있는 시민의 적극적 공론장을 확보하는 것이, 자치 민주주의를 발전시키는 데 유익하다. 이들의 직접행동을 통해, 마을공동체의 공익적 현안을 현장에서 직접 해결해 나가는 것이 바로 풀뿌리민주주의이다.

특히 시민의 참여와 관련하여 경제적 혹은 사회적 지위에 따른 불평등과 차별의 발생은, 참여의 당위성과 별개로 민주주의의 본질적 이념의 문제를 제기한다. 카우프만Kaufman(1977)은 불평등한 사회 구조 자체가 차별적인 참여를 만든다는 것이고, 그래서 가부장적 사회 내에 존재하는 헤게모니적 권력 개념에 대항해 새로운 권력 개념으로서 상이한 사회적 권력 구조의 개발을 요구하기도 한다(Kaufman 1997: 20). 그에 있어서 경제적 빈곤으로 하루 생계를 유지하기 어려운 사람들한테 공적인 참여는 허구에 불과하다. 경제적 빈곤으로 인한 차별적인 참여differential participation의 문제는 공익적 사안에 참여를 할 수 있을 정도로 사람들에게 시간적 혹은 마음의 여유가 없기 때문에 발생한다. 이것은 참여의 양적·질적 문제를 강조하는 공화주의나 참여·숙의 민주주의 전반에 걸쳐 제기된다. 또한, 기존의 정치, 행정의 시스템 내에서 정보 제공이나 여론 형성이 가능한 범위에 속해 있는 시민들만이 참여가 이루어지는 것과 경제적 불평등에 따른 '참여의 차별화'와는 별 차이가 없다. 참여의 차별화는 경제적 불평등과 행정의 도구적 기능화로부터 발생하는 것이다(카우프만 1997: 54).

그에 의하면 권력 구조 내의 기존의 이해관계를 반영하는 것에 불과한 참여를 통한 민주주의는, 기존 사회질서에서의 헤게모니 소유 관계에는 어떠한 변화도 주지 못한다. 반면에 풀뿌리민주주의는 기존의 권력 관계를 부정하고, 새로운 참여의 범위와 내용을 통해 자치적인 공동체 민주주의에 대한 대안을 제시한다. 이것은 의례적인 제도적인 방식의 참여를 배제하고 사회 현안으로 제기되는 의제를 중심으로 대중의 직접행동을 조직함으로써 가능하다. 이러한 직접행동은 부조리한 정치, 행정 구조에서 시민의 요구를 제기하는 시민참여의 한 부분이기도 하지만, 시민참여가 미흡한 상황에서는 시민참여를 자극하고 촉진한다. 풀뿌리민주주의는 차별적인 참여 방식이 아니라 지역사회의 현안과 관련하여 비제도적 참여를 촉진하고, 주민이 직접행동으로 나서게 함으로써, 공동체의 자치적 영역을 확장하고 민주주의의 대표성을 강화한다는 점에서 자유민주주의자들이 말하는 추상적인 참여를 공격한다.

하승우(2014)에 의하면 풀뿌리민주주의에서 참여는 당면한 의제나 안건에 대한 찬반의 의견을 구하는 것이 아니라, 개인 스스로의 자율적인 자치에 가깝다. 풀뿌리민주주의가 주장하는 참여는 단지 선거를 통한 정치참여만이 아니라, 시민들이 자신들의 삶에 영향을 미치는 결정들에 관해 직접 자기 목소리를 내고 결정해야 한다는 점을 강조한다(하승우 2014: 56). 그에 의하면,

> 내 삶에 영향을 미치는 문제들을 스스로 결정하는 변화는 지금 내 마음가짐만 가지고는 어렵다는 것이고, 자본주의 논리에 길들어 있었기 때문에 더 넓게 보고 더 많이 고민하며 다른 사람들이랑 소통하고 공감하며 연대해야 한다는 것이다(하승우 2014: 67).

이것은 현재 사상, 의식, 생활방식 등 인간을 전일적으로 지배하는 자본주의 시장경제에서 벗어나 자율적이고 주체적인 진정한 자유를 획득한 인간이 되기 위해서는, 자본주의에 도전하는 새로운 질서와 가치를 향하여 공감하고 연대하고 직접 행동해야 한다는 것을 말한다. 그래서 그는 직접행동 또는 직접민주주의가 강조하는 참여에 관해 말하면서, 직접행동은 아나키스트들이 추구한 덕목으로 자신의 삶을 억누르는 외부의 권위에 직접 맞서서 삶을 스스로 결정하고 다스리고 서로 보살피는 태도를 가리킨다(하승우 2014: 56).

그는 참여민주주의와 풀뿌리민주주의의 차이점에 대해 말한다. 첫째, 대의민주주의를 대하는 관점이다. 참여민주주의는 자유민주주의가 발달한 형태로서 대의민주주의를 완전히 거부하지 않는다. 그리고 참여민주주의는 경쟁적인 정당 제도가 민주적 책임성을 확보해 줄 수 있다고 보며, 선거 중심의 민주주의를 부정하지 않는다. 반면, 풀뿌리민주주의는 대의제를 보완하는 것으로 참여의 의미를 제한하지 않는다. 오히려 풀뿌리민주주의는 대의제를 대체할 능동적인 대안을 만드는 문제를 중요시한다. 이것은 제도화된 정치와 시민의 힘을 강화하기 위해 생활 정치와의 공존을 추구하며, 이런 공존 과정을 통해 조금씩 시민의 주권을 되찾고 역량을 키움으로써, 장기적으로는 선거로 제한된 정치를 지양하려 한다(하승우 2014: 58). 둘째, 참여민주주의는 이미 시민인 사람의 참여를 유도한다는 점이다. 참여민주주의에 참여할 수 있는 사람은 정치적으로 새로운 주체를 의미하는 게 아니라, 정치적으로 무관심해진 이미 존재하는 시민 또는 중산층이다. 그러나 그동안 정치과정에서 배제되거나 시민으로 인정받지 못하던 사람들은 참여민주주의를 적극적으로 활용할 수 없다. 그래서 이란의 라흐네마Rahnema는 참여를 교묘한 통제의 방법이라 부른다. 반면, 풀뿌리민주주의는 아직 시민은 아니지만, 시민이 되려고 하는 사람들을 주체로 간주한다(하승우 2014: 58-59). 셋째, 풀뿌리민주주의가 다루는 의제이다. 참여민주주의가 제도화된 틀 안으로 참여의 폭을 넓히는 데 집중한다면, 풀뿌리민주주의는 좌우라는 이념 스펙트럼을 탈피할 뿐 아니라, 전통적으로 다루지 않던 주제 영역들, 곧 여성, 평화, 생태 같은 영역들을 주요 의제로 삼는다. 로널드 잉글하트가 주장하는 탈물질주의나 신사회 운동과 비슷한 점이 있다. 여기서 탈물질주의는 구사회 운동과 신사회 운동이라는 구분을 넘어서서 작동하는 것으로 풀뿌리민주주의는 참여민주주의보다 더 근본적인 민주주의를 지향한다(하승우 2014: 59).

따라서 풀뿌리민주주의에서 직접행동은, 아나키스트들이 추구했던 덕목으로 자신의 삶을 억누르는 외부의 권위에 직접 맞서서 삶을 스스로 결정self-determination하고 다스리는autonomy 태도를 가리킨다. 이렇게 보면, 풀뿌리민주주의의 자치는 정치로부터 소외된 주민을 대상으로 생활공동체를 통해 소통하고 실천하면서 축적되는 공화주의적 덕성을 통해 전 지구적 혹은 국가적·지역적으로 발생하는 사안에 능동적이고 행동적으로 결합한다는 기본 전략을 가지는 것으로 보인다(하승우 2009: 226).

풀뿌리민주주의는 일상적으로 학습과 실천을 통해 '자기 결정권'을 가진 최고 권력자로서 주민이 스스로 성장할 수 있는 교육과 학습을 끊임없이 제공한다. 확고한 최고 권력자라는 것은, 사회 모든 권력 행위에 대한 최종적인 결정권자는 인민이라는 것이고 따라서 자기 입법과 자기 통치를 능숙 능란하게 할 수 있는 권력 운영자로 태어나는 것을 말한다. 이러한 학습과 교육은 "단순히 개인에게 부여할 수 있는 정보나 훈육으로만 구성되는 것이 아니라, 피지배자로서의 개인에게 권리와 의무를 깨우쳐 주어, 그 권리와 의무에 일치할 수 있도록 점차 지성을 키워나갈 수 있게 해주는 것이다. 즉 교육은 시민에게 이러한 정보 이외에도 잠재적인 지배자gouvernant en puissance의 위치에 부합하는 교육을 해야 한다(카니베즈 2002: 36; 하승우 45 재인용). 이러한 의미에서 풀뿌리민주주의의 교육과 학습은 권력을 직접 운영하는 자치 능력을 배양하기 위한 것으로, 자기 입법, 자기 통치를 통해 인민이 권력의 주체적 행위자로 성장하는 자치민주주의를 심화시키는 일이다.

과정과 절차를 통한 참여자 상호 간의 이견 확인을 기초로, 상호 인정과 배려 그리고 조정과 합의한다는 의미에서, 풀뿌리민주주의는 숙의민주주의와 그 맥을 같이한다. 정치과정 및 사회경제적 상황으로부터 소외되어 있던 주민들이 처음에는 서툴고 시행착오도 거치겠지만, 이러한 집단적인 토의와 숙의 과정을 통해 사려 깊고 정제된 결론에 도달할 수 있다는 숙의민주주의의 개념이 풀뿌리민주주의에도 적용되는 것이다. 다만, 풀뿌리민주주의는 다른 민주주의와 달리 직접행동과 자치적인 실천을 강조한다. 다른 자치민주주의가 덕성 있는 시민의 공익적 역할을 강조한다면, 풀뿌리민주주의는 한 발짝 더 나아가 덕성 있는 시민의 구체적 실천 행동을 주문한다. 이들에 의하면 진정한 덕성 있는 공익적 시민으로의 의식 전환은 학습과 집회를 통해서가 아니라, 현장의 풀뿌리 공론장에서 결정된 공동 사안에 대한 직접행동을 통해 진전되는 것이다.

그래서 풀뿌리 공론장은 모든 사람이 모든 결정에 참여해야 한다고 주장하지 않고, 누구라도 결정 과정에 참여해서 발언할 수 있고 누구라고 공직을 맡을 수 있다는 가능성을 강조한다(하승우 2009: 231). 그런 의미에서 숙의민주주의에서 전문성을 갖춘 엘리트 소수 전문가에 의한 수준 높은 토론과 합의 도출과는 달리, 비록 처음에는 참여한 주민들 주장의 방식과 내용은 비체계적이고 미숙하지만, 풀뿌리민주주의는 그러한 과정을 통해 배우고 학습하고 직접행동을 통해 성장한 주민이 주체가 되어, 대의민주주의의 허상을 허무는 것을 최고의 목표로 삼는다. 하승우에 의하면 민주주의는 하나의 실체가 아니라 빈 장독, 그것도 밑바닥에 조그만 구멍이 뚫려 있어 계속 채우지 않으면 바닥을 드러내는 장독이다. 계속 그 안을 채우려는 노력이 없으면 민주주의는 바닥을 드러내게 된다. 풀뿌리민주주의는 그 독을 채우려는 노력이자 그렇게 하도록 자극하는 틀이다 (하승우 2009: 231).

3) 참여형 자치민주주의

(1) 참여민주주의(Participatory Democracy)

발전적 민주주의와 참여민주주의[23)는 연관성을 가진다. 자유민주주의의 사상을 승계한 보호 민주주의나 법인 민주주의의 경우 인민은 자유시장 경제를 지탱시키는 소비자이고 소유자에 불과하지만,

---

23) 1960년대 신좌파 운동으로부터 본격화하기 시작한 현대적 참여민주주의 이론은 자유주의에 대한 마르크스주의적 비판에 기초하여 참여민주주의 형태를 탐색하기 시작한 맥퍼슨으로부터 출발하였다.

발전적 민주주의와 참여민주주의에서 인민은 자기 계발과 실현에 적극적인 주권자에 해당한다. 그러한 의미에서 맥퍼슨Macpherson은 참여민주주의의 전제는 인민의 의식적 변화이다. 그에게 참여민주주의의 실현은 인민이 자신을 소비자로 간주하고 행동하는 것으로부터 자신을 잠재능력의 행사 및 향수자로서 간주하고 행동하는 것으로의 변화이다(Macpherson 1992: 164). 대량생산 체제에서 쏟아져 나오는 자극적인 상품에 대한 탐닉과 물질의 여유로움을 통해 안온함을 느끼는 사회 구조에서, 유대적·공동체적 삶을 통해 자기 자신의 정신적 풍요함과 발전을 얘기하는 것은 귀찮고 시대착오적인 것으로 치부된다. 이러한 사회에서 정치는 부유한 기득권 야망가들 간의 경쟁을 통해 권력을 소비와 탐닉의 대상으로 생각하는 시장경제 일부분에 지나지 않는다. 투표는 백화점에서 자신이 선호하는 상품을 선택하는 것과 같이 정치 시장에서 자신이 선호하는 후보를 선택하는 행위이다.

　참여민주주의Participatory Democracy는 자유민주주의의 전통을 승계한 대의제가 자유와 평등, 인간 해방을 향한 원래의 민주주의적 가치를 제대로 실현하지 못하고 있다는 비판으로부터 나왔다. 자본주의의 멸망을 예견했던 마르크스-레닌주의의 교조적인 이론으로부터는 결별하였지만, 참여민주주의는 1960년대 이후 정치참여를 통해 사회 부조리와 모순을 극복하고 신사회로 나아가야 한다고 주장했다. 따라서 이것은 위기에 처한 자유민주주의 대의제에 대한 대안적 정치 모델로서, 사회경제적 불평등을 해소하지 못하는 현실 자본주의 경제체제를 비판하며 노동자들의 경영 참여나 정치참여를 강조하면서 부상하기 시작했다. 참여민주주의는 산업에서 노동자의 통제 운동인 경영 참여 운동의 출현이었다(Pateman 1970: 40). 참여민주주의는 권위주의적 정당정치와 의회민주주의를 비판하고, 시민과 노동자의 직접 참여를 통해 개인의 자아실현 및 탈권위적 사회를 만들려는 시민민주주의였다.

따라서 맥퍼슨의 참여민주주의에서는 자본주의의 경제로부터 파생되는 권력과 자원의 불균형이 민주주의의 자유와 평등의 실현을 가로막는 근본 원인이 된다(David Held 2010: 397). 경제적 불평등으로 인한 계급적·인종적, 성별 불평등을 완화하는 것과 자유와 평등의 민주주의는 동행할 수밖에 없다는 문제의식이 그 출발점이다. 그에게 있어서 자유는 단지 권력의 간섭으로부터의 소극적 자유가 아니라, 시민과 노동자가 권력의 주체로 다시 태어나는 적극적인 자유에 해당한다. 그에 있어서 국가는 기업가와 노동자들 사이에서 공정한 중재자나 판결자가 아니었다. 국가는 공신력을 이용해 일상생활의 불평등을 유지하고 재생산하는 데 불가피하게 얽혀들어와 있는 상황에서, 그런 국가 시스템을 유지하는 18, 19세기까지의 서구의 주요한 전통에서 자유민주주의 정치체제는, 비민주적 혹은 반민주적이었다고 말할 수 있다(맥퍼슨 1992: 33).

맥퍼슨Macpherson이 참여를 통한 직접민주주의가 가능하다고 생각한 영역은 정당과 직장이었다. 대면하고 토론으로 결정할 수 있는 현실적으로 가능한 영역으로 정당을 선택함으로써, 그는 대의제의 핵심 골간인 정당정치에 직접민주주의를 결합했다. 각 이념 정당 내에는 계급적 대립이 존재하지 않기 때문에, 토론과 숙의가 가능하다는 것이다. 참여민주주의의 영향으로 서구의 정당들은 당내 중요 정책 및 공직 후보자 결정에 당원이 직접 결정하는 당내 민주주의를 발전시켜 왔다. 국가의 공적 사안에 대한 정보의 소통과 인지, 토론, 투표행위, 정책 및 공직자 평가 등을 통해, 당원들의 보편적 지식과 판단력은 높아지고 잠재력은 계발되었다. 따라서 정당 내 민주주의는 참여민주주의가 사회 영역으로 확산하는 데 전초기지 역할을 했다. 당내 민주주의는 권력 중심으로부터 인민의 소외감을 감소시키고 집단적 문제에 관한 관심을 키울 뿐만 아니라, 정부의 일에 좀 더 민감하게 관심을 가질 수 있는 적극적이고 식견 있는 시민을 형성하는 데 기여한다(David Held 2010: 401).

페이트먼Pateman(2010)에 있어 민주적 정체와 시민의 참여는 불가분의 관계이다. 민주주의적 정치체제가 작동하고 유지하기 위해서는 시민의 참여를 통해서만 가능하다. 그에 의하면, 사회의 모든 영역에서 참여를 통한 사회화가 이루어질 때, 민주적 정치체제의 작동이 가능하다. 민주주의가 작동하기 위해서는 사회 모든 영역에서의 참여가 필수적이지만, 그중에서 가장 중요한 영역은 종일 생활하는 산업 영역이다. 사람들의 종일 보내는 작업장에서의 참여는 다른 곳에서는 경험할 수 없는 집단적 업무의 관리에 대한 교육(기회)을 제공할 정도로 매우 중요하다. 그래서 산업과 같은 영역은 그 자체로서 정치체제로 간주되어야 한다(Pateman 2010: 43). 시민으로서 평생 가장 많은 시간을 보내는 직장에서 참여를 통한 민주주의가 개인과 공동체의 민주주의에 결정적인 영향을 미친다는 것을 의미한다. 그는 관리자들과 부하 직원 사이의 권위주의적 관계 및 지위 및 임금의 차이에 따른 경제적 불평등이 정치사회가 민주주의로 진전하는 데 근본적 장애라고 판단했다.

따라서 그는 '무엇이 우리 현대사회의 근본적인 악인가?'라는 질문에 사람 대부분이 '노예 상태'라고 대답하지 않고 '빈곤'이라고 대답하는 것은 틀렸다고 말하는 콜Cole에 동의한다. 참정권을 가졌던 그리고 이전에도 자기 통치의 수단을 가졌던 수백만 명의 사람들도 사실은 '굴종하도록' 훈련되었다면서 이러한 굴종이 대체로 그들의 일상적인 작업 과정에서 이루어졌다(Pateman 2010: 39). 따라서 그는 작업장에서의 참여를 통한 인간의 정치사회적·경제적 불평등의 해소를 참여민주주의의 가장 중요한 것으로 판단하였다. 그의 작업장 민주주의는 '참여'란 의사결정에 대한 평등한 참여를 말하며 '정치적 평등'이란 결과를 결정하는 권력의 평등과 연결된다. 그러나 그는 참여민주주의의 남은 과제는 경험적 현실 정치와 생존력의 문제라고 정리한다. '참여'의 정의와 관련해서 직접 참여가 가능한 곳에서는 분명히 그 정의는 타당하지만, 대의제가 널리 필요한 조건에서 직접 참여의 패러다임이 어디까지 실현될 수 있을 것인가는 분명하지 않다(Pateman 2010: 44). 그는 제기되는 인민의 지배로서 직접민주주의가 대의제와 결합할 수 있는 영역과 역할에 대한 진지한 고민을 던져준다.

보통 참여민주주의를 말할 때 시민이 정치 및 행정에서 의사결정 과정에 참여하고 발언하는 민주적 절차로서만 이해하는 경향이 존재한다. 그러나 맥퍼슨과 페이트먼의 참여민주주의는 이것을 넘어 정치·경제의 구조적 문제를 포괄한다. 이들은 참여민주주의가 원만하게 작동될 수 있으려면, 불평등을 일으키는 자본주의의 계급대립을 완화하기 위한 정치·경제적 처방이 동시에 추진되어야 한다고 말한다. 그래서 맥퍼슨과 페이트먼은 자본주의적 착취를 변화시킬 생산자 협동조합의 활성화나 길드 사회주의를 기대했다(Pateman 2010:

78). 그들은 물적 자원의 재분배를 통해 집단들의 경제적 불평등을 직접 해결해 나가는 것이, 유기체적 존재로서 인간의 자발적 정치 참여를 유도한다고 주장했다. 따라서 참여민주주의가 절차적 참여만 관심을 가지면서, 불평등한 경제 구조에 대해선 무관심했다는 주장은 옳지 않다. 신좌파적 참여민주주의는 계급혁명은 거부했지만, 참여와 자치를 방해하는 경제적 불평등이 대의적 자유민주주의의 생존기반이라는 것을 부인한 것은 아니기 때문이다.

따라서 맥퍼슨과 페이트먼의 참여민주주의에서는 이전의 직접민주주의, 공화주의, 자유주의에서는 다루지 않았던 참여와 경제적 불평등 간 관계의 문제가 중요하게 제기된다. 자본주의의 경제적 불평등이 존재하는 현실에서, 두 사람에게 참여민주주의는 새로운 도전이면서도 모순이었다. 이들은 계급 분열이 약한 정당과 직장에서의 참여의 가능성을 타진했다. 이들은 이곳을 통해서 전 사회적 참여의 틀을 만들 수 있다고 본 것이다. 그러나 현실은 그렇지 않았다. 이들의 예상과 달리, 결사체 방식에 의한 각종 사회운동이 확산하면서, 오히려 참여와 자치 운동은 계급대립 이외의 영역에서도 촉발될 수 있다는 것을 보여주었다. 이것은 자본가와 노동자의 계급적 갈등과는 다른 차원의 문제를 제기한다. 정치의식의 성장으로 결성된 인권, 환경, 여성, 인종, 소수자 관련 결사체들은 정치 외적 영역에서 압력단체로 활동하면서, 정치 영역에 대한 압박을 통해 특정 사안을 정책화하거나 입법화를 시도하기 때문이다.

(2) 숙의민주주의(Deliberative Democracy)

숙의민주주의는 정치참여를 주장하되 참여의 질에 초점을 맞추어 강조한다. '숙고를 거친, 일관된, 상황에 얽매이지 않은 사회적으로 입증되고 정당화될 수 있는 그런 선호가 형성되도록 장려하는 절차의 도입'에 관한 것이다(Offe and Preuss 1991: 167). 사회적으로 제기되는 수많은 갈등과 문제들, 공동체의 공공선에 맞는 최종 결정권을 여론 조작적 마케팅 기법을 사용하는 정치인들에게 전부 위임하는 것은 위험하다는 것이다. 이들은 정치적 과정에 숙의가 부재한 조건에서 시민들의 참여만 보장된다고 해서 민주주의의 정당성이 확보되는 것은 아니라고 주장한다. 숙의민주주의는 인민의 참여가 아니라 충분한 정보가 제공된 상태에서 사실에 근거해 논의한다. 미래적이고 이타적인 관점에서 사려 깊고 숙고된 충분한 논의를 통한 결정만이, 공동체의 공공선을 찾을 수 있고 민주주의의 정당성을 보장해 준다는 것이다.

오페와 프레우스Offe and Preuss에 의하면 숙의민주주주란 세 가지의 기준에 부합하는 '합리적' 또는 '계몽된' 정치적 의사나 판단에 기초한 민주주의라고 정의한다. 그 기준이란 "사실을 중시"(무지하거나 교조적인 것과 반대되는)하는 동시에, "미래를 중시"(근시안적인 것과 반대되는)하고, "타인을 중시"(이기적인 것과 반대되는)하는 것이어야 한다(Offe and Preuss 156-157)는. 이것은 '공적 숙의가 정당한 정치적 의사결정이나 자치의 핵심 요소라고 생각하는 일군의 견해'로 정의된다(Bohman 1998: 401). 결국, 정치적 정통성은 투표함이나 다수결 그 자체에 있기보다는, 공적 결정에 대해 옹호

가능한 이유와 설명을 제시하는 데 달려 있다는 것이다(Saward 2003: 120-124).

그러면서 사워드Saward(2003)는 숙의민주주의는 '민주주의는 사람 머릿수를 세는 것 이상으로, 참여자의 이슈에 대한 지식, 타인의 이해에 대한 인식, 공공업무에서 적극적인 활동자의 역할에 대한 확신을 조장하는 동등하고 포용적인 기초에 근거하는 토론을 포함해야만 한다'라고 강조한다. 참여민주주의가 자유민주주의의 취약점으로 인해 제기되었다면, 숙의민주주의는 참여민주주의나 직접민주주의의 한계로 인해 제기되었다고 볼 수 있다. 이것은 시민참여의 결핍으로 비판을 받는 자유민주주의에 대한 대안으로 부상하는 참여민주주의나 직접민주주의가, 합리적이고 공적 이익에 부합되는 최적의 결론을 도출할 수 있느냐는 근본적 물음으로부터 시작된다.

따라서 숙의민주주의의 주된 주장은 고정된 선호라는 개념에 작별을 고하고, 그런 고정된 선호를 사람들이 이 과정에서 또한 이 과정을 통해 건전하고 합리적인 정치적 판단을 위해 이해할 필요가 있는 일련의 이슈들에 익숙하게 되는 학습 과정으로 대체하자는 것이다. 이들이 주장하는 것은 추상적이고 이미 생각해 놓은 합리적 기준을 단지 강요할 것이 아니라, 교사와 교과 과정의 역할이 제고되고 학습 과제가 학습 과정 그 자체 속에서 정해지는 미리 정해진 답이 없는 지속적이고 열린 학습 과정으로서의 정치에 헌신하는 것이다(Offe and Preuss 168). 이러한 주장은 정치의 공론장에 이미 결정된 절차나 내용의 존재에 대한 부정을 의미한다. 일반적으로 소수 지도부가 회의의 의안을 미리 결정하는 경우, 회의는 형식적 절차에 불과하고 지도부에 의해 결론이 관철되는 것에 대한 비판이다. 형식은 민주주의지만 내용은 과두제이기 때문이다. 숙의민주주의의 공론장에서는 회의의 절차나 안건 자체도 숙의를 통해 결정된다. 숙의의 과정에서는 고정된 가치관이나 시각이 선험적으로 정당성과 타당성을 획득할 수 없다. 모든 가치관과 견해는 동등한 발언권과 정제되고 사려 깊은 숙의를 통해서 그것이 사실과 미래와 배려의 관점에서 공감력을 획득할 때, 그 획득한 공감의 정도에 따라 표출된 가치관과 견해의 정당성과 보편성이 승인을 받을 수 있다.

그래서 오페와 프레우스는 이후 보다 신뢰받을 수 있는 현대 민주주의에서는 '상호성의 원리'에 입각해야 한다는 것을 강조한다. 그들에 의하면 상호성의 원리는 '우리의 선호를 형성하고 옹호하는 그로 인해 우리의 선호를 정제하는 복수의 관점 방식을 채택하도록 요구'한다(Offe and Preuss 169). 복수의 관점 방식은 자기의 주장이 맞을 수도 있고 틀릴 수도 있다는 것과, 마찬가지로 타인의 주장도 맞을 수도 있고 틀릴 수도 있다는 상호 이타적 관점으로부터 출발해야 한다는 것이다. 현대사회에서는 상호 극한 대립적인 적대적 선호를 사이에 두고 양자택일을 해야 하는 조건에 놓일 수 있기 때문에, 그러한 상호 대립적인 선호와 관련해서 상대의 적대적 선호가 어떻게 발생하게 되었는지를 이해하는 것이, 자신의 선호를 이해하는 것과 동일하다는 것을 말한다. 따라서 민주주의 이론은 시민들이 타인의 여러 관점에 대해 알게 되고 그것을 공개적으로 검증할 기회를 제공하는 방식을 정치과정 그 자체 안에 구축하도록 촉진하는 입헌적 디자인에 관심을 기울여야 한다. 민주주의 이론은 충동적이고 맥락 의존적인 선호보다는 정제되고 사려 깊은 선호를 강조함으로써 시민의 질을 제고할 필요가 있다(Offe and Preuss

170).

숙의민주주의자들에 의하면 근대 시민혁명 이후 제한된 선거권에 대한 저항을 통해 획득된 보통선거권은 형식적 평등에 불과하다. 겉으로는 민주주의의 진전을 이룬 것처럼 보였지만, 선거에 대한 지나친 집착은 투표율 하락 및 정치에 대한 무관심과 연결된다는 것이다. 자유주의적 대의제가 인민을 정치과정으로부터 단절시키고 무력하게 만든 주범이다. 숙의민주주의의 선구자인 피시킨 Fishkin, J.(1991)은 오늘날 대규모 유권자 속에서 발견되는 공적 생활에 대한 무관심과 엘리트주의 등을 신랄하게 비판한다. 그에게 현대 민주주의는 '정치적으로 평등하지만, 상대적으로 무능한 대중과 정치적으로 불평등하지만, 상대적으로 좀 더 유능한 엘리트 사이의 선택을 강요'한다(Fishkin 1991: 23). 그에게는 현대 민주주의는 천박하고 저속한 사람들의 권력 싸움에 불과하다. 진지한 논의를 통해 이념과 정책이 검증되고 공익을 위한 자기성찰 및 숙의 없이 진행되는 투표행위는, 마치 소비자가 시장에서 세제를 고르듯 상품화된 정치인의 이미지를 고르는 것과 같다는 것이다. 그에 의하면 여론조사는 사실상 정치 지도자를 통제하지 못한다. 대중매체를 통해 지도자에 의해 조작된 이미지가 다시 거꾸로 여론조사에 반영됨으로써, 충분한 비판적 조사는 불가능하다는 것이다. 즉, 여론조사는 사람들에게 정치 지도자를 충분히 검증하기 위한 유의미한 통제를 보여주기에 족한 정보가 제공되거나 검토가 이루어진 것도 아니다(Fishkin 1991: 19).

마넹Manin, B.(1987) 역시 숙의민주주의의 초점을 확실하게 정리하였다. 그는 자유주의 이론과 민주주의 사상의 공통적 시각을 근본적으로 바꿀 필요가 있다고 말한다. 민주주의 정통성의 근원은, 이미 결정된 개인들의 의사가 아니라 오히려 그것의 형성 과정, 즉 숙의 그 자체다(Manin 1987: 351). 그에게 민주주의는 결과나 내용이 아니라 과정과 절차다. 그는 사람들의 판단과 이러한 판단을 토론하는 절차를 이미 주어진 것으로 간주하는 것이 아니라, 토론에 들어가기 전부터 그런 판단이나 절차가 적절한 학습 과정에 부합하는가, 그렇지 못하다면 어떻게 개선될 수 있느냐고 유효하게 질문하는 것이 숙의민주주의 과정이라고 주장한다(마넹 360). 숙의를 통해 얻은 결정이 공익에 부합하느냐 아니냐의 문제 이전에, 숙의 자체를 위한 공론장을 형성하고 구성원들이 처음부터 함께 준비하고 절차를 만드는 과정이 중요하다는 것이다. 그의 숙의민주주의에는 다수 인민의 참여가 중요하지 않다. 그래서 참여의 양과 질 그리고 참여의 방식이 아니라 숙의를 할 수 있는 과정 자체가 선행되어야 한다.

따라서 숙의민주주의는 참여를 통해 인간의 덕성과 지성을 발굴하고 계발시킨다는 직접민주주의의 원리와는 배치된다. 이들은 영토가 광활하고 전문화된 현대사회에서, 직접민주주의는 불가능할 뿐 아니라 유해하다고 주장한다. 그 이유로는 첫째, 고도로 분화되고 전문화된 현대사회에서, 전문성이 부족한 일반 대중들이 정치과정에 참여하고 최종 결정을 내릴 경우, 오히려 공동체에 해악을 미치는 결론에 도달할 수 있다는 것이다. 따라서 직접·참여민주주의가 무조건 선이고 이상이라는 주장은 부적절하다는 것이다. 둘째, 소규모 공동체에서의 논의에서는 최적의 결론인 공공선에 도달하는 것이 아니라, 오히려 동질적 공동체의 특징으로 인해 그 공동체의 이기주의적 요소의 표출을 바탕으로 순응과 동조, 불관용과 편협, 정치의 사적 경향이 재현될 위험이 있다(David Held 2010: 449). 숙의민주주의자에게 사려 깊고, 정제되지 않은 토론과 결론이 예상되는 인민의 집합적인 결정은 민주주의에 대한 적으로 간주된다.

숙의 여론조사는 모래 같은 대중의 결정으로부터 초래되는 감정적이고 즉흥적인 결론을 극복할 수 있다. 일반적 여론조사는 현재 사람들이 특정 사안에 대해 개인적으로 어떻게 생각하고 있는지를 묻는 것이라면, 숙의 여론조사는 일반 여론조사를 거친 사람들을 대상으로 추첨 방식으로 객관적 표본을 추출한 후 그 추출된 표본을 상대로 숙의 과정을 진행한다. 상반되는 두 가지 입장에 대해 정보습득, 학습 및 진지하고 치열한 숙의 과정을 거친 후, 최종적으로 다시 여론조사를 하여 최종 권고안을 성안하는 방식이다. 따라서 이 경우 처음의 여론조사와 다른 결과가 나오는 이유는, 숙의 과정을 통해 평소에 자신이 막연하게 옳다고 생각한 것에 대한 보다 객관적인 판단이 가능했다는 것이다. 이것은 사전에 아무런 정보나 학습 과정도 존재하지 않은 상태에서 참여한 사람이 회의 주도자들의 의견에 종속되어 버리는 일반적 민주주의 절차와 대비된다. 숙의 조사는 단지 과정에 사람이 참여했다는 이유만으로 민주주의라고 말하는 것 자체에 대한 거부이다.

숙의 공론조사 이외에도 숙의민주주의 방식으로, 시민 배심원제도를 들 수 있다. 이 제도를 통해 공공기관에 소집된 사람들은, 정부가 현재 추진하려고 하는 현안에 대해 관련 증거 및 주장들을 비교 평가하거나 검토한다. 숙의 여론조사처럼 배심원들은 전문가의 의견이나 증언을 청취하고 각종 증거를 검토하면서 종합적인 결론을 도출해 낸다. 그러면 행정은 이들이 도출한 의견을 참고해서 최종적인 정책 결정을 한다. 시민 배심원제는 여론조사를 하는 것은 아니지만, 배심원을 통해 최적의 의견을 도출하려는 숙의 과정을 거친다는 점에서 숙의 조사와 약간의 차이만 있을 뿐이다.

그러나 최적의 결론에 도달하기 위해 정제된 소수 집단의 집중적인 심의를 거치는 숙의 과정은, 원래 고대 아테네 폴리스의 직접민주주의에서 유래한 것이다. 사람들은 아테네의 직접민주주의를 수천 명이 모인 광장에서 한 사람이 발의한 안건을 토론하고 결정하는 것으로만 알고 있다. 그러나 민회에 안건이 회부되려면, 사전에 500명으로 구성된 평의회에 안건을 올려 심의를 받아야 한다. 이곳에는 또 50인 위원회가 있어 민회에서의 대중토론이 원활하고 집약적으로 진행될 수 있도록 절차와 안건을 준비하는 역할을 한다. 즉, 50인 위원회나 500인 평의회는 대중적 토론 이전의 심의적 기능을 담당했다. 또한, 재판의 배심원 제도는 현대 배심원 제도의 원형이 되었다. 재판 배심원단은 시민 누구로부터 신청을 받은 6천 명 정도로 구성한다. 재판의 종류에 따라 배심원 수가 결정되면, 6천 명 중에서 추첨으로 선정된 배심원들이 재판의 최종 결정권을 갖는다.24) 이곳에서는 많은 사람이 지켜보는 가운데 죄의 유무와 형벌의 크기에 대해 심의가 이루어졌다. 반면 이러한 숙의적 전통과는 반대로, 현대 대의제에서는 참여하는 다양한 입장을 가진 사람들이 진지한 숙고나 논의를 통해 체계적이고 종합적 성격의 정책을 생산하지 못한다. 정치 공간에서는 정책에 대한 철학과 가치보

---

24) 당시 소크라테스는 501명의 배심원 중 301명의 요구로 사형이 선고되었듯이 당시 배심원은 10개의 부족에서 각 600명 추첨으로 선정된 6,000명이 배심원단을 구성하면, 사건마다 301명, 501명, 1,001명의 형식으로 구성된 배심원단이 재판을 진행하였다.

다는 여론에 의해 조작된 이미지가 사람들의 평가를 좌우한다. 짧은 방송 시간에서 유권자에게 최고로 기억에 남는 자극적인 이미지성 단어에 의해 그 사람의 정치철학과 능력이 판가름 나는 '사운드 바이트'[25](David Held 440) 정치문화는 숙의민주주의의 공격의 대상이 된다.

숙의민주주의자들은 소수로 구성된 사람들로 진행되는 사려 깊고 정제된 공론을 통한 공공선의 도출을 강조한다. 그러면서도 이들은 숙의적 과정이 갖는 의미와 내용을 충분히 충족시키면서도 진정한 민주주의를 위해서는, 인민의 숙의와 직접민주주의의 결합을 옹호한다. 숙의적 여론조사나 숙의하는 날 등과 연계해서 모든 시민의 참여와 자치적 결정을 포괄할 수 있는 국민투표나 주민투표 방식의 연계를 지지하고 있다(피시킨 2010: 476). 이것은 직접민주주의의 사전 단계로 숙의 절차를 거침으로써, 직접민주주의와 숙의민주주의 장점은 살리고, 단점은 극복하기 위한 목적이다. 자치민주주의자에 의해 직접민주주의인 국민/주민투표는 인민의 직접 참여와 지배의 방안이라는 점과 인민주권의 원칙에 부합한다는 차원에서 지지를 받아 왔다. 그러나 자치민주주의자들도 충분한 시간을 가지고 사려 깊고 정제된 숙의 과정없이 진행되는, 민감한 공적 현안에 관한 국민투표가 가진 한계를 고민하면서 다양한 대안을 창출했다. 최근 자치민주주의를 실행하고 있는 선진국에서 숙고된 의안에 직접투표를 결합하는 것은, 숙의민주주의는 대의민주주의에 대한 단순한 보완 정도가 아니라, 새로운 질적 수준의 자치민주주의로의 전환을 나타내는 혁신적 신호라 할 수 있다.

---

25) '사운드 바이트'란 정치인이 연설 중에서 언론이나 뉴스에 보도되는 짧은 한마디 문장이나 구절을 말한다.

2. 자치민주주의의 사회적 조건과 토대

1) 사회적 조건: '인민의 자치력'의 제도화

이제까지 대의제가 아닌, 인민주권의 직접적 행사로서 다양한 방식의 '자치민주주의'에 대한 사상·이론을 탐구했다. 여기에는 인민주권의 직접 행사 방식으로 대의제와 따로 혹은 병행하면서 작동되고 있는 인민의 자치적 사상·이론 모두를 포괄한다. 따라서 고대의 민회식 집회 정치를 시작으로 공화주의, 자유주의, 마르크스주의에서 나타난 '자치' 사상의 형태와 내용을 살펴보았다. 필자는 자치민주주의 역사적 사상이론을 상호 비교하기 위하여, '자기 성찰적이며 자기 결정적일 수 있는 능력으로서, 사적·공적 영역에서 숙고·판단하고 선택하여 실행할 수 있는 능력을 의미'한다(헬드 2010: 496)는 헬드의 개념을 비판적으로 극복하면서, 자치민주주의를 분석할 수 있는 준거틀로 '인민의 자치력'을 설정하였다. '인민의 자치력'은 대의제에서는 결여하고 있는 것으로, 인민이 정치 권력의 직접적 행사자로서 자치적 절차와 결정에 대한 권한을 발휘할 수 있는 능력과 수준의 개념이다.

필자는 준거틀인 '인민의 자치력' 개념을 각 자치민주주의에 대한 척도를 위해 형식과 내용에서 각 2개씩 4개의 기준으로 설정하였다. 4개의 기준은 달Dahl, R.이 제시한 이상적 민주주의 기준과 앞에서 연구한 자치민주주의의 특질을 종합하여 개념화하였다.

달(Dahl)의 이상적 민주주의의 기준

1. 효과적 참여: 시민들은 자신의 선호를 형성하고 공적 의제에 의문을 제기하며 어떤 결과를 다른 것보다 지지하는 이유를 표출할 수 있는 적절하고 평등한 기회를 얻어야 한다.

2. 계발된 이해: 시민들은 자기 앞에 놓인 문제와 관련해 어떤 선택에 자신에게 가장 이익이 될 것인지를 찾아내고 확인할 수 있는 충분하고 동등한 기회를 누려야 한다.[26]

3. 결정적 단계에서 투표의 평등: 집단적 의사결정의 결정적 단계에서 각 시민의 판단은 다른 사람의 판단과 그 영향력에서 동등하게 간주하리라는 점이 보증되어야 한다.

4. 의안에 대한 통제: 위의 세 가지 기준에 부합하는 과정을 통해 결정하거나 결정하지 않을 문제가 어떤 것인지를 결정할 기회를 인민이 가져야 한다.

5. 모든 성인의 수용: 정체체제에 정당한 이해관계가 있는 모든 성인에게 시민의 권한을 부여한다.

(David Held 2010: 510)

---

26) 순간적 충동과 '신중한 숙고'에 의해 걸러진 여론을 구별하는 것은 민주주의 이론의 본질적 요소이다. 토의 없는 정치적 평등은 권력을 어떻게 행사해야 할지에 대해 생각해 볼 기회를 거치지 않은 권력에 지나지 않으므로 의미가 없다. 달(Dahl)은 "계발된 이해(enlightened understanding)"를 "자신의 선호를 명확하게 표현하기 위해서는, 모든 국민은 결정을 위해 허용된 시간 안에 해당 이슈에 대한 자신의 선호가 어떤 것인지를 발견하고 타당한지를 검토할 수 있는 충분한 정보와 학습을 포함한 공평한 기회를 가져야 한다"라고 주장한다.

[그림 8] '인민 자치력'의 도출 과정

달(Dahl)의 이상적 민주주의	자치민주주의의 기준		인민의 자치력
성인의 수용	이세고리아	광장 정치	인민의 참여 수준
효과적 참여/계발된 이해	공론조사/학습	숙의민주주의	계발된 숙의 수준
의제의 통제	입법권/정치경제적 평등	아나키즘,농촌공동체 평의회·민회	입법권 소유 정도
투표의 평등	공동선/평등권	숙의민주주의 협동조합, 민회	공공선 실현의 정도

㈜ 달의 이상적 민주주의 기준과 자치민주주의 자치 개념을 혼합하여 <인민의 자치력>의 4개의 준거틀을 추출하였다.

　헬드는 달의 5가지 이상적 민주주의 기준을 정치적 평등권으로 언급하면서 동시에 자치의 기준에 사회경제적 평등권을 추가했다. 권력, 부, 신분 등 새로운 형태의 불평등으로 인해 사회적·경제적 자유의 실현이 체계적으로 방해받기 때문이다(헬드 2010: 521). 경제적으로 취약할 때, 사람들은 정치보다는 경제적 생존에 집착할 수밖에 없거나, 타인에게 의존하기 때문에 '자치'라는 독립적 자기 통치권을 소유하기 힘들다. 이것을 신좌파 참여민주주의자인 맥퍼슨이나 페이트먼도 중요하게 지적했다. 그림에는 달Dahl의 성인의 수용과 광장 정치의 이세고리아(평등한 정치적 발언권)를 '인민의 자치력' 중에서 <인민의 참여> 수준으로 개념화했다. 달의 효과적 참여, 계발된 이해와 숙의민주주의의 공론조사, 학습 과정과 연계하여 '인민의 자치력'의 <계발된 숙의>로 규정했다. 달Dahl의 의제의 통제는 안건에 대한 민주적 통제를 의미하나, 자치민주주의에서는 숙의와 입법권(안건 제출권)을 동시에 의미한다고 할 수 있으므로 <입법권의 소유> 정도와 연계시켰으며, 달이 말하는 투표의 평등과 자치민주주의에서의 공공선을 결합하여 <공공선 실현>의 개념을 설정하였다.

<인민의 참여>는 '인민의 자치력'에서 자치력이 성립되기 위한 전제 조건에 해당한다. 이것은 전문가나 선택된 일부의 참여에 대한 원칙적 부정을 의미한다. 민주주의의 대표성에 대한 부분이기 때문이다. <계발된 숙의>는 참여의 질을 채우는 것이다. 참여가 군중적 참여에 그칠 때 인민은 권력의 주체가 아니라, 선동의 대상이 되기 쉽다. '인민의 자치력'에서 <계발된 숙의>는 권력 행위를 위한 인민의 사전 준비 단계에 해당한다. 그러나 인민이 충분히 준비된 상태에서 참여한다고 해도, 인민이 권력의 작동과 소재를 규정하는 <입법권>에 어느 정도 접근할 수 있는가의 정도가 자치 능력을 규정한다. 자원에 대한 배분 권한을 결정하는 입법권이 없는 권력자는 권력자가 아니기 때문이다. 인민이 입법권에 얼마나 영향력을 미치느냐가 인민 권력의 요체임은 두말할 것이 없다. 입법권보다 포괄적인 것으로 공동체의 현안에 대한 최적의 진로나 방향(전략)을 공공선이라고 할 때, 인민이 이러한 공공선을 직접 결정할 수 있는 권한도 '인민의 자치력'의 중요한 기준으로 설정하였다.

〈표 5〉 인민의 자치력을 표출하는 4가지 기준

자치의 형식	인민의 참여 participation of people (성인의 수용)	Democracy(인민의 지배)의 원리로서 자치의 수준을 측정하는데 권력의 주체인 인민의 참여 여부가 중요하다. 특히 인민의 참여 범위가 어느 정도였는지에 따라 민주주의의 본질인 정치적 평등성이 다르기 때문이다. 달의 모든 성인 수용의 부분을 강조하여 인민의 지배 개념으로서 '인민의 참여' 개념을 설정하였다.
	계발된 숙의 enlightened deliberation (효과적 참여 계몽된 이해, 의제의 통제)	계발된 숙의는 참여의 질에 대한 부분이다. 안건에 대해 사전에 충분한 자기 견해를 효과적으로 피력할 기회(효과적 참여)와 사전에 안건에 대해 충분히 숙지하고 결과가 자신에게 미치는 영향까지의 이해(계발된 이해), 이러한 전 과정에서 능동적 주체자로서 설 수 있는(의제의 통제) 것을 종합한 개념을 '계발된 숙의'로 설정했다.

자치의 내용	입법권 실현의 정도 legislative power of people (자기 입법)	자치를 통한 정치적·경제적 평등에 관한 입법권. 특히 계급적 불평등이 심한 상황에서, 입법권은 정치·경제적 불평등 해소를 위한 유력한 무기가 된다. 자기 입법과 자기 결정권의 주요 개념이다.
	공공선 실현의 정도 realization of common good (공적 자기 결정권)	입법권과 함께 공동체 현안에 최선의 대안을 도출할 수 있는 제도나 법적 장치의 존재 여부. 자치민주주의 역사인 직접민주주의, 자유주의 공화정, 참여민주주의, 숙의민주주의는 각자 차이는 있었지만, 일관적으로 추구해 왔던 공동체의 공익적 목표로서 공공선의 개념이다.

주) 자치민주주의를 비교하는 준거틀로 도출한 <인민의 자치력>을 형식과 내용으로 분류하여 4개의 기준을 설정하였다.

'인민의 자치력'의 실태와 수준을 비교하기 위하여, 대의제 작동의 이념으로서 자유주의 공화정을 설정하였다. 이념을 분석하고 추출할 때는 4개의 자치민주주의(직접민주주의, 참여민주주의, 숙의민주주의, 풀뿌리민주주의)들을 비교의 대상으로 했다면, '인민의 자치력'의 수준을 비교할 때는 여러 자치민주주의와 대의제에서 나타나는 자치력의 차이를 분석하는 것이 중요하다고 판단했기 때문이다. 따라서 여기서는 직접민주주의로 상징되는 고대의 광장정치, 근대 이후 대의제의 이념적 뿌리가 된 자유주의 공화정, 신좌파의 참여민주주의와 숙의민주주의 4개를 비교 대상으로 설정함으로써 대의제와 다른 자치민주주의의 '인민의 자치력'의 실태를 비교해 보았다.

<표 6> 4가지 민주주의 형태

민주주의 형태	설정 근거
고대 광장정치 자치공동체	인민의 자치력 표출에 가장 적극적인 직접민주주의에 해당한다. 고대와 근대, 현대 민주주의의 변화의 과정과 모습을 규명하는 데 필요하다. 고대 아테네의 민회의 민주정 사상을 기초로 하였다.
자유주의 공화정[27]	근대 시민혁명 이후 인간의 이성과 자유에 기초한 주권의 개념을 강조하였지만, 선거를 통해 주권을 위임하는 대의제 선거 민주주의의 사상적 토대가 되었다는 점에서 자치민주주의와의 비교를 위해 설정하였다. 사회계약론자와 밀의 사상 이후 몽테스키외의 권력분립을 연방식의 선거 대의제로 고착화한 매디슨의 공화정류를 의미한다.
참여민주주의	참여가 제한된 위임 정치로서 대의제를 비판하면서, 주권자인 시민참여의 의미 및 방안을 제시한 자치민주주의로 규정하였다. 신좌파적 마르크스주의의 참여와 자치적 사상을 기초로 하였다.
숙의민주주의	참여의 질적 제고를 위한 방안과 공공선 추구를 강조한다는 점에서 자치민주주의의 개념과 목적에 부합하는 현대적 민주주의다. 보편적인 결론의 도출과 사회적 합의를 강조하는 현대의 심의적 민주주의에 해당한다.

'인민의 자치력'에 대한 계량화가 불가능하다는 점에서, 각 도표 막대그래프의 높이는 계량적 수치를 나타내는 절댓값은 아니다. 따라서 막대그래프의 높이는 각 자치민주주의가 가진 '인민의 자치력'을 상호 비교할 수 있는 상대적 수준을 나타낸다. 따라서 각 민주주의 상호 자치력의 차이는 정확하게 그래프의 높이만큼 발생하지 않는다. 단지, 그래프는 문헌을 통하여 각 민주주의가 갖는 인민의 자치력의 상대적 차이에 대한 비교에 해당한다. 그림을 통해 비교함으로써, 각 자치민주주의의 공통점과 고유의 특질 및 대의제와의 차이를 이해할 수 있다. 4개 민주주의는 공통으로 4개 인민의 자치력 모두를 가지고 있지만, 각각의 특질에 따라 인민의 자치력

---

27) 공화주의도 정치참여를 강조하는 전통적 공화정과 개인에 대한 국가의 불개입을 강조하는 자유적 공화정 두 부류로 나눌 수 있는데, 여기서는 공화정을 자유주의와 결합함으로써, 인민의 주권이라는 민주정보다 선거 정당정치로서 공화정을 옹호한 미국의 매디슨류를 의미한다. 매디슨은 연방주의자 논문 No. 10에서 국내 파벌과 반란에 대한 보호 수단으로서의 선거 대의제에 대한 옹호는 이후 미국식 민주주의의 세계 이식과 함께 선거와 정당정치가 공화주의와 민주주의의 핵심인 것처럼 인식되게 만들었다.

의 수준이 서로 다르게 나타난다. 즉, 역사상 사상·이론으로 존재
했던 자치민주주의에 대한 공통점과 자신만의 특질을 상호 비교할
수 있도록 그림으로 나타낸 것이다. 따라서 그림에서 막대가 높을
수록 해당 인민의 자치력은 높은 것이지만, 막대그래프 높이의 차
이는 정확한 계량적 차이가 아니라, 특정 자치민주주의 간의 상대
적 차이만을 나타낸다.

(1) 인민의 참여(Participation of people)

[그림 9-1] 자치민주주의에서 인민의 참여 수준의 비교

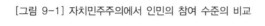

인민의 참여 정도는 민주주의를 인민의 직접 지배로 규정할 때
가장 중요한 변수가 된다. 민회 광장정치는 고대 아테네, 로마의 민
회인 시민총회를 말한다. 앞에서 고찰한 대로 [그림 9-1]에서 보는
것은, 인민의 참여 수준이 가장 높은 자치민주주의는 전 시민이 번
갈아 지배하고 지배받는 고대의 민회였다. 근대 시민혁명 전후로
나타난 자유주의 공화정이나 참여민주주의, 숙의민주주의와 비교할
때, 광장정치의 인민 참여의 수준은 월등히 높다.

고대의 민회는 노예와 여성을 제외한 도시의 모든 성원에게 선거가 아니라 추첨에 의한 참여권, 투표권, 공직 수행권 등이 보장되었다는 점에서, 시민들에게는 완벽한 정치적 평등권이 보장되었다. 아테네의 민회에는 3～4만 명 시민 중에서 의결정족수인 6천 명 이상이 참여해서 법을 제정하거나, 정책을 결정했다. 민회는 1년에 40회 정도 열렸다. 이것은 민회가 형식적 제도가 아니라, 주요 현안을 결정하는 의사결정 구조였다는 것을 입증한다. 또한, 선거는 매우 제한적이었고, 추첨으로 법원의 배심원, 행정관이 된 시민은 자기 정치와 자기 지배의 자치를 실천했다.

　　자유주의 공화정은 근대 시민혁명 이후 자유주의적 경향과 공화주의가 결합하면서 본격으로 나타난다. 계발적 자유민주주의의 경우 정치적 형식은 대의제지만, 일정 정도 참여를 통한 인간의 잠재력 실현과 계발을 강조한다. 그러나 대의제가 출현하면서 자유주의와 공화정은 보호적 자유민주주의의 성향을 띤 자유주의 공화정으로 나타난다. 따라서 자치민주주의 중에서 인민의 참여 수준은 최하위이다. 대의제는 프랑스 제헌의회나 미국 건국 초기에 주조되기 시작한다. 당시 정치 엘리트들은 인민의 직접 참여를 견제하기 위해 자유주의와 공화주의를 결합한 선거를 통한 대표자 선출제를 선택한다. 계발 자유민주주의자인 밀은 복수 투표제와 엘리트주의를 주장하면서도, 시민의 참여만이 자유를 보장해 주며 개인의 지적·도덕적 계발을 가능하게 한다며 참여와 인간 계발을 연계시켰다. 반면, 보호 공화주의자인 몽테스키외나 매디슨은 인민의 참여보다는 권력분립이나 선출된 엘리트에 의한 통치를 강조함으로써, 참여와 공화주의와의 관계를 부정적으로 보았다. 어쨌든 자유주의와 공화주의에서의 인민주권의 개념은 매우 추상적이다. 그들은 인민의 정치참여를 엘리트에 의한 통치로 대체하였다.

참여민주주의의 인민의 참여는 광장정치보다는 못하지만 다양한 방식으로 나타난다. 참여민주주의자들은 인간의 자유를 확장하고, 불평등한 자본주의 체제를 극복하기 위한 참여의 영역으로 정당이나 직장을 선택한다(맥퍼슨의 정당, 페이트먼의 직장). 이들은 환경, 여성 등 자발적 결사체 운동을 통한 신사회 운동으로 정치 외적 참여의 영역과 의제를 폭넓게 확장한다. 비록 민회의 광장정치의 수준은 아니지만, 참여민주주의는 사회 전반적으로 권력의 주체로서 인민의 정치적 지위를 높였다고 볼 수 있다. 특히 직접민주주의가 소공동체의 공간에 한정된 것이라면, 시민 정치의 의제는 세계적 혹은 국가적 아젠다로 확대되는 특징을 가진다. 그러한 의미에서 참여민주주의는 인민 참여의 수준은 광장정치보다 낮지만 다른 것보다는 높다.

숙의민주주의는 자유주의적 정치체제에서는 불가능한 공공선을 시민의 정제된 토론을 통해 창출할 수 있다는 것이다. 공론집단은 무작위 추첨으로 선정된 소우주에 해당한다. 선정된 소수는 학습과 토론을 통해 계발된 이해 수준에 도달한다. 피시킨이 볼 때 대규모 국민국가의 일반유권자에게 합리적 무지의 문제가 발생한다. 이러한 합리적 무지는 숙의적 소우주 실험을 통해 해결 가능하다(피시킨 2009: 93). 그의 숙의는 두 단계를 통해 완성된다. 첫째는 무작위 추첨 방식이고 두 번째는 잘 설계한 숙의적 과정이다. 무차별적 시민의 참여는 참여 왜곡을 초래한다. 오히려 표본을 기준으로 선정된 정보와 논의로 단련된 소수의 사람에게 대표성을 부여하는 것이 대표성과 숙의성 모두를 만족시킨다는 것이다. 그러나 선정된 소수 집단에 대표성을 부여하는 것 자체가 임의적이고 주관적일 수 있다. 대의제는 선거라는 형식적 동의 절차라도 밟지만, 이 경우의 대표성은 작위성에 기초한다. 선정된 소수의 집단이 아무리 표본에 따라 공평하게 선정되었다고 해도, 이 집단이 인민의 전체 의사를 대표할 수 있다는 어떤 법적 근거나 동의가 존재하지 않기 때문이다. 따라서 숙의민주주의는 특정 집단에 대표성과 탁월성을 부여하기 때문에, 인민의 참여에는 무관심하다. 따라서 인민의 참여 수준이 대의제보다는 높지만, 다른 자치민주주의보다는 낮다.

(2) 계발된 숙의(Enlightened deliberation)

여기서 '계발된 숙의'의 개념은 안건에 대한 충분한 정보와 학습으로 정제된 숙의적 토론에 임함으로써 자신과 공동체에 가장 적합한 결론을 내리게 하는 주권자의 준비된 자치 능력을 말한다. 따라서 '계발된 숙의' 개념에는 효과적 참여, 계발된 이해, 의제의 통제 등 토론에서 판단력이 높은 자주적 주권자로서 갖추어야 할 모든 자치적 역량이 포함된다. 왜냐하면, 공익적 사안에 관한 토론에 참여하기 전에, 안건에 대한 정보나 정치적 해석, 그 안건이 통과될 시 정치적 결과 등에 관해 충분히 인지하지 못하면, 정치적 파당이 주도하는 회의에 들러리가 될 수 있기 때문이다.

[그림 9-2] 자치민주주의의 계발된 숙의에 대한 비교

계몽된 숙의의 정도

민회광장정치   자유주의공화정   참여민주주의   숙의민주주의

　　정보가 부족하고 충분한 이해와 학습이 보장되지 못하는 바람에,
안건에 대한 보편타당한 판단이 불가능하면, 최종 결론은 개인의
이익이나 공공선의 도출과는 거리가 있을 수밖에 없다. 따라서 효
과적인 참여나 계발된 이해가 빈곤하면, 정치적으로 평등한 결과를
생산할 수 없다는 점에서 계발된 이해는 이상적 민주주의에 있어
매우 중요하다(Dahl 1998: 57-58). 따라서 각 자치민주주의가 가진
계발된 숙의의 정도는 토론에 들어가기 전, 인민이 안건을 사전 인
지 및 숙지하는 것은 물론 최종 결정이 자신에게 미칠 정치적 영향
까지 파악하는 것으로, 정치적 평등권의 실질적 확보를 보장한다.

　　자유주의자들은 즉흥적인 다수 군중의 힘으로 소수를 지배한다
면서 고대 광장정치를 비판해 왔다. 숙의민주주의자들은 광장정치
는 정제된 숙의적 토론의 한계로 합리적이며 미래지향적인 공공선
의 도출이 어렵다고 주장한다. [그림 9-2]에서 총회식 광장정치와
숙의민주주의 간에는 인민의 참여와 계발된 숙의가 상반되어 나타
난다. 광장정치가 인민의 참여에 의한 자기 결정권을 중요시했다면,
숙의민주주의는 계발된 숙의를 통한 공공선이라는 질적 내용을 강
조했기 때문이다. 물론 광장정치에도 500인 평의회 같은 대의적 성

격의 숙의적 기능이 존재한다. 그러나 학습과 토론을 통해 정제된 소수 집단의 숙의민주주의와 비교하면 숙의적 기능의 정도는 떨어진다.

자유주의 공화정의 경우는 선거를 통해 계발된 숙의의 과정이 대표자에게 위임된다. 안건에 대한 이해나 숙의의 정도는 광장정치에 참여하는 대중보다 의사당 안의 대표자에게 더 유리하다고 볼 수 있다. 그러나 선출된 대표자가 갖는 계발된 숙의는 공익적 결정을 위한 계발된 숙의가 아니라, 정파적 이익에 의해 많은 영향을 받는다는 데 문제가 있다. 의회 내에서는 자신들만의 전문가 중심주의가 작동한다. 의회에서는 일상적으로 정보 접근권이 보장된다. 중대한 법률적 문제, 예민한 정치적 쟁점까지도 쉽게 접근할 수 있는 장점이 있다. 그러나 이들의 독점한 정보와 지식이 공공선을 실현하는 데 사용되기보다는, 자신들의 정파적 혹은 사적 이익을 위해 활용된다는 비판에 직면한다.

그림에서 보듯이, 의회의 각종 토론회 및 공청회에 참여하는 시민이 가지는 계발된 숙의의 수준은 최하위이다. 초청된 학계의 전문가가 토론회를 주도하지만, 토론회에 참여하는 시민의 수도 적고, 그들조차도 내용은 잘 모른다. 따라서 의회의 토론장에 참여한 시민의 계발된 숙의의 정도는 대의제를 보조하는 수준이다. 자유주의 공화정의 전문가주의는 정치는 정당이나 전문가에 맡기고 시민은 생업에만 집중하면 된다는 잘못된 정치의식을 확산시키는 주범이다. 이에 정치로부터 시민의 이탈은 점차 가속화된다.

참여민주주의보다 숙의민주주의에서 계몽된 숙의의 정도는 더 높게 나타난다. 이것은 참여민주주의의 숙의의 정도가 자유주의 공화정보다는 높지만, 참여민주주의 역시 참여를 위한 참여라는 비판을 받기 때문이다. 이러한 참여민주주의의 단점인 심의의 결여를 극복하고 사려 깊고 정제된 숙의를 통할 때 공공선의 추출이 가능하다고 주장하는 것이 숙의민주주의이다. 그러한 의미에서 계발된 숙의에서 숙의민주주의가 가장 높은 수준을 나타내는 것은 당연하다. 그러나 참여민주주의가 항상 참여를 위한 참여에 그치는 것은 아니다. 사회적 현안이 발생할 시, 연대와 긴급 행동을 통해 현장 토론과 이슈 파이팅이 요청되기 때문에, 때로는 특정 사안에 따라 참여민주주의의 계발된 숙의는 상당히 강도 높은 수준을 보인다. 반면, 숙의민주주의의 소수에 의한 숙의는 전문가주의를 잉태하고 평범한 인민을 숙의로부터 배제한다. 그리고 무작위 추첨에 의한 소수의 표본 집단에는 정치적 평등성과 대표성이 존재한다고 하지만, 이들의 대표성과 공적인 인민의 대표성이 일치하느냐의 문제는 다른 문제이다. 왜냐하면, 민주주의의 원리로서 주권은 선출직 대표자에게 양도될 수 없듯이, 추첨에 의한 특정 이웃에게도 양도될 수 없기 때문이다.

(3) 인민의 입법권(Legislative power of people)

'인민의 자치력'의 형식적 조건으로 인민의 참여가 중요하다면, 내용적 조건에서는 인민 입법권의 수준이 매우 중요하다. 참여와 자치민주주의의 역사를 보면, 법에 대한 제정권을 누가 독점하느냐에 따라 왕정, 귀족정, 민주정으로 분류한다. 직접민주주의에서 법률은 시민이면 누구나 자유롭게 참여할 수 있는 민회의 광장에서 토론을 통해 만들어졌다. 숙의적 토론이 어느 정도 가능했느냐의 문제는 별론으로 한다면, 주권의 핵심인 입법권은 인민 전체에게 속해 있었다. 따라서 민회의 광장정치가 인민의 입법권에서 가장 높은 위치를 차지하는 것은 당연하다.

반면, 자유주의 공화정에서는 입법권은 대표자들로 구성된 의회에 위임된다. 주권은 선출된 정치가들에게 양도된다. 대의제 정치 체제에서 인민에게 부여된 입법권은 혁명으로 간헐적으로 나타나는 제헌의회의 헌법 제정 때 이외에는 존재하지 않는다.

[그림 9-3] 자치민주주의의 인민 입법권에 대한 비교

따라서 대의제 자유주의 공화정에서는 법률 제정권은 입법부가 독점하므로, 인민의 입법권은 극히 제한적이며 가장 낮은 수준을 나타낸다. 의회에서 열리는 법률안 공청회에 의견을 제시하는 사람은 소수의 전문가에 불과하다. 따라서 대의제에서 인민에게 입법권은 사실상 존재하지 않는다. 그러한 의미에서 일정 수의 서명으로 법안을 발의하고 투표로 결정하는 스위스의 국민발안Federal popular initiatives이나 국민투표Referendum는 고대의 민회 광장 정치가 가지고 있

었던 본래 인민의 입법권을 복원하려는 시도이다.

광장정치보다는 못하지만, 참여민주주의와 숙의민주주의는 다양한 방식을 통해 시민이 입법 과정에 개입한다. 정당의 당내 민주주의 절차에 적극적으로 참여함으로써, 사회 전반에 걸쳐 참여민주주의를 확산시킬 수 있다(맥퍼슨 1992: 212). 그런 의미에서 당원이나 압력단체가 국회의원을 통해 입법 과정에 개입하는 것은 참여민주주의와 관계있다. 또한, 시민이 선거 과정에서 정당이나 후보자에게 특정한 사안에 대한 입법화를 요구하는 것도 참여민주주의의 한 방법이다. 그런데 참여민주주의의 입법권은 대표자를 통해 간접적으로 행사된다. 그러나 이러한 사회적 압력을 이용한 입법화는, 힘 있는 특정 단체에 유리하다는 점에서, 대표성과 공익성에서 문제가 발생된다. 이럴 때 공공선의 창출과 입법권은 갈등 관계에 있다. 정당에 대한 참여민주주의에서 인민이 가지는 입법권의 한계라할 것이다.

숙의민주주의 방식의 시민의회는 선거법이나 헌법 개정을 한시적으로 추진한다. 이러한 정제되고 전문적 논의가 필요한 입법 과정에 숙의민주주의는 매우 유효하다고 평가된다. 참여민주주의가 시민운동을 통해 입법 과정에 간접적으로 참여한다면, 숙의민주주의는 숙의적 공론장을 통해 주권자가 입법 과정에 직접 관여한다. 그런데 숙의민주주의는 형식적인 입법권보다는 입법의 과정과 절차를 강조한다. 숙의의 과정에서는 선험적인 고정된 관습과 공익성이 요구하는 법률의 적합성과는 맞지 않는다. 모든 가치관과 견해는 동등한 발언권에 입각해 정제되고 사려 깊은 숙의를 통해서만 정당성이 보장된다. 참여민주주의가 입법권을 참여하는 시민의 수에 의해 판단한다면, 숙의민주주의는 해당 법률에 대한 시민의 정보, 지식에 기초한 전문적 숙의의 능력에 의존한다.

그러나 정부나 의회가 숙의민주주의의 공론집단에 입법을 의뢰하는 경우는 매우 제한된 경우에 한정된다. 따라서 숙의적 입법권을 위해 공론집단에만 의존하는 숙의민주주의는 인민의 입법권을 무시한다는 비판에서 벗어날 수 없다. [그림 9-3]에서 참여민주주의가 숙의민주주의보다 그래프가 높은 이유는, 인민의 입법권의 정도는 입법행위에 참여하는 인민의 수, 입법하는 법률의 양, 공공선에 부합하는 법률의 질적 수준에 달렸기 때문이다.

(4) 공공선의 실현(Realization of common good)

민주주의와 공공선과의 연관성은 고대 민회의 광장정치 이후 중세 때는 사라졌다가, 근대에 들어와 루소의 계발적 공화주의에서 부활한다. 근대 시민혁명의 자유주의 이념에서 개인의 자유는 권력의 간섭으로부터 자유였다. 이들에게 공공선은 개인 각자가 최대의 욕망을 관철하는 것과 일치했다. 반면, 고대 폴리스가 추구했던 것이 참여하는 시민적 덕성이었다는 점에서, 자유와 공동체적 삶은 연결되어 있었다. 폴리스에서 자유는 공동체에서의 정치참여를 통해 실현된다. 따라서 인민주권을 강조하는 민주주의는 추상적 자유를 위해서가 아니라, 공동체의 번영이라는 공공선을 향한 것이다. 일반의지와 공공선을 일치시킨 루소의 자치 공화정을 시작으로, 자치민주주의의 유형에 따라 공공선에 대한 강조점에 차이를 보인다.

[그림 9-4] 자치민주주의 공공선 도출에 대한 비교

민회광장정치　　　　자유주의공화정　　　　참여민주주의　　　　숙의민주주의

[그림 9-4]에서 공공선의 높이가 민회 광장정치와 숙의민주주의는 상반되기도 하고 함께 높은 수준을 나타내기도 한다. 고대 아테네의 경우 개인의 삶과 공동체의 운명이 결합하였기 때문에 공공선에 대한 갈망이 높다고 할 수 있다. 그러나 이러한 군중적 결정 방식에는 위험성이 함께 존재한다. 전체 인민의 집합 의사를 모아 낼 수 있는 장점이 있지만, 분위기나 선동으로 공동체의 선이 아니라 파벌에 의해 인민이 대상화될 수 있기 때문이다. 물론 충분한 숙의의 과정을 거친다면, 광장정치는 합리적이고 보편적 집합의식을 형성하는 공간이 된다. 비록 숙의가 요구되지 않는 사안이라도, 참여와 공동 정치를 통해 높은 수준의 공공선에 도달하기도 한다. 예를 들어, 생명을 걸고 싸우는 전쟁 개시 여부를 격렬한 논쟁 후 투표로 결정했다는 것은, 그 전쟁의 정당성에 대한 평가와는 별도로, 전쟁을 승리로 이끌고 수백 년 동안 번영하는 원동력이었다(폴 우드러프 2005: 223).

그러나 숙의 없이 진행되는 일상적인 광장정치를 통해 전문적이고 복잡한 현대적 문제에 대한 공공선의 도출은 쉽지 않다. 현대사회는 복잡하고 전문적이다. 영역도 광범하다. 내용이나 공간 측면에서 숙의를 할 수 있는 조건이 성숙되어 있지 못하다. 따라서 작은 지방자치 차원에서는 몰라도 전국 차원에서 숙의를 통해 많은 논의와 조정이 필요한 사안에 대한 공공선의 도출은 어렵다. 반면, 숙의민주주의에서 공공선의 도출은 가장 중요하다. 숙의민주주의는 민주주의는 사람 머릿수를 세는 것 이상으로, 참여자의 논쟁거리에 대한 지식, 타인의 이해에 대한 인식, 공공업무에서 적극적인 활동자의 역할에 대한 확신을 조장하는 동등하고 포용적인 기초에 근거하는 토론을 포함해야만 한다(Seward 2003: 123). 따라서 숙의민주주의는 자유민주주의의 대의제에서 사라졌던 공공선의 개념을 민주주의 영역으로 부활시켰다. 상대방을 인정하는 민주적 절차와 추첨으로 무작위로 선정된 대표성을 소유한 시민들이, 계몽된 이해를 바탕으로 공적 결론을 도출해 낼 수 있을 때, 민주주의의 대표성과 정당성이 회복된다는 것이 이들의 주장이다.

이런 이유로, 광장정치와 숙의민주주의는 서로 자신이 공공선 추출의 적합자라고 주장한다. 양자의 이러한 주장은 서로 일리가 있다. 그러나 숙의적 절차나 내용이 고대 민회의 광장정치에는 부재했다는 이들의 주장은 맞지 않는다. 일상적 가벼운 사안을 다룰 때는 대중집회에 편의성과 즉흥성이 존재했다고 할지라도, 중대한 현안은 사전에 부족이나 평의회에서 검토와 심의가 선행되었기 때문이다. 500인 평의회는 민회에 부의할 안건을 미리 제출받아 검토하는 심의기관이었다(폴 우드러프 2009: 70).

따라서 필자는 민회 광장정치는 공공선의 도출에 매우 취약했다는 자유민주주의나 숙의민주주의자들의 주장에 동의하지 않는다.

따라서 사전에 주요 현안에 대한 충분한 논의와 정치적 판단이 존재했다는 점에서, 광장정치 막대의 높이를 숙의민주주의보다 조금 높게 설정하였다. 오히려 적은 수의 사람에 의한 정제된 숙의보다, 설사 과정과 내용이 일정 정도 미흡하더라도(최종 결정에 착오가 발생한 것은 직접민주주의에서보다는 대의제에서 더 많았다는 것이 역사적 진실이다) 전체 의사가 인류에 덜 해로웠으며 진화에 더 유익했다는 판단 때문이다.

그림을 보면, 자유주의 공화정은 공공선에는 관심이 없다. 사적 소유제와 무한 경쟁체제로 인해 심각한 계급적 대립이 발생하는 자본주의 사회에서, 대의제를 통한 공공선의 추구는 연목구어일 수밖에 없다. 따라서 계급 갈등이 극심한 자유시장 경제에서 루소의 일반의지가 창출된다는 것은 가능하지 않다. 대의제에서 공공선은 갈등에 대한 조정과 타협이지만, 다양한 이념을 대표하지 못하는 정치구조에서는 이것조차 쉽지 않다. 평등한 참여는 인간 존엄성에 대한 평등성으로부터 유래한다. 정치적 평등은 곧바로 자본주의 사회의 불평등한 경제적 구조에 대한 혁신과 직결한다. 그래서 참여민주주의의 공공선은 무엇보다도 정치·경제적 평등의 문제이다. 그러한 측면에서 신좌파적 참여민주주의의 공공선은 사회 변혁적 성격을 가진다. 그러나 그림에서 참여민주주의가 추구하는 공공선은 자유주의 공화정보다는 높지만, 다른 자치민주주의보다 낮다. 정당의 외부에서 사회운동을 통해 정치권에 압력을 넣는 방식으로 성취되는 사회적 공공선은 임의적이고 제한적이기 때문이다.

2) 경제 권력과 자치의 관계

경제 권력과 자치의 문제는 경제 권력과 민주주의의 문제이다. 경제적 불평등을 해소하는 것과 민주주의의 정의와 평등은 연결되기 때문이다. 자유민주주의자들에게 자치는 불필요하다. 그들이 정치로부터 필요한 것은 개인의 쾌락과 효용성을 보장하는 사유재산의 보호이다. 이러한 쾌락과 효용은 보이지 않은 손invisible hand에 의해 합리적으로 작동하고 있는 시장경제에 의해 창출된다. 벤담과 제임스 밀 등의 효용주의자들이 옹호하는 자유민주주의의 국가에서는 개인들이 자의적 정치 간섭의 위험에서 벗어나 자신의 이익을 추구하고 경제적 거래에 자유롭게 참여한다. 또한, 정부는 시장에서 노동과 상품이 교환되고 사적으로 자산을 전유하는 데에 필요한 조건을 보장해 준다(David Held 2010: 156). 자본주의 시장경제는 수요와 공급이 법칙에 따라 최고의 경제적 효율성을 창조하는 신적인 공간이다. 따라서 공리주의와 자유시장주의는 시민계급으로 성장하는 부르주아들이 마음대로 사적 재산을 축적할 수 있는 이데올로기로서 기능한다.

벤담Bentham과 제임스 밀J. Mill은 인간이 최고의 물질적 행복을 추구하기 위해 자본과 권력의 결탁을 정당화한다. 자유민주주의는 최대의 이익과 쾌락을 추구하는 약육강식의 시장경제를 토대로 한다는 점에서, 애초부터 거기에는 인간의 자율이나 자치의 개념은 존재하지 않았다. 이곳에서 쾌락의 극대화가 가능해지려면 부와 권력과 결합은 필연적이다. 그래서 자유민주주의에서 '부와 권력 간의 결합은 가장 밀접하고 친밀하다. 정녕 이 결합은 너무 친밀하므로 양자의 얽힘을 떼어놓는다는 것은 상상조차 곤란하다. 부와 권력은 그들의 각자가 각각 또 다른 것과의 관계를 낳게 하는 도구이다'(Macpherson 1992: 33). 자본과 권력의 결탁은 계급사회를 공고히 하는 상황에서, 이기적 동물로서 자본적 인간은 타인을 착취하고 이용한다. 이러한 권력과 자본의 결탁에 의한 착취적 생산 관계는 참여와 자치를 배제하고 공리주의에 기초한 대의제 정부의 토대가 된다.

경제 권력인 하부구조에 의해 결정되는 정치 권력의 상부구조의 형태가 대의제이다. 마르크스에게 대의제는 계급적인 경제적 관계를 가장 잘 반영하는 폐지해야 할 대상이 된다. 자신들의 경제적 욕망을 충족해 주는 데 충실한 공권력으로 작용하는 정치는 마르크스주의자들한테는 부르주아계급의 대리 위원회에 불과하다(헬드 2010: 220). 선거제도는 부르주아계급의 이익을 대변하는 정치인들에게 통치의 정당성을 부여하는 위선적 제도이기 때문이다. 국가는 사적 소유제를 법률로 보호하면서 필연적으로 유산자의 특권을 유지하고 지속시키는 공권력으로 작용한다. 따라서 이들은 인간에 대한 착취로 경제적 불평등이 지속하는 한 진정한 자유는 불가능하다고 생각했다. 자유가 무엇보다 먼저 자본의 자유를 의미한다면, 자유는 실현될 수 없다. 사실상 그런 자유는 인민의 삶의 조건이 자본가들의 사적 투자의 압력에 의해 결정되도록 열어 놓는 것을 의미한다(헬드 2010: 215). 결국, 마르크스주의자들에 의하면 자본주의 경제체제의 착취와 경제적 불평등이 존재하는 한, 자유인에 의한 민주적 자치는 성립하지 않는다. 경제 권력이 정치 권력을 지배하는 상황에서, 가난한 자들의 자치는 부르주아 권력을 붕괴하는 데 집중된다.

　정통 마르크스주의자들이 자본주의 대의제 정치체제 내에서의 자치의 영역을 부정한 것처럼, 신마르크스주의자인 맥퍼슨도 자본주의 상품경제에서 참여의 구조적 결함이 존재함을 주장한다. 맥퍼슨에게 자본주의 상품경제에서의 시민은 참여의 주체가 아니라, 대량상품의 소비자로 대상화된다. 그의 참여민주주의에는 두 개의 전제 조건이 제시된다. 첫째는 민중의 의식적 변화이다. 그에 의하면, 민중이 스스로를 본질적으로 소비자로 간주하고 행동하는 것으로부터 스스로를 자신 잠재능력의 행사와 계발의 행사자 및 향수자로서 간주하고 행동하는 것에로의 변화이다(맥퍼슨 164). 그에 있어서 이전의 민주주의에서 개인은 소비자로서, 사적 재산의 소유자로서 주권자였다. 민중은 선거로 선출된 엘리트 정치가들에게 주권을 위임하고 소비 생활과 노동만 하면 된다. 선거를 통해 주권을 위임받은 정치 엘리트들에게 민중의 참여는 성가시다. 그에 의하면, 스스로를 공익적 인간으로서 시민적 덕성과 잠재적 자아를 실현하지 못함으로써 상품에 대한 즉자적이나 소비자형 인간으로 남아 있는 한, 참여민주주의는 한계에 부딪힐 수밖에 없다는 것이다.

　둘째, 그는 경제·사회적 불평등을 줄이지 않는 한, 참여민주주의가 실제로 성공하는 것은 어렵다고 판단했다. 경제적 불평등이 유지되기 위해서는 비 참여적인 정당제도를 필요로 하기 때문이다(맥퍼슨 165). 대의제의 정당들이 경제의 불평등 구조를 생산 유지하기 위하여 비참여 정당 체제를 운영하고, 동시에 민중의 정치적 참여를 이러한 목적을 위해 달갑지 않게 생각한다는 것이었다. 민중의 정치참여가 확대되면 확대될수록 빈부격차에 대한 불만이 터져 나오기 때문에, 불평등 구조가 완화되는 것을 반대하는 정당이나 정치가들에게 민중의 정치참여는 가시 같은 것이다. 이것은 경제 권력의 존재는 그것의 유지 강화를 위해 인민의 참여와 자치를 차단한다는 것을 의미한다.

그는 경제적 불평등과 정치참여(자치)와의 관계의 악순환에 대해 논증한다. 사전 의식적 변화를 통한 참여와 자치가 없이는 경제적 불평등을 해소할 수 없다. 반면, 경제적 불평등에 대한 우선적 해소 없이는, 가난한 자들은 정치참여에 무관심할 수밖에 없다(맥퍼슨 2009: 166). 밀이 주장한 선거권 확대와 생산자 협동조합 방식에 의해서도 정치참여가 증가하지 않는 것을 보면서, 그는 정치참여가 가능한 자본주의 사회의 변화에 대한 회의를 보였다. 그러면서 그는 이러한 두 개 함수의 변화는 서로 선후 관계에 있는 것이 아니라, 두 요소는 상호 영향을 준다고 말한다. 그는 서로의 작은 변화로부터 시작해서 좀 더 큰 변화로 상호 영향을 주면서 진행한다고 주장하면서 악순환의 문제를 극복하고 있다(맥퍼슨 2009: 147).

신좌파 참여민주주의자들인 맥퍼슨과 페이트먼은 직접민주주의, 공화주의나 자유주의에서는 다루지 않았던 참여와 경제적 불평등 간 관계의 문제를 중요하게 제기한다. 자유주의자들이 사적 소유와 부의 편중을 보호하기 위해 정부를 구성해야 한다고 주장했다면, 참여민주주의자들은 정치참여를 위해서는 이를 구조적으로 가로막는 경제적 불평등의 구조적 문제를 해소해야 한다고 주장했다. 따라서 자유주의자들은 자유와 평등을 왜곡하는 경제 권력을 견제하기 위한 참여의 문제를 무시했다. 그러나 맥퍼슨과 페이트먼의 참여민주주의는 경제적 불평등 해소를 정치참여와 자치를 위한 근원으로 탐구한다. 그는 참여민주주의가 원만하게 작동될 수 있으려면, 자본주의의 경제적 불평등을 일으키는 계급구조를 완화하기 위한 정치·경제적 처방과 동시에 추진되어야 한다고 주장한다. 맥퍼슨이 볼 때, 자본주의 착취적 경제 양식을 변화시켜 경제적 불평등 문제를 완화하는 길은 생산자 협동조합의 활성화이다(맥퍼슨 1992: 178). 맥퍼슨에 의하면 홉스에서 하이에크에 이르기까지 자유주의자들은 권력과 자원의 불균형이 일상적 관계에서 자유와 평등의 의미에 어떤 영향을 미치고 있는지를 체계적으로 탐구하지는 않았다(맥퍼슨 69-76 참조; 헬스 2010: 397 재인용). 만일 자유주의자들이 그런 연구를 진지하게 수행한다면, 수많은 개인이 자원과 기회의 부족으로 인해 정치적·시민적 삶에의 적극적 참여로부터 체계적으로 제약당하고 있음을 발견하게 될 것이다(헬드 2010: 397).

숙의적 조건으로서 경제적 왜곡의 문제를 제기했던 헬드는 최적의 민주주의로서 '민주적 자치' 모델을 설정하면서, 경제생활에서 민주주의의 확보를 위해 시장을 재구성할 것을 주장한다. 그는 경제 권력이 정치사회 전반에 구조적으로 차지하는 높은 지위와 역할에 의해 필연적으로 정치체제 내에서 민주적 절차와 결과를 왜곡한다고 말한다. 자본주의에서 경제 권력은 자본의 집중과 집적으로 나타나는 피할 수 없는 구조적인 문제이다. 경제 권력은 점점 강해지고 정치 권력은 이에 복속되면서 정치적 담론 형성의 헤게모니를 장악한다. 가난한 인민들은 막강한 경제 권력이 재생산하는 일상적 가치관에 의식화되면서 정치 권력에의 개입과 참여할 수 있는 절차나 방식은 차단된다. 가난한 사람들은 생계를 해결해야 하므로, 참여나 정치에 관심을 가질 여유가 없다. 경제 권력의 양극화가 심해

질수록 민주주의와 자치는 위협을 당한다. 그래서 민주적 과정과 관계가 유지되려면, 민주적 자치의 필수 요건을 통해 경제 권력을 법적으로 사회적으로 민주적 경제 관계를 재구축하는 것이 필요하다. 이것을 위해 헬드는 우선 다른 유형의 자산, 특히 생산자산·금융자산과 소비자산을 구분할 필요가 있다고 말한다. 그에 의하면 자치의 원칙은, 소비자산에 대한 권리는 경제적 자원의 제한 없는 축적에 대한 권리와 구분되어야 한다. 생산·금융 체제의 소유 및 통제 측면에 대한 개조의 필요성을 인정하는 것은, 정치적 의제가 편향되지 않고 개방적으로 될 수 있도록 하는 데 있어 근본적으로 중요하다. 경제적 자원에 대한 사적 통제나 이용을 분명히 억제하지 않는다면, 민주주의의 필수적 요건은 충족될 수 없다(헬드 534).

민주주의와 자치에 유리한 조건을 창출하는 데 있어, 경제 권력에 대한 민주적 통제나 다양한 소유 형태의 확장에 대한 논의는 계속 제기된다. 자유주의 대의제에 대한 비판론자들은 민주주의를 확대하고 심화하기 위해서는 현대 자본주의 사회들이 협동적으로 자치하는 기업들(예를 들면, 피고용자들이 관리자를 선출하고 기업을 집단으로 소유하는 것)의 체계를 가져야 한다고 주장했다(Saward 137). 이것은 민주주의는 정치, 경제적 독과점에 의해 논의나 결과가 획일화되는 것을 가장 경계하기 때문이다. 인민의 지배 원리에 기초하는 자치민주주의는 정치적 과정에 인민의 참여나 결정을 통하여, 국가권력 체제를 통제하고 운영하면서 체제의 변형을 시도하듯이, 경제적 과정에 인민의 참여나 결정을 통하여 경제 권력 체제를 통제하고 운영하면서 경제체제의 변형을 시도하기 때문이다. "민주주의가 국가를 통치하는 것이 정당화된다면, 민주주의 경제기업들을 통치하는 것 역시 정당화되어야 한다. 나아가서, 만일 민주주의가 경제 기업들을 통치하는 것이 정당화될 수 없다면, 우리는 민주주의가 국가를 통치하는 것이 어떻게 정당화되는지도 이해할 수 없다(달 1985: 134-135; 사워드 2008: 136 재인용).

3. 소결: 자치민주주의와 대의민주주의의 관계
: 상호 보완성·침투성·협동성

[그림 10] 자치민주주의와 대의제의 상호 보완적 관계

대의제와 병존하며 상호보완적인 자치민주주의	• 상호보완성: 대의제와 자치민주주의는 상호 보완하면서 서로의 작동을 더욱 안정적이고 원활하게 한다 • (대의제와 독립 형 자치민주주의, 동행 형 자치민주주의)
다양한 양태의 자치민주주의	• 자치민주주의에는 다양한 형식과 내용이 존재한다 • 자치정치·경제공동체(민회정치/아나키즘)/참여민주주의/숙의민주주의/ • 풀 뿌리 민주주의
자치민주주의끼리의 혼용성	• 단독이 아니라 여러 개의 자치민주주의가 함께 어우러져 작동하면서 인민의 지배의 약점을 극복하고 장점을 강화시킨다

    근대 시민혁명 이래 대의제가 발전과 자본주의 생산양식이 안정적으로 발전한 것은 일치했다. 이것은 자유민주주의적 대의제가 사회주의의 민주집중제나 전체주의와의 경쟁에서 승리하는 원천으로 작용했다. 그러나 대의제가 가지는 민주주의로서의 한계와 결함에 대한 비판이 끊임없었던 것도 사실이다. 이러한 비판은 아나키즘이나 자치공동체 운동으로부터는 원칙적 차원에서, 심지어 자유주의, 공화주의, 마르크스주의에서도 고르게 제기되었다. 대의제에 대한 정치적 이데올로기의 역할을 한 계발 자유주의자인 밀J. S. Mill은 가장 바람직하고 완벽한 정치체제는 고대 민회의 광장정치라고 하면서도 영토의 규모상 직접민주주의는 불가능하며 큰 규모에서는 대의제가 가장 적합한 민주주의 형태라고 말한다. 권력분립을 통해

선출된 대표자들이 시민의 자유를 가장 안전하게 지켜주며 권력의 독과점을 차단해 줄 수 있다고 주장하면서 대의제의 권력분립 체제를 구축한 몽테스키외는 자유국가에서는 자유로운 행위자로 상정되는 모든 사람은 그 자신의 통치자여야 하므로, 입법권은 인민 자체에 속해야 한다(몽테스키외 2007: 72).

대의제는 권력분립, 보통선거권, 정당정치에 의해 선거민주주의로 발전해 오면서도, 그 위기의 한가운데에는 항상 참여의 문제가 있었다. 참여민주주의는 참여의 증가를 통해 대의제가 안고 있는 대표성의 결함을 극복하려고 하였다. 그러나 참여할 공론장이 부재한 상태에서 참여는, 가끔 잘 알지도 못하는 후보를 선출하는 선거에 참여하는 것뿐이다. 현재 민주주의 지수의 수준을 결정할 때, 정치참여에 대한 조사 항목으로 투표 참여율, 신문 구독률, 캠페인 참여 등이 기준인 것으로 볼 때, 현대 대의제에서 말하는 참여 개념의 수준을 파악할 수 있다.[28]

이러한 대의제의 한계로 인해 대의제와 자치민주주의 상호 관계에 대하여 주목하게 된다. 대의제와 자치민주주의와의 관계가 상호 보완적이냐 아니면 대립적이냐의 물음으로 제기된다. 그러나 자치민주주의는 대의제를 일방적으로 보완한다는 관점은 올바르지 않다. 왜냐하면, 둘은 일방이 일방을 보완하는 관계가 아니라, 상호 보완적 관계이기 때문이다. 하나가 하나를 대체하는 관계가 아니라, 서로가 다른 것을 더욱 완숙하게 작동될 수 있게 지원해 준다. 특

---

28) 2006년부터 영국의 이코노미스트 산하 EIU에서 발표하는 지수. 세계 각국 민주주의의 수준을 지표로 나타내고 있다. '선거의 과정과 다양성', '정부의 기능', '정치참여', '정치문화', '시민 자유'의 5개 지표에 따라 점수와 총합 점수를 매긴다. 총합 점수 8점 초과는 '완전한 민주주의' 국가로, 6점 이상 8점 이하는 '결함 있는 민주주의' 국가로, 4점 이상 6점 미만은 '혼합형 체제', 4점 미만은 '권위주의 체제'로 분류된다.

히 연방 차원의 선거제도와 지역 차원에서 자치제도는 배치되지 않는다. '참여형 자치민주주의'도 참여와 숙의를 통해 대의제의 결함을 치유함과 동시에 자치적 방식과 내용을 확장한다. 즉, 극복이나 대체가 아니라 상호 보완과 지원을 통해, 대의제와 자치민주주의는 진화의 극대화를 추구한다.

따라서 자치민주주의와 대의제와의 관계는 어느 하나가 하나를 보완하는 관계가 아니라 상호 보완성, 상호 침투성, 상호 협동성의 관계라고 할 수 있다. 이것은 결함에 대한 보완의 개념이 아니라, 극복의 수준으로 갈 때 대의제에 대한 충분한 보완이 가능하다는 것을 말한다. 그리고 대의제에 대한 보완은 인민주권의 원리인 직접 정치에 대한 법적·정치적 장치 및 내용과 공간을 확보해 나가는 방향을 전제로 진행되어야 하는 것을 의미한다. 자치민주주의는 자기 지배, 자기 복종이라는 원리 속에, 인민이 정치적 권력 행위에 대하여 학습하고 훈련하는 것이기 때문이다.

이런 과정을 통해 자치민주주의와 대의제는 서로가 더 안정적이고 효율적으로 작동할 수 있는 상호 지원의 효과를 발휘한다. 연방 단위에서 대의제는 권력의 통합성과 안정성을 높여준다면, 지역 단위의 자치민주주의는 대표성과 자치성을 통해 대의제가 결여한 인민주권의 이념을 보충한다. 상호 장점이 상호 약점을 치유하고 상호 보강의 역할을 하는 것이다. 또한, 대의제와 자치민주주의는 상호 협동적 관계이다. 한쪽이 실패해야 다른 쪽이 성공하는 관계가 아니라, 한쪽이 성공해야 다른 쪽도 성공하는 상호 협동적 관계라는 점이다. 거꾸로 말하면 한쪽이 실패하면 다른 쪽도 실패할 수밖에 없는 협동적 관계를 말한다. 고대 아테네의 직접민주주의에서는 선거가 아니라 추첨으로 누구나 행정관이 되거나 평의회 의원, 법원의 배심원이 되었다. 시민이면 누구나 시민총회인 민회에 참여해 동등한 발언권에 기초해 공적 사안에 대한 결정권을 행사하면서 정체성을 확보하고 진정한 자유를 향유했다.

민회에서의 정치적 평등이 가능했던 것은 대의적 성격의 500평의회, 50인 위원회가 총괄 및 심의 기능을 했기 때문이고, 소수지만 선출직 행정관의 집행력이 뒷받침되었기 때문이었다. 대의적 총괄 및 심의 기능이 작동되면서 시민총회의 광장 정치가 성공할 수 있었다. 근대의 대의제 역사를 보면, 대의제를 비판한 아나키즘서부터 사회주의, 자치공동체 운동이 표출하는 인간의 자유와 해방의 사상은 대의제 자신이 변화해 나갈 수 있도록 자유주의 사상에 대한 변화를 압박했다. 참여민주주의, 숙의민주주의, 풀뿌리민주주의는 시민참여와 숙의를 통해 끊임없이 대의제를 보완하고 극복함으로써 민주주의를 인류의 보편적 정치체제로 발전시키려 하였다.

대의제보다 자치민주주의의 역사가 더 오래다. 고대의 아테네부터 중세의 촌락공동체, 자치도시를 거친 후 근대에 와서 선출제의 대의제가 출몰했다. 이후 서로 철학적 입장과 정치적 행태는 다르지만, 대의제와 자치민주주의는 길항작용과 상승작용이 번갈아 진행되면서 서로의 한계와 결함을 보완하고, 극복할 수 있는 이념과 방안을 창출해 왔다. 따라서 지역에서 보면 대의제와 자치민주주의는 경쟁하는 것처럼 보이지만, 큰 틀에서 보면 서로 경쟁하면서 서로의 장점은 살리고, 약점은 감추는 상호부조가 진행된다. 따라서 대의제와 자치민주주의는 일방이 일방에 대한 보완의 관계가 아니라, 상호 보완적이며 상호 침투적이며 상호 협동적 관계라고 할 수 있다.

[그림 11] 대의제와 자치민주주의와의 관계

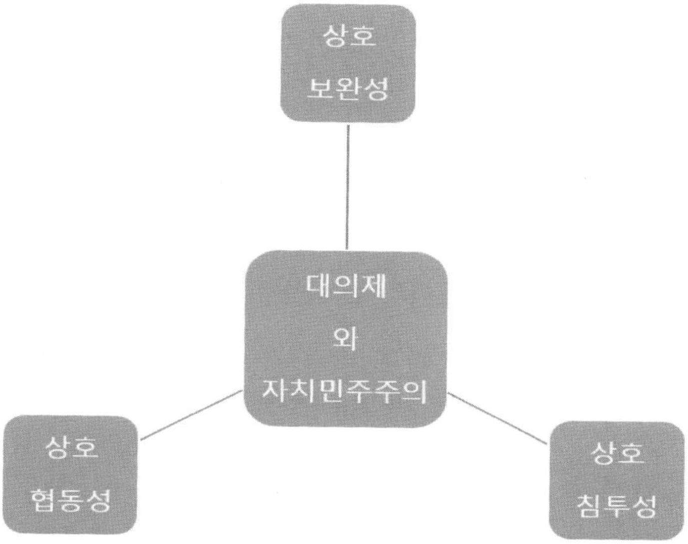

Ⅲ. 자치민주주의의
실천 사례

1. 외국 사례

1) 직접민주주의: 스위스 국민투표, 시민총회

(1) 배경과 역사

스위스 란츠게마인데Landsgemeinde는 시민이 광장에 모여 발의한 안건을 토론하여 직접투표로 결정하는 시민총회를 의미한다. 역사는 약 800여 년 전인 1231년으로 거슬러 올라간다. 처음 시작한 곳은 스위스 독일어권 지방의 '우리'Uri라는 칸톤이었다. 원래 란츠게마인데는 다른 나라의 '주'나 '도'에 해당하는 스위스의 지방자치 단위인 '칸톤'보다는 바로 아래의 지방자치 단위인 '코뮌'에 더 보편적으로 존재하는 제도다. 그래서 지금도 대다수의 코뮌(스위스 약 3,000개의 코뮌 중 약 84% 정도)은 란츠게마인데와 같은 주민총회를 최고 의결기구로 하고 있다. 단지 코뮌보다 더 큰 상위의 자치 단위 칸톤인 글라루스Glarus와 아펜젤러Appenzell 두 주에서만은 아직도 매년 5월 첫째 주 일요일에 시민총회가 열린다.

글라루스는 스위스 동부에 있는 작은 주로 2011년 이전에는 면적이 69.2㎢이었으나, 그 이후 면적이 늘어나 현재는 103.6㎢로 확장됐다. 알프스산맥의 험준한 지역에 있다. 글라루스 인구 1만 2,400여 명 가운데 23.7%는 2007년 현재 외국인으로 구성돼 있으며, 전체 인구의 약 86%가 독일어, 4.8%는 이탈리아어, 2.6% 정도는 알바니아어를 사용하고 있다. 란츠게마인데는 광장에 전 유권자 (주민)들이 모여 중앙 연단에서 의장이 읽어 내는 의제에 대해 거수로 표결을 하는 형태다. 연방 차원의 유권자 나이는 18세이지만, 시민총회에는 고등학생인 16세부터 참여할 수 있다(장준호 2008: 239-240 요약정리)

(2) 코뮌 주민총회

2,324개 코뮌 중 약 5분의 4는 코뮌의 최고 입법기관으로 주민총회를 운영한다. 스위스 인구의 절반 이상이 코뮌 의회 없는 주민총회 코뮌에서 살고 있다. 주민총회는 칸톤법과 코뮌 조례에 따라 연간 두 차례의 정기회(예산을 다루는 정기회와 결산을 다루는 정기회) 이외 업무상 필요한 일부 유권자의 요구로 개최된다. 18세 이상(일부 칸톤에서는 16세 이상)의 주민은 매년 4~5회 열리는 주민총회에 참여할 권리를 갖는다. 일부 칸톤에서는 코뮌 주민총회의 참여는 의무이기 때문에 불참하는 주민에게 소액의 벌금을 물리기도 한다. 주민은 주민총회에 참석해 행정위원을 비롯한 주요 공직자들을 선출하고, 행정위원회와 주민이 제출한 의안과 주요 법안 및 청원을 토의하고 결정한다. 주민은 주민총회에서 발안권을 행사

할 수 있다. 그라우뷘덴 칸톤과 발레 칸톤에서는 코뮌 주민총회가 열리는 현장에서 한 명의 유권자가 발안권을 행사할 수 있다. 취리히 칸톤과 니드발덴 칸톤에서는 한 명의 유권자가 코뮌 주민총회가 열리기 전에 코뮌 행정위원회에 의안을 발의할 수 있다.

코뮌 주민총회의 권한 범위와 관련해 유념해야 할 점은, 칸톤 주민총회는 주민 발안과 주민투표를 보완하는 역할을 수행한다. 예컨대, 드르가우 칸톤 소속 시르나흐 코뮌의 기본조례는 코뮌 총회에서 의결 또는 승인할 대상으로 ① 주민투표로 결정하지 않아도 되는 코뮌의 전반적 사항과 관련한 규정의 제정·개정·폐지 등에 관한 결정, ② 코뮌 예산의 승인과 징수세율의 결정, ③ 회계연도 결산의 승인, ④ 의무지출이 아닌 신규 예산 중 1회 30~200만 프랑의 예산지출과 5~200만 프랑의 매년 반복되는 예산지출에 관한 결정, ⑤ 5~200만 프랑 상당의 채무 청산을 위한 것이 아닌 코뮌 토지의 매입·매각·교환 및 건축계약의 승인, ⑥ 코뮌 기업 주식자본의 3분의 1 이상 매각, ⑦ 코뮌 시민권의 수여 등에 관한 의결과 승인을 규정하고 있다(안성호 2016: 38).

(3) 직접민주주의 과정과 내용

○ 정책 예비 법안도 지역 주민이 제안하고 결정

○ 공개된 광장에서 투표용지도 아닌 거수擧手로 결정

○ 누가 손을 들었는지 안 들었는지 다 알 수 있는 투명한 의사 결정 과정

○ 많은 주민이 모여 일일이 안건에 관해 설명을 듣고, 이해가 안 되거나 불합리한 사항이 있으면 주민 누구라도 이의제기 하며, 토론하고, 손들어 결정
○ 아침 9시부터 개최되며 회의 시간도 매우 길어 5시간 이상이 걸리는 때도 있음. 안건마다 주민이 견해를 달리하거나 이의를 제기하면 즉석에서 토론

<선출>
* 칸톤 의회(cantonal assembly) 의원 2명
* "Landammann"(대통령) 2명(유임 및 예비 대통령으로 임기 2년)
* 행정부 위원 5명 선출: Statthalter(보건 및 사회 부서장)
                    Säckelmesiter(재무 부서장)
                    Landeshauptmann(농림부 부서장)
                    Bauherr(건설 및 환경 부서장)
                    Landesfähnrich(사법부, 경찰이나
                            군 부서장)

<주민총회 안건의 예>
○ 주민 세금을 인상해야 할 것인가?
○ 대중교통을 무료로 할 것인가?
○ 금연 시행을 해야겠는데, 금연 시행할 곳과 금연 식당의 크기는 어느 정도인가?
○ 집마다 꽃밭을 가꾸는 것이 좋은가, 아닌가?

<코뮌의 자치권>

○ 코뮌의 자치 권한

　▸ 과세권(전체 수입의 30%를 직접 징수 자체 사용)

　▸ 시민권 부여(주민총회나 코뮌 의회에서 투표로 결정-자동 시민권 부여)

　▸ 안건은 유권자가 총회 전에 코뮌 행정위원회에 발의

<표 7> 단위별 국세, 지방세 종류

구분	소득세와 부유세	소비세와 서비스세 등
연방	소득세, 순이윤세, 예납세, 군복무 및 공무면제세	부가가치세, 인지세, 담배세, 맥주세, 증류주세광유세, 자동차세, 관세
칸톤	소득세, 순부유세, 인두세 또는 가구세, 순이윤 및 자본세, 상속증여세, 부동산세, 부동산이전세	자동차세, 유흥세, 견세, 인지세, 수력발전소세, 기타 조세
코뮌	소득세, 순부유세, 인두세 또 가구세, 순이윤 및 자본세, 상속 및 증여세, 자본소득세, 부동산세, 부동산이전세, 영업세	견세, 유흥세, 기타 조세

출처: Swiss Federal Tax Administration(2014); 안성호 2016: 36에서 재인용·

(4) 국민투표

중앙 차원에서 의원내각제인 대의제 운용을 기본으로 하면서도, 직접민주주의 방식인 국민투표로 의무적 국민투표Mandatory, 선택적 국민투표Optional Referendum, 국민발안Federal popular initiatives 등 3가지로 구분되어 실시한다.

의무적 국민투표(Mandatory Referendum)

의무적 국민투표는 특정 안건에 대해서 연방정부, 의회가 의무적으로 국민투표에 부쳐야만 입법, 집행이 가능한 제도이다. 의무적 국민투표 대상 안건으로는 헌법의 전면적 수정이나 개정, 특정 국제기구 가입과 관련된 사안이다. 의무적 국민투표는 이중적 다수를 요구하는데 이는 국민의 다수와 칸톤의 다수(칸톤을 대표하는 연방 상원의원들의 다수)를 만족해야만 가결됨을 의미한다.

선택적 국민투표(Optional Referendum)

시민들은 연방의회가 통과시킨 법안 혹은 연방정부가 집행하려는 정책을 국민투표로 부칠 수 있는데 이것이 선택적 국민투표이다. 법안, 정책 공지가 나온 시점으로부터 100일 안에 5만 명 서명을 받으면 국민투표로 회부되고 국민투표 결과에 따라 최종 결정이 된다. 즉, 시민들이 연방 대의정치에 대해 견제와 통제권을 행사한다. 선택은 투표자 다수로만 결정이 된다.

국민발안(Federal popular initiatives)

위의 두 방식이 대의민주제를 견제하는 성격의 직접민주주의라면 국민발안은 국민이 주체가 되어 법률 개정안을 직접 상정하여 국민투표에 회부시키는 자치적 인민입법이다. 안건을 연방 사무국에 제출 후 18개월 안에 10만 명의 서명을 모아야, 이후 연방 사무국의 허가가 떨어지면 국민투표가 시행된다(장준호 2008: 78-80 요약 재정리).

〈표 8〉 레퍼렌덤과 국민발안의 통계

Ergebnisse von Volksinitiativen, fakultativen und obligatorischen Referenden: 레퍼렌덤과 국민발안 결과(1848-2008)

기간	의무적 레퍼렌덜		선택적 레퍼렌덜		국민발안		역제안과 동시에 상정된 국민발안				Total		Total 국민투표
							발안		역제안				
	A	V	A	V	A	V	A	V	A	V	A	V	
Total	**153**	**54**	**89**	**73**	**13**	**137**	**2**	**13**	**6**	**9**	**263**	**286**	**534**
1848-1870	2	8									2	8	10
1871-1880	2	2	3	5							5	7	12
1881-1890	3	1	2	6							5	7	12
1891-1900	6	3	3	7	1	4					10	14	24
1901-1910	4	1	3	1	1	2					8	4	12
1911-1920	8		2	1	1	1	1			1	12	3	14
1921-1930	7	2	1	4	2	10		1	1		11	17	27
1931-1940	7		2	7		5		1	1		10	13	22
1941-1950	4	3	4	3	1	6					9	12	21
1951-1960	13	7	4	7		7	2	1		1	18	24	40
1961-1970	12	2	4	4		7					16	13	29
1971-1980	33	8	11	7		16	6	3	3		47	40	81
1981-1990	18	5	6	6	2	25	1	1		2	27	39	64
1991-2000	28	7	25	11	2	31			1	1	55	51	105
2001-2008	6	5	19	4	3	23			1	1	28	34	61

A=Angenommen=accepted
V=Verworfen=rejected
출처:
http://www.bfs.admin.ch/bfs/portal/de/index/themen/17/03/blank/key/eidg_volksinitiative.html
장준호 2008: 245에서 재인용

<표 8>의 자료는 2008년 6월 1일에 작성된 스위스 연방 통계청의 자료이다. 이 통계를 보면 의무적·선택적 레퍼렌덤과 국민발안은 1848년 이후 총 534건이 시행되었고 채택된 것이 263건이며 거부되어 폐기된 것이 286건이다. 찬성과 거부가 거의 비슷하지만 거부된 사례가 23건 더 많다. 연방정부 및 연방의회의 주도로 의무적으로 시행된 의무적 레퍼렌덤은 153건 대 54건으로 찬성이 거부보다 훨씬 많으며, 연방정부 및 연방의회의 법안과 정책에 반대를 묻는 선택적 레퍼렌덤은 89건 대 73건으로 16건 더 많이 "찬성"함으

로써, 연방정부 및 연방의회의 법안과 정책을 방해하는 효과를 내었다. 국민에 의해 주도된 국민발안은 13건 대 137건으로 거부의 사례가 찬성의 사례보다 훨씬 많다고 볼 수 있다. 행정 당국의 역제안과 동시에 실시된 국민발안은 총 15건이 있었는데, 15개의 국민발안 중에서 2개만이 채택되었고 13개는 폐기되었으며 15개의 역제안 중에서 6개가 채택되고 9개가 폐기되었다. <표 8>을 보면 1991~2000년의 10년 동안 다른 기간보다 많은 국민투표가 실시되었는데, 이유는 냉전 이후 국제정세의 변화, 지구화globalization, 유럽연합의 가입, 환경, 복지 등의 문제에 대한 해결책을 찾는 스위스인의 노력이 투영된 것이라고 해석할 수 있을 것이다.[29]

2) 참여민주주의: 브라질 포르투 알레그레시 주민참여예산제

(1) 배경과 역사

포르투 알레그레시는 리오그란데 두 술Rio Grande do Sul의 주도州都로, 인구 130만 명이 거주하며 생활수준은 브라질 도시 중 평균 이상에 해당한다. 포르투 알레그레시의 참여 예산제도는 "매년 평균 5만 명 이상의 참여, 열띤 토론의 장, 매우 투명한 통치 과정fairly transparent governmental processes, 그리고 참여예산 과정을 통한 4억 달러의 예산 집행"과 같은 강력한 결과들을 낳았다(Wampler 2007: 6). 초

---

29) Federal Statistical Office FSO, Statistical Data on Switzerland 2008 (Bern: FSO, 2008); 장준호 2008: 246에서 재인용.

기에는 시 정부 예산의 3.2%만 주민참여로 결정하던 방식에서 2000년도에는 25%까지 참여의 범위를 확대했으며(Latendresse 1999; Porto Alegre Participatory Budget 2002; 나중식 2004; 전주상 2008: 200), 2000년부터는 시 정부 예산 중 공공투자 부문 전체 예산을 시민이 직접 참여하여 결정하였다(전주상 2008: 200).

(2) 의사결정 방식

> 지구총회

   지구총회는 인구수가 아닌 지역의 경제, 문화, 교육 수준 등 사회적 기준에 따라 16개 지역으로 구분하여 매년 3~4월과 6~7월에 2차례에 걸쳐 개최된다. 지구별 인구 규모는 적게는 2~3만 명에서 27만 명에 이르기까지 인구 규모의 편차는 컸다. 참여 규모도 1백 명에서 2천 명까지 지역별로 차이가 있다. 1차 지구총회에서 지방정부가 전반적인 행정의 현황을 설명하면, 주민은 이를 듣고 평가하면서 기본적 사업 기조를 정한다. 1차 총회에서는 지난해 및 올해 공공투자 예산 보고, 전년도 공공투자 결과 평가, 예산 작성 방법 설명을 통해 다양한 시민의 요구를 취합하는 데 치중하는 반면, 2차 총회에서는 그동안 지역, 부분에서 수렴한 의견을 중심으로 예산의 우선순위를 결정한다. 2차 총회에서 선출된 평의원들은 예산평의회에 참여하여 총회 안과 시 정부 예산안을 상호 조율하는 역할을 담당한다.

   1차 총회에서는 참가 시민 수에 따라 주민을 대표하는 대의원을 선출한다. 지구총회의 역할은 각 지구의 마을 단위의 의견을 수렴하고 조직하는 것이다. 대의원은 지구총회에 등록한 수를 집계하여 이후 지역과 조직별로 모여 대의원을 선출한다. 대의원은 한 달에 한 차례씩 지구 포럼 모임을 진행하며, 지역의 의견을 수렴하여 2차 총회에 보고한다. 지구 포럼에는 시청의 해당 지부 직원이 참석한다. 2차 지구총회에서는 예산의 주요 방향과 집행에 관련한 논의를 진행하는 참여예산평의회에 나갈 평의원conselheiro도 선출한다. 예산평의회에서는 각 지역의 평의원들이 자기 지역 총회에서 결정된 우선순위의 예산안을 모아 놓고 상호 조율하고 협의하여 최종 예산안을 작성하게 된다(이정훈 2011: 120).

주제별 회의

지구총회가 마을과 지역의 요구사항이나 현안의 필요한 것에 대한 우선순위를 정하는 논의가 중심이라면, 주제별 회의는 마을이나 특정 지역의 해당하는 사업에 대해 교육·스포츠·레저, 경제개발·과세, 조직·도시개발, 교통·운송, 보건·복지, 문화 등 6개 영역으로 분류하여 논의가 진행된다. 주제별 회의에서도 포럼에 참석할 대의원과 참여예산평의회에 참석할 평의원에 대한 선출이 이뤄진다. 주제별 회의는 주민 직접 참여의 결정이 해당 마을이나 지역 중심의 예산 우선적 경향을 극복하기 위한 것으로, 지역 요구에만 부응하는 소지역별 편중 예산편성의 위험성을 전 도시적 모든 영역에서의 사업 편성을 통해 극복하려는 것이다.

| 대의원포럼 |

16개 지역에서 지구총회와 주제별 회의에서 각 2명씩 선출된 대의원들인 64명으로 대의원포럼을 구성한다. 지역·주제별 총회에서 선출된 대의원들은 지역, 주제별 총회에서 참가한 주민들에 의해 제기되고 토론된 여러 의견에 대하여 행정부로부터 취합한 필요한 정보를 바탕으로 예산 항목의 결정 및 투자(집행)를 조사한 후 2차 총회에서 예산의 우선순위가 적합하게 결정될 수 있도록 계몽된 이해 및 숙의를 위한 사전 과정을 책임진다.

| 예산평의회(평의원) |

2차 주민총회에서 대의원 10~20명 단위로 1명씩 선출한다. 이들은 2차 주민총회에서 투자 우선순위에 따라 결정된 최종 예산안의 조율을 위해 예산평의회에 참여한다. 이들은 예산평의회에서 시 정부의 재정 상황을 파악하여 자원 배분을 위한 일반 기준을 논의하고 이를 확정하며, 이 결정을 시 정부 또는 시의회가 변경하지 못하도록 활동한다(이정훈, 2011: 130). 이렇게 결정된 최종안을 기획실에서는 최종 예산안을 실무적으로 전문화하고 구체화하여 예산평의회의 최종 확정을 거쳐 시장에게 제출한다(이정훈 2011: 130).

〈표 9〉 포르투 알레그레시 주민참여예산제 1년 일정

단계	회의명	구성원	주요 내용
의견 수렴	1차 총회 (지역별, 의제별) (3~4월)	-주민이나 시민사회조직 -시장이나 공무원	-지난해 및 올해 공공투자보고 -전년도 공공투자 결과 평가 -예산 작성방법 설명 -참여한 수에 따라 대의원 선출
예산 심의 및 조정	중재 회의 (지역·의제별) 대의원포럼 (4~6월)	-주민, 시민사회조직 -시장이나 공무원 -대의원	-주민 요구사항 우선순위 결정 -행정부로부터 정보 취합 -예산 편성지침 시의회 제출
	2차 시민총회 (6~7월)	-주민, 시민사회조직 -시장이나 공무원 -대의원	-시 회계 보고 -요구사항 투자 우선순위 결정 -대의원 중에서 평의원 선출
예산안 의결	참여예산평의회 (8~9월)	-평의원, 대의원 -시민사회조직 대표 -시장이나 공무원	-참여예산평의회 활동 -기획실에서 예산안 구체화 -평의회에서 예산안 최종 확정 -시장에 제출, 실무계획협의
평가 및 환류	참여예산평의회 활동(상시)	-시민총회 또는 예산평의회	-예산평의회의 계속적 활동 -공공투자에 대한 결과 평가 -시민들 요구, 대의원 평가 와 예산지출에 대한 통제

출처: 나중식 2005: 141; 이정훈 2011: 131에서 재인용과 Koonings(2004: 87)의 자료 참고하여 정리

3) 숙의민주주의: 캐나다 브리티시컬럼비아주의 시민의회(BCCA)

○ 배경

2004년 캐나다 브리티시컬럼비아주(州)의 선거제도는 단순 다수대표제를 채택하고 있었다. 그런데 이 제도로 인해 당시 과반수에 미치지 못한 득표를 한 정당이 과반수의 의석수를 차지하는 결과가 빈번히 발생한다. 1990년대의 많은 선거에서 집권당은 야당보다 적

은 득표를 얻고도 다수의석을 차지했다. 1996년 선거에서 자유당이 42%를 득표하고 신민주당NDP은 39%였다. 그러나 의석수에서는 신민주당이 75석 중 39석을 차지하여 집권했다. 2001년 선거에서는 자유당은 57%를 득표하지만, 의석수는 79석 중 77석을 차지했다. 이것은 단순 다수대표제 선거제도가 실제 유권자의 의사만큼 의석수가 표출되지 않고 유권자의 대표성에 결함을 드러냈기 때문이다. 따라서 과반 조금 넘는 득표율인 57%로 의석수를 독점하면서 견제할 수 없는 '선출된 독재'elected dictatorships라는 현상이 나타났으며, 이 같은 현상은 브리티시컬럼비아, 뉴 브룬스윅, 프린스 에드워드 아일랜드Prince Edward Island에서도 마찬가지로 발생하였다(오현철 2010: 44).

결국, 이러한 불합리한 선거제도의 개혁이 국회 자체에서는 불가능하다고 판단되자, 시민들을 선거제도 개정안 작성의 주체로 세우게 된다. 새로 당선된 수상의 지시로 주 정부는 층화 무작위추첨stratified random sample으로 선발된 일반 시민 160명의 브리티시컬럼비아 시민의회를 구성한다. 이 시민의회에는 기존의 단순 다수대표제가 보여주었던 문제점을 정확히 파악하고, 유권자의 의사를 대표할 수 있는 새로운 선거법안을 작성하는 권한을 부여받았다. 여기서 작성되어 제출된 선거법안이 주민투표를 통해 승인되면 정식 선거법으로 승인된다는 것을 법규화하였다. 시민의원들은 2개월 동안 선거법에 대한 학습 프로그램 이수를 통해 전문성을 획득했다. 11개월 동안 50여 곳의 지역을 순회하면서 공청회를 거쳐 여론을 수렴한 후 3개의 선거 방식 중 최종적으로 선호이전식 투표제Single Transferable Vote를 확정하여 주민투표에 회부하였다(오현철 2010: 43).

○ 시민의회 의원 선발 방식

시민의회는 2003년 4월 나이, 성별, 소득, 지역구 분포 등 다양한 표준 기준에 의한 충화무작위 추출 방식으로 79개의 선거구에서 각 2명씩을 선발하였다. 시민의회의 임무는 8개의 선거제도를 평가하기 위해 학습을 한 후 공청회와 심의적 토론회를 거쳐 기존의 선거제도 유지를 결정하거나 새로운 선거제도를 제안하는 것이었다. 그래서 최종적으로 선택된 선거제도 안을 주민투표에 회부하여 최종적으로 결정하도록 하였다. 시민의원들은 2004년 1월부터 11월까지 학습, 공청회, 토의 등 세 단계로 나누어 활동하였다.

시민의회 토의는 면밀하게 구성되었다. 전문가와 촉진자facilitator는 도움은 주지만 공정성을 유지하고 시민의원들의 토의에 간섭하지 않았다. 촉진자는 공론조사의 조정자로서, 시민의원들이 공정한 발언 및 청취 기회를 누리도록 토론을 조정하는 역할을 한다. 1년간의 활동을 마친 시민의회는 전문가들이 예측한 비례대표제가 아니라 선호이전식 투표제Single Transferable Vote를 추천하였다. 비례대표제는 후보 순위를 정당이 정하기 때문에 정당 간부의 권력이 강해지지만, 선호이전식은 유권자가 순위를 정하기 때문에 유권자의 시각을 충실히 반영한다는 판단 때문이었다. 의원들은 정치제도를 선택하면서 대의제의 선거제도는 주권자인 자신들이 권한을 위임하는 대리자 선거라는 점을 분명히 이해하게 되었다. 시민들은 숙의를 통해 기존의 자기 생각을 변화하게 되었다. 그들은 가장 시민의 공적 이익에 맞는 선거법안을 마련하기 위한 자치를 경험했다. 시민의회 실험은 숙의민주주의의 한 사례로서 성공한 것으로 평가받고 있다.

시민의원들이 모집단의 다양한 계층들을 대표하기 때문에 정치적 평등성과 대표성 및 민주성을 인구통계학적으로 담보한다. 이러한 추첨 방식으로 인해 민주적 정당성을 가장 잘 확보하는 모델이라고 평가받기도 한다. 선발된 작은 공중은 사회의 중요한 인구통계학적 특성을 거의 그대로 반영하는 집단이므로, 현존하는 비례대표 선거제도로는 이룰 수 없는 가장 완벽한 비례대표기구라 할 수 있다(오현철 2010: 46).

4) 일본: 가나가와현의 네트워크형 지역 정당

○ 배경

가나가와는 도쿄東京 남쪽에 있는 인구 850만 명의 현縣이다. 근처에는 일본에서 도쿄 다음으로 번화한 항구도시 요코하마가 있고, 온천으로 유명한 하코네箱根가 있으며, 에도 시대 이전의 수도로 이름난 관광지 가마쿠라가 있는 매우 윤택한 수도권 지역이다. 가나가와 네트워크는 이런 다양한 배경이 있는 지역에서 활동하고 있는 시민이 만든 네트워크식 지역 정당이다. 가나가와 네트워크의 기원은 생활협동조합이다. 1980년 가나가와현에서 활동하던 '생활협동조합 가나가와'의 조합원들은 22만 명의 주민 서명을 받아 합성세제 추방을 위한 조례 제정을 요구하기 위해 현 내 7개 시의회에 청원했다.

그러나 이러한 청원 조례가 모든 시의회에서 부결돼 버렸다. 생협은 이를 계기로 의회 활동에 시민의 생각을 직접 반영할 '대리인'이 필요하다고 생각하게 됐다. 생협은 3년 뒤인 1983년 통일지방선거에서 시민후보로 독자 후보를 내어 가와사키 시의회에 의원을 당선시켰다. 이를 계기로 대리인 보내기 운동은 이듬해 지역 정당 '가나가와 네트워크 운동'을 설립하면서 본격화됐다. 1987년 지방선거에서는 15명을 출마시켜 9명을 당선시켰고, 2003년 선거에서는 66명을 출마시켜 전체 지방의원의 4%에 이르는 39명을 당선시켰다. 가나가와 네트워크 운동은 매주 2쪽짜리 작은 소식지를 만들어 배포함으로써, 활동 상황을 주민에게 자세히 알렸다. 이들은 지역변호사회의 협력을 얻어 무료 법률상담을 해주고, 지역 문제를 연구하는 개인과 단체에 예산을 지원하는 '시민사회 도전기금'도 운영했다(김혜인 2015: 38).

합성세제 추방 운동에서 대리인 보내기 정당 운동까지, 가나가와 네트워크 운동은 복지, 쓰레기, 환경, 물, 교육, 먹거리, 원자력발전 등 우리가 직면한 모든 문제에 대해 풀뿌리 운동 차원으로 접근했다. 조합원들 스스로 생활 정치의 문제를 제기하면서 새로운 생활양식과 정치 스타일을 지향하는 도전을 계속하였다. 조합원들은 자신들의 생활양식을 바꾸는 것과 정치 스타일을 바꾸는 것이 같은 것임을 강조하였다. 생활협동조합에서는 식자재와 도서 등 소비재에 대한 공동 구매가 일반적이다. 그들은 유기 농업의 확대를 위해서는 제도적 뒷받침을 위한 입법 활동이 필요함을 느끼고, 조례제정과 같은 정치적 활동과 연계하였다. 생활적 요구를 정치적 요구로 확대해 나간 것이다.

○ 대리인 탄생에서 지역 정당으로

1983년 통일지방선거에서 처음으로 대리인, 테라다寺田悅子 씨가 가와사키 시의회 의원에 당선되었다. 수많은 '나'를 자인하는 사람들이 시민선거에 조직적으로 참여하여 자신들의 대리인을 당선시킴으로써, '정치'를 가까이 끌어당길 수 있었다. 점차 이러한 공감대가 확산하면서 생활클럽 및 사회운동 리더들의 네트워크의 규모는 한층 커졌다. 그리고 1984년 7월 1일 정치적 대리인 탄생을 위한 조직으로 '가나가와 네트워크 운동'이 요코하마항 야마시타 부두 나아가와 마루 선상에서 설립되었다(나일경 2007: 45). 중앙정치를 지역에서 변화시키기 위해 일본 최초의 여성·시민에 의한 지역 정당local party이 탄생한 것이다.

가나가와 네트워크 운동이 정치적 '대리인', 즉 의원을 만들어가는 과정은 주권자인 주민의 정치참여를 위한 '도구'를 정비하는 것이고, 자신들이 사는 마을 만들기에 책임을 지는 것이다. 동시에 시민이 중앙에 찌든 '관료정치'나 '이익정치'의 나쁜 폐단을 변화시켜가는 과정이다. 이들은 차기 통일 선거에서 현 내의 의회에 20인의 대리인을 탄생시킨다는 방침을 세워 자치단체 및 행정구마다 지역 네트Net를 만들었다. 그 결과 15명의 대리인을 탄생시켰다. 정치 불신이 높아 투표율이 하락하는 가나가와현에서 '생활 시민파'가 등장하면서 정치에 대한 시민의 관심은 높아만 갔다(김혜인 2015: 45)

당시 35개의 지역 네트, 약 3,400명의 회원으로 확대된 '가나가와 네트워크 운동'은, 중앙 무대의 국회의원 후보자와 '정치계약'policy agreement을 맺고 발언권을 행사했다. 결과, 각 자치단체에서 생활 정책이 만들어지면서 정치는 생활의 일부라는 의식이 심화된다. 이와 같은 참여형 정치, 생활인 정치는, 기성정당과 지방의원들에 자신들이 가져야 할 본래의 모습에 대해 성찰하는 계기를 만들었다. 이후 의원=대리인이 40명까지 늘어나면서, 생활인·시민·지역 네트에 의한 시민 정책 제안의 힘은 한층 확대된다. 가나가와 네트워크 운동은 로컬 파티local party로서 참여·분권·자치·공개의 이념에 뿌리를 둔 시민의 시민에 의한 시민을 위한 풀뿌리민주주의를 만들어가고 있다.

생활인 정치

생활인 정치란 지역에서 시민의 삶과 공동체 속에서 함께하면서 한 사람 한 사람의 주권에 뿌리를 둔 정치를 말한다. 모든 생활인이 자신의 권리 행사를 통해 문제 해결에 참여하고, 한 사람 한 사람이 만족하는 자치적 생활공동체를 구축해 가는 것이다. 생활인 정치는 가나가와 네트워크 운동 정책의 기본을 나타내는 핵심적 구호로서 91년의 일본의 통일지방선거에서 제기되었다. 그 후 이 구호가 지방자치 시대의 가장 친근한 언어로 주목받게 되자, 93년의 중의원 선거에서는 대부분의 기성정당의 정책 표어로 채택되었다. 생활인 정치는 그동안의 읍소형 정치에서 참여형 정치를, 중앙집권에 대하여 분권을, 위임하는 것이 아니라 자치의 기치를 강조했다. 사회의 나쁜 폐단인 중앙정치를 바꾸는 길은, 사람들이 생활하는 지역서부터 실제로 바꾸어 낼 수 있는 지역 정당이 성장하는 것이었다.

지역에서 중앙을 통제한다

시민이 정치에 직접 관여하기 위해서는 국가는 너무 크다. 중앙정부를 담당하는 중앙 정당national party과 시민에 가까운 지역 정당local party이 서로 정책을 분할 담당하는 정치사회가 바람직하다. 그런 의미에서 네트워크NET는 미래를 예시하는 정치 정당party의 모델이다. NET은 주부·여성 모임이지만, 이 외에도 시간 근무 여성, 전문직 여성, 장애인, 상공업자, 회사원, 젊은 사람, 퇴직자 등을 모두 포괄한다. 생활과제를 공유하는 사람들이 각각 해결해야 하는 과제를 지역 정당을 통해 정책화하는 것이다(네이버 검색 자료). 지역 정당은 지방의회에 주민의 대리인으로서 의원을 파견하여 주민 생활과 밀접하게 연결된 정책을 실현한다. 지역 정당과 중앙 정당이 지방 의회 선거에서 경쟁해야 하는 것은 정치의 과도기적 현상으로서 불행한 일이라는 것이 그들의 주장이었다.

지역 정당은 중앙 정당과 정치계약을 맺어 국가와 지방에서 공통적인, 혹은 중앙과 지역이 서로 기대하는 문제 해결을 위해 공동으로 협력하면서 선거한다. 이것이 지역에서 중앙을 통제하는 것이고, 시민이 정치를 통제하는 시민 정치의 개념이다. 또한, 그들은 자생적인 지역 정당들에 대한 전국적 네트워킹을 통해 지방에서 중앙정부를 조절하는 힘을 확대한다(나일경 2007: 134).

5) 미국 오리건주 포틀랜드의 네이버후드-어소시에이션(NA 근린자치조직)[30]

(1) NA의 역사와 배경

미국 오리건주 포틀랜드는 태평양 연안 북서부에 있는 친환경 도시 중 하나로, 동네 단위 주민자치 조직을 중심으로 주민들의 시정 참여가 활성화된 미국의 대표적인 도시이다. 시애틀과 샌프란시스코 사이에 있는 태평양 연안의 항구도시로 번성한 포틀랜드는 현재 약 65만 명이 거주하며, 도시의 북부에서는 월래밋강과 컬럼비아강이 만난다. 이 도시의 NA_{Neighborhood Association}는 근린자치 조직으로 연합체를 결성하고, 중간지원조직 격인 PDC와 거버넌스를 통해 자치공동체로서 새로운 모델을 창조했다. 주민의 대중투쟁을 통해 자발적으로 형성된 NA와 지방정부의 기획력과의 긴밀한 결합은 독자적 자치공동체의 집합식 민회와는 다른 것이라 할 수 있다.

NA의 기원은 1960년대 후반으로 거슬러 올라간다. 1960년대 후반부터 1970년대 초반에 걸쳐 레어힐의 동네 주민들이 PDC의 지역 재개발계획을 반대하는 주민 모임을 조직화하여 반대 운동을 시작하면서부터 주민 조직화가 시작되었다(Mitsuhiro 2017: 126; 곽현근 2014 재인용). 1970년대 지역을 분할하는 고속도로 건설 반대 주민운동을 조직화하면서 NA는 더욱 확산하기에 이른다. 1960년대 도시개발프로젝트에 의해 사라질 위기에 놓인 구도심 지역을 구

---

30) 네이버후드 어소시에이션Neighborhood Association을 우리말로 번역하여 부르는 명칭은 다양하다. '주민자치회', '주민자치조직', '근린자치조직', '동네자치회' 등 다양한 번역이 존재하지만 여기서는 '근린자치조직'으로 칭하고 'NA'로 약식으로 표기한다.

하기 위해 지역활동가를 중심으로 주민 모임이 구성된 이후, 연방 정부가 '빈곤과의 전쟁'을 선포하고 취약지구 재건 목적으로 추진한 '모범도시' 프로그램 참여를 통해 주민조직을 만드는 노력이 확산되었다. 한편, 주민 모임을 주도한 풀뿌리 지역활동가들은 포틀랜드시의 의사결정 과정에서 지역사회가 목소리를 낼 기회를 강력하게 요구했다. 1970년대 시정을 장악한 진보정치가[31]들은 NA의 열정과 활동이 쇠퇴하는 지역의 재건을 위한 중요한 자산이 될 수 있음을 깨닫고, NA의 지원과 참여를 강화하는 다양한 제도적 기틀을 다지게 된다. 이후 시 경제의 부침과 리더십 변화에 따라 포틀랜드시 시민참여 시스템은 위기를 맞기도 하지만, NA를 중심으로 한 시민참여 시스템은 포틀랜드라는 도시를 만들고 유지하는 합의 형성의 규정으로 자리를 잡게 된다(곽현근 2014: 15-16).

포틀랜드시 전역에 걸쳐, 시 정부가 공식적으로 인정한 '근린자치회'Neighborhood Association는 95개가 조직돼 있다. 95개 동네는 다시 7개의 지역으로 분류되고, 지역마다 '지역구연합회'District Coalition를 두고 있다. 지역구연합회는 포틀랜드시로부터 재정지원을 받는 '지역구 연합사무소'를 두고, 해당 지역 근린자치회들을 대상으로 다양한 기술적·재정적 지원을 한다. 지역구연합회 중 5개는 시 정부로부터 완전히 독립된 비영리법인으로서 직접 직원을 고용한다. 나머지 2개는 1990년대 해당 지역구연합회 내부의 권력 다툼 과정에서 시 직영의 사무소city office 형태로 운영되고 있다. 시의 재정지원에도

31) 1960년대 재개발 프로젝트 수행과정에서 연방정부로부터 알비나 네이버후드 서비스센터 설립을 제안받으면서 지역주민단체(ACWPC: Albina Citizens War on Poverty Committee)가 설립되었다. 당시 사상 최초의 주민단체 임원선거에서 훗날 NA 활동가들의 전면 활약을 선도한 인물인 닐 골드슈미츠(Neil Goldschmidt)가 등장했다. 그는 1970년 포틀랜드 시의회 의원으로 당선되었고, 1973년에는 포틀랜드 시장선거에 출마하여 당선된다. 당시 그의 나이는 33세로 미국 주요 도시 시장 가운데 최연소였다(Mitsuhiro 2017: 135-136).

불구하고, 7개 지역구 연합사무소 모두 근린자치회 대표로 구성된 '지역구 연합위원회'District Coalition Boards의 지시와 감독을 받는다. 지역구 연합사무소는 분기별로 자신들의 활동 성과보고서를 시 정부에 제출하게 된다. 시 정부에는 '근린참여 촉진과'Office of Neighborhood Involvement(이하 'ONI')를 설치하고, 지역구 연합사무소, 동네자치회 그리고 일반 다른 유형의 지역사회 조직들에 대한 서비스를 지원하고 있다. ONI는 전통적으로 매년 7개 지역구 연합사무소에 제공되는 약 120~140만 달러의 보조금을 관리한다. 시의 부처들과 기관들은 지역사회 구성원들이 의사결정에 관여하도록 시민으로 구성된 전담반이나 위원회를 자주 활용한다. 포틀랜드시는 근린자치회를 포함한 지역사회 주민의 의견이 시정에 투입되도록 40여 개의 위원회를 운영하고 있다(곽현근 2015: 15).

[그림 12] 포틀랜드시 NA 조직체계

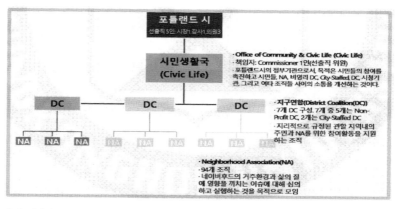

출처: 미치시로 2017: 127에서 재인용

(2) 근린자치회(NA)의 활동 방식 및 내용

포틀랜드시가 사람 중심의 친환경적인 도시 만들기가 가능했던 이유는, 바로 주민이 주도하는 시민참여 시스템에 의한 도시재생 사업이었다. 이렇게 주민주도의 민관협력을 통해 사람 중심의 새로운 도시를 창조한 것으로 알려진 포틀랜드 도시재생에는 상호 밀접한 두 개의 소프트웨어가 작동하고 있다. 포틀랜드만의 독특한 주민주도의 거버넌스 시민참여 시스템을 구성하는 두 개의 민관民官 협력 조직은 포틀랜드 개발위원회PDC: Portland Development Commission(이하 'PDC'라 표기함)[32])와 네이버후드 어소시에이션NA: Neighborhood Association(이하 'NA'로 축약하여 표기함)이다. PDC가 우리의 도시개발공사와 같이 준독립형 대의 정부 기구라면, NA는 포틀랜드시의 공식적인 주민자치 조직의 명칭이다(박경옥 2019: 123). PDC는 도시재생과 경제개발 사업을 진행하는 기관으로, 1958년 시민투표로 설립되었다. 이 준독립형 기관은 시장의 임명과 시의회의 승인을 받은 임원Commissioner 5인과 국장Executive Director을 포함, 6명의 임원 회의를 통해 운영된다. 프로그램 시행과 예산 집행의 독립성이 보장되어 있어 시의 장기적인 경제개발과 도시재생을 계획할 수 있다. PDC에서는 5년마다 PDC 전체의 전략계획을 만드는데, 그때마다 컨설턴트를 고용하여 시의 각 부처와 주 정부, 도시권 내의 여러 파트너와 연계하면서 전략계획을 설계한다. PDC는 설립 이래 상당 기간 경제

---

32) 임원회의 임기는 3년이며, 중임이 가능하다. 결원으로 새로운 멤버를 임명하기 위해서는 전형위원회를 설치하여 추천하고 시장이 임명한다. 대부분 임원은 별도의 본업을 갖고 있으며, 현재는 직접 개발에 관여하는 개발업자와 건설 관계 임원으로 구성되기도 한다. 2016년 현재, PDC에는 약 90명의 직원이 일하고 있는데 이들 직원의 대부분은 민간기업에서 재취업한 각 분야의 프로들로 구성되어 있다. 담당업무는 도시개발부, 부동산·융자부, 재무·사업운영부, 법무부, 커뮤니케이션부, 신사업기획부 등 6개 부서로 나뉜다.

개발계획보다는 도시의 하드웨어 재개발에 주력하여 포틀랜드라는
'도시구축의 프로젝트 매니저'로 기능했다. 시의 각 부서, 개발업자,
건축가와 엔지니어, NA와 세입자 등 서로 다른 필요를 가진 당사
자들을 소집하여 도시의 가치를 올리는 일에 지혜를 모으고 정리하
는 이들의 일은, 곧 프로젝트 매니저로서의 역할이었다(Mitsuhiro
2017: 147; 박경옥 2019: 124 재인용).[33)

  1960년대 후반부터 1970년대 초반 사이에 레어힐 동네 주민들은
PDC의 지역재개발계획을 반대하는 주민 모임을 통해 네이버후드
어소시에이션NA을 조직화했다(야마자키 미츠히로 2017: 126). 1973
년 포틀랜드 시장선거에서 당선된 시민활동가 출신의 닐 골드슈미트
Neil Goldschmid 시장은 나중에 네이버후드 담당국ONI의 전신인 'Office
of Neighborhood Association'ONA를 만들었고, ONA를 통해 각 지
역의 대중활동가들은 정식으로 지위를 얻게 되었다. 이 시기부터
동네 주민들의 의견이 NA를 통해 시의 정책(토지이용, 주택개발,
공공시설 계획, 인사, 공원, 녹지 정비, 환경 보전 등)에 반영되기
시작했다. 60년대까지만 해도 소수 활동가 중심이었던 시민참여가
1970년대 ONA를 통해 NA가 공식 인정되면서 NA 조직은 75개까
지 증가하여 많은 주민이 활동에 참여한다. 이후 포틀랜드시는
'Open Door Policy'를 표방하고 시와 시민의 관계는 '민관 파트너
십'PPP의 시대로 접어들게 된다(야마자키 미츠히로 2017: 136-37).
PDC도 민관협치의 시대를 맞이하여 주민과의 대화와 참여에 적극
적인 전문가 집단으로 변신한다. 하버 드라이브 확장공사와 관련

---

33) PDC의 전 직원이 포틀랜드주립대학교에서 맞춤형 프로젝트 매니저 트레이닝 과정을 거친다
  는 점에서 개발 프로젝트를 수행하는 전문가 과정이라고 할 수 있다. 초기에는 관료적 성격을
  지녔지만, NA 운동이 확대되고 시 정부 시장이 NA 지도자가 되면서 주민조직인 NA와 거버
  넌스 체계의 한 축이 된다.

시민들의 반대의견을 적극적으로 수렴한 후, 기존 고속도로를 부수고, 윌래밋 강변을 톰 맥콜 워터프론트로 바꾼다. 그 대신 고속도로 예산으로 도심과 근교 도시를 연결하는 라이트 레일을 깔고, 도심의 중심부에는 파이오니어 코트 하우스 광장Pioneer Courthouse Square[34]인 '시민의 거실'을 만든다.

시민참여형 거버넌스를 가능케 하는 또 다른 한 축은 바로 시민참여 조직인 네이버후드 어소시에이션이다. NA는 때로는 포틀랜드 시정체계의 일부로 작동하기도 하고, 시민 혹은 주민들의 의사를 결집하고 실행하는 기초단위의 역할을 하는 자치조직이기도 하다. 도시의 중요 결정사항에 대해 PDC가 초기 단계에서부터 시민들의 의견을 청취할 때, NA는 그 통로 역할을 하게 된다. NA는 시 정부가 인정하는 공식 근린조직으로서 시 정부의 근린지구 경영에 대한 책임을 분담하는 조직이기도 하다.

포틀랜드시 펄 지구 NAPearl District Neighborhood Association(이하 PDNA)의 회원은 약 900명이며 20명의 임원이 이 조직의 운영관리를 맡고 있다. 임원 임기는 2년이며 매년 회원선거로 10명씩 바뀐다. 임원 회의는 매월 열리며 그 밖에 5가지 위원회(거주, 토지이용, 홍보, 자금 조달, 집행)가 거의 매달 활동을 한다. 임원도 위원도 모두 자원봉사다. 연간 통틀어서 지역 청소, 봄 집회, 블록 파티(하나의 블록 주민들이 도로를 폐쇄하고 진행하는 지역축제), 공원에서 열리는 영화감상회와 콘서트, 연차 총회 등 다채로운 활동이 열린다. 또한, 최근에는 광고 후원자를 모집해 기업명이 들어간 쓰레기

---

34) 이전엔 2층 주차장이었으나 재개발을 통해 자동차가 아닌 사람을 위한 휴식공간으로서의 도시의 중심부를 만들고자 했고, 이때 만들어진 파이오니어 코트 하우스 광장에서는 현재 해마다 시민참여 행사가 연간 300건 이상 개최되고 있다(미츠히로 2017: 155).

통을 지구 지역에 설치해 쓰레기 회수 비용으로 썼다(야마자키 미츠히로 2017: 129; 박영철 2020: 130 재인용).

포틀랜드시의 NA가 수행하는 주요 역할 중에는 NA가 소속된 지구별로 시행되는 공공정책사업 우선순위를 결정하는데 의무적으로 참여하는 것이 있다. 더욱이 시 정부의 각 부서에는 이러한 우선순위 추천 의견에 대해 이에 대한 반영 여부와 그 사유를 설명하는 것이 의무화되어 있다. 우리는 이 사실에 주목할 필요가 있다. 특히 시 정부의 각 부서가 주민조직이 추천한 의견을 적극적으로 검토하고 피드백 해주려는 노력이 시민들의 참여 의지를 북돋우는 데 큰 역할을 했다고 본다. 또한, 1974년 설립된 네이버후드 담당국ONA이 공식적으로 승인한 NA 소속 주민들을 위해 ONA 담당자들이 나서서 워크숍을 열고, 시 정부 예산이 정해지는 방법, 예산 규모, 사용 방법과 절차를 설명하고 훈련했다고 하는 점도 눈여겨볼 만하다. 이러한 사실은 포틀랜드 주민들의 시정 참여 의식을 고취하고 역량을 강화하여 도시계획을 비롯한 시 정부 정책 결정 과정에 시민들이 소속된 NA를 통해 적극적으로 참여할 수 있는 중요한 동인이 되었을 것이다(박영철 2020: 53).

포틀랜드의 근린자치조직인 NA의 사례에서 첫째, 풀뿌리 지역활동가들의 요구와 시 정부 지도자들의 비전이 어우러져 강력한 체계를 구축할 수 있었던 점은, 아래로부터의 요구로 만들어진 참여제도가 관설 조직보다 효과적이고 지속 가능하다는 점을 시사한다. 둘째, 포틀랜드의 경우 중요한 개발·기획·예산 관련 쟁점에 관한 정보가 주민들에게 체계적이고 효과적으로 전달되었다. 그 결과 주민 스스로가 참여 시스템의 효능감과 보람을 초기 단계부터 강하게 경험할 수 있었고, 참여와 개입을 지속할 수 있게 만드는 힘으로 작용했다. 셋째, NA가 독립적으로 활동할 수 있도록 정부에서는 재정적·기술적 지원 시스템을 구축했다는 점이다. 넷째, 협업과 파트너십, 굿 거버넌스good governance, 포용성과 커뮤니티 참여, 공동의 번영shared prosperity이라는 기본가치가 참여제도를 통해 구현되었다는 점이다(곽현근 2014: 17).

2. 국내 사례

1) 성미산 마을공동체

O 초보적 공동육아협동조합에서 자치공동체를 향하여

성미산마을의 시작은 1994년 공동육아협동조합 어린이집이었다. 부모들이 직접 돈을 모으고 운영에 참여하는 공동육아 어린이집은 당시 전국에서 첫 시도였다. 협동조합의 조합원인 학부모들은 이사회를 구성하여 재정, 운영, 청소, 식사 등 운영 전반을 책임졌다. 교사는 교육만 담당한다. 공동육아 어린이집은 맞벌이 부부에겐 상당히 절실한 것이었다. 출근 시간에 아이를 맡기고, 퇴근 때 찾아가는 종일반 운영은 협동조합에서만 가능한 일이었다. 즉 성미산마을은 부모들이 아이를 맡기기 위한 장소, 자신들의 '필요'에 의해서 출발한 것이다(윤태근 2011: 12).

육아협동조합을 통해 조합 간의 형성된 공감대, 친밀감, 유대감이 토대가 되어, 풍물패, 목공반, 여성 모임 등 다양한 마을공동체의 동아리가 생겨났다. 이렇게 아이들 육아를 중심으로 인간적 친밀감과 신뢰감을 형성한 조합원들은, 사람들 간의 유대감을 안정적인 관계망으로 확대하는 데 동의하면서 소비자협동조합인 '마포 두레생협'을 설립한다. 공동육아가 맞벌이 부부들의 호혜적 협동조합이었다면, 두레생협은 자본주의적 생산체제를 거부하는 생태적인 공동체로서 지향점을 가진다. 식자재를 스스로 재배하지는 못하지만, 공동생산, 공동운영, 공동책임이라는 자치적 소비공동체를 통해 자연과 인간이 공존하는 경제생태계를 지향한다. 자연과 인간이 공존하는 경제 소비공동체로서 협동조합은 인간적 신뢰와 규범, 네트워크를 통해 다양한 방식의 새로운 사회적 자본을 형성하기 시작한 것이다(유창복 2009: 23-24 요약).

따라서 두레생협의 창립은 성미산마을이 생활공동체로서 유대감과 연대감을 안정적으로 형성하는 중요한 분기점이었다. 2001년에 어린이집과 방과 후 어린이집에 아이들을 보냈던 가정들이 그동안 공동육아를 통해 친밀감과 유대감이 쌓이자 이제는 먹거리 공동구매사업을 기본으로 하면서도, 지역의 마을공동체를 형성하는 마포 두레생협을 만든 것이다. 마포 두레생협은 기존의 소비자 생협과 달리, 지역공동체 차원에서 조합원들의 생활상의 문제에 대한 공동 해결을 추구한다. 이들은 먹거리 중심의 사회적 생활협동조합의 형식을 통해 민주적 마을공동체를 일구기 시작한 것이다. 당시 생협의 설립취지문을 보면, "먹거리, 교육, 환경 등 여러 분야에서 생명의 문화를 꽃피우기 위해 노력할 것입니다. 그리하여 우리가 사는 이곳을 살 만한, 그리고 살고 싶은 지역으로 가꾸는 일에 하나의 노둣돌이 되겠습니다"라고 밝혔듯이, 두레생협의 목표에는 먹거리조합을 넘어 성미산 자치공동체에 대한 구상이 담겨 있었다(이경란 2010: 150).

한국에서 당시 이러한 지역공동체에 대한 구상은 2000년대에 들어서면서 생명 사상의 영향이다. 즉, 협동조합 운동을 통한 지역공동체 일구기 운동이 개별화되고 소외되는 사람들을 연결하고 생활적 유대감을 형성하게 하기 때문이었다. 지역 생명 운동이란 생협의 주체인 조합원들이 생명 운동의 주체가 되는 것이다. 생활을 지탱하는 지역(또는 마을) 안에서 조합원끼리, 나아가 지역 주민들과 연대함으로써, 지역이나 마을을 변화시켜 가는 것을 의미한다(두레 생협연합회 2005: 73-82 참조). 이들이 지향하는 가치는 협동과 연대에 기반한 호혜적 경제이다. 시장경제가 이익 창출을 목적으로 하는 경쟁적 경제라면, 협동조합은 상호 이익을 목적으로 하는 협동경제이다. 그리고 협동경제는 이익을 최대로 독점하는 최고 자본가에 의해 강제되는 것이 아니라, 소비자 모두의 자율과 자치에 의해 작동한다. 소비자협동조합의 유대감과 자율을 통해 형성된 공동체는 민주적 자치가 실천되는 공론장을 만든다. 인간은 이 공론장을 통해 정신적·지적 네트워크를 구성함으로써, 생활 전반에 걸쳐 자주성에 기반한 자치 방식의 생활 세계에 익숙해지는 것이다.

○ 성미산 집단투쟁의 경험으로 완숙적 자치공동체로 진화

〈표 10〉 마을 발전에 따른 가치의 전개와 조직원리의 변화

마을의 단계		가치의 전개	주요가치	조직	기간
1	이주민들의 정착기	가치의 도입	• 생태적 가치 • 공동체적 가치(협동) • 자율적 가치	공동육아 어린이집	1994.5~ 2000.1
1-1	지역사회로의 모색기	가치의 연장	• 건강한 먹거리 나눔 • 지역사회로의 협동원리	생협과 공동육아	2000.1~ 2001.8
2	성미산투쟁기	가치의 집중과 응축	• 성미산지키기- 생태적 가치 • 마을차원의 자율과 협동의 실천	생협과 성지연	2001.8~ 2003.7
3	마을확장기	가치의 다원적 확산	• 다양한 삶의 가치로 분화	다극화와 각개약진	2003.7~ 2006.12
4	마을전환기	다원적 소통과 연대	• 다원적 소통과 연대의 문화 (배려, 돌봄, 공감)	다원화 사람과마을 생협	2007.1~ 현재

출처: 유창복 2009. "도시 속 마을공동체 운동의 형성과 전개에 대한 사례 연구"; 이경란 2010: 147 재인용

'성미산마을' 명칭은 성미산 개발 계획에 맞선 주민들의 반대 운동에서 비롯되었다. 2001년 성미산을 배수지로 개발하겠다는 서울시의 계획이 발표되면서, 평소 인간적 네트워크를 형성한 마포 두레생협을 중심으로 '성미산을 지키는 주민연대'가 결성된다. 주민들은 2년 동안 성미산을 지키기 위해 연대와 결집을 통해 서울시의 공사 시도를 온몸으로 막아냈다. 이런 지역 운동의 성과로 2003년 서울시는 배수지를 백지화한다. 이 운동은 협동조합을 통해 확산된 연대와 협동으로 강압적인 중앙 권력에 저항하고 지역의 자치적 공동체를 지켰다는 데 의의가 있다. 이 투쟁은 주민이 일방적 권력행위의 대상으로 전락한 대의제의 비민주적 현실을 폭로한다. 또한, 주민이 권력 행위의 당사자라는 것을 알리는 정치적 상징성을 가진다. 성미산마을 형성의 결정적 계기인 성미산 투쟁은, 이전의 협동조합이 표출한 정신적 유대와는 다른 차원의 연대 경험을 제공했다. 여기서 그들은 권위적인 행정에 대항하여 시민의 삶의 공간을 지키기 위해서는 사람 간, 세대 간을 넘어 지역 차원의 공적 가치에 대한 연대적 동의가 필요함을 느꼈다. 성미산 투쟁의 국면에서 작용한 가치는 생태적 가치라 할 수 있다. 성미산이 가지는 생태 환경적 의미가 핵심 이슈가 될 수밖에 없었다. 이 가치에 공동육아나 협동조합의 나머지 가치들도 그대로, 아니 실천적으로 경험되고 있었다. 즉, 성미산을 상징으로 하는 생태적 가치를 협동과 자율의 가치가 실천적으로 에워싸는 것이다(유창복 2009: 36).

성미산 투쟁에서 협동조합을 통해 형성된 생활상의 자치공동체를 정치적 자치공동체로 전이시킨 촉매제는 마포연대라는 결사체이다. 마포연대는 서울시가 추진하는 성미산 배수지 사업에 대한 반대 운동을 하던 기간 중, 그동안 성미산을 중심으로 공동육아조합이나 생협과 같은 협동적 결사체 활동을 한 주민들이 창립한 것이다. 이 조직의 분과는 의정참여 분과, 성미산/환경 분과, 언론 분과, 복지/교육 분과 등 4개이다. 의정참여 분과는 구 의회 의정 감시단을 통해 주민의 의사나 정책을 구정에 반영하는 활동을 한다. 성미산/환경 분과는 성미산의 생태계를 자연 그대로 유지하면서 생태공원으로 지정·보존하기 위한 활동을 하며 동시에 마포지역의 환경감시와 연구 활동도 병행하고 있다. 언론분과는 지역공동체 소통의 중심으로서 라디오 방송을 운영하며 복지/교육 분과에서는 무료 건강검진 진료 사업 등 저소득 주민의 건강권을 지키는 등 지역복지 활동을 하고 있다. 따라서 성미산 지키기 운동과 마포연대 사례의 특성은 단순히 지역 차원의 집단행동을 성공적으로 이끌었다는 사실을 넘어 지역성과 지역 이기주의의 발현을 지양하고 개방성과 책임성 그리고 공공성을 드러내고 있다는 데에 있다(김의영·한주희 2008: 151). 이것은 친밀함과 연대감이라는 사회자본을 축적한 성미산 사람들이 마포연대라는 결사체를 통해 공적 행위의 행위자로 조직되고 있다는 것을 말한다.

특히 마포연대가 자치공동체가 가지는 공동체적 폐쇄성을 극복하고 공공성을 획득할 수 있었던 것은, 그 결사체가 가진 조직의 가치와 활동에 기인한다. 성미산 일대의 결사체 조직들은 성미산 지키기란 집합행동을 하면서도 동시에 지역적으로 공적 활동을 병행한다. 이것은 결사체가 개방성과 공익성에 기반하는 연대와 협동의 가치를 지향하기 때문이다. 이러한 공적 활동으로는 카셰어링 사업 말고도 지역 행정에서 방치하는 독거노인 등 무의탁 노인에 대한 관리와 의료봉사, 교육의 기회를 박탈당한 학생들을 대상으로 한 무상교육 등을 실시하고 있으며, 또한 자신들의 지역공동체만을 위한 활동을 넘어 다른 지역과의 소통과 연대를 중요하게 생각한다. 온라인을 통해 다른 지역의 환경운동이나 시민운동 등을 소개하기도 하고 성명서를 보내고 물질적인 부분까지 후원하는 활동을 하였다. 특히 숙의와 심의에 대한 이해를 통해 민주적인 성숙한 토론문화를 만들기 위해 교육사업을 진행한다는 점이다. 마포연대는 결사체 활동을 통해 시민들에게 민주주의의 덕성에 대한 교육을 가능케 하고 있다. 이러한 의사소통 과정에서의 심의제도에 대한 학습 과정은 일방성, 권위성과는 거리가 먼 토론, 설득, 선호의 이동을 수반하며 다년간에 자치공동체의 정제된 토론문화라는 민주적인 가치들을 배양시키는 데 영향을 미치는 것이다(김의영·한주희 2008: 153).

따라서 마포연대가 지향하는 가치와 활동은 종합적이고 전략적이라는 점이다. 마포연대라는 결사체는 협동조합 활동을 통해 협동과 연대의 공동체성을 체득한 사람들이 일방적 행정행위에 대해 효과적인 저항을 했다. 성미산 투쟁의 성공은 생활공동체에는 하나의 합의 도출을 위한 지난한 심의 과정을 원칙으로 하면서도, 다양한 결사체들의 자율성과 독립성을 보장하는 수평적 네트워크 등 상호 연대와 존중의 유기적 네트워크가 핵심적인 역할을 했기에 가능한 것이었다. 이것은 사람 간의 위계질서가 지배하는 수직적 네트워크보다 수평적 네트워크에서 공동체의 자발적 결합을 극대화하고, 운동의 지속성과 견고성을 유지하는 경향성과 연관된다.

[그림 13] 성미산 공동체 지도

출처: http://blog.daum.net/iloveie/1603

○ 자유로운 결사체 민주주의의 마을공동체

성미산 투쟁 승리 이후 성미산마을에는 다양한 영역의 다양한 형
태의 수많은 결사체가 생성된다. 그리고 일부는 사라지고 또 유사
하면서도 또 다른 내용의 결사체가 줄을 이어 나타난다. 성미산 투
쟁을 통해 주민이 권력 행위의 주체라는 대중적 인식이 집단으로
공유될수록, 지역에서 주민의 자주적인 권력 행위가 자치적인 결사
체라는 조직 운동으로 표출된 것이다. 이와 같은 '지역과 생활'은
성미산 개발 반대 운동에 공동육아협동조합과 생협의 조합원들이
함께 참여하면서 습득한 조직적·정서적 기반이 바탕이 되었다. 성
미산 지키기 활동의 과정에 협의회의 사람들은 '성미산마을'이라는
이름을 얻었다. 이 과정에서 주민들은 '협동', '자율', '지역', '생태'
등과 같은 가치를 공유하는 동료들을 집단으로 만났으며, 힘을 합

하면 어려운 일도 함께 해결할 수 있다는 자신감을 얻었다. 한편으로 성미산 지키기 운동은 공동육아협동조합 조합원을 중심으로 한 집단이 뜻을 함께하는 여러 주민과 지역의 문제를 해결해 본 중요한 경험이기도 했다(이경란 2010: 152). 따라서 다양한 결사체의 형성은 민주주의와 자치의 방식을 이해하고 습득하는 데 기여한다. 이들은 협동조합협의회와 성미산 개발 반대 운동의 경험에 기초하여 일상적인 생태마을 만들기와 성미산 지키기 활동을 비롯하여 주민자치의 영역, 지역 언론 영역에서 자치적 생활을 유지한다. 마을 여러 단위와의 네트워킹은 사회자본 형성의 중요 축으로 작용한다.

사람들은 공동육아 어린이집에 이어 '성미산학교'라는 대안학교를 만들었다. 마을 안팎의 예술 공동체가 활동할 수 있는 공간인 '성미산마을극장'이 세워졌고, 공동체 주택 '소행주'(소통이 있어 행복한 주택)는 1호에서 시작해 6호까지 지어졌다. 성미산 투쟁 이후 2003년 이후 초기 성미산마을을 구성하는 공동체의 수는 70여 개에 달한다. 단위마다 독립적 활동을 한다. 성미산마을의 특징은 살다가 필요하면 마음 맞는 사람끼리 논의한 후, 이것이 있어야 하는 사람과 함께 모임이나 협동조합을 만든다. 만들었다가 아니다 싶으면 즉시 청산한다. 인간적 신뢰와 유대가 쌓이다 보니 공동 실험정신이나 도전정신이 강하다. 투입 대비 산출을 기준으로 경제체제를 구성하는 자본주의적 논리에서는 불가능한 결사체의 유연한 운동이 상호부조와 연대의 틀 속에서는 가능하기 때문이다. 그래서 폭발하는 주권자의 결사체 운동을 가능하게 하는 방안으로 생활에서는 신뢰를 바탕으로 저렴한 이율로 신속하게 돈을 빌려야 하는 일이 발생하게 된다. 개인이 아니라 단체에만 가능하지만, 이러한 필요로 2% 대로 대출이 가능한 '성미산 동네 금고'가 탄생했다(윤태근 2011: 45-46).

〈표 11〉 성미산투쟁 이후 마을의 다양한 결사체들

영역	활동구분	명 칭	운영방식	재원마련방식
환 경	생태마을	멋진지렁이(2005-활동중지중)	동아리	프로젝트
	자 전 거	행복한자전거(2005)	동아리	회비
	자 동 차	성미산차두레(2007)	두레(카쉐어링)	출자/연회비/이용료
	도시계획	녹색상상(2008)	단체	회비
	생태보전	성미산주민대책위원회(2007)	네트워크	후원금
정 치	생활정치	마포풀뿌리좋은정치네트워크(2009)	네트워크	후원금
		마포연대(2004-2009 해산)	단체	회비
미디어	방 송 국	공동체라디오 마포FM (2004)	사단법인	정부지원금, 회비, 프로젝트
네 트 워 크	마 을	사람과마을(2007)	사단법인	마을단체지원, 프로젝트
		마을안내팀 '길눈이'(2008)	모임(사람과 마을 소속)	참가비
		성미산귀촌모임(2009)	협동조합(준비중)	출자/기금

출처: 이경란 2010. "도시 속 협동적 연대를 통한 마을경제관계망 만들기-서울 마포구 성미산마을의 사례-": 157

○ 자조적 생활 공동체에서 노동과 복지 공동체로의 발전

성미산마을 사람들은 거의 생협의 조합원이다. 이들은 성미산 지키기 투쟁에 주체적으로 참여함으로써, 생활협동조합을 지역의 사회·경제적 공동체로 발전시켰다. 이전에는 개인의 생활적 소비 행위를 중심으로 인적 유대감이 형성되었다면, 이제는 공적 문제를 민주적 숙의 과정을 거쳐 집합적으로 해결하면서 생활 공동체가 공적 공동체로 진화하게 된 것이다. 공적 공동체는 개인의 삶과 생활 전체가 서로를 향해 열려 있는 개방성과 소통성을 띠게 된다. 그리고 소비, 노동, 생산, 문화, 복지 등 사회경제적 모든 삶의 영역에서 사회자본을 구성하고 네트워크를 통해 자율적인 호혜 관계를 형성한다. 이들은 수공예문화를 활성화하고, 재활용품가게나 유기농 반찬가게 등을 마을사업으로 끌어냈다. 마을 주민들 가운데 그동안 취미활동으로 하고 있거나, 외부에서 하던 일을 마을기업으로 재구성하면서 생산자로 재탄생하는 사람들이 증가한다. 유기농 반찬가게 '동네부엌'에서 시작해서, 생협 생활재 위원들이 만든 '떡 두레'와 '비누 두레', 면제품을 활용한 바느질 공방인 '한땀 두레'가 일 공동체로 설립되었다. 성미산학교에서는 장애 학생들의 자활사업인 제과제빵과 밀랍초 제작사업이 사회적 일자리 사업으로 운영된다(이경란 2010: 159).

따라서 소비 중심의 협동조합에서 주민들이 직접 생산과 노동의 주체로 서게 된다. 자주적이고 호혜적이며 사람과 자연 모두를 살리는 노동을 회복함으로써, 생활과 공동체의 주체로서 새로운 노동을 지향한다. 여러 개의 마을기업이 생겨나면서 마을 일자리가 생겨난다. 마을이 마을 사람들의 일자리 창고가 된다. 2000년대 초에 마을에서 두레 노동과 급여 노동 등의 전업으로 일을 하는 사람은 수백 명에 달한다. 그 외에 급여 노동과 자원 활동을 겸하는 사람들이나 자원 활동만 하는 사람들이 있다. 마을 안에서 생산과 소비, 노동이 선순환하는 구조가 생겨나면서, 마을이 베드타운화 하지 않고, 일과 생활을 병행하면서 삶의 전반에 걸쳐 친환경적 라이프스타일을 유지·확대해 갈 수 있는 토대가 마련되기 시작하였다(이경란 2010: 162).

활발한 노동·경제공동체는 활발한 대화에서 출발한다. 농촌공동체처럼 공동 노동의 공간이 아니라는 한계는 있지만, 외부에서 퇴근 후 마을 사람이 함께 편하게 모일 수 있는 공간과 문화가 있다는 것 자체가 공동체 형성에 큰 영향을 미친다. 일과 후 간단히 맥주를 마시다가 마을 얘기를 나누다 보면 자연스레 실생활에서 필요한 부분이 나오고 협동하면 서로에게 도움을 줄 것이 보이게 된다. 천연비누를 만드는 '비누 두레'도 엄마들이 아이들의 아토피 문제를 걱정하면서 정보를 교환하고 방안을 모색하면서 나왔다. 처음에는 내 아이의 아토피 치료가 목적이었는데, 지금 외부에서 사람들이 찾아오는 마을기업으로 성장했다.

반려동물을 미용하고 치료를 해주는 것이 필요하게 되자, 자연스럽게 사람들 사이에 동물병원이 의제로 부상했고, 마음 맞는 주민들이 모여 지난 2015년 세계 최초로 동물병원 협동조합인 '우리 동생'을 설립했고, 최근에는 조합원이 3,000명으로 늘어났다. 그러나 필요에 따라 다양한 협동조합이나 모임이 생기지만, 반찬가게, 참여자치 마포연대, 카셰어링 자동차 두레, 차병원 협동조합, 동네부엌 등 소멸한 것도 많다. 더치커피를 생산해 판매하는 작은 나무카페 협동조합, 마을서점을 중심으로 활동하는 책 모임이 13개가 있다. 성미산 공방, 천연 밀랍초 모임, 양모펠팅 모임 등과, 유기농 도시락을 제작해 판매하는 청소년 창업기업 '소풍 가는 고양이'는 많은 사람으로부터 주문이 쇄도한다. 성미산 지역 화폐인 '모아'는 180여 곳에서 사용할 수 있고, 전통시장에서도 잘 받아준다. 현금으로 지역 화폐를 사면 5%를 추가해 준다(윤태근 2011: 76).

'마포희망나눔'이라는 복지단체는 소외계층 반찬 지원과 의료 지원, 집수리를 맡고 있다. 후원 회원은 400여 명에 이른다. 성미산에 서는 잘 싸우는 것만큼이나 잘 노는 게 굉장히 중요하다. 노인들의 놀이문화 공간인 '청춘 살롱'은 인기가 많다. 이 밖에도 아마(=아빠 와 엄마) 밴드, 동네사진관, 청소년합창단, 연극모임, 풍물패, 오케 스트라, 마을극장 등의 동아리와 공동체 공간이 즐비하다. 이 수많 은 동아리의 활동은 매해 6월 성미산 마을 축제에서 꽃을 피운다 (유창복 2009: 65-66). 축제에서는 자아와 공동 자아가 교차하고 중복되는 과정이다. 노래자랑과 거리 행렬, 공연 등 쉼 없는 축제가 지속된다. 인간의 축제는 마을에서 신뢰와 유대감으로 형성된 공동 체적 자아를 통해 영혼에 안식을 선사하는 정신적 공론장이다. 여기 서 인간의 뇌세포는 새로운 미지의 세계로 여행을 떠나는 즐거움과 생명력을 얻는다. 이것을 경험할 때마다 인간의 정신은 진화한다.

○ 자치민주주의로 진전을 위한 성찰과 평가

성미산 마을공동체에는 퍼트넘Putnam[35])이 말한 사회적 자본의 형 성으로 신뢰와 규범에 기반한 수많은 결사체(협동조합이나 모임)가 구성된다. 성미산 투쟁은 강압적 행정 행위에 대한 반발이었지만, 군사정권의 종말 이후 자율과 자치의 민주주의 시대를 맞이하여, 오랫동안 억눌렸던 민초들의 권력에 대한 저항의 의미를 갖는다.

---

35) 퍼트넘(Robert Putnam)은 선진적 지표(법치와 민주제도)의 형성과 진화에 기여한 결정적인 성 분(ingredient)을 사회적 자본(social capital)이라고 하였다. 사회적 자본이란 사회구성원들이 알 지도 못하는 사람, 즉 타인에게 느끼는 친밀감(affinity)을 가리킨다. 그는 이탈리아의 지방자치 연구를 통해서 전제군주의 지배를 오랫동안 받았던 남부지역은 사회적 신뢰 수준이 낮고 상대 적으로 가난하다는 것을 보여준다. 이와 대조적으로 같은 시기에 시민들이 도시국가를 세우고 함께 뭉쳐서 통상과 자주국방을 하며 번영하였던 북부의 자치지역은 선진적 지표가 매우 높고 현대에 이르기까지 계속 부유하고 국가 경영도 잘하고 있다.

새로운 민주국가에서는 국민이 권력의 주체라는 초기적 주권 의식이 폭발한 것이다. 성미산 투쟁 이후 주권자 의식은 다양한 협동조합과 모임의 결성을 통해 자치적 의식으로 구체화된다. 획일적 권위주의와 물질 만능의 자본주의 체제에서 벗어나 자유롭고 자율적인 생태적 삶을 누리고자 하는 시민의 자연스러운 욕망으로 표출된다.

분야와 조직에서 그 수가 많을 뿐만 아니라, 활동으로 보면 더욱 다양한 양상을 띤다. 특히 친밀한 사람들이 함께 모여 의논하고 결정한 후 역할을 나누는 행위는, 공적인 심리적 충일감과 즐거움을 제공해 준다. 삶의 만족을 위해 다양한 모임을 스스로 설계하고 협동과 연대를 통해 만드는 과정은 사람들에게 자치공동체가 갖는 새로운 삶의 양식과 정신·심리적 안정감과 만족감을 주었다.

그러나 멋지고 아름다운 자치적인 성미산 공동체는 우리에게 새로운 미래에 대한 희망과 기대를 안겨주었지만, 성미산 공동체의 주역이었던 유창복은 분석적이고 성찰적 시각을 통해 자치공동체의 본질과 미래에 대한 치열한 탐색을 보여준다. 그렇게 열정을 바치며 활동하던 활동가들이 '겹치기 출연'이라는 과중한 일에 "마을하기 고단하다"는 한탄이 나오게 된다. 활동가들 각자 열심이고 바쁜데, 각자는 늘 외롭고 혼자인 것 같다(유창복 2009: 39). 처음 일을 기획할 때에는 여러 사람이 의견을 모으고 참여하지만, 일단 일이 정해지고 본격적인 활동으로 들어서게 되면 활동 중심으로 재편되어 진행되기 때문에 상대적으로 인적 자원의 부족감은 더욱 크게 다가오기 마련이다. 인적 및 물적 자원 조달의 어려움은 활동가들에게 결정적인 활동의 제약으로 작용하게 되고, 활동가들은 활동을 더는 진전시키지 못하는 이유가 되기도 한다(유창복 2009: 42).

[그림 14] 성미산마을 여러 조직의 발생 과정

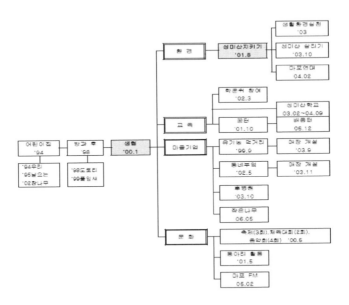

출처: 유창복 2009

성미산 자치공동체에서 활동가의 피로감과 외로움은 무엇을 의미하는가? 그것은 구성원 모두가 공동체의 공적 업무를 함께 분담하지 않고, 소수의 활동가에게 너무 많은 일이 몰렸기 때문에 나타나는 현상이다. 개인은 공동체를 통해 정신적 고립과 외로움에서 탈피한다. 그런데 공동체를 열심히 만든 활동가가 외롭다는 것은, 그에게 공동체는 삶과 실존의 양식이 아니라 하나의 업무나 실무적 행위에 머물렀기 때문이다. 실무적 일까지 공동체 모든 구성원이 분담하고 책임지는 것으로 나아가지 못한 자치민주주의 실현에 대한 한계에서 비롯된다.

여기서 성미산 자치공동체와 관련 아렌트가 말하는 정치적 자유를 보장하는 자치의 영역으로서 법적·정치적 공간에 관한 의제를 던지게 된다. 성미산마을에는 자발적 협동으로 자유롭고 해방된 다양한 삶의 양식과 결사체는 존재했지만, 하버마스가 얘기한 보다 인간의 정치적 자치 능력이 실현되는 방식의 공론장[36]의 문제는 앞으로 해결해야 할 영역으로 보인다. 성미산마을에는 각자의 요구나 취향에 따른 생활적 결사체나 공론장은 다양하게 존재하였지만, 마을 전체 사안을 논의하고 결정하는 종합적 공론장이나 체계적인 의사결정 구조는 없었다. 중대한 사안이 발생하면 그때그때 모여 논의하고 결정하는 방식이었다. 마을에서 마을회가 열린 것은 15년 동안 딱 세 번이었다. 한 번은 2003년 1월 말 설을 코앞에 둔 몹시 추운 날, 상수도 사업 본부가 몰래 기습벌목을 하자, 이에 놀란 주민들이 그날 저녁 꿈 터에 모여 장시간의 대책 회의를 한 것이고, 73년 의제는 역시 마을 전체 차원의 중요한 사안이었고, 대부분 담당자의 충분한 숙고와 논의가 있고 난 뒤에 마을 전체의 의견을 구하는 자리였다. 회의 참여자는 보통 40~50명 내외이며 마을 각 기관 대표들의 참여를 권장하지만, 의무는 아니고, 주민이라면 모두 참여 가능한 '개인 참여'가 원칙이었다(유창복 2009: 73-74).

그는 공적 사안을 논의하고 결정할 혹은 전체의 그림을 그리고 평가하는 마을 회의나 민회가 없는 이유는, 모든 사람이 힘을 모아야 할 구체적 사안 이외에는 그러한 모임에 대해 부정적이었기 때

---

36) 하버마스는 체계에 의한 생활 세계의 식민화가 진행되는 과정에서, 생활 세계에 내재한 해방적 잠재력에 의해 공동체의 구체적인 삶의 양식을 유지하려는 저항력이 대두되는 것을 간과하지 않았다. 이러한 관점에서 그는 생활 세계로부터 자율적으로 형성되는 각종 결사체들에 의해 구성되는 새로운 의미에서의 시민사회라는 개념을 추출해 낸다. 그러면서 그는 이 시민사회가 바로 현대사회에서의 민주적인 삶의 양식을 지켜내는 중요한 요소라고 강조한다. 하버마스는 여기에서 만족하지 않고, 시민사회의 결집된 민주적 잠재력이 정치적 영향력으로 발전되는 것을 공론장 개념으로 설명하고 있다.

문이었다고 언급하고 있다. 물론 자율적인 다양한 결사체가 생동감 있게 움직이는 상황에서, 다양한 결사체들의 의사를 하나로 모으는 과정 자체가 무의미하다고 주장할 수 있다. 도리어 그러한 시도는 결사체들의 다양성과 창조성을 침해할 우려가 있다. 특히 자기가 속한 협동조합이나 모임에도 관심을 두거나 참여하기 힘든 조건에서, 마을 전체에 대한 계획과 실행에 참여하라는 것은 쉽지 않다. 마을공동체는 모든 주민이 전체 마을의 미래를 설계하고 함께 공유할 때만 성립하는 것은 아니기 때문이다. 그러나 삶과 정신적 해방의 지속 가능성을 보장하는 자치공동체는 전체의 공적 사안에 대한 참여와 자치를 통해 가능하다는 것을 자치민주주의의 역사는 보여 준다. 진정한 개인 간의 자율과 협동은 지역 간, 단체 간 연대를 통해 가장 잘 부흥하고 촉진되기 때문이다.

특히 자치공동체의 연대와 권력에 대한 관계이다. 협동조합 혹은 모임들이 네트워킹을 통해 상호 현황을 공유하고 협동할수록, 개인 및 공동체의 가치와 공공선이 증가한다는 점이다. 고대 민회처럼 추첨 방식을 통해 마을 일을 모든 구성원이 책임지게 하는 것이 자아실현과 공공선의 도출에 유익하다는 것을 자치의 역사는 말해 준다. 마을 민회의 정례화는 공적 사안에 대한 평등한 참여와 발언을 보장하는 것이며 자치공동체의 법적·정치적·공익적 공간으로의 진화를 촉진한다. 여기에는 대안학교를 정식 학력으로 인정받는 것, 자치공동체를 법적인 기초행정 단위로 인정받는 것(대부분 외국 사례의 경우 주민이 자치회를 먼저 구성 후 활동을 통해 일정 정도 뿌리를 내린 후 정부로부터 법인으로 인정을 받음) 등 공적 사안에 대한 민주적 토론과 결집을 통해 공동체의 해방과 진화를 보장한다.

결국, 이 부분은 시민사회에 있어 독립적 영역으로서의 자치공동체의 자치적 행위와 그러한 자치적 행위를 강화 확대하기 위한 법적·제도적 자치기구와의 관계이다. 공동체 인민의 자치력의 완성은 주민이 직접 권력 행위를 어느 수준과 양태를 통해 실현되느냐에 달려 있기 때문이다. 이것은 공동체 활동을 통해 사회자본이라는 생활적 자치력을 확보하면서도, 그러한 생활적 자치력이 정치적 자치력에 의해 제압당하지 않거나 혹은 정치적 자치력으로 확장하는 문제이다. 성미산 공동체가 생활공동체 운동에서 지역공동체 운동으로 이어지는 본 사례에서 확인할 수 있는 것은, 이러한 일련의 과정 동안 축적된 사회적 자본을 통해 사람들의 사회에 대한 참여율을 높이고, 공적 문제 해결 의지를 강화한다는 점이었다. 특히 이러한 행위는 결사체 민주주의의 방식에 의해 발현된다. 다양하게 형성되는 여러 시민조직과의 네트워크 형성은 풍부한 시민사회의 형성에 디딤돌이 된다. 성미산마을은 '지역공동체 형성'이라는 공통의 목표 아래, 지역 주민 복지 향상 및 환경 생태보전, 의정참여단 구성 등을 통해서 다양한 지역 시민사회의 운동으로 확대된다(김상민 2005: 187). 그러나 문제는 이러한 자치적 결사체와 정치 제도권의 분리 현상이다. 이것은 인간의 자치가 정치 제도적 자치를 통해 본질적으로 발현되는 역사적 발자취와는 다른 것이다. 따라서 이러한 분리 현상은 오히려 시민사회의 확장에 역기능적 역할을 한다. 자치민주주의의 역사에서 인민의 자치력은 권력이 작동되는 법적·제도적 기구를 통해 온전히 발휘되기 때문이다.

이것은 공동체 활동을 통해 구축된 사회적 자본이 실제 시민사회와 자치력을 확장하는 데 활용하는 것이 필요하다는 것을 의미한다. 행정의 보조 수단이 아니라, 인민적 정책과 자치권을 실행하는 데 시민사회의 기능과 힘을 높이는 방안으로서 공동체 운동의 민관 협치나 주민자치 운동과의 접맥이 요구되기 때문이다. 이러한 공동체의 폐쇄성은 자기 충족성의 경향과 일치한다. 따라서 공동체 운동은 시민운동과 민중운동이 제기하는 비판에 직면한다. 즉, 자신의 문제와 생활의 이슈를 정치화하는 일에는 성실하게 참여하면서 국민적 참여가 필요한 정치적 사안의 운동에는 참여하지 않는 경향이 있다는 것이다(이은희 2008: 136).[37]

자치공동체의 근본적 운영원리인 자율은 성찰적으로 발현될 경우, 수평적이고 민주적 구조의 유연한 네트워크 조직 형태와 협동문화를 이루게 될 것이다. 그러나 자율이 성찰적으로 발현되지 못할 경우, 즉 과잉 활성화되거나 결핍될 때는 공동체의 존속을 어렵게 만드는 위험을 발생시킬 수도 있다. 따라서 참여의 피로 문제와 공동체 내적 권력화 현상을 예방할 수 있는 자율적 체계화의 모색이 중요한 과제로서 제기된다. 또한, 권력의 발호를 예방하기 위하여 선택한 탈중심화 전략은 위기와 갈등이 발생하면 중재와 조정에 대한 권위의 결핍을 초래하여 사회통합을 저해할 가능성이 존재한다. 따라서 중심과 중앙이 아닌 구심에 대한 성찰적 접근이 필요하다(이은희 2008: 139). 이것은 자율이 갖는 이중성과 딜레마와 관계있다.

자율의 개념은 탈권위적이고 개성주의다. 그래서 탈중심적 가치로 인해 공평과 평등의 수평적 관계를 통해 신뢰와 유대라는 사회

---

37) 이은희는 박사학위 논문에서 후기 근대의 성찰적 공동체는 '구성적' 공동체의 특징을 가지고 있으며, 전제된 이념이나 발전계획에 입각하기보다는 공동체 구성원들의 주체적 실천 역량에 따라 스스로 만들어가는 '자기 생성적' 또는 '자기 조직적' 발전 원리를 갖는다.

자본의 형성을 쉽게 하는 특질이 있다. 반면, 자율은 자기충족적이고 폐쇄적 경향을 보인다. 자율의 이러한 경향성은 조직 내부주의와 비정치적 성향을 표출한다. 개인적 사고와 행위에 대한 존중으로 인해 개인의 선택에 따른 자연스러운 결사체는 많아지는 반면, 그러한 다양하고 다수 결사체가 종합적인 규율과 조직적 질서를 갖는 것은 어렵게 된다. 따라서 무수한 결사체 내에서 내부적 자율과 민주적 질서는 유지되지만, 전체 공동체의 공익적 문제에 대한 집합적 의사의 형성은 취약하다. 이러한 경향성은 대부분의 자치공동체에서 공통으로 나타나는 현상이다. 이러한 경향성은 역사적 개념인 인민의 권력의 주체화와는 거리를 둔다. 또한, 올바른 공익과 자치의 공동체로 향하는 정치의 변혁에 무관심한 풍조를 형성한다. 따라서 개인적 자유를 전체적 자유로 변화시킬 수 있는 것은 자율 autonomy의 자치self-governing로의 진화하는 것이다. 자율은 개인적 자유와 특질에 의존하지만, 자치는 개인의 자유와 전체의 자유의 변증법적 융합 상태를 말한다. 권력을 지배자나 정치가로부터 개인 인민의 의식과 행위로 이전시키는 것은 권력에 대한 자치권을 확장하는 집합적 의지와 행동에서 가능하기 때문이다. 따라서 [그림 15]에서 보는 바와 같이, 무수한 다양한 결사체들의 개별성과 창의성을 보장하는 것과 그러한 결사체들의 집합적 구심이 사안과 조건에 따라 유연하게 공존하는 자치공동체는, 인민 권력이 실행되는 시민사회의 확장을 통한 자치민주주의의 구체적 공간으로 실현된다.

[그림 15] 시민사회적 자치공동체에서 두 가지 경향의 변증법

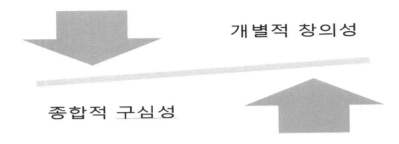

개별적 창의성

종합적 구심성

2) 충남 홍성군 홍동마을

[그림 16] 홍동마을 지도

출처: 홍동마을 마을활력소

○ 사회적경제의 경제적 공동체

2010년 충청남도 홍성군 홍동면 주민들은 마을기업을 만들기로 하고 준비 모임을 진행하였다. 2011년에 행정안전부로부터 마을기업으로 지정받아 문을 열게 된 '지역센터 마을활력소'는 본격적으

로 홍동마을을 기획했다. 중간지원조직인 '마을활력소'는 유기농업 및 축산으로 순환 농법에 기초한 자립적 마을을 만들기 위한 기획과 실행을 담당했다. 마을공동체의 주체는 주민이었다. 주민 스스로 참여와 연대에 기초해 자치·자급·자율적인 지역사회를 만드는 것을 목적으로 하였다. 동네마실방 뜰과 ㅋㅋ만화방 협동조합, 주민조직, 공동체 등 50여 개 결사체는 신뢰와 규범, 네트워크라는 사회적 자본이 형성되는 사람의 공간이다. '지역과 학교가 함께 만드는 마을'을 목표로 자치공동체로 발전해 가는 홍동마을의 인구는 3,500명 정도에 불과하다(마을활력소 자료 참조).

'마을활력소'는 주민들로 구성된 사무국에서 운영한다. 이곳은 마을공동체에 대한 기획과 정책의 틀을 설계하고 실무적인 지원을 하는 자치적 중간조직이다. 외지에서 사람들이 방문하면 사무국은 여러 협동조합과 유기농업을 하는 논밭의 구석구석을 안내한다. 여기서 운영하는 '마실이 학교'는 이곳에 대한 귀농·귀촌 안내 프로그램을 운영한다. 또한, 매월 마을 소식을 알리는 지역신문 '마실통신'을 만든다. 마을 사람들의 유대감 형성을 위해 '봄맞이 큰 장'과 '홍동 거리 축제'를 돕는 역할도 한다. 지역 화폐인 '잎' 사업도 지원한다. 여기서는 단체들의 모임과 1년 사업 평가 작업을 지원한다. 마을의 '우리 마을 발표회'는 여러 협동조합이나 주민조직 매달 정기적인 모임과 1년에 한 번 지난해 사업을 보고하고 그해 사업계획을 발표하는 자리이다. 모임의 운영에 대한 매뉴얼을 비롯하여 사무실과 모임 공간을 제공하는 등 새로운 주민조직의 결성을 지원한다(홍동마을 사람들 2014: 54).

홍동마을은 1990년대 오리농법을 이용한 친환경 유기농업의 본산지다. 주민들의 자발적 재정에 의해 자치적으로 운영하는 풀무학교 생활협동조합, 마실방 뜰, 홍성우리 마을의료생협 등은 이곳의 대표적인 협동조합들이다. 마을의 중요한 생산자 조직으로 홍성풀무생협은 1980년에 조합이 창립되었고, 2005년 4월 기준 조합원이 841명이다. 생산 품목 군별로 쌀생산위원회, 채소위원회, 유기축산위원회, 교육홍보위원회를 두고 있다. 그리고 마을 및 품목별 기초 생산조직인 작목반을 결성하고 하는데, 쌀마을별 작목반 30개, 채소품목별 작목반 25개, 축산 한우, 양돈, 자연 닭 6개 등 총 61개이다. 유기농산물 취급 품목 수는 120여 종이다. 생협 조직의 직원은 상근으로 13명, 일용직 2명, 기사 2명을 채용하고 있다. 출자금(자기자본금)은 2억 3천만 원(평균 출자금 27만 원)이며, 총자산은 12억 원이다. 2004년도 유기농산물 직거래 매출액은 51억 원이며, 벼 생산 면적은 103만 평이다. 도농 직거래 단체로는 한국생협연대(산하 지역 생협 50개소), 수도권 생협 연합회(산하 지역 생협 23개소), 한국여성민우회 생협(산하 지역 생협 5개소), 친환경농산물 전문매장(수도권 및 충청권 지역 약 30개소)이다. 또한, 동년에 유기축산 한우도 출하가 시작되어 2005년부터 축산 매출액도 발생했다(홍성풀무생협 현황 소개 책자 2005; 최승호 2009 마을공동체 만들기 운동의 발전방안 모색 재인용).

○ 학교를 중심으로 확산한 자치공동체

홍동마을이 유기농업을 활성화하고 다양한 주민조직과 공동체를 형성하는 데는 1958년에 문을 연 풀무학교(풀무농업고등기술학교)가 씨앗이 되었다. 풀무학교는 '더불어 사는 평민'이라는 기독교 정신 아래 농업과 지역에 관심을 가지고 주민들을 교육해 왔다. 이러한 조건에서 유기농업에 관심을 가진 도시민들이 귀농했고, 이들이 원주민들과 만나 학교 교육 개선을 위해 노력한 것이 지금의 홍동마을을 만드는 원동력이 됐다. 그런 노력으로 2005년에는 홍동초·금당초·홍동중·풀무농고 교사들과 '홍동지역 범교과 교육과정 연구회'를 만들었다. 그렇게 학교들이 서로 교류하면서 2006년부터는 연구회가 주관하는 주말 방과후학교 '햇살 배움터'가 운영되었다. 2008년부터 민간장학재단의 지원을 받았고, 2012년부터는 학교와 연계해 마을 교육 네트워크 사업으로 확장했다(홍동마을 사람들 2014: 65).

풀무학교는 홍동마을이 풀무공동체로서의 지역 정체성을 공유하며, 경제적 자치공동체로 발전하는 데 중요한 역할을 하였다. 사람들은 마을공동체 초기부터 학교가 사람들을 엮어주며 삶의 지혜를 준다고 믿었다. 그들은 협동 방식의 농법을 배우면서, 생명을 살리는 자연 생태적인 인간의 삶과 농업이 밀접히 결합되어 있다는 것을 깨달았다. 사람들은 자연과 생명에 기반을 둔 지식과 경험을 토대로 농사를 짓고 지역에서 두각을 나타내며, 협동과 상호 지원의 공동체적 일들을 수행했다. 풀무학교는 도시화의 광풍 속에서 해체되던 어려운 농촌 문제를 풀기 위한 고민을 학습과 구체적 실천 속에서 찾아 나갔던 것이다.

따라서 교육을 통한 마을만들기 운동에 학교가 일정한 역할을 수행하면서, 홍동마을은 오늘날의 유기농업과 소농 협동조합으로 거듭났다. 풀무학교가 배출한 인재들은 지역 협동조합 운동의 큰 일꾼이 됐다. 50년이 넘는 협동조합 방식의 마을 만들기의 뿌리는 풀무학교에서 지도자를 길러내고, 작은 조직들을 만들어 지역으로 내보내는 데에 있다. 이런 작은 조직들은 지역 주민이 공동출자 방식으로 1969년 설립된 '풀무신협'과 1980년 설립된 '풀무생협'이라는 두 축을 만들어냈고, 이 두 축을 중심으로 수많은 주민 협동조직이 만들어졌다(전대욱 2014: 39).

홍동마을 지도 교사와 주민들은 '아이들이 행복한 마을 만들기' 사업을 전개했다. 이들의 뜨거운 열정을 통해 홍동마을은 공동체가 꽃피는 마을이 될 수 있었다. 이것을 통해 소득 향상만을 강조한 농촌 마을이 마을공동체 차원의 자치적 학습과 교육의 중요성을 인식하는 마을로 변화하였다. 마을에서 교육은 마을을 회생시키고 새로운 미래를 향하는 데 큰 역할을 하였다. 햇살 배움터는 '마을과 학교가 서로 돕는 지속 가능한 농촌 마을 교육'을 주제로 다양한 사업을 벌인다. 이곳에서는 홍동마을 전체를 대상으로 한 것은 아니지만, 다양한 교육적 의제는 마을공동체의 생동감과 진취성을 자극한다.

생태교육 마을 교사 양성 과정과 마을 교사 작은 공부방 운영을 통해 교사들의 기량과 생각은 강화된다. 이들이 운영하는 ㅋㅋ만화방, 청소년 마실이 학교는 마을 전체의 촘촘한 교육 안전망을 구축한다. '마을 작업장학교'는 발달장애 청소년을 위한 마을 일터 인턴십 과정을 지원한다. 아이들은 작업장의 어른들과 함께 진로를 탐색하는 공간이 된다. 그 밖에 이곳의 밴드 동아리, 생태 미술·전래 놀이는 청소년의 정서 안정을 지원할 뿐 아니라, 사계절 살림 학교, 홍동 거리 축제 등 네트워크 강화 사업도 한다. 망처럼 다양한 예술·문학 동아리와 생활 동아리가 함께 오케스트라 하모니처럼 조화를 이루며 삶과 공동체를 풍요롭고 즐겁게 한다(박은복 2019: 65).

○ 결사체들의 연대와 공동체성에 기초한 주민자치로의 발전

〈표 12〉 홍동의 자생적 결사체들의 목록

분야	단체명
교육	갓골어린이집, 교육농연구소, 꿈이자라는뜰, 논배미, 농생태원예조합 가꿈, 마실이 학교, 마을학회, 밝맑도서관, 장곡신나는지역아동센터, 풀무학교(고등부/전공부), 햇살배움터교육네트워크, 갓골생태농업연구소, 홍동초등학교, 홍동중학교
마을지원	갓골목공실, 그물코출판사, 문당권역사업단, 문당환경농업교육관, 오누이권역사업단, 정농회, 마을활력소, 홍성여성농업인지원센터 등
협동조합 및 단체	경제협동체 도토리회, 동네마실방 뜰, 로컬스토리 미디어협동조합, 아하 홍성 생활기술협동조합, 얼룩생태건축협동조합, 우리마을의료생활협동조합, 우리마을 뜸방, 원예조합 가꿈, 예산홍성환경운동연합, 풀무신용협동조합, 풀무생협, 풀무환경농업영농조합, 풀무영농조합법인 미생이 세상, 풀무학교생활협동조합, 홍성환경농업마을영농조합, 할머니장터조합, 홍동농업협동조합, 영농조합법인 풀무우유·평촌목장, ㅋㅋ만화방, 홍성자연재배협동조합, 지역화폐거래소 잎, 홍성한우클러스터사업단, 홍성씨앗도서관, 홍동디자이너 모임, 초록이둥지협동조합 등

출처: 송두범 외 2017; 장은성 2018 재구성; 박은복 2019: 78에서 재인용

학교가 토대가 되어 협동조합으로 시작한 충남 홍성 풀무마을의 공동체성은 1970년의 '신협[38]'과 1980년 초 마을 주민들에 의한 자립적 재정으로 설립한 '갓골어린이집', '시골 문화사' 등의 마을

---

[38] 풀무신용협동조합은 1961년에 풀무학교 교사와 졸업생 5명이 시작했다. 이것이 발전하여 1970년 지역 주민을 포함한 18명이 4,500만 원을 모아 창립한 이래 1990년대에 들어와 2,800여 명의 주민조합원과 180억 원의 자산 규모로 성장했으며, 금융사업뿐 아니라 지역 환경 개선, 복지 등 지역개발과 관련한 다양한 사업을 지원해 오고 있다.

결사체들이 촉진한 것으로 보인다. 따라서 공동체의 씨앗인 사회자본의 형성은 이미 1970년대부터 싹트기 시작했다고 할 수 있다. <표 12>처럼, 마을 주민들의 자발적인 참여에 의한 사회적 연결망이 다양하고 촘촘하다는 것은, 자치공동체의 기본정신인 자발성과 창의성이 구성원들 속에서 샘솟고 있다는 것을 의미한다. 특히 운영의 구심 역할을 하는 영농법인을 설립하고 유기농 오리농법 시행과 농업교육관을 설립한 것은 협동적 경제 구조의 토대를 구축한 것이라 할 수 있다. 이곳의 사례에서는 공동체 형성의 기반은 학교를 중심으로 한 소수 주체 세력들의 가치관이었다. 풀무원학교의 협동조합 등 사회적 연대 경제에 대한 전문적인 학습이 농촌의 자조적이고 소득 창출이 가능한 경제적 협동조합으로 구체화하면서 사람들의 신뢰와 유대감 형성이 가능하였다. 경제적 협동조합을 통해 기본적 마을의 경제공동체가 형성되자, 이후부터 주민의 자발적 욕구와 지향이 발휘되는 자발적인 다양한 결사체들이 만들어지는 것은 당연한 순서였다.

홍동의 환경 마을의 시민사회로서 자치공동체는 풀무 농업 고등학교를 졸업한 마을 활동가들이 주도해 왔다고 볼 수 있다. 현재 유기농법을 사용하는 오리농 생산자 중에도 몇몇은 풀무학교 졸업생들이다. 이들은 지역의 자치조직들에서 풀무학교의 이념인 기독교 신앙과 생태적 가치를 지향하며, 생태적 지속 가능한 마을공동체를 일구는 활동을 하고 있다. 그래서 지역이 학교이고 학교가 지역이라는 이념을 바탕으로 졸업생들은 재학 중 학교 안에 자체적으로 만들고 활동했던 단체를 마을의 결사체로 확대 전환하는 방식을 통해 마을의 결사체를 결성했다. 이러한 방식으로 졸업생들은 지역

공동체를 뒷받침하는 다양한 자치적 결사들인 생산유통조직(풀무생협), 유기농업생산자회, 가공산업(바른 식품), 밀사랑, 홍동 한우, 교육, 문화 활동(갓골어린이집), 홍성여성농업인센터, 시골 문화사, 지역 유물전시관, 환경(재생 비누 협동조합), 언론(홍성 신문), 풀무 신협 등에서 활동하고 있다. 경제적 영역뿐 아니라 교육, 문화, 복지 등의 지역의 자생적 결사체들은 시민사회에서의 상호 간의 긴밀한 네트워크를 형성하면서 주민들의 자치적 복리 증진을 도모하고 있다(최승호 2009: 251). 성미산 공동체의 경우 성미산 투쟁의 성과를 통해 다양한 자발적 결사체가 건설되면서 공동체와 자치민주주의가 촉진되었다면, 홍동마을의 경우에는 경제적 협동조합의 성공이 소득을 증대시키고 주민의 신뢰와 유대감을 증가시킴으로써, 여러 영역에서 자발적 결사체들이 생성되면서 자치와 민주주의의 공론장인 지역 시민사회가 활성화되었다고 볼 수 있다.

[그림 17] 풀무학교와 마을공동체 형성의 동태적 과정

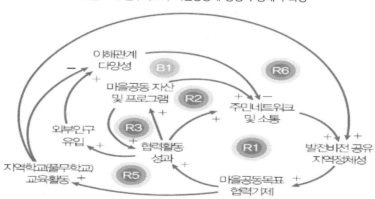

출처: 풀무학교, 마을과 함께 고민하고 실천하다. 전대욱 2014

○ 경제적 공동체와 주민자치의 성과와 한계

홍동면에서는 2018년 주민자치의 강화를 목표로 200명의 주민이 모여 마을 의제를 발굴하기 위한 원탁 토론을 진행했다. 2019년부터는 주민자치위원회에서 주민자치회로 전환을 위한 시범사업을 추진했다. 홍동면이 충남형 혁신 주민자치회 시범사업으로 선정됐기 때문이다. 현재 주민자치위원회의 주민자치회로의 전환이 대폭으로 진행 중이다. 주민자치위원회가 행정에 대해 자문하고 심의하는 성격이라면, 주민자치회는 행정과 대등한 관계에서 협의하여 결정하고 실행하는 주민대표기구다. 자치계획을 세워서 주민총회도 열고 분과별 사업비도 책정하고 주민참여예산에 관한 결정과 실행을 할 수 있다. 30명 내외로 구성되는 주민자치회는 관계 공무원을 출석시켜 질의도 벌일 수 있다. 주민자치회로 바뀌면 업무를 이끌어갈 사무국을 두고 인력 채용 예산을 지원받게 된다. '홍동면의회' 형의 자치사무를 집행하게 된다(박은복 2019: 76).

현재 다른 지역에서도 주민자치회 시범사업이 진행 중이다. 서울은 2년 차에 돌입했다. 마을계획단도 만들고 자치위원도 추첨으로 선정하는 지역도 생겼다. 서울시의 경우는 주민자치회의 사업 내용을 확대하고 일정 한도의 재정지원도 한다. 자치위원의 자질 향상을 위한 교육 프로그램도 돌리고 있다. 그러나 홍동마을 주민자치회의 특징은, 마을의 위원이 주민조직이나 각종 자치학교 등 공동체의 주민 중에서 선정되면서 마을공동체와 주민자치회가 밀접히 결합한다는 점이다. 현재 자치단체의 행정이 주도하는 대부분의 주민자치회는 마을공동체와 분리되면서 주민 없는 주민자치가 진행되는 모양이다. 그러나 이곳은 마을공동체와 주민자치회가 분리된 다른 지역과 달리, 주민자치회의 대표성은 높아가고 있다. 따라서 마을공동체 자체가 주민자치회로 전화하는 홍동마을의 사례는, 현재 행정이 주도하는 주민자치회 시범사업이 참고해야 할 많은 부분을 담고 있다.

홍동마을은 농가의 소득 향상을 위해 협동조합이 형성되면서 경제공동체로서 확산하게 되었다는 점이다. 협동조합 방식의 생산과 판매 체제는 개인 생산을 기반으로 한 기존의 자족적 공동체와는 성격이 다르다. 그런 의미에서 홍동마을은 조합 간의 높은 상호부조와 연대의 수준을 소유한다. 협동과 연대를 통해 홍동마을 전체의 기획력과 정치력이 높아질수록, 증가하는 경제적 효과로 인해 귀농 인구가 늘어나면 다시 정부의 지원이나 외부로부터 투자도 증가한다. 이에 홍동마을은 개인과 협동조합, 각종 결사체가 분리되어 자율적으로 활동하면서도, 하나의 자치공동체로서 통일성과 정체성을 추구한다. 홍동마을은 자율적이고 자립적이지만 결사체 간의 소통이나 연대를 중요시한다. 또한, 홍동마을의 경제적 자치가 법적·제도적인 정치적 자치로 이행할 수 있도록 노력한다. 이제 홍동마을은 이러한 협동과 연대의 경제적 공동체는 자치와 민주의 정치적 공동체로 진화할 수 있는지가 중요한 과제로 제기되고 있다.

[그림 18] 홍동마을 마을 주민 원탁회의

출처: 홍동마을 마을활력소

　대부분의 마을공동체가 협동조합을 중심으로 생활 자치공동체로 출발하면서 발전한 관계로 자체 중심적 자율성으로 인해 지자체와의 협치에 무심하거나 필요성을 느끼지 못한다. 그러나 홍동마을의 경우는 자조적 협동조합으로 결사체들이 생겨나면서 형성된 마을공동체와 지자체가 연결되고 있다. 거주지가 면사무소 주변 마을에 집중되어 있고, 귀농·귀촌 출신자들이 많은 것은 문제나, 주민자치위원의 일부는 마을공동체 내의 결사체로부터 추천을 받으면서 주민자치회가 주민의 대표기구로서 성장할 수 있는 토대를 닦고 있다.

　이러한 전망에도 불구하고 마을공동체와 주민자치의 결합을 통해 주민의 자치력을 끌어올리는 주민총회는 형식적이다. 많지 않은 주민들이 촘촘한 관계망을 형성하고 있는 조건에서, 민회형의 주민총회를 1년에 한 번 하면서 마을공동체의 주체인 주민의 자치력을 보장하고 향상시킨다는 것은 어불성설이기 때문이다. 이것은 관의 주민자치가 행정적 형식 논리로 마을공동체에 접근하기 때문에 발생하는 현상이다. 따라서 각종 법령과 조례에 따라 전국 각지에서 시범적으로 구성·운영되고 있는 주민자치회는 본질적으로 관제성이 너무 강하고, 관제적 자치라는 태생적 굴레를 어떻게 극복할 것인가의 과제를 안고 있다. 홍성군 조례에서 보듯이 주민자치회 위원의 위촉 및 해촉 권한이 군수에게 있고, 주민자치회 활동의 설계도인 자치계획을 군수에게 제출한 후 의견을 듣고 확정·의결한다는 것은 그것의 구성 및 운영에 행정이 너무 깊이 개입하게 되는 구조를 드러내고 있다(진필수 2019: 167).

　이러한 주민 자치력의 형식성은 주민자치회의 관제성으로부터 파생되는 것도 있지만, 또한 권력의 최종적 행위자인 주권자로서 자치 능력을 배양하기 위한 계획적 결사체 활동 및 주체적인 공론장을 만들지 못하는 활동가들의 책임도 있다. 이들은 관과의 협치에 지나치게 수동적이거나 아니면 시민사회 독자성 강화 사업에 무능함으로써 마을공동체와 분리된 주민자치는 주민 대중의 자치력 발양에 기여하지 못하기 때문이다. 소득과 연계된 협동조합이라는 생활경제 공동체가 신뢰와 규범이라는 사회자본을 형성하는 공론장의 수준은 애른쉬타인Arnstein이 말한 시민참여의 최종 단계인 '시민통제'citizen control의 전전 단계인 공동 협력partnership의 단계에 불과하다. 시민 통제 단계의 완전한 자치력이 보장되는 수준은, 소수 위원 중심의 주민자치회가 아니라 마을 사람 모두가 참여할 수 있는 공론장이나 총회에서 마을의 현안이 결정될 때 가능하기 때문이다. 따라서 지자체나 정치권으로부터 이러한 법적·제도적 권한을 획득하기 위해서는, 시민사회에서 민주시민 관련 주민학습 프로그램과 민중심의 공론장 확보 운동이 필요하다.

[그림 19] 애른쉬타인의 시민참여 사다리

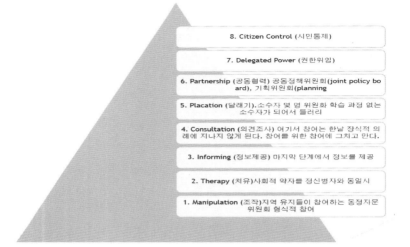

8. Citizen Control (시민통제)

7. Delegated Power (권한위임)

6. Partnership (공동협력) 공동정책위원회(joint policy board), 기획위원회(planning

5. Placation (달래기).소수자 및 명 위원화 학습 과정 없는 소수자가 되어서 들러리

4. Consultation (의견조사) 여기서 참여는 한낱 장식적 의례에 지나지 않게 된다. 참여를 위한 참여에 그치고 만다.

3. Informing (정보제공) 마지막 단계에서 정보를 제공

2. Therapy (치유)사회적 약자를 정신병자와 동일시

1. Manipulation (조작)지역 유지들이 참여하는 동정자문위원회 형식적 참여

출처: Arnstein, Sherry R.(1969). 'A Ladder Of Citizen Participation', Journal of the American Planning Association, 35: 4, 216-224 참조

3) 강원도 원주 협동조합운동과 사회연대경제

〇 원주그룹과 1960~70년대 협동조합

해방과 6.25 내전 이후 파시즘 체제의 억압과 민중의 처참한 빈곤 상태에서, 원주에서 초기 형태의 협동조합인 신협을 시작한 결사체는 지학순과 장일순이 중심이 된 원주그룹이라고 할 수 있다. 1965년 원주교구가 창설되고 지학순 주교가 부임한 후 원주지역에 기반해서 사회운동과 교육 운동을 주도하였던 장일순 등 원주지역 사회운동가들과 한일협정 반대 운동 등 1960년대 학생운동을 주도하였던 김영일 등의 인사들이 결합하면서 지학순과 장일순을 중심

으로 1960년대 중·후반 원주그룹은 형성되어 갔다. 장일순은 5.16
직후 중립화 통일론 주장으로 인해 3년간의 옥살이를 하고 난 후
정치정화법에 따라 정치적 활동이 제약당한 속에서도 종교를 배경
으로 하여 원주지역의 활동가들과 함께 군사정권에 대응하기 위한
일련의 지역사회 운동을 모색하고 있었다(김소남 2013: 43).

〈표 13〉 제1차 원주그룹의 구성원들

구분	성명	출생연도	학력	활동연도	직책
원주출신	지학순	1921	로마 푸로파간다대학(교회법)	1965	원주교구 주교
	장일순	1928	서울대 미학과	1965	원주교구 사도회 회장
	김영주	1934		1965	원주교구 주교 비서실장 및 기획실장
	장상순	1937	서라벌 예술대학 연극영화과	1969	협동교육연구소
비원주 출신	박재일	1938	서울대 문리대 지리학과	1970	협동교육연구소
	김영일	1941	서울대 미술대학 미학과	1965	원주교구 기획위원

출처: 2013 김소남. "1960~80년대 원주지역의 민간 주도 협동조합 운동 연구"

초기 원주그룹의 사상적 성향은 우선 해방 후부터 1960년대 전
반까지 분단체제에 대한 남북정권에 대한 강한 비판적 인식이 보인
다. 핵심인 장일순은 분단구조의 극복을 위한 방안인 평화통일론
및 중립화 통일론을 주장하였다. 그는 분단구조 아래의 남북정권
모두에 비판적이었으며, 자주적 통일국가건설론과 평화통일론을 주
장한 조봉암의 진보당 계열 및 사회대중당 등의 혁신 계열과 밀접
한 관련이 있다. 따라서 한국 근현대사에서의 중도적 지향성을 갖
는 정치사상과 통일사상 등을 보여주고 있었다. 또한, 유불선 사상
과 동학사상, 간디와 비노바 바베의 비폭력운동론 등의 섭렵 속에
서 장일순은 안창호의 교육사상에 기초해서 자치에 기반한 지역사

회 운동을 전개하는 한편, 계급 운동보다는 협동운동을 통해 지역
사회 운동을 추진해 나가고자 하였다. 이러한 장일순의 제 사상은
군사정권하에서 일정하게 체계화되어 정리되어 나타난 것은 아니
며, 정서적·문화적 차원의 수준에서 정리되고 원주그룹 내에서 공
유된 것이었다(김소남 2013: 49). 이러한 과정에서 원주그룹은 원
주교구의 설립 이후 제2차 바티칸공의회의 가치인 평신도 운동에
주목하면서, 전국적으로 퍼져갔던 민간주도의 신협 운동에 관심을
집중한다. 따라서 당시 원주그룹의 신협 운동은 1960년대 후반 협
동조합을 기반으로 하는 지역사회 자치 운동의 초보적 단계의 모습
을 띤다.

 1966년 11월 13일 지학순 주교는 원동성당 신자들 35명과 함께
'원주신협'을 설립하였다. 하지만 원주지역 신협도 태백지역과 마
찬가지로 조합원들의 체계적인 교육 부족과 경영 미숙 등으로 발전
하지 못했다. 의욕적으로 출발한 원주신협이 부진해 보이자, 지학
순 등 원주그룹은 협동조합의 확산을 위해서는 협동조합에 대한 체
계적 학습을 이수한 활동가 양성의 필요성을 인식하기 시작한다.
이들은 원주지역 신협 운동의 발전적 전기를 마련하고자 1969년 1
월 곽창렬, 박현길, 박정남 등 신협 연합회의 지원을 받아, 원주신
협의 주최로 조합원강습회와 임원강습회를 4일간(1.15.~18.)에 걸
쳐 원주 가톨릭센터에서 40여 명이 모인 가운데 개최하였다. 원주
그룹은 이 강습회를 통하여 다른 지역과 달리 강원도만이 신협 운
동이 발전하지 못했다고 인식하게 되었고, 이에 따라 강원도지역의
신협 운동을 주도할 조직의 설립을 추진하였다. 먼저 원주그룹은
1969년 10월 원주교구 내 진광학교의 협동교육연구소 설립을 추진

하였다. 당시 협동교육연구소의 설립자는 지학순 주교였으며, 진광중학교의 교장과 교감이었던 장화순과 김용연이 책임자로 있으면서 상임 간사로서 장상순이 실무 일을 주도하였다(방성찬·이승일 2017: 14).

이 시기 원주그룹의 협동조합론은 자본주의의 모순된 경제체제를 협동조합 방식을 극복할 수 있다는 서구의 이념이나 인식론에 기반한 것은 아니었다. 군사독재와 분단체제에서 생존에 신음하고 있는 처참한 농민의 생활을 본 이들에게, 신협 운동을 주도하였던 이들의 협동조합에 대한 인식은 사회운동이자 빈곤퇴치 운동의 일환이었다. 이는 원주그룹의 협동조합론이 갖는 초기적 성격을 보여준다. 1970년대 초 남한강 유역에 심각한 홍수가 나자, 이들은 지학순의 요청으로 천주교 구호단체인 독일의 '미제레올'과 '까리따스'에서 받은 지원금으로 재해위원회를 조직한 후, 마을 개발사업과 협동조합운동을 본격적으로 추진해 나가면서 점차 협동조합이 가진 사회 변혁적인 이념을 심화시켜 나갈 수 있었다. 그러나 이들의 내부적 사회 변혁적 의도와는 달리 현실 세계의 변혁적 운동에서 이탈한 독자적 공동체 운동으로 나타났다. 이것은 마치 사회변혁에 실패한 활동가들에 의한 자족적인 공동체 운동으로 보였다. 결국, 원주그룹의 이념은 자치의 시민사회적 협동조합 지역 거버넌스의 길을 열었지만, 그것은 그들의 내재적 이념에 의한 것이 아니라, 협동조합 운동의 자체 발전과 진화에 의한 것이다.

O 지학순과 장일순의 협동조합과 협동교육연구소

지학순 주교는 부임 초기부터 제2차 바티칸공의회의 정신에 따라서 평신도운동에 기반한 교회의 쇄신 운동 등을 교구 차원에서 적극적으로 구현하고자 하였다. 그는 5개 항의 사목 지침 제시와 이를 실현하기 위한 사목 목표로써 사제연수와 교회 운영의 자립화, 평신도 지도자 양성과 평신도단체의 조직을 내세우면서 적극적으로 교회의 쇄신 운동을 주도해 나갔다. 지학순 주교는 이를 위해 "평신도 운동"이었던 꾸르실료 운동을 교구의 신부와 신자들을 대상으로 본격적으로 추진 확산시키면서 교구를 평신도 중심의 교회로 바꾸어 나가는 한편, 자신의 구상을 함께 실현해 나갈 인물을 찾는 과정에서 장일순과 김영주 등의 원주그룹이 형성될 수 있었다. 지학순 주교는 꾸르실료 교육이 교구 내로 전방위적으로 추진되고 확산하면서 원주그룹이 교구를 배경으로 주도적으로 활동할 수 있는 이념적 기반을 마련해 나갔으며, 이 과정에서 원주그룹 주위에 수많은 열성적인 청년들이 포진되도록 하면서 자신을 포함한 원주그룹이 1966년 말 착수한 신협 운동을 추동해 갈 수 있었을 뿐만 아니라, 1970년대 민주화운동과 협동조합 운동을 전개할 수 있는 배경이 되었다(김소남 2013: 45).

협동교육연구소는 원주그룹에서 협동조합 운동의 체계화와 대중적 확산을 위해 만든 연구소였다. 이곳에서는 도내 최초로 진광학원 학생들에게 '협동 교육'을 실시하였다. 그 결과 1970년 5월 15일 교내 238명의 학생과 교직원들이 도내 최초의 학교 신협인 '진광신협'을 창립할 수 있었다. 여기선 전교생에게 1969년 11월부터

1975년 10월까지 주 1시간씩 정규적 협동 교육을 시행하였다. 장상순 간사와 박재일 교사 등은 학생들에게 농촌 실정과 신용협동조합 운동에 관한 얘기를 들려주고 자유토론을 하였다. 특히 장상순 간사는 40단원에 걸친 신협 교과 과정을 연 300여 시간을 교수하였는데, 이 과목에서 학생들의 성적은 평가하지 않았다. 이러한 협동 교육을 받은 학생들이 증가하면서 학생들은 신협의 필요성을 느끼게 되었다. 협동교육연구소는 학생뿐 아니라, 지역사회 성인 대상의 신협 교육을 원주 가톨릭센터에서 진행하였다. 이에 장상순 간사는 한국 신용협동조합연합회로부터 1970년 5월 15일부로 자원지도역으로 임명되었으며, 이 일을 추진하기 위해 협동교육연구소에서는 원주 교구청으로부터 재정지원을 받아 경영관리에 대해 지도를 하기에 이른다(방성찬・이승일 2017: 15).

〈표 14〉1970년대 원주그룹의 협동조합 교육사업 현황

구분	교육별	지도자		회계		부녀자		청소년		기타		간담회		계	
농촌	1973	10	361	4	157									14	518
	1974	7	236	1	37							2	62	10	335
	1975	5	160	3	99							3	129	11	388
	1976	3	90	3	107	3	103			2	65			11	365
	1977	3	121	3	133	1	31			3	115	3	140	13	540
	1978	3	124	2	90	9	323			2	44	3	177	19	758
	1979			2	81	6	244	3	102	2	42	4	188	17	657
	계	31	1,092	18	704	19	701	3	102	9	266	15	696	95	3,561
광산	1973	3	66											3	66
	1974			1	43							1	43	2	86
	1975			1	45									1	45
	1976					1	44					1	31	2	75
	1977	2	90	1	22	1	38			*				4	150
	1978	2	52	2	48									4	100
	1979	1	20	2	77									3	97
	계	8	228	7	235	2	82					2	74	19	619
합 계		39	1,320	25	939	21	783	3	102	9	266	17	770	114	4,180

출처: 회사사업국 1985. 『교육 횟수 및 참가인원표(1984.3.31.)』; 김소남 2013 재인용

○ 재해대책사업위원회의 농촌과 광산지역 신협 운동 (1970년대)

　1972년 8월 19일 중부지역을 중심으로 남한 전역에서 집중호우가 내려 남한강 유역에 대홍수가 발생하는 등 전국적으로 큰 수해를 당하였다. 원주교구 관내에서 10만 명의 이재민과 60여 명의 인명 피해가 발생하는 등 대홍수로 인해 극심한 피해가 집중적으로 나타났다. 지학순 주교는 즉각적으로 긴급구호 활동을 전개하여 식량과 의류, 천막 등 1천만 원에 상당하는 물품을 수해 지역에 보내는 한편, 대규모 수해복구사업의 필요성에 따라 세계 각국의 가톨릭 구호기와 지원을 호소하였다. 특히, 원주교구 지학순 주교는 수해 직후 직접 독일 가톨릭 주교회의 자선 기구인 미제레오를 방문하여 자금지원을 요청하였다. 1972년 9월경 미제레오 관계자 3명이 구호자금 지원 협의차 원주교구를 직접 방문하면서 지원 방안이 구체화되었다. 미제레오 관계자 3명은 수해 현장을 방문하여 그 참혹한 현장을 둘러본 후 대대적인 지원의 필요성에 공감하였으며, 원주교구 관계자들과 대규모 자금지원을 위한 구체적 협의를 진행하였다. 그 결과 서독 주교단의 주선으로 서독 정부가 240만 마르크와 국제 까리타스의 주선으로 유럽 까리타스가 51만 마르크, 모두 291만 마르크를 지원해 주기로 원칙적인 합의를 보게 되었다(김소남 2013: 68-69).

　이에 따라 지학순 주교는 1973년 1월 남한강 사업을 추진할 재해위災害委 중앙위원회와 집행위원회를 전문가 그룹 및 관계 행정기관과 협의 과정을 거쳐 구성하여 나갔다. 당시 재해위가 추진하였던 남한강 사업 중 전답 복구사업과 마을개발사업, 지역개발사업 등에 기반한 마을개발운동은 1956년 한국농업문제연구회에 기반해 '농업의 협업화'의 지향과 이념을 가진 김병태·이우재 교수가 이끄는 농업문제연구소와 1970년대 초 한국가톨릭농민회의 농민·농촌 문제에 대한 지향점이 일정하게 반영되어 실현된 것이었다. 마을개발사업이 전개되고 있던 관할 농촌 마을에서 빈곤한 농촌과 영세한 농민을 괴롭혔던 고리채 문제 해결을 우선 해결하기 위해, 재해위가 부락민 주도로 신협을 설립·운영하도록 지원하면서 이를 마을개발운동으로 연결하고자 하였다. 결국, 하향식으로 마을금고의 설치와 운영으로 이를 해결하고자 했던 정부는 실패하고 말았다.

농촌 신협의 경우 면 단위의 행정기관 및 농협 등과 '일면 긴장, 일면 협조' 관계를 통해 농협의 민주화를 추동해 나가고 있었을 뿐만 아니라, 몇몇 마을의 농민들이 신협의 설립·운영을 통해 새마을운동의 전개에 따라 형성된 마을 내 기존 권력 구조가 마을개발사업과 신협 운동의 전개에 따라 점차 농촌 신협의 임원들이 마을회의 여론을 주도하고, 대동계를 포함한 마을 내 각종 계의 흡수, 마을금고의 신협으로의 전환 등을 통해 마을의 주도권이 바뀌는 경험을 해나가고 있었다. 또한, 광산·농촌 지역에서의 소비조합의 설립·운영에 따라 마을 단위와 탄광 지부 단위에서 점차 면 단위와 도 단위인 지역협의체와 농소협·광소협 등으로 농민·광부들의 활동 범위가 넓어져 가고, 신협의 자립을 강화할 수 있는 중요한 계기가 되었다(김소남 2013: 228).

○ 80년대 이후 한살림 '생명 운동'의 전환과 협동조합론

　이 시기 원주그룹이 전개한 소비조합운동의 특징은 협동조합운동론에 입각한 서구적 소비조합운동에서 도농농산물 직거래라는 생명 사상에 기반한 한살림 운동으로 발전되어 갔다. 소비조합운동은 1844년 영국 로치데일 공정 선구자조합에서 기원하면서, 이후 오웬의 협동조합 공동체 운동을 통해 발전된다. 개별적으로 시장을 상대했을 때 약자일 수밖에 없는 평범한 소비자들이 시장을 상대로 필요한 생활용품을 더 좋은 조건으로 구매하기 위해 만든 협동조직을 통한 자치적 활동이다. 한살림 운동의 기틀은 1989년 10월 29일 '한살림 모임' 창립총회에서 발표한 한살림 선언에 기반하고 있다. '선언'은 한살림 운동의 이념과 실천 방향을 확립하기 위해 가진 공부 모임과 토론회에서 합의된 내용을 장일순, 박재일, 최혜성, 김지하가 정리하고 최혜성이 대표 집필한 것이다(모심과 살림연구 2011: 18; 이수현 2013: 34 재인용).

〈표 15〉 1970년대 재해위의 신협 자금지원 현황(단위: 원)

구분	교육별	지도자		회계		부녀자		청소년		기타		간담회		계	
농촌	1973	10	361	4	157									14	518
	1974	7	236	1	37					2	62			10	335
	1975	5	160	3	99							3	129	11	388
	1976	3	90	3	107	3	103			2	65			11	365
	1977	3	121	3	133	1	31			3	115	3	140	13	540
	1978	3	124	2	90	9	323			2	44	3	177	19	758
	1979			2	81	6	244	3	102	2	42	4	188	17	657
	계	31	1.092	18	704	19	701	3	102	9	266	15	696	95	3.561
광산	1973	3	66											3	66
	1974			1	43							1	43	2	86
	1975			1	45									1	45
	1976					1	44					1	31	2	75
	1977	2	90	1	22	1	38	·	·					4	150
	1978	2	52	2	48									4	100
	1979	1	20	2	77									3	97
	계	8	228	7	235	2	82					2	74	19	619
합 계		39	1.320	25	939	21	783	3	102	9	266	17	770	114	4.180

출처: 회사선교국 1991. 『부락별 사업지원 현황』; 김소남 2013 재인용

한살림 운동이라는 것은 큰 틀에서 이 시기 생협 운동의 하나로 분류되나 원주그룹이 체계화하였던 '생명의 세계관 확립과 협동적 생존의 확장'에 기반해서 전개한 '생명 운동'을 뜻한다. 한살림 운동이라는 것은 역사의 순서로 보면 원주소비조합, 한살림농산, 한살림공동체 소비자협동조합(이하 한살림 소비조합으로 약칭), 한살림 모임, 한살림 선언, (사)한살림 등으로 전개되었는데, 크게 생활협동운동과 생명문화운동이라는 두 개의 축으로 전개된 생명 운동이었다. 당시 생협 운동을 추진하였던 조직과 흐름이 현재의 (사)한살림으로 이어졌으며, 생명 문화 운동을 추진하였던 흐름이 한살림 모임을 결성하고 한살림 선언으로 나아갔다. 한살림 운동은 그 주요 활동 중의 하나로 생산자와 소비자가 함께 참여·연대하는 생명의 먹을거리 나눔 운동을 전개하는 것으로 나타나면서 (사)한살림이 도시 생협이라는 조직틀을 사용하지만, 1980년대 다양한 성격의 도시소비조합이 설립·운영되다가 도시 생협으로 전환된 소비조합 운동과는 그 이념과 활동에 있어 명확히 차이가 있다(김소현 2013: 336).

1980년대 전반 농촌을 중심으로 전개되던 소비조합운동은 유기농업운동과 결합하면서 도시생협운동의 길을 열었다. 당시 원주그룹은 붕괴하는 농촌의 현실 속에서 농업의 중요성과 순환성에 주목하였으며, 도시와 농촌 상생의 공동체 운동을 주창함으로써 이전의 마을개발운동과 협동조합운동에서 한 단계 발전적으로 나아가고자 하였다. 이 결과 1985년 6월 원주소비조합의 창립과 1986년 12월 한살림 농산의 출범, 1988년 4월 한살림소비조합의 창립과 활동으로 이어지는 한살림 운동의 전개로 나타났다. 기존의 소비조합운동이 유럽적 소비조합주의에 기반한 공산품의 파이프라인적 성격을 갖고서 농촌의 자립과 자활을 모색하는 공동체 운동이었던 것에 반해 한살림 운동은 생명 농업에 기초한 도농 상생의 공동체를 지향하고 있었다(한살림 협동조합 사이트 참조).

○ 지역 민주적 거버넌스로서 원주지역의 사회적경제 네트워크의 발전

원주는 1960~70년대부터 생명 사상을 기반으로 하여 주민 주도로 유기농업운동과 협동조합운동을 선도적으로 실천해 온 지역이다. [그림 20]에서 보는 것처럼, 1965년 마을 구판장 활동을 계기로 싹트기 시작한 소비조합운동은 1972년에 설립된 밝음신협의 물적 기반에 힘입어 여러 협동조합이 설립되었다. 2003년에는 이들 '협동조합 간의 협동'을 위한 협동조합운동협의회를 결성, 여기서 형성된 역량을 협동사회경제 네트워크를 통해 강화하고 풀뿌리 거버넌스를 추진하기에 이른다. 그렇지만 '협의회' 수준으로는 상호 간의 상업적 결속력이 약하고 규모도 작아서 협동사업을 하기에 어렵다. 그러던 중 2007년 사회적기업육성법 시행으로 사회적기업들이 설립되자 협동조합들은 이들과 함께 '새로운 사회적경제'로의 확장을 모색한 것이다. 마침내 2011년 6월에 국내에서는 보기 드물게, 지역 내 사회적경제 부분의 조직들이 협동조합을 중심으로 하여 연대조직체 형태의 '사회적경제 블록' 형성을 위한 협약을 체결하였다(최덕천 2011: 9).

[그림 20] 원주 사회적경제의 조직화 경과

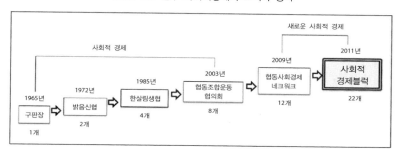

출처: 최덕천 2011. "사회적경제블록과 지역사회 협동농업"

협동조합운동이 다양한 결사체 간의 사회적경제 네트워크를 통해 지역의 거버넌스로 발전하고 있는 것은 지역 차원의 협동조합운동의 새로운 전망을 열어준다. 유기농업운동과 협동조합운동을 생산자가 동시에 추진한 곳은 충남 홍성과 원주지역이 대표적이라고 할 수 있다. 두 지역을 비교해 보면, 홍성과 달리 원주는 과거의 오랜 전통으로 인해 지역 순환 경제나 풀뿌리 거버넌스를 강조하는 모습을 볼 수 있다. 이 지역은 원주소비자생활협동조합의 기능과 비전을 지역 순환 경제로 제시하고 있다. 지역 순환농업 체계에서는 생산-가공-유통-소비의 전 과정이 순환과 협동의 끈으로 이어져 있다. 생산과 유통, 소비가 지역 차원에서 유기적으로 연결되고 있다. 그래서 생산자와 소비자 간 신뢰에 기반한 도농 간 협동의 중요성을 강조한다. 원주푸드협동조합과 같은 협동조직이 중심이 되어 앞으로 지역 유기농업의 생산-가공-유통-소비지원 구조의 사회적경제블록의 형성이 가능한 것이다. 원주푸드 운동은 농-협-학 컨소시엄에서 중요한 역할을 할 수 있다(최덕천 2014: 428).

원주지역은 1960~70년대부터 민주화운동, 생명 운동에서 유래된 민간주도의 유기농업운동과 협동조합운동이 시작되면서 여러 정치적 굴곡 속에도 지속적인 발전을 거듭해 왔다. 그런데 이러한 생명 운동과 민주화운동의 결합은 유기농산물 유통과 소비 부문에서의 사회적 순환, 수평적 협동 방향에 영향을 주면서 지역적·통합적 네트워크를 형성하고 있다는 점이다. 생산과 유통과 소비가 지역 차원에서 완성되면서 지역 거버넌스라는 시너지 효과를 발산하고 있다.

[그림 21] 원주지역 사회적경제 네트워크 형태

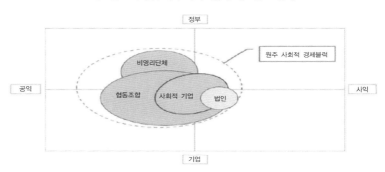

출처: 최덕천 2011. "사회적경제블럭과 지역사회 협동농업"

유기농업과 협동조합은 각자가 가진 이념과 원칙의 관점에서 볼 때, 상호 연관성이 매우 크다. 현재 원주지역의 유기농업과 협동조합 네트워크 참여 단체는 28개에 이른다. 여기에는 협동조합만 있는 것이 아니라, 사회적기업이나 마을기업도 함께한다. 특히 이러한 사회경제협의체(블록)가 지역 시민단체와의 연계와 소통을 통해 시민사회의 영역을 확장하고 주민의 자치를 촉진해 준다는 점이다. 그러나 기본적으로 이해관계자 간의 협동조합이고, 지역 외부시장

의존도가 높은 현실 상황을 타개해야 하는 과제를 안고 있다. 또한, 국가와 시장의 실패 영역에 대한 부담을 덜어내고 기능적으로 보완하기 위한 수단으로 거버넌스가 활용됨으로써 시장이 만들어내는 부작용과 정부의 책임성 문제를 지역과 개인의 문제로 전가할 가능성도 나타난다. 따라서 지역 차원에서 문제 해결의 실천적 기반과 역량을 강화하기 위해서는 민주주의 측면보다 적극적으로 시민사회 차원의 사회적 거버넌스의 역할을 모색할 필요가 있다. 지역 주민들이 자신들이 당면한 문제를 스스로 해결할 수 있는 지역 차원의 민주적 역량 형성에 초점을 맞춘 거버넌스가 필요하다는 것이다 (Adams and Hess 2001; Fung and Wright 2003; 정규호 2006: 11 재인용). 이것은 지역 차원의 사회적경제 네트워크를 통한 자립과 주민의 정치적 자치력의 확보가 동시에 진행되어야 함을 시사한다.

〈표 16〉 풀뿌리 거버넌스 모델의 특징

구분	관료적 모델	사회적 행동 모델	풀뿌리 거버넌스 모델
시민의 역할	· 정책의 수동적 수용자, 소비자로서 시민	· 설득 및 동원의 대상자로서 시민	· 참여, 학습, 협력을 통한 문제 해결자로서 시민
의사결정 방식	· 관료, 전문가, 정치인이 '결정'	· 시민(지역)사회 지도자, 전문가 등의 '제안', '주장'	· 공동체 구성원들의 자발적 '합의'
문제해결 방식	· 객관적이고 합리적인 문제해결 수단 탐색 · 정책 결정에 따른 자원할당 및 서비스 '공급' · 사실 파악, 정보 수집 및 분석, 기술적 지원	· 권력관계 및 제도의 변화, 문제점 개선 · 시민사회적 요구의 '대변', '대행', '전달' · 문제의 이슈화와 조직화, 설득과 자원동원	· 폭넓은 참여, 소통, 협의를 통한 인식의 전환 · 공동체적 필요에 대한 '반응' · 관계성 회복, 민주적 문제해결역량 강화

출처: 정규호 2006. 풀뿌리 사회경제 거버넌스의 의미와 역할

IV. 경기 중부·군포: 이원적 상호 연결형 자치 사례

1. 군포지역 시민사회 운동의 역사

1) 1990년대 소각장 반대 주민운동

○ 초보적 주권자 의식의 표출

안양, 군포, 의왕, 과천 4개 시로 이루어진 경기 중부지역의 시민 사회는 권역 차원의 소통과 연대는 물론 네트워킹을 통한 공동사업을 추진해 왔다. 그런데 군포시가 다른 곳보다 시민사회와 주민자치 조직 간의 네트워크 수준이 높을 뿐 아니라, 협치와 주민자치 진척의 속도가 빠르다고 평가된다. 아마 제일 큰 요인은 90년대 소각장 반대 주민투쟁의 결과라고 볼 수 있다. 90년대는 권위주의적 정권에 의해 중앙에서 내리꽂는 관선 단체장의 시대였다. 당시 지방자치나 주민자치라는 용어 자체를 몰랐던 주민들은, 무려 10년간 소각장 건설 반대를 외쳤다. 그들 많은 사람은 생업을 포기하였고, 구속 등 민·형사적 처벌을 받으면서까지 중앙 권력에 처절한 저항을 했다. 따라서 산본 소각장 투쟁이 남긴 주민자치의 역사와 지역

시민사회에 미친 영향을 파악하는 것은 의미가 있다.

1989년 정부의 주택 2백만 호 건설 계획에 따라 산본 신도시 개발이 추진됨과 동시에 90년에는 환경처에 의해 소각장 건설도 추진된다. 이에 발맞추어 군포시는 91년 11월 산본동 산 166번지를 소각장 부지로 선정하자마자 12월에 환경영향평가를 실시한 후 92년 12월 아파트 입주민이 없는 상태에서 주민 공람을 시행하고는, '주민 의견 없음'으로 절차를 종료한다. 주민 없는 상태에서 거짓 주민동의 절차를 진행한 것이었다. 따라서 입주를 시작한 이후에 이 사실을 알게 된 주민들은, 소각장 반대 대책위를 조직하여 93년 7월부터 첫 궐기대회를 시작으로 반대 운동을 본격화한다. 1993년 7월 6일 1차로 2,000명 주민궐기 대회를 시작으로 97년까지 총 30여 회를 열면서, 연인원 6만 명 이상이 시위에 참여하였다. 수년 동안 매월 수천 명의 주민이 시청 앞에 모여 집회가 가능했던 이유는, 집회의 주체가 주민 중심이었기 때문이었다. 군포시민의모임, 군포환경복지연대 등 몇 개의 시민단체가 대책위를 꾸렸지만, 소각장 운동은 아파트 단지 부녀회, 동대표가 중심이 되면서 장기간 싸움을 전개할수 있었다. 주민 중심의 운동에 시민단체가 포괄적으로 결합하는 군포의 시민사회 운동의 대중적 특징은 이때부터 시작되었다.

당시 정부도 주민들의 강력한 반발에 놀라 대화를 시도하였으나, 그것도 잠시에 불과하였다. 선 집단 민원 해결을 주장하던 이회창 총리가 사퇴한 후에, 정부의 방침이 '집단 민원에 밀리는 행정은 용납하지 않는다'라는 강경한 분위기로 바뀌자, 군포시 당국도 중앙의 지침에 따라 강경한 태도로 바뀌게 되었다. 중앙부처의 강경한 분위기는 당시 군포시장이 한 언론사와의 인터뷰에서, 군포시 소각장 건설에 대해 이른 시일 내에 부지를 선정하고 공사를 추진하라는 당시 환경처의 압력이 있었음을 시인한 데서도 확인할 수 있다(중앙공무원교육원 2016: 56). 당시 관계 중앙부처는 산본에서 주민에게 밀리게 되면, 쓰레기 소각정책에 따른 전국적 소각장 건설 추진에 악영향을 미칠 것을 우려하고 있었다. 이에 따라 1994년 5월 11일 국무총리실은 그린벨트 해제 동의안을 조건부로 승인하였고, 경기도지사는 경기도 지역 민주당 의원과의 간담회에서 소각장 설치를 재검토하겠다는 구두 약속을 번복하고 소각장 건설 강행 의지를 천명하였다. 이러한 정부의 강력한 의지는 군포시에 바로 영향을 미쳐 1994년 6월에 '소각장 결사반대 주민대표회의' 의장과 대표가 구속되는 상황으로까지 악화가 되었다(군포 쓰레기 소각장 건설 사례 2016. 중앙공무원교육원).

[그림 22] 군포 소각장 건설 진행 일지

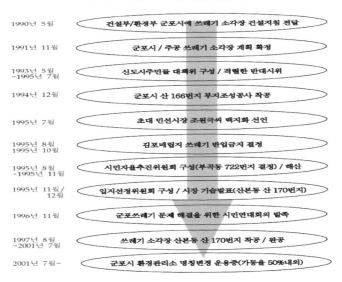

출처: 중앙공무원교육원 2016

❍ 처절한 저항을 통해 주권자와 권력의 관계를 실감한 시민

소각장 건설공사의 강행 분위기를 감지한 '군포시쓰레기소각장범시민비상대책위원회'와 부지의 인근 주민들은 1994년 10월부터 소각장 예정 부지인 산본동 산 166번지 입구에 컨테이너를 설치하고 공사 진행 저지를 시도한다. 정부의 강행과 주민의 저지라는 강렬한 충돌을 예고하고 있었다. 1994년 12월 5일로 예정된 착공식이 다가오자, 초조해진 군포시가 경찰력을 동원해 공사 예정 부지를 지키고 있던 주민들을 밀어내고 감시초소를 치우는 과정에서, 주민과 경찰 간에 몸싸움이 벌어졌다. 전경 부대가 방패를 들고 밀고 들어오자, 주민과 전경 간에 격렬한 충돌이 벌어진 것이다. 10여 명의 주민이 상처를 입을 정도로 전경들과 심한 격투가 벌어졌다. 마치 몇 년 전 민주화 과정에서 전경과 시위대의 격렬한 싸움이, 이제는 군포시 수리산 자락에 그대로 재현되는 듯했다. 경기도 조그만 지역의 수리산 자락에서 지배자에 저항해 시민의 자치와 주권을 찾으려는 제2의 민주화운동이 시작되고 있었다.

주민들의 육탄 저지가 의외로 강력하다는 것을 안 정권은, 일주일 뒤에는 민주화 시위 때 시위대를 무참히 진압했던 백골단 500여 명을 급파한다. 격렬한 몸싸움이 다시 벌어졌고, 주민 20여 명이 다치게 되었다. 투입되는 경찰이 점점 증가하면서 산본동 산 166번지 일대의 분위기는 마치 계엄령이 선포된 것처럼 살벌했다. 마침내 1994년 12월 5일 수천 명 경찰의 호위 아래 소각장 착공이 강행되었다. 정부는 '군포시쓰레기소각장범시민비상대책위원회' 지도부 3인에 대해 사전 구속영장을 발부하고 그중 일부는 구속하였다. 또한, 아파트 동대표 11인에 대한 수배와 공사장 진입로 주변 시위주민에 대한 강제 연행을 계속했다. 경찰은 주민들을 전경 차에 강제로 태우고는 먼 곳에 따로따로 떨어뜨리는 방법을 통해 주민들의 결집을 원천 차단하였다. 반면, 군포시는 '군포 소식'이라는 홍보지를 대대적으로 배포하면서 소각장 건설의 정당성을 강변했다. 물리력과 선전의 병행 전략이라는 권위주의 권력의 상습적 통치술이 여지없이 표출되었다. 그러고는 토지매입, 실시 설계 및 본공사 계약을 신속히 완료하고, 1995년 6월까지 75%의 부지 조성공사를 진행하였다. 이른바 무늬만 민간정부이고 권위적인 정부의 대주민 위압적 전략이 산본 소각장 투쟁에서 본격적인 선을 보였다(중앙공무원교육원 2016: 54-56 참조).

산본 주민들은 소각장 투쟁을 통해, 정부의 공권력이 정의와 공정에 어긋난다는 것을 깨닫기 시작하였다. 정부가 건설 자본과 결탁하여 전국을 소각장으로 도배하고 있다는 의혹은 주민들의 정치적 의식을 더욱 각성시켰다. 어느 정도 정치적 의식이 성장하자, 주민들은 평화로운 집회만으로 의사를 관철할 수 없다는 것을 깨닫고는, 이제 정부에 대한 비폭력 불복종운동을 전개하기 시작하였다. 자녀들에 대한 등교 거부 운동과 지방세 납부거부 운동은 불복종운동의 대표적이었다. 당시 이러한 운동은 보수언론에서도 기사화될 정도로 사회적 파장을 일으켰다.

[그림 23] 소각장 관련 등교 거부, 냄비 시위 관련 신문 기사

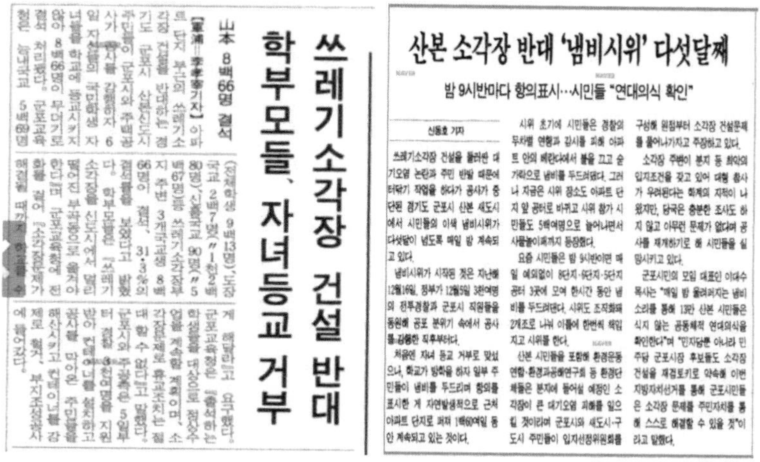

쓰레기소각장 건설 반대 학부모들、자녀등교 거부

山本 8백66명 결석

【軍浦=李孝奉기자】 아파트 단지 부근의 쓰레기소각장 건설을 반대하는 경기도 군포시 산본신도시 주민들이 군포시와 주택공사가 공사를 강행하자 6일 자녀들의 국민학생 자녀들을 학교에 등교시키지 않아 8백66명이 무더기로 결석 처리됐다。군포교육청은 능내국교 5백69명(전체학생 9백13명)、도장국교 2백7명(〃1천2백80명)、신흥국교 90명(〃5백67명)등 쓰레기소각장부지 주변 3개국교생 8백66명이 결석、31·3%의 결석률를 보였다고 밝혔다。 학부모들은 『쓰레기소각장을 신도시에서 멀리 떨어진 부곡동으로 옮겨야 한다』며 군포교육청에 전화를 걸어 『소각장문제가 해결될 때까지 학교를 쉬게 해달라』고 요구했다。군포교육청은 『출석하는 학생들을 대상으로 정상수업을 계속할 계획이며、소각장문제로 휴교조치는 절대 할수 없다』고 말했다。군포시와 주공측은 5일부터 경찰 3천여명을 지원받아 컨테이너를 설치하고 공사를 막아온 주민들을 해산시키고 컨테이너를 강제로 철거, 부지조성공사에 들어갔다。

산본 소각장 반대 '냄비시위' 다섯달째

밤 9시반마다 항의표시…시민들 "연대의식 확인"

신동호 기자

쓰레기소각장 건설을 둘러싼 대기오염 논란과 주민 반발 때문에 터닦기 작업을 하다가 공사가 중단된 경기도 군포시 산본 새도시에서 시민들의 이색 냄비시위가 다섯달이 넘도록 매일 밤 계속되고 있다.

냄비시위가 시작된 것은 지난해 12월16일, 정부가 12월5일 3천여명의 전투경찰과 군포시 직원들을 동원해 공포 분위기 속에서 공사를 강행한 직후부터다.

처음엔 자녀 등교 거부로 맞섰으나, 학교가 방학을 하자 일부 주민들이 냄비를 두드리며 항의를 표시한 게 자연발생적으로 근처 아파트 단지로 퍼져 1백60여일 동안 계속되고 있는 것이다.

시위 초기에 시민들은 경찰의 무차별 연행과 감시를 피해 아파트 안의 베란다에서 불을 끄고 숟가락으로 냄비를 두드렸댔다. 그러나 지금은 시위 장소도 아파트 단지 앞 공터로 바뀌고 시위 참가 시민들도 5백여명으로 늘어나면서 사물놀이패까지 등장했다.

요즘 시민들은 밤 9시반이면 매일 예외없이 8단지·6단지·5단지 공터 3곳에 모여 한시간 동안 냄비를 두드려댄다. 시위도 조직화돼 2개조로 나눠 이틀에 한번씩 책임지고 시위를 한다.

산본 시민들을 포함해 환경운동연합·환경과공해연구회 등 환경단체들은 분지에 들어설 예정인 소각장이 큰 대기오염 피해를 일으킬 것이라며 군포시와 새도시·구도시 주민들이 입지선정위원회를 구성해 원점부터 소각장 건설문제를 풀어나가자고 주장하고 있다.

소각장 주변이 분지 등 최악의 입지조건을 갖고 있어 대형 참사가 우려된다는 학계의 지적이 나왔지만, 당국은 충분한 조사도 하지 않고 아무런 문제가 없다며 공사를 재개하기로 해 시민들을 실망시키고 있다.

군포시민의 모임 대표인 이대수 목사는 "매일 밤 울려퍼지는 냄비소리를 통해 13만 산본 시민들은 식지 않는 공동체적 연대의식을 확인한다"며 "민자당뿐 아니라 민주당 군포시장 후보들도 소각장 건설을 재검토키로 약속해 이번 지방자치선거를 통해 군포시민들은 소각장 문제를 주민자치를 통해 스스로 해결할 수 있을 것"이라고 말했다.

출처: 조선일보 1994. 12. 7. 자; 한겨레신문 1995. 6. 3. 자

등교 거부 운동은 여론의 반향을 일으켰다. 주민들은 소각장 강행에 항의하면서 아이들의 등교를 거부하였다. 당시 군포 교육청은 능내 국교 5백69명(전체 학생 9백13명), 도장 국교 2백7명(〃1천2백80명), 신흥국교 90명(〃5백67명) 등 쓰레기 소각장 부지 주변 3개 국교생 8백66명이 결석, 31.3%의 결석률을 보였다고 밝혔다. 학부모들은 '쓰레기 소각장을 신도시에서 멀리 떨어진 부곡동으로 옮겨야 한다'라며 군포 교육청에 전화를 걸어 소각장 문제가 해결될 때까지 학교를 쉬게 해달라고 요구했다. 그러자 아무 독자성도 없는 군포 교육청은 소각장 문제로 휴교 조치는 절대 할 수 없다고 선언했다(조선일보 1944. 12. 7.).

이에 주민은 가능한 모든 불복종 항의를 표시하기 위해 다양한 방식의 행동을 보였다. 12월 14일을 시작으로 주민들은 매일 야간

에 냄비를 두드리는 이른바 '냄비 시위'를 실시하였다. 매일 저녁이 되면 소각장 반대 깃발이 꽂혀 있는 아파트 베란다에 나온 주민들은 냄비를 두드리고 권력에 대한 저항의 의사를 표시했다. 또한, 지방세 납부 거부 운동, 군포시 담배 안 사기 운동, 시청에 항의 전화 걸기, 주민운동에 대한 왜곡 보도를 한 언론 구독 해지 운동, 소각장 응찰기업에 대한 불매운동 등 주민들은 다양한 항의 전략을 사용하게 된다. 주민들에게는 중앙 권력에 끈질긴 저항을 통해 연대의 정신을 체험하고, 중앙 지배 권력의 반시민적 행태를 이해하는 계기가 되었다.

○ 정치적 민주화에서 지역과 주민 민주화로

무려 10년 동안 부녀회, 동대표를 중심으로 막강한 경찰력과 싸운 소각장 운동은, 87년 직선제 쟁취라는 민주화운동이, 이제는 주민자치라는 제2의 민주화로 확산하는 신호탄이었다. 산본 소각장의 강고한 투쟁의 소식이 전해지자, 소각장으로 몸살을 앓던 다른 지역의 주민들은 서로 연대하기 시작하였다. 소각장을 계기로 민주화 이후의 민주주의가 지역에서 다른 모습으로 시작하고 있었다. 90년대 초반부터 목동 상계동을 중심으로 소각장 증설 및 건설이 추진되면서, 각 지역의 인근 주민들의 적극적인 반대 운동이 시작되었다. 이러한 운동은 부천 중동, 군포 산본, 고양 일산, 안양 평촌 등 수도권 5개 신도시의 소각장 건설 추진과 맞물려 더욱 증폭되었으며, 급기야는 93년 8월 서울 탑골공원에서 소각장 설치지역 주민들의 전국적인 연합집회로 이어졌다.

그 후 전국적인 소각장 설치반대 주민대책위가 결성되었다. 주민들의 자발적인 반대 운동이 소각장 건설 저지라는 공동의 목표를 위해 전국적 연대 활동으로 확대되었다. 환경과공해연구회 등 중앙 환경운동 단체가 관심을 두기 시작하면서, 주민운동 성격의 소각장 운동에 전문성이 결합한 연대 운동으로 진화하였다. 그러나 정부와 자치단체의 탄압으로 양천구 목동, 노원구 상계동, 부천 중동, 군포 소각장 대책위 지도부의 구속과 수배를 포함해 일반 주민들은 큰 손해를 입었다. 그러나 개별 지역의 자체 싸움에 집중할 수밖에 없었기 때문에 지속적이고 안정적인 연대 활동으로 나아가지 못하는 한계를 보였다. 이런 상황에서 산본소각장반대대책위의 끈질긴 투쟁과 완강한 저항은 전국적 소각장 연대 활동에 자신감을 불어넣었고 더 강력한 주민연대로 발전하는 계기를 만들었다(이대수 1999: 65).

95년 말부터는 소각장 설치 추진 지역인 서울의 목동, 상계동, 강동구 등 주민대책위와 활동을 하고 있던 단체들과 연대 결사체가 모색되었다. 서울의 강동, 목동, 상계, 일원동, 경기도의 군포, 고양 등의 주민대책위와 지역 환경단체, 환경운동연합, 배달환경연합, 환경과 공해연구회, 경실련 환경개발센터, 여성민우회 등의 중앙 환경단체가 모여, 1996년 1월 '수도권쓰레기문제해결을위한시민연대회의'를 창립하게 된다(이대수 1999: 62). 군포 소각장 주민들의 장기간의 강고한 투쟁은 다른 지역의 주민들에게 용기와 의지를 심어주면서, 전국적으로 소각장 투쟁의 열기가 확산하는 계기가 되었다. 소각장 주민들은 연대를 통해 권위적인 행정 권력에 대한 저항의 물결을 일으켰다. 시민단체나 운동 결사체 차원이 아니라, 지역적 사안에 대한 주민연대 방식을 통해 중앙 권력에 저항한 것은 한국의 지역 운동사에서 소각장 시민연대회의가 최초였다. 이제 주민들은 연대를 통해 자치를 요구하며 지역과 국가의 주권자로서 시민의 목소리를 내기 시작하였다.

O 국회의원 주민소환 운동

98년에 들어서 정부가 물리력을 동원하여 소각장 건설을 강행하자, 소각장 시민연대회의는 10여 개 지역으로 연대의 범위를 넓히면서, 명칭을 '쓰레기문제해결을위한시민연대회의'로 변경한다. 시민연대회의는 쓰레기 소각장 반대 운동은 님비가 아니라, 정부의 잘못된 쓰레기 정책에 대한 주민의 정당한 요구라는 입장을 분명히 밝히었다. 즉, 대량생산, 대량소비로부터 발생하는 무한한 쓰레기의 처리는 소각 위주가 아니라, 감량과 재활용 정책이 우선되어야 한다는 것이었다. 군포의 시민연대회에서도 건설 중인 소각로 200t 용량을 100t으로 줄일 것을 요구하면서, 자발적으로 쓰레기 분리수거 및 음식물 사료화 운동을 추진하겠다고 발표했다(군포신문 1998년 5월 23일 자). 그러면서 1996년 유선호 국회의원에게 총선 공약인 '소각장 건설 재검토와 쓰레기 정책 전환'을 지키지 않은 점에 대한 정치적 책임을 요구하였다.

이에 2000년 총선을 앞두고 시민연대는 유선호 국회의원에 대한 소환 운동을 전개할 것을 결정하였다. 법적으로는 불가능한 것이었지만, 주민들은 국회의원 주민소환 운동을 통해 선거가 아니더라도, 정치인에게 책임을 요구할 수 있다는 것을 알게 되었다. 주민들은 시민연대에서 만든 '소각장 공약을 위반한 유선호 의원은 사퇴하라'라는 스티커를 자신의 차량에 부착하고 출퇴근을 했다. 부녀회에서 스티커를 아파트 승강기에 일제히 붙이자, 그 파급 효과는 상당했다. 유선호 의원은 직접 시민연대회의에 전화를 걸어와, 법적 조치를 하겠다고 으름장을 놓았지만, 시민연대에서는 굴하지 않고 스티커 부착 운동을 계속하였다. 주민소환운동은 바로 다음 해 총선에서 유선호 현역 의원이 한나라당 김부겸 후보한테 지는 결정적 계기가 되었다.[39] 비록 법적으론 안 되는 문제지만, 국회의원의 위선 행위에 대한 조직적 비판 활동을 통해, 산본 주민들은 모든 여론조사에서 압도적으로 유리하다는 현역 의원을 낙선시키면서 주권자의 위상을 한껏 높였다.

생소한 국회의원 소환이라는 운동 과정을 통해, 주민들은 여론조사에서 유리한 국회의원을 낙선시킴으로써, 주권자인 시민이 정치인에게 책임을 물을 수 있다는 것을 배웠다. 당시만 해도 현직 국회의원에 대한 주민소환 운동은 사상 초유의 사건이었다. 국회의원 소환운동을 통해, 주민들은 자신들이 협동과 연대하면 정치인들에게 책임을 물을 수 있다는 것을 인식하면서 권력의 주체로서 시민의 힘을 느끼기 시작하였다.

---

39) 2000년 총선 당시 한나라당 후보로 출마했던 김부겸은, 민주당 현역 의원으로 여론조사에서 계속 이기고 있었던 유선호를 260표 차로 이긴다. 제정구 의원 이래로 민주당 강세 지역인 군포에서 김부겸이 현역 의원을 이긴 이유는, 한나라당이지만 순전히 김부겸 개인적 이미지에 의한 것이라는 평가는 잘못된 것이다. 그것도 일부 영향을 준 것은 사실이지만, 시민연대회가 참여한 수십 개 단지의 부녀회, 동대표에서 아파트 단지 승강기마다 붙인 '소각장 공약 위반한 유선호 사퇴하라' 스티커 부착 등 선거 몇 개월을 앞두고 전격 추진된 유선호 소환 운동이 가장 큰 영향을 미쳤다고 보는 것이 정확하다. 당시 김부겸이 260표 차로 이긴 선거에서 10개 동의 개표 결과를 보면, 소각장 투쟁의 중심부인 수리동과 궁내동에서 많은 표 차로 이긴 것이 결정적이다. 수리동은 김부겸 5,166표, 유선호 3,938표로 차이가 1,228표이고 궁내동은 김부겸 5,523표, 유선호 4,936표로 차이가 587표로 두 동에서 합치면 1,815표를 이기는 바람에, 대부분의 다른 동에서는 졌음에도 불구하고 260표 차로 신승한다. 소각장 운동의 여파로 지금의 김부겸이 탄생한 것이다.

O 소각장 투쟁의 산물 주민자치 결사체

[그림 24] 군포환경자치시민회 창립대회

환경자치시민회 창립대회 후 기념사진: 앞줄 좌측부터 대한광복회 회장을 지내셨던 남만우 회장, 리영희 교수, 곽도 교수, 이우정 교수, 이종만 교수, 뒷줄은 주민들이다.

출처: 군포시민신문 1997. 12. 1. 자 사진

소각장 반대 운동이 쓰레기 감량 재활용 운동이라는 자치 운동으로의 전환에 대한 요구는 자발적 결사체에 대한 필요성으로 제기된다. 소각장 투쟁을 통해 '환경'과 '자치'에 눈을 뜬 주민들은, 두 개의 개념을 결합해 '환경자치시민회'라는 단체를 만든다. 96년 10월 산본동 산 170번지에 대한 환경영향평가가 진행되는 도중에, 군포지역사회연구회(이후 환경자치시민회로 합류)와 군포시민신문이 공동으로 수리산 생태 기행을 주최한다. 몇 차례의 생태 기행으로 결사체의 필요성에 대한 의견이 모이자, 96년 12월부터 소각장 활동가, 대학교수를 중심으로 준비 모임이 시작되었고, 97년 11월에는 환경자치시민회가 정식 창립하게 된다. 이러한 과정에서 특히 지역

신문이 큰 역할을 하였다. 95년 5월 창간된 시민 주주제인 군포시민신문40)은 주민의 편에서 소각장 반대 운동의 정당성을 확보하는 데 크게 기여했을 뿐 아니라, 행정에 대한 감시와 견제를 통해 주민자치와 풀뿌리민주주의의 발전에도 이바지하였다(이대수 2005, 군포환경자치시민회 창립과 연대 활동 글 중에서).

자발적 결사체에는 수년 동안 생업을 포기하고 소각장 운동에 매진했던 일반 주민들이 대거 참여하였다. 그러면서 소각장 투쟁의 중심 부분인 수리동 8단지에 거주하면서 주민들과 함께하면서 참여하였던 리영희, 김수행 선생 같은 지역 인사와 주민과 함께 소각장 투쟁에 선도적이었던 이대수, 송재영 활동가들은 이 단체의 결성을 주도했다.41) 환경자치시민회는 환경 보전과 주민자치, 수리산 지키기, 아름다운 생활공동체를 만드는 것을 활동의 목표로 출범하였다. 회원으로는 주부, 청소년, 학계, 교육계, 의료계, 종교계, 전문직 종사자, 자영업자, 노동자, 농민 등 각계각층의 다양한 계층의 참여를 표방하였다. 96년부터는 군포지역 연구모임이었던 군포지역사회연구회도 환경자치시민회의 일부로 참여하면서 시민 중심의 자치적 결사체가 출발한다(이대수 1999: 60).

---

40) 군포시민신문은 산본 소각장 투쟁이 한창이던 때, 소각장 투쟁 소식을 시민들에게 알려야 할 필요에서 시민 주주 형식으로 출자금을 모아 1995년 창간 이후, 지역의 환경과 주민자치에 대한 소식과 시민의 목소리를 담아내는 정론지로서 필요성이 커지면서 군포의 자치적 지역신문으로서 역할을 해 왔다. 중간에 잠시 폐간된 적은 있으나, 2014년 재창간하여 현재 고군분투하며 활발하게 지역 언론의 길을 개척하고 있다.

41) 환경자치시민회 총회에서 리영희, 이우정, 김수행, 차관영 등은 고문으로, 공동대표로 이대수, 이금순(수리동 가야 5단지 동대표)이, 집행위원장으로 송재영이 선출된다. 송재영은 이후 환경자치시민회 지지 후보로 시의원에 당선된 후, 소각장 시민연대의 집행위원장과 쓰레기시민연대 대표로서 당시 의정 활동을 하면서도 동시에 시민사회의 확장이라는 두 가지 역할을 병행한다.

O 저항운동이 자치운동으로 전환

당시 관선 시장 시대의 지방은 중앙정부의 꼭두각시에 불과하였다. 당시 전국적으로 일어났던 소각장 연대투쟁은, 그동안 권위적이었던 중앙 권력과 이에 종속적인 지방자치단체에 대한 주민적 저항운동의 성격을 띠었다. 장기간의 완고한 주민 대중투쟁의 결과 소각장 건설을 백지화한 것은 아니지만, 시민들은 지역적 연대를 통해 시민이 참여한 소각장을 자치적으로 운영하는 주민지원협의체 구성을 관철했다. 소각 폐기물에 대한 주민 통제 절차에 관한 조항을 삽입한 개정안 폐촉법을 국회에서 통과시켰다. 무엇보다도 정부와의 장기간의 격렬한 투쟁을 통해 시민의 정치적 의식과 주민자치에 대한 열망이 강화된 것이 큰 성과였다. 지역의 문제는 지역 주민이 스스로 결정해야 한다는 자치 의식이 형성되는 계기가 되었다. 더 나아가 주민들은 직접 쓰레기 감량, 재활용 운동을 통해 쓰

[그림 25] 군포시 수거 폐기물처리 방식 추이

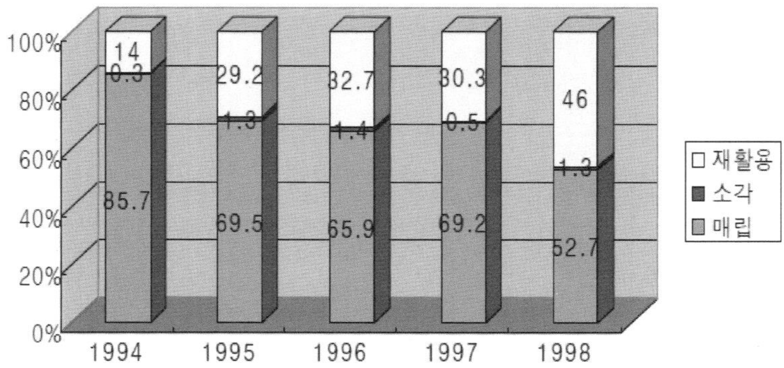

출처: 중앙공무원교육원 2016

레기 소각의 문제를 해결하려고 하였다(중앙공무원교육원 2016: 114). 저항 의식이 자치 의식으로의 질적 전환이 시작되었다.

따라서 소각장 투쟁을 통해 각성된 주민들을 중심으로, 자생적 결사체인 환경자치시민회에서 소각장의 문제 해결의 대안으로서 '쓰레기 제로화 운동'을 전개하였다. 주민들은 오랜 소각장 투쟁을 통해, 발생자인 시민이 쓰레기를 발생하지 않으면 소각장이 필요 없게 될 수 있다고 생각하기 시작했다. 따라서 97년 4월 환경자치시민회 내에 '수리 살림' 모임을 중심으로 쓰레기 감량 재활용 운동을 시작한다. 첫 사업으로 아파트 단지의 음식물 찌꺼기를 농장으로 보내서 오리 사료로 재활용하는 사업을 추진한다. 소각 시 다이옥신[42]을 많이 발생시키는 젖은 음식물 쓰레기에 대한 재활용사업이었다. 그들은 몇 달간의 교육과 홍보 및 설문조사 등의 준비 기간을 가지기도 했다. 을지아파트, 설악아파트의 2개 단지 3천 세대의 가구당 월 1천 원씩 수거비용을 부녀회에서 부담했다. 나중엔 8개 아파트 단지 7천 세대로 참여가 확대되었다. 주민의 자발적인 노력을 통해 쓰레기 실명제서부터 시작해서 분리수거 등 감량 재활용 운동이 전개되었다. 지금은 쓰레기 분리수거나 재활용 정책이 전국적으로 당연시 시행되고 있지만, 당시만 해도 쓰레기 재활용과 분리수거에 관심을 두는 사람은 거의 없었다. 행정에서는 쓰레기는 태우면 간단한데, 주민들이 쓸데없는 짓을 한다고 생각하였다. 수십 년 전 산본의 부녀회에서 자치적으로 처음 시작된 이 운동이 오

---

42) 1976년 이탈리아의 밀라노 북쪽 스베토 마을 근처의 2, 4, 5-트라이클로로페놀 생산 공장의 반응기가 과열되어 화학물질이 배출되면서 마을과 근처를 오염시켰다. 2, 4, 5-트라이클로로페놀은 제초제 2, 4, 5-T와 항박테리아제 헥사클로로펜의 원료이다. 이 배출물에는 다이옥신이 함유되어 있었다. 오염 지역은 18㎢고 배출물은 약 6t이며 이 중 고온 반응 부산물인 다이옥신이 1㎏ 정도 포함되었다. 수일 내 마을과 농장에서 약 3,300마리의 가금류와 토끼가 폐사하였다. 음식물 쓰레기 등 젖은 쓰레기를 소각할 시에도 배출된다고 알려져 있다.

늘날 쓰레기 감량 재활용 분리수거 운동에 큰 영향을 미쳤다(이대수 1999: 55 참조).

결국, 98년 3월부터 아파트 부녀회가 직접 오리농장 측과 계약을 체결하고는 수거한 음식물 쓰레기를 거기로 보내기 시작하였다. 이 과정에는 아파트 부녀회가 주축이 되어 주민 서명을 받으면, 입주자대표회의에서 관리비에 수거료를 부담하는 방식으로 진행되었다. 음식물 찌꺼기 재활용사업은 96년 12월부터 추진되었으나, 지지부진하다가 환경자치시민회가 출범하면서 새로운 힘을 얻게 된다. 환경자치시민회 소속 부녀회인 6단지 을지아파트와 8단지 설악아파트에서는 비닐 봉투 대신 장바구니 들기 운동을 시작하였다. 1999년부터는 캠페인과 길거리 서명을 통해 시민운동으로 확산하였으며, 유통업체와의 간담회를 통해 일부 유통업체가 참여하는 성과를 얻기도 하였다. 수리 살림은 음식물 찌꺼기 사료화를 확대하면서 참여 아파트 부녀회를 주축으로 '군포시 음식물 찌꺼기 재활용 시민협의회'를 조직하여 회칙을 제정하고 사료화 사업 운영 전반을 공개하고 재정을 자율 관리하면서 주민 스스로 음식물 재활용사업을 진행했다.[43] 주민들은 시민후보로 당선된 송재영 시의원의 발의를 통해서 폐기물관리시민위원회 조례를 제정토록 함으로써, 자치적으로 운영하는 폐기물처리 공적 기구를 만들었다. 그러고는 주민들은 군포시에서 발생하는 쓰레기의 전체 양을 관리하고 소각장의 쓰레기 처리를 감시하였다. 자발적인 이러한 운동을 통해 주민들은

---

43) 소각장 투쟁을 경험한 아파트 부녀회에서는 소각장 건설을 근본적으로 막는 길은, 가정에서 마구 버리는 쓰레기를 주민이 자체적으로 제로화해야 한다고 판단하고, 환경자치시민회 소속 부녀회인 을지아파트, 설악아파트에서 먼저 쓰레기 분리수거, 실명제, 음식물 쓰레기 사료화를 위해 오리농장과 직접 계약하고 오리농장에서 음식물 수거비용으로 가구당 1천 원씩 부담함으로써, 군포시가 폐기물 감량, 재활용 정책에 적극적으로 나서도록 압박을 가했다.

단지마다 음식물 쓰레기통을 배포하고 폐기물 감량 재활용 체계를 구축하도록 군포시에 압박을 가했고 성과를 이루어냈다.

쓰레기 문제에 대한 주민자치 운동의 결과 군포시는 음식물 쓰레기, 일회용품 재활용 사업에 선도적인 모습을 보였다. 행정 권력의 강력한 물리력에 봉착한 주민들에게, 권력에 좌절하지 말고 시민자치적 행위를 통해 스스로의 삶과 미래를 창조해야 한다는 자치민주주의 의식이 꿈틀거렸다. 이러한 자치 의식은 주민에게 자신의 삶과 세상의 공동체를 연결하는 폭넓은 연대적 시야를 제공하였다. 이젠 단지 소각장 문제를 떠나 스스로 환경, 사회문제에 개입하고 시민의 영향력을 높여야 좋은 사회를 만들 수 있다는 자치 의식이 형성되었다. 그렇게 하기 위해서는 전문적인 결사체가 필요하다는 의견이 자연스럽게 모였다. 이렇게 환경자치시민회 결사체는 당시 소각장 운동의 성과인 시민 자치력에 대한 지역적 요구와 쓰레기 문제 해결이라는 주민자치의 필요성에 의해, 주민의 자발적 의지 형성으로 만들어진다.

환경자치시민회는 2000년에 들어와서는 수리산 자연학교, 군포 생협(이후 아이쿱 생협으로 발전), 시민 정책센터, 환경자치학교, 주민자치 모임, 회보편집팀을 운영했다. 시민단체로서 활동하면서도 기초의원 2명과 도의원 1명을 배출하는 등, 이 결사체는 시민운동과 정치 운동의 결합을 통한 시민 정치의 추구가 특징이다. 이후 군포에는 시민의모임, 여성민우회, YMCA, 탁틴내일 등과 아이쿱, 한살림 같은 생협 운동이 성장하면서 바야흐로 군포 시민운동은 시민성과 대중성을 띤다(군포환경자치시민회 홈페이지 참조). 특히

2000년대 이후에는 시민단체와 민주노동당은 군포의 주요 현안에 대한 지속적인 연대 활동으로 지역의 범시민 활동을 주도해 나간다. 이러한 범시민적 운동은 생활 정치를 통해 주민으로부터 호응을 얻은 민주노동당 군포지구당이 제안한 의제에 시민단체들이 적극적으로 호응하면서 성사된 것이다.

소각장 투쟁을 경험한 시민단체와 진보정당은 무상급식 조례제정 주민발의 운동에서 시작하여, 낭비성예산 시민감시운동, 수리산 관통터널저지, 부곡화물터미널확장반대 등의 범시민적 운동의 중심에서 시민사회의 영역을 확장하고 자치와 참여라는 진보적 의제를 주도해 나갔다. 당시 노동자 밀집 지역도 아닌 수도권 지역에서 민주노동당과 시민단체가 공동으로 폭넓게 시민과 함께 연대하는 모습은 매우 이례적이고 신선한 것이었다. 이러한 연대의 경험은 시민사회의 역할과 영역의 확장으로 연결되었고 상호 신뢰와 연대적 네트워크라는 사회적 자본의 형성을 도왔다. 당시 범시민적 시민사회 네트워크의 경험(개혁적 정당들과 제 사회단체의 연합)은 지금도 군포시 시민사회가 시민 주도의 자치성에 기반하면서도, 법적 제도권과 원활한 협치를 가능케 하는 역사적 경험으로 작용한다.

이처럼 군포에서 소각장 운동은 80년대 한국의 정치 민주화가 90년대에는 지역 민주화로 확산하는 주민운동의 신호탄으로서 정치적 의미가 있다. 개인적으로 나약한 주민들이 강압적인 거대한 중앙행정에 맞서는 방법은 오직 협동과 연대라는 공동체 의식이었다. 협동과 연대는 그 자체를 통해 인간을 변화시키고 시민이 주권자로서 자신의 존재를 인식하게 한다. 그러면서 주민들은 불의에 대한 저항에 그치지 않고, 대안을 제시하는 진짜 주권자의 모습을 보여주었다. 주민들이 생각하기에 정부의 소각 중심의 쓰레기 정책은 틀린 것이었다. 따라서 그들은 소각이 아니라, 감량과 재활용이 중심이 되는 쓰레기 대안 운동을 추진했다. 이것은 자본주의의 대량 소비체제를 이해하는 계기가 되었다. 자본주의 소비구조에서 무한정 발생하는 쓰레기 문제는 생활 세계의 문제이면서 동시에 정치·경제적인 문제였다. 그래서 아파트 부녀회에서는 오리농장과 계약을 맺고, 오리농장에서 오리의 먹이로 음식물 쓰레기를 가져가게끔 함으로써, 소각 때 다이옥신을 가장 많이 발생시키는 젖은 음식물 쓰레기를 처리했다.

따라서 군포 소각장 운동 10년 역사가 가지는 의미는, 단지 소각장 싸움의 결과를 떠나, 이 운동이 한국 민주주의와 자치 운동에 어떠한 영향을 주었고 군포의 시민사회에 어떠한 변화를 초래했는지를 분석하는 것이다. 당시 지역 문제에 대한 정치적 의사결정 구조는 기본적으로 갈등적이었다. 개발독재나 반민중적 개발정책을 추진하는 국가권력과 피해를 당한 지역 주민의 대결이 기본 구도였고, 법치에서 폭력성까지 내재되어 있었다(진필수 2019: 301). 87년 시민항쟁을 공유하고 있던 산본의 주민들은 국가의 폭력성에 맞서게 되자, 민주화 이후의 시민으로서 권력에 단호하게 저항하였다. 따라서 소각장 투쟁은 정치적 민주화 투쟁이 주민과 국가 폭력 간의 대결로 전환되는 제2의 민주화운동의 성격을 가졌다. 주민들은 중앙정부의 강압성을 보면서, 단체장 자치에 불과한 지방자치를 뛰어넘어 진정한 주민자치의 필요성을 깨달았다. 막강한 국가 폭력에 대항하여 시민의 권리를 지키기 위해서는, 이웃과 이웃, 지역과 지역 간의 연대와 협동을 통해 힘을 모으고 결사체를 중심으로 실천하는 길뿐이라는 것도 알게 되었다. 그들은 국가의 강압적 소각정책을 거부하고 감량, 재활용이라는 대안 운동을 통해 자치적 시민으로서 위상을 높여나갔다. 자치와 지역공동체가 민주주의의 뿌리임을 느끼면서, 참여하고 행동하는 진짜 시민의 상을 만들기 위해 자발적으로 결사체를 조직하고 능동적인 시민으로 활동하기 시작한 것이다.

10년 투쟁 과정을 통해 시민들은 서로 신뢰하게 되었고, 산본신도시 주민이라는 정체성이 형성되었다. 원자화된 개인으론 권력에 대항할 수 없다는 것을 깨닫고는 결사체를 구성하고 규범을 만들었다. 자발적으로 만들어진 결사체는 네트워크와 연대를 통해 서로의 힘을 극대화하는 방법을 터득했다. 주민들이 발기인으로 참여해 만든 지역신문(군포시민신문)은 소통의 공간이면서 사람들의 삶과 의지를 결집하는 공론장이었다. 사람들은 지역신문을 통해 이웃과 소통하고 교류하면서 친밀성과 유대감이 높아갈수록 시민의 힘은 강화되어, 진정한 주권자인 시민이 되는 법을 배우게 되었다. 사람만 존재했지 시민사회가 부재했던 군포시에 산본 소각장을 계기로 시민의모임, 환경자치시민회, 환경운동연합, 환경복지연대 등 많은 NGO 결사체들과 지역신문이 생겼다. 사회적 자본의 형성으로 역동적인 초기의 시민사회가 형성되기 시작한 것이다. 특히 소각장운동은 부녀회, 동대표가 중심이 되고, 시민단체의 연대적 결합 방식은, 군포의 시민사회는 처음부터 주민과 시민단체가 친밀하게 결합하는 경험을 공유했다. 주민이 주도하고 시민단체가 협동·지원하는 소각장운동의 기풍은, 종종 발생하는 시민단체들끼리의 주도권 다툼을 통제할 수 있는 시민사회 내부의 자정력 형성에 도움이 되었다. 그래서 이후 군포의 시민사회에서는 결사체들의 공동 대응 사안이 발생할 때마다, 주민결사체가 중심에 서고 시민단체는 함께 연대하는 상호 협동의 범시민적 운동의 전통이 형성되었다.

2) 부곡 화물터미널 확장 반대: 소각장 이후 광범위한 시민사회 형성

건설교통부는 2003년 '터미널 확장공사 민간투자사업 제안서'에 대해 심의를 벌인 끝에, 그해 8월 28일 한국복합물류(주)를 우선협상대상자로 지정했다. 2004년 건설교통부와 한국복합물류(주)는 군포시 부곡동 산39번지 일원에 추진되는 복합 화물터미널 확장계획을 발표하였다. 이미 11만 5천여 평의 화물터미널을 운영하던 한국복합물류(주)가, 그린벨트 지역인 부곡동 산39번지 일원 16만여 평을 터미널 부지로 추가 확장한다는 계획이었다. 그러자 당장 해당 부지의 소유자와 시민단체들이 강력히 반대하고 나섰다. 군포경실련은 9월 14일 성명을 발표하고 '터미널 확장사업의 일방적인 강행을 즉각 중단하라'라는 성명을 발표한다. 환경자치시민회, YMCA, 여성민우회, 경실련 등 8개 시민단체로 구성된 군포시민단체협의회는 바로 시 당국, 시의회, 주민대책위가 참여하는 3자 간담회를 추진하였다. 해당 부지의 80여 세대 소유주들은(5개 종친회 포함) 긴급 모임을 하고 '부곡동 복합화물터미널 주민대책위'(위원장 곽윤열)를 결성했다. 특히 대책위는 해당 토지의 관외 소유자까지 포함한 전원이 '군포시의 쾌적한 주거환경을 보존하기 위해서는 확장공사 부지를 절대로 매각해서는 안 된다'는 데 뜻을 같이하고 토지보

상금의 개별수령을 하지 않기로 결의했다(군포신문 253호 2005년 2월 24일 자).

군포경실련, 환경자치시민회 등 주민대책위는 지난 10월 7일 간담회를 하고 ▲ 교통체증, 대기오염, 소음 등 공해만 유발하는 터미널 확장공사는 반대한다 ▲ 군포시의 그린벨트를 보전한다 ▲ 더 나아가 기존의 화물터미널도 평택항으로 이전할 것을 요구한다 등의 원칙에 따라 '범시민 서명운동과 청와대를 비롯한 각급 기관에 진정서를 접수할 것'을 결정했다. 아울러 주민대책위는 14일 이러한 주장을 담은 성명을 발표하고 "지역사회의 의사를 완전히 배제한 채 확장을 강행한다면 결과적으로 시민의 삶의 질을 저하하는 결과를 초래할 것"이라며 결사반대 의지를 표명했다. 현대의 화물터미널을 줄이기는커녕, 추가로 더 확장한다는 정부의 발표는, 지역을 무시하는 중앙의 일방행정이었다. 그린벨트 훼손에 따른 녹지공간 축소와 교통량 증가, 친환경적 도시발전의 장애물이라고 느낀 시민들은 복합 화물터미널 확장반대 운동에 적극적으로 나서게 된다.

2005년에는 시청 대회의실에서 기존에 있는 주민대책위에 시민단체, 관변단체, 시 집행부, 시의회가 전부 결합하여, 화물터미널 확장 반대를 위한 범시민대책위원회 출범식이 열렸다. 중앙정부와 지자체가 한통속이었던 소각장 때와는 달리, 이번에는 시, 시의회, 관내 모든 사회단체(관변단체, 시민단체), 종교단체 등 67개의 모든 결사체가 단합하였다. 민과 관이 중앙 권력에 대항해 공동 전선을 형성한 획기적 사건이었다. 시청 대회의실에 모인 범대위 관련 인사들과 일반 시민들은 화물터미널 확장 저지와 범대위의 활동 방향 등을 결의했다. 이들은 출범의 의미를 범민주적 운동, 권위주의적 행정행위에 대한 시민 주체의 저항운동, 풀뿌리민주주의의 토대를 구축하는 운동, 환경과 생태 문제에 대한 중요성을 체득하고 실현하는 미래지향적인 자치적 주민운동이라고 밝혔다. 이때 성명서에서는 "시민 주체의 저항운동", "풀뿌리민주주의 토대"라는 용어가 나올 정도로 당시 군포 시민사회의 방향성은 권위주의 정권 아래에서 시민주권의 자치를 지양하고 있었다. 범대위의 상임대표는 송윤석 정영수 이종근, 공동대표는 곽윤열 송정열 송윤석 송재영 이종근 이금순 이기순 이남중 정영수 홍영표, 집행위원장은 김낙동 김진호(당시 민주노동당 시의원: 부의장)가 맡을 정도로 광범위했다. 28만 군포시민 중에서 20만 명의 반대 서명을 받을 정도로 큰 호응을 얻고 성과를 이루어 냈다(군포 신문 2005: 8월 5일 자에서 참조).

이러한 범시민적 저항에 부딪히자, 무소불위의 중앙정부도 확장하려던 부지를 축소할 수밖에 없었다. 비록 완전 백지화는 아니었지만, 한번 결정되면 그대로 밀어붙이는 당시 중앙정부는 현 터미널 뒤편의 나대지를 확장하는 데 그쳤다. 이 싸움의 성격의 특징은 두 가지다. 하나는 시민단체와 관변단체가 함께 결합한 투쟁이었다는 점과 또 하나는 시민사회, 시 당국, 시의회 3자가 결합했다는 점이다. 주민들은 이 싸움을 통해 소각장과는 달리 3자 연합 속에 시민 모두가 중앙정부와 대응하는 새로운 경험을 했다. 시 당국과 시의회가 주민들의 싸움에 적극적으로 나온 이유는, 무려 10년 동안의 완강하고 끈질긴 소각장 투쟁의 경험에 대한 기억 때문이었다. 해당 부지 주민이 중심에 서고 70여 개의 시민단체, 관변단체가 총망라되어 범대위를 구성한 상황에서, 시 당국과 시의회는 소각장 때처럼 시민으로부터 지탄받는 악몽을 재현하고 싶지 않았기 때문이었다. 주민들은 대중집회와 범시민적 서명운동을 전개하면서 시민의 위력을 체감하며 협동Mutual aid과 연대Solidarity의 의미를 경험했다.

특히 중앙으로부터 독립과 자치라는 주민자치의 정신을 경험했다. 시민단체와 관변단체의 연대의 형태가 나타났다. 6.25 참전 유공자회, 바르게살기협의회, 통장협의회, 새마을회 등 전통적인 관변단체와 시민단체들이 연대하여 범시민대책위를 구성한 것은, 소각장 대책위보다 더 광범위한 연대였다. 지역 현안과 관련하여 시민단체와 관변단체 각자의 이념과 성향의 벽을 넘을 수 있음을 보여준다. 이 싸움에서 관변단체, 시민단체가 연대하고 자치단체, 시의회까지 결합한 경험은, 이후 군포 시민운동의 하나의 전통이 되었다. 이것은 민 중심의 민관협치의 초보적 형태라고 할 수 있다.

[그림 26] 군포복합화물터미널확장반대 범시민대책위 출범식, 시민대회

2005년 7월 22일 군포시청 대강당에서 70여 개 사회단체가 범시민대책위 출범식을 갖고 중심상가에서 시민대회를 열고 있다.

출처: 군포신문 2005년 7월 자

3) 수리산 관통 터널 반대 운동

수리산은 군포시의 절반을 에워싸고 있으면서 시민의 주거환경과 직결된 산이다. 건교부는 2007년 고려개발 컨소시엄이 1조 2,000억 원의 사업비를 투자해 수원~광명 간 27.4㎞에 걸쳐 민자고속도로를 건설한다고 발표하였다. 그런데 군포시 구간 6.5㎞의 수리산 구간에 터널이 4개, 교각이 3~6개 신설 예정이라는 사실도 발표되었다(군포신문 2007. 5. 13. 자). 이미 서울외곽순환도로 터널이 지나고 있는 상황에서, 수리산에 또 터널이 뚫리는 것에 대한 주민들의 우려는 상당했다. 수리산에 터널이 4개나 뚫리게 되면 수맥단절로 인한 환경 피해에 대한 걱정이었다. 물 부족이 되면 저수지 기능의 상실로 농사조차 불가능한 상황이었다. 당시 군포에서 30여 년 넘게 살고 있다는 원주민들은 "예전에는 산본2동 관모봉 쪽 노랑 바위 계곡에도 물이 넘쳤는데 서울외곽순환도로 수리터널이 뚫리면서 물이 말랐다. 이제 또 터널이 뚫리면 갈치저수지도 터널 신설로 인해 물을 공급해 주는 상류 원이 마를 수도 있다"라고 말할 정도로 시민들의 우려는 상당했다(군포신문 2007. 6. 25. 자). 특히 산자락에 있는 8단지 수리, 덕유, 계룡, 설악아파트 주민들은 차량 질주로 인한 소음 및 배기가스 공해로 인해 직격탄을 맞게 되었다. 환경권에 대한 침해를 반대하는 것은 인간의 기본권을 지키는 것이라는 인식이 확산되었다.

그때까지만 해도 고려개발이 처음 고속도로 건설을 제안한 이후 환경자치시민회, YMCA 등 몇 개의 환경단체 연대 수준의 '수원~광명 간 고속도로건설반대대책위원회'가 활동을 해오고 있었다. 그러나 정부가 민자 고속도로 계획을 공식적으로 발표하자, 군포원로회, 군포아파트입주자대표회의연합회, 산본을사랑하는사람들의모임, 군포시민연합회, GP클럽, 군포경실련, 군포여성민우회, 각 아파트 부녀회 등 387개의 주민결사체가 대거 참여하면서 범시민운동으로 확대되기 시작하였다. 따라서 모든 사회단체가 참여하는 '수원광명 고속도로 수리산 관통 반대 군포공동대책위원회'(공대위)가 구성된다(군포신문 2007. 7. 5. 자). 이에 시가 마련한 공대위, 사업단, 전문가가 참여하는 우회 노선 확정 '노선검증회의'가 시작되었고 국해부 장관과의 면담이 추진된다(군포신문 2011. 3. 5. 자).

그러나 수리산 우회 노선에 대한 공대위 내 이견이 표출된다. 시민단체들은 별도의 비대위를 통해 우회 노선이 아니라 고속도로 전면 백지화를 요구한다. 특히 군포시가 중앙부처와 짜고 공대위와 주민을 기만한 사실44)이 알려지면서, 비대위의 수리산 터널 백지화 요구는 거세졌다. 중앙부처와 군포시의 기만으로 인해 공대위가 추진한 우회 노선마저 수포가 되고 착공식 일정이 알려지자, 공동대책위와 비상대책위원회, 속달동 주민 대책협의회, 대야미 현대 아이파크 입주민 비상대책위 등 400여 개 단체는 조직을 재편하고 '수리산관통고속도로착공저지범시민대책위'(범대위)를 구성키로 결의한다(군포신문 2011년 5월 7일 자). 4월 30일 범대위는 중심상가 원형광장에서 '뚫지 마라, 수리산! 수리산을 지켜주세요' '수리산 관통 고속도로 착공저지 선포식'을 열고 공사 저지를 위해 결사적으로 싸울 것을 선언한다. 부곡 화물터미널 확장 반대 때 시민단체,

---

44) 당시 군포시는 공대위가 제안한 노선검증 토론회를 수용하면서 '토론회 이후 노선에 대한 군포시의 최종 입장을 정하겠다'라고 했지만, 이미 군포시가 토론회 개최 2개월 전에 사업단 측의 수리산 관통노선에 대해 환경부와의 협의가 끝났다는 것이 알려지면서 군포시의 주민 기만적 행정이 폭로되었다.

주민단체, 관변단체가 모두 결합했듯이, 처음에는 따로따로였던 수리산 터널 싸움에서도 후에는 관내 모든 결사체와 주민들이 함께하였다. 이제 범시민연대 방식은 군포지역 주민운동의 하나의 전통이 될 정도였다.

이후 서명운동, 캠페인, 수리산 걷기 운동, 천막농성, 국회 항의 방문, 시민집회 등 시민의 저항은 완강했다. 공사장에 몰려가 몸으로 공사를 막은 주민 여러 명은, 고려개발로부터 고소되어 형사처벌이 되었다. 경찰은 주민들이 항의하는 터널 착공 발파식 현장을 에워쌌다. 국책사업은 중앙의 강압적 행정에 자치단체가 끌려가는 사업이었다. 그래서 주민들의 반대를 해결하는 방법은 오직 강력한 경찰력이었다. 그동안 진행된 군포시의 대규모 사업은 국책사업이었다. 그런데 수도 서울의 바로 인근 외각에 위치한 군포시는 수도 서울의 편익만을 위한 국책사업의 희생물이 되었다. 부곡 화물터미널이 그랬고, 수리산 터널이 그랬다. 중앙정부는 국책사업을 일방적으로 추진하면서 지역민의 의사는 배제하면서 이러한 중앙정부에 대한 시민들의 소외감은 완강한 대중적 저항 의식으로 자연스럽게 전환되었다.

중심부를 위해 희생을 강요당하는 주변부 논리에 대한 반감을 통해, 시민들의 정치의식은 성장하기 시작하였다. 2차례에 걸친 범대책위원회의 활동으로 시민들은 공동체의 진화를 위한 연대와 협동의 중요성을 체득했다. 중앙 권력에 대해 무기력감을 느꼈지만, 주민들은 오랜 세월 싸움의 과정을 통해 시민 정신과 자치 의식이라는 열매를 수확할 수 있었다. 범시민적 공동 연대의 과정을 통해 군포의 시민사회는 자치민주주의의 토대가 되는 유대감과 공동체성을 형성했다(송재영 2013, 범대위 평가서에서). 따라서 시민단체와 관변단체가 서로 이질적인 일반적 경향과 달리, 군포시의 경우 큰 현안이 발생하면 모두가 연대하는 전통이 만들어졌다. 최근에도 위안부 문제 관련 아베 반대 운동에 관변단체와 시민단체가 함께 모여 반대 행동과 캠페인을 전개하거나, 모든 결사체가 단합하여 코로나 19 대처를 위한 공동행동을 전개하는 사례는 과거 범시민적 통합적 투쟁이라는 전통에서 비롯된 것이다.

[그림 27] 수도권 민자고속도로 재검토 국회 기자회견, 군포시청 농성

(좌) 국회 정론관에서 수원-문산 간 민자고속도로 재검토를 요구하며 해당 지역대책위들이 연대 기자회견을 열고 있다. (우) 주부들의 군포시청 시장실 앞 로비 농성 장면. 공무원들이 나와 있고 아이들이 놀고 있다. 출처: 구글 검색 이미지

4) 포괄적 특성의 군포 시민사회

군포는 조선 시대에는 과천군 남면이었는데, 1914년에 과천군이 시흥군에 통합되면서 시흥군 남면이 되었다. 1979년에 시흥군 남면이 군포읍으로 승격하였고, 산본신도시 아파트가 들어서면서 1989

년에 시로 승격하였다. 따라서 산본신도시는 아파트 대단지 건설을 통해 급작스러운 인구 유입으로 군포시의 한 부분으로 형성되었다. 분당신도시가 성남시인 것처럼, 산본신도시는 군포시에 속한다. 따라서 10년의 소각장 운동은 우연히 이곳저곳에서 모여들어 아무런 정체성이 없었던 군포시에, 공동체성과 시민사회를 형성해 주는 계기가 되었다. 군포시의 시민사회는 먼저 발생한 주민운동의 영향을 받아 후에 결사체가 만들어졌다. 그래서 시민사회의 포괄성과 통합성은 여기서부터 나온다. 이러한 정신은 이후 부곡 화물터미널 확장 문제나 수리산 관통 터널 사업 등 국책사업이 닥칠 때마다, 주민들과 시민단체, 관변단체의 결합을 넘어 지자체, 개혁적 정당과의 협치라는 포괄성과 끈질김의 정신으로 이어졌다.

군포시 시민사회의 역사는 주민운동과 시민단체, 관변단체가 광범위하게 연대 연합하는 역사를 가진다. 이에 다양한 이념을 지향하는 결사체들로 형성된 시민사회로서 포괄적 사회적 자본의 특성을 보인다. 그래서 지역 현안이 발생하면 서로 다른 수준의 결사체들이 하나로 모이는 것이 자연스럽다. 또한, 진보정당과 민주당의 꾸준한 유기적 연대라는 특징을 가진다. 이것은 소각장 이후 위압적인 국책사업에 대항하기 위해서는 주민, 사회단체의 힘만으로 안 된다는 것을 피부로 느끼면서 정치적 힘의 필요성을 인식한 시민들의 요구에 따른 것이었다. 진보정당은 민주당 시장이나 국회의원이 기회주의적일 때에는 견제하고 소환 운동을 통해 낙선시키면서도, 개혁적 시장이나 국회의원일 경우에는 후보 단일화를 통해 민주당과 연합하면서, 정파적 이해관계보다는 시민사회와 지역 민주주의의 확장에 중점을 두었다. 이러한 군포 시민사회의 연대 연합의 기풍은 경기 중부 인근 도시로까지 확대되면서, 경기 중부권 차원의 독특한 자치민주주의의 구조와 내용을 창조하기 시작했다. 이것은 이후 경기 중부권의 전통적 민주화 세력과 군포의 주민자치 조직이 이원적 상호 연결형 자치라는 독특한 유형을 형성하는 토대가 된다.

2. 군포지역 자치민주주의의 현황

1) 100인 위원회: 민관협치 기구

군포시는 2019년 4월 민관협치 기구로 100인 위원회 조례를 제정하였다. 조례의 목적은 '군포시의 지속 가능한 발전과 민주주의 가치 실현을 위해 시정에 대한 지역사회의 다양한 참여 주체들이 협치를 활성화하는 데 필요하다'라고 되어 있다. 100인 위원회는 현 시장의 선거 때 공약이었다. 시장은 당선 후 3차례에 걸쳐 조례안 검토를 위한 시민토론회를 개최함으로써, 조례 제정부터 민관협치의 기조를 중시했다. 100인 위원회는 공개 모집과 공개 추첨에 따라 선정된 시민(위원회 구성인원의 70% 이상 범위 내), 군포시의회 시의원, 그 밖에 민관협치 활성화를 위해 시장이 필요하다고 인정한 사람으로 구성했다.

이 기구 내에 구성된 분과위원회를 통해 다양한 시민 영역과 협치를 진행한다. 특히 위원회가 주관하는 공론장에서의 결정은 군포시 정책 결정 과정에 지대한 영향을 미친다는 점에서, 민의 자주적 결정권이 높아졌다고 평가할 수 있다. 조례에 보면, "민관협치"란 각종 사회문제 해결을 위하여 군포시와 다양한 사회구성원들이 함께 정책을 기획하고 결정·집행·평가 및 환류하는 시의 열린 시정 운영 방식과 체계를 말한다고 명시되어 있다(군포시 협치 활성화를 위한 100인 위원회 구성 및 운영 조례 2019). 위원회의 협치에 대한 정의는 정책에 대한 기획서부터 시작해서 집행과 평가 환류까지 규정했다는 점에서 원래 협치의 개념에 부합한다 할 수 있다.

그러나 이미 오래전부터 민관협치를 실시하고 있는 서울시의 경우, 협치위원회가 운영상 형식화되고, 실질적 참여가 미흡하다고 평가되고 있다. 위원회 제도를 실질적으로 개선해 보겠다는 의지는 있으나, 방법론에 대해 구체적 방안이 없음을 토로하면서 협치가 효과를 낼 수 있는 장치로서 협치평가시스템의 중요성을 강조한다(제3차 서울시 협치협의회, 2017. 6. 9. 회의록). 이것은 민관협치가 기존의 관료 시스템 중심의 틀을 크게 벗어나지 못했다는 것을 의미한다. 기존의 관료적 시스템은 그대로 둔 채 형식적으로 소수 시민의 참여를 통한 의견 수렴하는 수준을 벗어나지 못했기 때문이다.

2019년 서울연구원의 '서울시 민관협치 활성화 기본계획 수립연구'에서 나온 서울시 3년간의 협치에 대한 평가를 보면, 행정의 민간과의 협력에 대한 인식은 상당히 개선되었으나, 민간의 권한, 참여 범위 등을 중심으로 행정과 민간 상호 간의 인식 차이는 여전히 상존한다면서 협치 제도들에서 행정 주도·행정 편의의 운영 방식이 잔존하고 있어 제도 운용의 실효성이 약화하고 있다고 평가하고 있다(서울연구원 2019: 4). 아직도 공동기획, 공동결정, 공동집행, 공동평가라는 협치의 기본 원칙이 실행되지 않는다는 비판이다. 협치협의회에 참가하는 사람들은 소수 전문가가 대부분이라, 과거 시장의 자문기구인 정책자문위원회와 별다른 게 없다. 따라서 시민사회의 참여가 정책 과정에 단순 참여(자문 등)에 머물고 있으며, 의제 발굴이나 기획 과정과, 이후 실행과정에 주도적으로 참여해야 한다고 주문하고 있다(서울연구원 2019: 301).

그런데 2016년부터 협치추진단과 협치협의회를 구성하여 서울혁

신기획관을 신설하여 체계적인 협치 사업을 추진해 온 서울시의 협치에 대한 평가가, 이후 군포시 100인 위원회가 극복해야 할 과제이기도 하다는 점이다. 물론 군포시 100인 위원회는 공개모집과 공개추첨 방식을 통해 일반 시민에게 참여를 개방했다는 점에서, 시장이 위촉하는 20여 명의 전문가로 구성한 서울시 협치협의회와는 다르다고 할 수는 있다.

〈표 17〉 서울시와 군포시 민관협치 조례 조항 비교

조례 비교 항목	서울시	군포시
위원 수	25명 이내	100인
선정 방식	시장이 선정 및 위촉	공개모집과 경찰입회하의 공개 추첨(70%), 나머지 시장 위촉
협치 기구의 권한	결정사항 시장에게 권고 시장은 실행하도록 노력	정책 수립·형성 과정에 최대한 반영하도록 노력
위원장	시장, 민간 공동위원장	시장, 민간 공동위원장
민관협치	공동으로 정책을 결정하고 집행·평가	정책을 기획하고 결정·집행·평가 및 환류
시민의 공적 결정권 확보의 정도	특별한 조항 없음	100인 이상 요청 때 의무적으로 공론장 개최

<표 17>에서와 같이, 서울시와 군포시의 민관협치 조례를 보면, 위원 선정 방식에 있어 시장의 위촉이냐, 아니면 공개모집·공개추첨 방식이냐에서 차이가 난다. 그러나 군포의 민관협치에도 두 가지가 문제가 될 소지가 있으며, 이 문제를 어떻게 해결하느냐가 이후 성패의 관건이 될 것이다. 위원의 대표성의 문제이다. 100명 중에서 무작위 추첨으로 선정된 위원이 70%라고 해서 전체 시민들을 대표할 수는 없다. 물론 소수의 전문가를 위촉하는 서울시보다 낫긴 하지만, 주권자에 대한 대표성에 하자가 있는 것은 마찬가지다.

따라서 협치는 기존의 관치행정보다는 낮지만, 시민의 대표성의 한계를 극복해야 하는 문제가 남는다. 이러한 협치의 장점을 활용하면서도 보완하는 것이 자치이다. 따라서 100인 위원회는 시민과 함께 정책 생산과 결정을 공동으로 하겠다는 의미에서 진전된 것이나, 대표성 없는 소수에 의존한다는 점에서 100인 위원회의 공론장을 활성화하는 동시에 주민자치회의, 주민총회나 주민투표의 자치능력을 강화하는 것이 무엇보다도 중요하다. 100인 위원회의 공론화위원회는 시민 100명 이상의 서명으로 제기하는 현안에 대한 공론장을 개최함으로써 관료적 행정을 극복하고 주민자치의 틀을 만드는 역할을 한다.

<100인 위원회의 기능과 역할>
① 정책 수립을 위한 의견수렴 및 정책의 결정, 시행·평가·환류에 관한 사항
② 민관협치 활성화를 위해 필요한 제도 개선에 관한 사항
③ 공공 영역과 민간 영역 간의 소통과 협치에 관한 사항
④ 시민 의견수렴을 위한 토론회 등 100인 이상 청구 시 공론장 개최 여부

● **시정 참여분과위원회 (20인)**
시정 전반에 대한 모니터링 및 심의, 협치 관련 정책 운용 모니터링 및 시민 의견수렴, 평가, 개선안 도출 등의 연구, 평가 및 개선안 등 연구 결과에 대한 토론회 등 그 결과를 시장에게 제출

- **공론화 분과위원회 (10인)**

시장과 시민들이 공론장이 필요하다고 제기하는 사항에 대한 공론장 개최 여부, 공론장에 대한 구체적 기획과 집행, 공론장에서 결정된 사안의 시장에게 제출·권고

- **당사자분과위원회 (소위원회별 10인)**

소위원회별 사업 기획과 결정 및 집행, 평가 등 소위원회별로 결정된 사업을 총회 안건으로 제출. 소위원회별로 결정된 사업을 수행하기 위한 시민참여 모임 구성(출처:100인 위원회 회의록, 2020. 5. 10.)

[그림 28] 100인 위원회 조직도

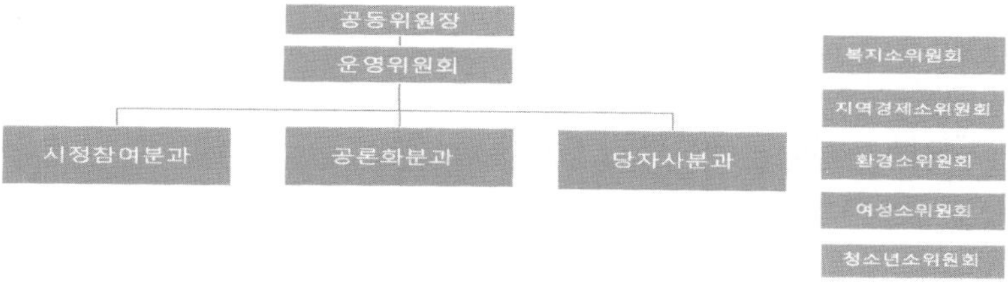

출처: 100인 위원회 공론화 분과 회의록, 2020. 6. 18.

100인 위원회에는 시정참여분과, 공론화분과, 당사자분과 3개의 분과위원회로 나누어 활동한다. 서울시의 협치위원회는 전문가나 시민단체 추천 위원으로 구성되면서, 과거 자문위원회의 위상에서 벗어나지 못하는 한계가 있다. 그러나 군포시의 경우 추첨으로 구성된 위원들이 일을 중심으로 조직과 회의가 체계화되었다는 점에서, 민관협치에 있어 진일보했다는 평가를 받을 수 있다. 시정 참여

분과는 2개의 소위로 구성되어 있는데, 공약 이행평가 소위에서는 시장의 임기 4년 중 전반기 2년에 이르는 시점에서 공약사항에 대한 시민 관점의 정성·정량적 모니터링을 한다면, 시정정책개발 소위에서는 시민이 원하는 생활 정책을 발굴하여 시 정책에 반영하도록 한다.

특히 시정정책개발 소위에서는 시민이 현장에서 갈망하는 정책 아이디어를 내면, 검토를 통해 신선한 정책을 개발하고 반영한다. 그동안 위원들이 제안한 정책들이 칸막이 행정 체계에서는 나올 수 없는 창의적인 다양한 정책이 생산된다는 것을 확인할 수 있다. 따라서 민관협치는 민이 정책 과정에 참여하는 것을 통해 관에서 생각할 수 없는 다양하고 구체적인 정책 생산의 공론장이 된다는 점에서 그 중요성을 아무리 강조해도 지나치지 않는다.

공론화 분과의 숙의민주주의 조건

공론화 분과에서는 논의하고 싶은 의제가 있으면, 시민들이 100명의 연서명을 받아 신청하면 분과에서는 심의하여 공론장 개최 여부를 결정하게 된다. 공론장 운영 조건으로는 ① 결정에 참여한 이들의 의견이 공론장 진행 과정을 통해 바뀔 수 있도록 설계, ② 논의가 가능한 정도로 충분한 정보를 공개, ③ 참여한 시민들에게 결정 권한을 부여, ④ 소수자 또는 소수 의견을 배려하는 비례성 고려 등 이러한 공론의 원칙을 정함으로써 숙의민주주의에서 주장하는 충분한 정보나 자료가 제공되는 것을 기본으로 사려 깊고 정제된 논의를 통해 서로의 원래의 주장이 바뀔 수 있는 민주적 자치의 공론장을 설계하였다.

■ 공론장 제안과 심의 과정
• 공론장 개최 여부의 결정 주체는 공론화 분과에서 하는 것을 원칙으로 한다. 단 첨예한 대립이 있는 사안은 운영위원회의 자문을 구한다.
• 사안에 따라 1회 이상의 토론회를 통해 심의한다.

■ 공론장을 통한 의사결정 방법과 원칙
• 공론장 주제에 따라 효율적인 형식으로 결정한다.
  -합의-시민배심원-시민 온라인투표-100인 위원회 전체회의-공론화 분과

■ 정책 결정 공론장의 절차

1) 내용
○ 방식: 원탁 토론 후 전자 투표
  -분야별 정책 토론 후 제안을 받아, 전체 전자 투표 통해 결정
○ 참여 인원: 10여 개의 정책 분야로 나누어 분야별 10여 명씩 참여 또는, 10여 개의 정책 분야별 20여 명씩 참여
○ 정책 분야의 예: 여성, 환경, 복지, 문화, 교통, 건설, 공원, 교육, 어린이, 청년, 중소 상인 등

-이 중 소위원회와 겹치는 분야가 있을 수 있으나, 소위원회의 사업과 정책 분야별 행정 예산편성 사업은 차별성을 둠
-소위원회와 상의해 원탁 토론 정책 분야에 포함할지 여부 결정

2) 진행 순서
○ 1 안:

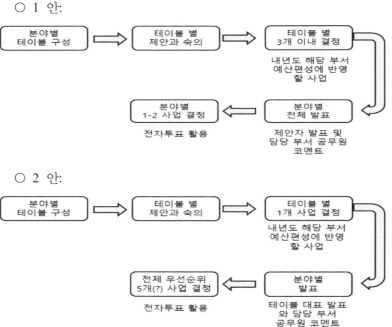

출처: 100인 위원회 공론화 분과 회의록, 2020. 6. 18.

<표 18> 공론화 의제선정 방식

구분	공론화 분과 자체 선정	공론화 분과 + 제안자 합의 선정	제안자 간 합의 선정
장점	· 효율적 · 현실적 추진 불가 사항 대처 가능	· 현실적 추진 불가 사항 대처 가능 · 제안자 만족도 증대 가능	· 참여를 통한 협치 · 관련 부서의 적극적 참여가 있을 경우 시민 만족도 증대 가능
단점	· 제안자 중 행정 및 공론화 분과, 협치에 대해 회의적일 수 있음	· 제안자 대표성 · 제안 별 갈등 발생 · 코로나 19 확산 시 회의 불가	· 숙의 협의는 어려움 · 참여 시민 간 갈등 · 현실적 추진 불가사항 대처 어려움 · 코로나 19 확산 시 회의 불가할 수 있음

출처: 100인 위원회 공론화 분과 회의록, 2020. 7. 2.

그러나 100인 위원회의 경우 관 주도 협치 노력이 자치의 딜레마를 해소하지 못한 채 전개될 경우 그것은 또 다른 주민 동원이나 허구적 협치로 흐를 수 있다. 협치는 주권자로서 자신의 권익을 적극적으로 추구하는 시민적 주체 형성이 전제되어야 하기 때문이다 (진필수 2019: 302 참조). 군포시 역시 다른 지역보다 조건이 양호하다고는 하지만 시민적 주체 형성의 취약성의 문제는 남기 때문이다. 100인 위원회의 공론장에서 치열한 토론의 과정은 협치적 숙의민주주의에 해당한다. 숙의민주주의의 장점은 타인의 이견을 존중하고 배려하면서 자신의 주장을 수정하는 과정을 통해 불편부당한 결론에 도달할 수 있다는 점이다. 공론화 과정을 통해 시민들은 자기 의견에 대한 수정과 보완 과정을 거치면서 공공선을 추구한다. 그런데 100인 위원회 조례는 공론화 결정사항의 반영이 시장에 대한 권고 규정으로 되어 있다. 시장은 숙의적 공론장을 통해 시민력 empowerment[45]과 자치력self-government으로 성장할 수 있도록, 숙의적 결론을 의무적으로 반영되는 조례 개정을 할 필요가 있다. 민의 결정에 대한 권능과 권위를 실질적으로 강화하는 것만이, 민의 참여를 보장하고 관 주도의 행정적 협치를 극복할 수 있기 때문이다. 협치는 '행정문화'이다. 따라서 공무원이 업무에 임하는 일상의 태도와 업무 전반을 지배하는 철학이자 사고방식이며 행정 양식이다. 행정 전반에 걸쳐 세심하게 협치 친화적 문화가 깔리고, 공무원들이 여기에 익숙해져야 비로소 협치 행정이 달성되고 진화한다(유창복 2010: 224).

숙의민주주의의 단점은 공론장에 참여한 시민들이 가지는 대표성의 취약성이다. 따라서 100인 위원회는 2단계의 방식으로 보완되어야 한다. 첫 단계는 공개모집이라고 하지만 위원 신청 공지에 접근할 수 있는 사람은 소수에 지나지 않는다는 점에서, 공개적 신청 모집 방식을 전 시민을 대상으로 층화 무작위 추첨 방식으로 선정된 사람들에게 연락을 통해 참여할 것인지 확인하는 본래의 숙의민주주의 추첨 방식으로 전환해야 민주주의의 정치적 평등의 원리가 가능하다. 둘째 단계는 이렇게 선정된 위원회(피시킨은 '소우주'라고 한다)에서 결정된 사항이라도 '숙의의 날'을 정해 시민 대중이 참여해서 결정함으로써 시민의 대표성을 보완해야 한다는 점이다 (피시킨 2009: 95). 대표성을 보완하는 또 다른 방안으로는, 현재 군포시가 힘을 쏟고 있는 주민자치회가 개최하는 공론장과 주민총회를 활성화하고 정책 주민투표 방식을 결합하는 것도 좋은 방안이 될 수 있다. 특히 정책 주민투표에서는 숙의민주주의의 핵심인 전 군포시민을 대상으로 층화 무작위 추첨 방식을 통해 대표성을 강화하는 진짜 숙의민주주의가 진행될 수 있도록 설계를 해야 한다. 숙

---

45) 의미(meaning), 능력(competence), 자기결정감(self-determination), 효과(impact)라는 4가지 요인을 통해 인지적으로 구체화되는 동기부여의 개념(motivational contruct). - Speitzer(1995).

의민주주의Deliberative Democracy and Public Consultation 저서에서 피시킨이 언급한 대로 숙의의 날을 군포시 조례로 제정해서 추진하는 것도 혁신적 방안이 될 것이다(Fishkin 2009: 100).

2) 주민자치회: 주민총회를 통한 자치의 시도

● 군포시 주민자치회의 현황

100인 위원회가 민관협치 체계라면, 주민자치회는 민의 자치조직이다. 기존 주민자치위원회는 관 행정의 보조 기구였다면, 주민자치회는 민에 의한 자율적 운영체이다. 1998년도 동정자문위원회가 폐지되고, 주민자치위원회로 재편한 지 20년이 지났지만, 그 주민자치위원회 역시 자문기구의 성격을 크게 벗어나지 못했다는 비판을 받아왔다. 이러한 역사 속에서, 현재의 주민자치위원회를 주민자치회로 전환하는 현 정부의 철학과 의지는 다시 민주주의의 실험대에 올랐다. 국민주권을 강조하는 현 정부에서 의욕적으로 추진하는 주민자치회가 진짜 자치조직으로 변화하느냐에 따라 민주 정부의 허와 실이 구분되기 때문이다. 군포시는 주민자치 권한을 늘리는 등 실질적인 풀뿌리민주주의 정착을 위해 주민자치회의 시범사업을 시행한다. 이런 내용의 '주민자치회 전환 시범사업 추진계획'을 확정하고, 군포시는 2019년도에 군포1동과 오금동 2개 동을 시범사업 지역으로 선정했다(군포시 홈페이지 보도자료).

시는 이들 두 개 동의 주민자치회 위원 공모 신청을 받은 후 30~50명의 위원을 선정했다. 5월에 시범사업 조례를 제정하고 2020년 7월부터 본격적인 활동에 들어갔다. 주민자치회는 기존의 주민자치위원회에 비해 권한이 대폭 늘어난다. 권한의 확대를 통해 자치회의 위상을 주민의 자치조직으로 만들겠다는 취지이다. 조례에 규정된 기능 및 권한은 협의 권한, 수탁 권한, 자치 권한으로 분류되어 있다. 협의 권한은 소규모 주민숙원사업 등 동과 대등한 관계에서 주민 생활과 밀접한 관련이 있는 동 기능에 대한 협의 권한이며, 수탁 권한은 동 주민자치센터의 운영 등 주민의 권리·의무와 직접 관련되지 아니하는 업무로, 주민자치회에 위탁하여 처리하는 것이 바람직하다고 판단되는 업무에 대한 수탁 권한이며, 자치 권한은 주민총회 개최, 자치계획 수립, 마을 축제, 마을신문·소식지 발간, 그 밖의 각종 교육 활동, 행사 등 순수 근린자치 영역에서 수행하는 주민자치업무 수행 권한이다(군포시 주민자치회 시범 실시 및 설치·운영에 관한 조례 20. 5. 20.). 특히 시장은 주민자치회가 동 주민을 위한 공공사업을 추진하거나 제5조의 사무를 수행하는 경우 행정적 지원 및 전년도 주민세의 징수액에 상당하는 예산 등을 지원할 수 있다.

이러한 주민자치회는 사실 2019년부터 준비한 것이었다. 시는 3월부터 11개 동별로 10명 내외의 마을계획 준비위원회를 구성했다. 각 동의 준비위원회 구성원들을 대상으로 한 마을계획 준비위원회 합동 연수에서는 성공적인 주민자치 활동 사례와 관련된 다양한 전문적 강연이 이뤄졌으며, 마을 의제 발굴 등을 위한 모의 실습도 진행됐다. 실습 이후 준비위원들은 마을계획 발굴 및 수립을 위한 활동을 시작했다. 이러한 성과로 2020년에 군포1동과 오금동이 주민자치회로 시범 전환되었으며, 이어 2021년에는 산본2동 등 4개 동, 2022년에는 군포2동 등 5개 동까지 11개 동 모두 주민자치회 전환작업이 완료될 예정이다(군포시청 홈페이지 보도자료: 주민자치회 2020. 12.). 마을 자치가 가능해지려면 마을사업을 자치적으로 세우는 것부터 시작해야 한다. 군포는 마을계획단이 주민자치회의 분과로 속해 있으면서도 별도의 독자적 조직으로 활동한다. 주민자치회의 위원이나 주민 중에서 더 적극적으로 참여하고 기획할 수 있는 사람을 중심으로 기획 단위를 구성한 것이다. 또한, 마을사업에 대한 주민참여 기회를 확대하기 위해 별도의 각 동 마을계획단 단원을 상시 모집한다. 군포시는 7월 15일 이러한 내용의 '실질적 주민참여를 위한 자치계획 운영안'을 마련해 시행하기로 하고, 마을계획단을 동 주민자치(위원)회의 분과위원회로 재편하기로 했다 (군포시청 홈페이지 보도자료: 주민자치회 2020. 12.).

[그림 29] 오금동 주민자치회 회의록

오금동주민자치회(정기회의)

회 의 록

□ 일   시 : 2020.09.03.(목) 20:00~ 09.04.(금) 24:00
□ 회의방법 : 비대면 단체SNS (카카오톡메신저)

□ 심의안건
　제 1안) 2021년 마을사업 계획 수립 의제 선정(안)
　제 2안) 군포시 오금동주민자치회 회칙 제정(안)

□ 회의내용
　○개최시간 : 9.3.(목) 20:00 ~~
　○회장 인사말 및 회의 안건 단체SNS에 공지
　○단체SNS에서 09.04(금) 24:00까지 투표하여 회의안 의결
　　제 1안) 2021년 마을사업 계획 수립 의제 선정(안)
　　　- 의결방법 : 참여예산사업 8건 의제 중 위원1명당 5건 복수선택 투표.
　　　　　　　　　　 기금사업 6건 의제 중 위원1명당 3건 복수선택 투표.
　　　　　　　　　　 공모사업 2건 의제 중 1건 선택 투표로 우선순위 결정
　　제 2안) 군포시 오금동주민자치회 회칙 제정(안)
　　　- 의결방법 : 찬·반 투표
　※붙임 1. 단체SNS내용 첨부

□ 회의결과
　○ 제 1안) 2021년 마을사업 계획 수립 의제 선정
　　○주민총회 마을사업 (득표 순)
　　　- 참여예산사업　1. 독거노인 119비상벨 설치 사업
　　　 (동계획형)　　2. 어린이공원 및 오금공원 환경개선
　　　　　　　　　　 3. 위기가정 돕기"사랑나눔바자회" 사업
　　　　　　　　　　 4. 한라2차 아파트 보행로 환경개선
　　　　　　　　　　 5. 한라1차 쉼터 정자 설치사업
　　　- 기금 사업　　1. "희망나눔!행복드림단" 사업

○ 투표 세부내용

지원사업 구분		제 목	예산 (단위:천원)	득표 순위	득표수	득표율 (%)
참여 예산 (동계획형)	1	독거노인 119비상벨 설치 사업	8,300	1	25	19%
	2	청소년과 함께 하는 "내가 찐이야!오금마을축제!"	6,340	7	10	7%
	3	등산로 입구 에어건 설치	18,000	8	9	7%
	4	위기가정 돕기"사랑나눔바자회" 사업	3,000	3	19	15%
	5	부모와 함께 하는 "청소년 역사문화탐방"	4,700	6	11	8%
	6	한라2차 아파트 보행로 환경개선	3,000	3	19	15%
	7	한라1차 쉼터 정자 설치사업	8,300	5	18	14%
	8	어린이공원 및 오금공원 환경개선	96,000	2	20	15%
기금	1	홍진로 아나바다 벼룩시장	740	4	12	16%
	2	사회적 거리두기 방역작업 및 홍보	3,000	2	18	25%
	3	"희망나눔!행복드림단" 사업	3,600	1	19	26%
	4	"임산부 부부요가 및 태교" 강좌	1,520	6	4	5%
	5	단지별 화합의 장 "OO아파트 데이"	4,470	3	15	21%
	6	"찾아가는 주민 소방안전" 교육	820	5	5	7%
공모 사업	1	"신바람 힐링트롯트" 경로당 방문사업	3,400	1	16	84%
	2	오금공원 배드민턴장 바닥 교체 사업	30,310	2	3	16%

※정원 36명, 참여 30명(83%), 무투표 6명(17%, 참여예산 6명, 기금 8명, 공모 6명)

○ 제 2안) 군포시 오금동주민자치회 회칙 제정 가결
 - 정원 36명, 참여 28명, 무투표 8명
 - 찬성 25표(70%), 반대 3표(8%), 무투표 8표(22%)

출처: 군포시 오금동 행복복지센터 홈페이지 우리 동 소식

[그림 29]의 2020년 9월 3일 자 오금동 정기회의 회의록을 보면, 주민자치회는 21년도 사업 예산에 반영할 마을사업에 대해 논의하고 의제선정 논의를 했다. 마을사업의 종류는 참여예산사업, 기금사업, 공모사업 세 개였는데, 위원들은 회의에서 세 개의 분야에 맞는 의제를 제안하였다. 참여예산사업으로 제안된 8가지의 의제 중, 투표를 통해 그중의 5개를 우선순위로 선정하였다. 기금 사업은 6건의 의제가 제안되었지만, 우선순위 3개만 선정되었으며, 공모사업은 2건 중 1개가 선택되었다. 회의는 위원들에 의한 사업 의제 제안부터 시작해서 제안자의 설명과 질의 토론 후 투표로 우선순위

를 결정하는 방식을 진행하였다. 주민이 자신들이 제안한 여러 개의 사업안 중에서 예산 집행의 우선순위를 결정하는 것은, 주민자치력의 성숙을 위한 지름길이다. 비로소 자치의 기본 원칙이 실행되기 시작한 것이다. 비록 작은 규모의 예산과 사업이지만, 주민자치회를 통해 이제까지 공무원의 전담 영역이었던 의제 선정과 결정이 주민자치의 단계로 진입한 것이다.

이전 주민자치위원회의 안건이 주민자치센터에서 운영하는 문예 프로그램에 대한 우선순위를 결정하는 것이었다면, 주민자치회의 안건은 동 사업에 관한 우선순위를 결정하는 것이다. 주민자치회에서는 위원들이 제안한 것도 있지만, 일반 주민들이 제안한 사업도 상당하다. 이전에는 통장, 바르게살기 등 관변단체 회원 정도가 민원성으로 요구했던 사업들이 이제는 공식적 제안이 모든 주민에게 가능해진 것이다. 사실 이전에는 행정과 관계가 없는 개인들은 행정에 아예 건의할 엄두도 내지 못했다. 민원성 사업에 대한 건의는 정치가나 공무원과 가까운 영향력 있는 사람들에게나 해당하는 특권이었다. 일반 주민은 정보도 없을뿐더러, 건의하는 통로나 방식도 알지 못했다. 퍼트넘Putnam이 말한 이탈리아 남부에서 나타난 후견인주의가[46)]의 모습이 한국 지방자치의 일반적 모습이었다. 오금동과 군포 2동에서는 주민이 사업계획서를 작성한 후 주민자치회에 접수하면, 주민자치회의 공식 안건으로 채택된다. 아무

---

46) 클리엔텔리즘(Clientelism)이란 후견인주의라고도 하며, 정치에서 투표자와 정치가 간에 거래하는 교환 시스템으로 설명한다. 권력과 지위, 부 또는 인적 자원을 가진 후견인과 그들의 후원과 영향으로부터 이익을 얻는 의뢰인(정치인) 간에 상호 의존적인 시스템이다. 퍼트넘은 이탈리아 북부가 남부보다 사회적 신뢰가 높은 이유는 북부에는 결사체들의 상호 신뢰와 수평적 네트워크가 존재한다면, 남부에는 오랫동안 후견인주의가 지배해 왔기 때문으로 분석한다.

권한이 없는 주민에게 공적 제안과 논의라는 자치의 개념이 창조된 것이다.

따라서 자치와 민주주의를 강조하는 새 집행부, 시의회가 협치와 자치를 계획하고 추진하는 것은 시민사회로서는 기대이면서도 새로운 도전이기도 하다. 진정한 협치와 자치의 성공은, 단지 시 집행부나 시의회의 역할로만 되지 않기 때문이다. 시민사회는 지자체와의 협치체계의 구축을 통해 주민자치권의 확장을 위해 복무를 해야 하는 동시에, 시민사회 고유의 영역을 강화하고 확장해야 할 이중의 역할에 직면한다. 시민사회가 지자체나 제도권과의 활발한 협치가 가능하려면, 시민사회가 자체 정체성을 분명히 하면서도, 주민과 긴밀한 결합을 통해 시민사회의 이념과 가치가 창의적일 때 가능하기 때문이다. 민관협치를 관에 의존하려는 발상은 잘못이다. 관 중심의 민관협치가 아니라, 민 중심의 민관협치를 촉진하는 것은 시민사회의 역할이다. 이러한 민 중심의 민관협치를 통해 치열하고 다양한 공론장 형성을 가능하게 만들 책임이 시민사회에 있다. 다양한 공론장을 통해 주민자치회가 자치권이 온전히 실현되는 민회로 발전하도록 하는 것도 시민사회의 역할이다. 따라서 시민사회와 행정과의 긴밀한 협치의 목적은, 최종 권력자인 주민의 온전한 자치권이 실행되는 법적·제도적 틀을 확보하는 것이다.

[그림 30] 주민으로부터 사업계획을 신청받는 제안서 양식

2021년 오금동 사업계획 제안서

주민이 지역 내 필요한 사업을 주민자치회에 직접 발굴, 제안함으로써 마을 자치를 활성화하고자 합니다. 주민에게 필요한 2021년도 사업을 타당성, 실현 가능성, 주민수혜도 등을 감안하여 제안해 주시기 바랍니다.

제안 사업 내용	
제안자 및 주체	
사업명	
사업위치	
추정사업비	금 천원 (금 천원)
사업량 (예산이 요구 부분, 사업구간, 수량 등)	
사업 내용 (자세히 작성)	
필요성 및 기대효과	
2020. . . 군포시 오금동주민자치회장 귀하	

출처: 군포시 오금동 행복복지센터 홈페이지 우리 동 소식

[그림 31] 오금동 2020년 비대면 주민총회 결과 보고

변화와 희망주는 오금동주민자치회!

비대면 주민총회 결과 보고

존경하는 주민여러분!

지난 9월 18일 우리 마을 2021년도 사업 의제 선정. 비대면 주민총회에 참여해 주신대 대해 진심으로 감사를 드립니다.

마을계획은 대면 주민총회를 개최하여 진지한 토론으로 많은 의제를 발굴하고 추진이 되었어야 하나, 코로나로 인하여 비대면 회의로 진행되어 참으로 아쉬움이 남습니다.

그러나 주민 여러분의 많은 관심과 참여로 발굴된 의제에 대한 우선순위 투표 결과에 따라 사업이 차질없이 추진해 갈 수 있도록 최선을 다하겠습니다.

앞으로도 모든 진행 과정을 지켜봐 주시고, 더 많은 관심과 협조를 당부드리며. 다음과 같이 투표 결과를 보고드립니다. 감사합니다.

구분	사업명	우선순위	득표수
참여예산	위기가정 돕기 사랑나눔 바자회	1	221
	한라2차 보행로 가로등 설치사업	2	86
	진달래 공원 환경 개선	3	28
기금사업	희망나눔 행복드림단 반찬배달 사업	1	142
	사회적 거리두기 방역작업 및 홍보	2	140
	단지별 화합의 장 치맥데이	3	17
공모사업	신바람 힐링트로트 경로당방문 사업	1	164
	부모와 함께 청소년역사 문화탐방	2	125
2021년 운영계획	주민자치 및 센터 운영계획	찬 성	340
		반 대	4

●회의록 생략

2020. 9. 23.
주 민 자 치 회 장   강 석 원

출처: 군포시 오금동 행복복지센터 홈페이지 우리 동 소식

● 자치민주주의에서 주민자치회가 갖는 의미와 방향

기존의 주민자치위원회는 행정자치과 산하 행복복지센터 동장이 운영하는 프로그램에 대한 보조 기구성격이었다. 1998년 집권한 김대중 정부는 동정자문위원회를 없애고 주민자치위원회로 변경했지만, 주민의 '자치권'을 문화프로그램에 참여하는 것으로 왜곡시켜 버렸다. 해당 조례에 보면 "주민자치센터"란 동에 설치된 각종 문

화, 복지 및 편익시설과 프로그램을 총칭한다고 되어 있듯이, 정치적 자치 권한은 없다. 민주 정부가 들어서고 민주화가 진척되었다고는 했지만, 20년간 지역의 주민자치는 제자리걸음이었다. 결과적으로 동 주민센터 일부 공간에 대한 관리권은 읍·면·동장의 권한으로 돼 있고, 이런 동장의 권한에 주민들이 참여하는 것에 불과한 자문위원회 성격의 운영위원회에 불과한 것이다(김찬동 2019: 53). 이런 현상은 정치권, 학계, 시민사회 진영 모두에서 민주주의를 대의제 선거민주주의로 이해하는 데서 나오는 오류에서 기인한다. 대의제 선거체제와 정당정치가 민주주의 영역의 전부인 것처럼 오해하면서, 민주주의와 주민자치의 문제를 분리하였기 때문이다. 그동안 정치 민주화의 핵심은 정당정치의 민주화였다. 혹은 정당 간 협치가 민주주의의 본질이 되었다. 이들은 정당정치의 발전이 민주주의라고 강조했지만, 그 정당정치 자체가 주민참여와 자치를 방해하는 참여민주주의의 장애라는 것을 애써 외면했다(맥퍼슨 1992: 12). 정당민주주의자들은 정당정치와 주민자치는 서로 민주주의의 고유의 영역을 존중하면서도 상호 보완적으로 발전한다는 것을 이해하지 못했다.

주민자치회는 독자적인 조직체계를 가지고 독자적 재정과 예산편성권을 통해, 자치사업을 계획하고 실행하는 주민자치조직이다. 군포에서 주민자치회가 운영되면서 주민자치센터의 운영위원이 아닌, 동 자체 사업을 고민하고 활동하는 시민이 생기기 시작했다. 조례에 따르면, 주민자치회는 협의 권한, 수탁 권한, 주민자치 권한을 갖는다. 특히 주민자치 권한에 주민총회 개최, 자치계획 수립, 마을 축제 등을 명문화함으로써, 최고 의결기구로서 민회 성격의 주민총회는 자율적인 계획 수립과 실행의 공론장이다. 주민총회의 존재는 자치민주주의의 기본 원리에 충실히 하려는 의지이다. 대의제인 인민의 간접 지배가 위기에 직면한 상황에서, 그것을 보완하고 치유하는 방안으로 인민의 직접 지배 원칙에 충실히 하는 것은 너무도 당연하기 때문이다.

주민총회에서는 동 전체 예산은 아니더라도, 동의 정책에 대한 감시·견제와 더불어 동 차원의 자치적 사업을 기획하고 추진할 수 있는 토대가 형성되었다는 점에 의미가 있다. 현재의 주민총회는 주민의 참여보다는, 선정된 소수에 의해 사전에 충분히 검토하고 심의하는 숙의민주주의에 우선적 의미를 둔다. 그동안 오금동 주민자치회는 과거 위원 선정을 동장이 주도했던 방식을 바꿔, 공개모집과 추첨을 통해 위원을 선정했다. 그러나 주민자치회의 권한은 민회와 근본적 차이가 있다. 민회의 경우는 폴리스의 모든 정책과 재판에 대한 결정권이 시민이 소유하고 있었던 반면, 주민자치회는 동 사업에 대한 의견제시 정도에 불과하다. 단지 동에 배당된 극히 적은 액수의 주민참여예산의 범위에서 사업을 논의하고 결정할 권한을 갖는 정도이다. 위원들은 이제 동 전체 아니 자치단체 전체의 예산에 대한 자치권을 찾기 위한 대장정에 돌입했다.

따라서 현재의 주민자치회는 주민자치의 과도기적 수준에 불과하다. 동 사업 전반에 대한 숙의적 협치권이나 최종적 자치권을 확보하기 위한 전 단계로 설정하지 않는다면, 현재의 주민자치회는 기존의 주민자치위원회 수준을 크게 극복하지 못하고, 20년 동안과 같은 자문기구로 남을 가능성이 크다. 따라서 지금의 주민자치회는 주민의 대표성과 사업의 대표성을 회복하는 데 집중해야 할 것이다. 그렇지 않는다면 주민자치회는 지금의 주민자치위원회를 그대로 전환한 것에 불과하다(전상진 2019: 14). 주민자치회를 의사결정 기구로써 인식하는 것이 아니라, 주민자치회를 행정조직 일부이거나 행정사무를 위탁받아서 처리하는 외주outsourcing 조직으로서 인식하고 있는 것으로 보인다. 이는 행정과 자치의 대등한 관계로서 보지 않고 있다. 국가의 하부조직으로서의 행정과 시민사회의 자치적 조직으로서의 자치가 대등한 관계로서 역할 분담 관계에 있다는 인식이 결여돼 있는 것이다(김찬동 2019: 55). 이것은 주민자치회는 위원 중심의 논의 구조가 아니라, 주민이 참여하여 시 정책을 결정하는 일상적 공론장이 되어야 한다는 것을 의미한다.

주민자치회의 주민총회에서는 아테네, 로마의 민회처럼 공론을 모으기 위해 시민이 끊임없이 모이고 토론하고 재판하는 것은 불가능하다. 따라서 주민총회는 고대의 민회의 성격과는 본질부터가 다르다. 고대의 민회가 일상적인 집합적 공론장이라면, 주민총회는 1년 동안은 소수의 위원이 결정하는 구조에서, 연말에 한 번 의례적으로 열리는 통과의례의 공간에 불과하다. 지방자치가 주민자치가 아니라 단체자치가 되었듯이, 주민자치가 주민 대중의 자치가 아니라 소수 위원의 자치가 되는 것이다. 이렇게 되면 주민자치회 시범사업의 취지는 주민 대중의 자치를 목표로 시작했지만, 나중에는 기존의 주민자치위원회와 별 차이가 없게 될 것이다. 공론장을 통한 주민 대중의 논의와 결정에 입각하지 않는 주민자치회의 운영은 그것이 가진 대표성의 한계로 인해 자치회 확장의 장애로 다가올 것이다. 따라서 군포시에서는 주민자치회가 공론장과 주민총회 활성화를 통해 마을 민회로 진화하는 초석이라는 시대적 의미를 이해하는 것이 필요하다.

3) 민주시민교육의 전국적 모델을 향한 출발

● '넝쿨' 학습 소모임 단계

군포시에서 민주시민교육의 필요성을 느낀 조직은 2016년도에 만들어졌다. 이 조직은 시민단체나 조직 운동에 속한 사람들이 중심이 아니었다. 주로 마을협동조합이나 사회적경제와 관련된 주민 자치 영역에서 활동하는 사람들이었다. 대야미마을교육협동조합의 이사장을 비롯한 조합원들, 아이쿱생협 이사장, 자치민주주의연구소 소장, 서강대 법학전문대학원 교수, 한살림생협 지부장, 노동조합 간부, 시민단체 대표 등이 정기적으로 매달 1회 대야미 소재 뜨락 마을협동조합 사무실에 모여 민주시민교육에 대해 학습과 토론을 시작했다. 이들이 마을협동조합 사무실에서 소모임을 시작한 이유는, 민주시민교육이 마을 주민 중심이 되어야 한다는 생각 때문이었다. 자연히 마을협동조합의 조합원들도 학습 소모임에 참여하고 학습하는 계기도 마련되었다. 학습공동체의 구성이 시민단체의 틀을 벗어나 마을과 사회적경제 영역의 사람들이 중심이 되면서 초기부터 군포의 민주시민교육은 풀뿌리 대중화를 지향했다(넝쿨 밴드 자료 참조).

다른 지역의 경우는 기존 시민단체에서 민주시민교육 공모사업을 수행하기 때문에, 학습의 대상자가 시민단체 회원들에 국한된다. 교육의 내용도 기존 시민단체에서 실시했던 범주와 내용을 크게 넘지 않는다. 각 영역의 단체에서는 자기 분야에 대한 교육을 마치 민주시민교육인 것처럼 강의하고 있었다. 여성단체는 여성 인권을, 환경단체에서는 환경문제, 통일단체에서는 통일문제 등에 한정되어, 각 영역과 민주주의를 긴밀히 연결하지 못하고 있었다. 따라서 민주시민교육에 있어 가장 중요한 출발점인, 민주주의에 대한 기본 철학 및 역사에 대한 영역이 제외되어 있었다. 학습 소모임에서는 시민이 권력의 대상이 아니라 주체가 되는 민주주의를 위해서는, 주민이 민주주의의 기본정신과 원리를 쉽게 이해할 수 있는 콘텐츠와 프로그램을 개발해야 한다고 생각했다(경기도 민주시민교육 콘텐츠 개발서 2020: 123). 그래서 학습 소모임의 이름을 넝쿨이라 지었다. 사람들은 다양한 영역의 마을 사람들이 모여서 서로 얽히고설킴 속의 풀뿌리 학습체계를 상상하고 있었다.

따라서 넝쿨 소모임의 주제는 사회적협동조합의 원리와 사례를 학습하는 것부터 시작하였다. 그 속에서 민주주의의 기본 철학과 심화 발전을 위해 지역과 마을에서의 민주시민교육 운동의 의미와 중요성에 대해 논의하였다. 대의제로 대표되는 민주주의의 위기를 극복하는 본질적인 방안은 지역과 마을부터 자생적인 학습공동체 운동을 통해 자치적인 민주적 시민을 광범위하게 저변화하는 것이고, 이것이 결국 한국 민주주의를 심화 발전시키는 본질적 동력으로 보았다.

<표 19> 넝쿨 학습 동아리 모임 일지

시기	활동명	세부내용
16년 6월 29일	토론회	'협동조합의 활성화 방안' 토론회
16년 7월 23일	협동조합강좌	세계의 협동조합 성공과 실패사례 강의 / 송재영 소장
16년 8월 31일	독서모임	협동조합 지역 강의 발표회(생협 윤윤진 / 조합 강선영
16년 9월 30일	사회적경제 협동조합 강좌	교육 협동조합의 커리큘럼 연구 토론
16년 10월 10일	견학	성공한 협동조합 방문(인천의 시민문화교육센타 견학 10명. 간담회, 프로그램, 운명 방식 등
16년 12월 8일	워크숍	협동조합 활성화와 조합원 참여를 위한 워크숍 총 평가 이후 조직화 방안 논의

출처: 넝쿨 동아리 밴드에 있는 자료에서 정리

● 학습 소모임이 만든 시민교육센터

한때는 넝쿨 소모임을 통하여 교육협동조합을 만들자는 논의도 있었지만, 시간이 흐르면서 시민교육센터의 설립으로 바뀌게 되었다. 협동조합은 앎과 학습을 수평적 관계에서 시작한다는 점에서 의미가 있었으나, 이른 시일 안에 군포시 조례를 제정하고 민주시민교육센터를 설립하자는 의견이 다수를 이루었다. 그래서 과도기적 조직으로 비영리 임의단체인 시민교육센터를 만들기로 하였다. 시민교육센터는 경기도가 시행하는 공모사업을 통해 활동가를 양성하고 민주시민교육의 방식과 내용을 훈련하는 공간이었다. 따라서 학습 소모임에서는 3년간의 다양한 교육과 콘텐츠를 연구하고 시행하면서, 이후 군포시 차원의 공식 민주시민교육센터 설립의 토대가 되었다.

과도기로서 시민교육센터는 대표와 운영위원회 체제로 경기도 평생교육진흥원 민주시민교육지원센터에서 시행하는 공모사업을 신청해서 프로그램을 운영하였다. 서울시가 민주시민교육센터에 대한 민간위탁 방식으로 민주시민교육센터를 설립하려고 할 때, 경기도는 평생교육진흥원 산하에서 민주시민교육 부서를 운영하고 있었다. 시민교육센터는 경기도가 막 시작하는 공모사업을 경기 민넷[47]과 연대를 통해 경기도를 4개 권역으로 나누어 시범사업을 시행함으로써, 민주시민교육에 대한 첫발을 내디뎠다.

● 전국적 모델을 향한 군포시 민주시민교육센터 설립

2019년 군포시의회는 민주시민교육의 활성화와 지원에 필요한 사항을 정하고 민주시민으로서 지녀야 할 권리와 책임 의식을 함양하기 위한 '민주시민교육' 조례 제정에 나섰다. 시민단체 출신 재선인 성복임 의원은 여야 시의원, 시민단체, 관계 공무원, 전문가 등으로 구성된 TF를 구성하고 몇 차례의 시민간담회와 토론회 등을 열고 조례를 제정하였다. 그해 4월에 경기도가 추진하는 민주시민교육센터 시범사업을 신청한 군포시는 자체 예산과 합쳐 민주시민교육센터에 대한 민간위탁을 진행하였다.

서울에는 서울시에만 민주시민교육센터가 있다면, 경기도는 5개 시에 민주시민교육센터 시범사업을 진행하였다. 군포시의 경우는 그동안 풀뿌리 시민교육을 해온 시민교육센터와 YMCA가 컨소시엄을 구성한 후 단독 신청하여 센터로 선정되었다. 시민교육센터는 2016년부터 마을서부터 주권자 교육의 관점에서 꾸준히 진행한 경

---

47) 경기민주시민교육네트워크(민넷)는 기존 시민단체와는 별도의 자생적으로 주민을 상대로 민주시민교육을 실시하고 있는 경기도 20여 개 지역의 결사체들의 네트워크로서, 경기도나 각 지역의 민주시민교육 조례 제정이나 지역 민주시민교육센터의 설립을 촉진하는 등 풀뿌리 민주시민교육 운동을 하는 네트워크 조직이다.

험이 있었고, YMCA도 다양한 시민교육의 경험이 있었기 때문에, 컨소시엄을 구성한 두 단체가 민간위탁 기관으로 선정된 것은 당연했다. 군포는 경기도 4곳48)과 함께 한국에서 최초로 민주시민교육센터가 설립된 곳이다. 초창기라 상근인력의 취약함에도 불구하고, 센터에서는 그동안 활동가들로 운영위원회와 실행위원회를 구성하고 자원 활동체계로 사업을 진행했다. 운영위원회에는 수탁 기관인 시민교육센터와 YMCA 이외에도 시민단체협의회, 사회적경제협의회, 자원봉사센터, 청소년문화재단 등 지역에서 시민사회의 중추 역할을 하는 단체들이 운영위원회에 참여하였고, 그동안 시민교육센터에서 시행한 활동가 양성 과정을 이수한 활동가들로 구성된 실행위원회가 사업의 실무를 지원했다(민주시민교육센터 평가 자료집. 2020).

[그림 32] 군포에서 민주시민교육센터의 3가지 기능과 역할

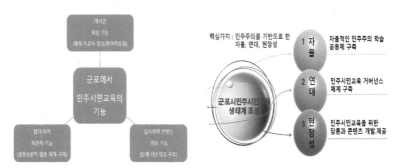

출처: 군포시 민주시민교육센터 활동 계획서 중에서, 2020

---

48) 2019년에 경기도는 군포, 광명, 파주, 용인, 화성 5개의 시에 5천만 원을 지원하면서 해당 자치단체와 대응 투자 방식의 시범사업으로 민주시민교육센터를 설립하였는데, 타 광역시도와 달리 경기도의 기초자치단체 차원의 센터 설립 방침은 지역마다 시민교육기관(Civic Education center)을 설립한 독일과 유사한 형태로 볼 수 있다.

센터는 초기부터 3개의 주요 역할을 기획하고 출발했다. 실제 대시민 민주시민교육을 실시하고 찾아가는 시민교육 강사를 양성하는 기관이면서, 네트워크를 구성해 민주시민교육의 콘텐츠를 제공하는 허브 역할을 하면서도, 협치governance와 주민자치 영역과 상호 협동을 통해 시민 속으로 민주시민교육이 확산하도록 하는 것이었다. 행정사업을 대행하는 일반적인 중간지원조직이 아니라, 센터는 대시민 학습 기관으로서 프로그램을 직접 운영하면서도, 민주시민교육을 확산할 수 있는 마을활동가나 강사를 양성하였으며, 학습동아리를 통해 시민들의 자발성과 창의성이 발휘되도록 기획했다. 8개월 만에 20명이 활동가·강사단 아카데미를 이수하고 9명의 강사단 동아리에서 마을 속으로 찾아가서 민주시민교육을 진행하는 것은 자발적 학습체계의 큰 성과이다. 특히 11개 70명의 서로 배움 동아리는 자체적인 기획에 기초해 민주주의에 대한 학습과 다양한 콘텐츠를 창출하고 있다.

〈표 20〉 2020년 센터의 사업 프로그램

사업명	사업내용
1. 민주시민교육 프로그램 콘텐츠 및 매뉴얼 개발	○ 시민 친화적인 민주시민교육에 대한 프로그램과 콘텐츠 개발 후 각 단체에 보급
2. 민주시민교육 안내 책자 제작과 보급 및 홍보	○ 민주시민교육에 대한 초보 안내서 및 동영상 제작
3. 군포시 민주시민교육 네트워크 구성	○ 관내 시민사회단체, 주민단체 등과 네트워크 구성 - 자발적인 참여의 틀 형성
4. 민주시민교육이 가능한 학습 촉진자 (learning facilitator) 강사 양성	○ 교육 퍼실/강사 자원봉사 결합 강사 양성
5. 민주시민의 평화통일 DMZ 체험	○ 학습과 체험 병행을 통해 한반도의 평화통일과 민주주의를 결합
6. 찾아가는 민주시민교육 강의	○ 주민이 필요한 내용을 가지고 직접 찾아가 학습과 공론장을 만들면서 시민 접근 가능성을 높여 나감
7. 시민학습 동아리 지원	○ 자생적 주민 학습모임인 다양하고 광범위한 동아리를 통해 민주시민교육 확산

출처: 군포시 민주시민교육센터 네이버 카페

군포시는 한국의 민주주의 역사에서 민주시민교육센터가 가지는 중요한 시대적 의미에 부합하려고 하였다. 군포시와 시의회의 분명한 의지는 군포시 민주시민교육 발전의 잠재적 가능성을 보여준다. 현재 군포시 민주시민교육 네트워크에 참여한 20여 개 단체와 기관에서 자체 프로그램을 진행하고 상호 소통하고 연대할 경우 시민교육의 대중성이 확보될 것으로 기대한다. 시 정부와 시의회, 센터 모두 민주시민교육센터와 협치·주민자치와의 유기적 관계의 필요성을 이해하고 중장기적 비전을 모색하고 있다. 따라서 현재 20여 개 단체·기관이 적극적 참여 의사를 보이는 민주시민교육 네트워크를 중심으로 유기적 소통과 상호 지원과 협동체계를 잘 구축해 나가면서, 군포시의 시민교육 인프라를 잘 활용해 주민자치 영역과 연계한다면, 군포의 민주시민교육의 전국적 모델화를 기대할 수도 있다(군포시 민주시민교육 콘텐츠 및 프로그램 개발서 2020: 162).

　군포에서 자치민주주의가 발전하기 위해서는 자치분권과 민주시민교육과의 관계를 이해하는 것이 중요하다. 민관협치와 주민자치를 하는 이유는, 선거 만능주의를 극복하고 자치민주주의의 실행을 위한 것이다. 선거를 통해 주권을 위임하는 간접민주주의의 결함을 보완하고 극복하기 위해서는, 자치민주주의를 우선 지역 단위부터 시작해서 점차 전국 단위로 확대하는 것이 중요하다. 행정이 기획하는 협치와 자치가 주민자치력 향상으로 진화하려면, 자치민주주의의 기본 철학과 가치를 체득한 활동가들의 역할이 중요하다. 주민이 자발적 공론장을 형성하고 자치적 결정을 실행할 능력이 있어야 가능하기 때문이다. 과거와 같이 공무원이 근무 시간 내에 통지해서 모이는 의례적 회의나 간담회[49]는 자치력을 높이는 공론장이 아니기 때문이다. 따라서 민주시민교육센터에서는 마을에서 자발적 소모임을 만들거나 공론장을 스스로 조직할 수 있는 활동가를 양성하는 것은 매우 중요하다.

그런데 시민교육을 몇 번 이수했다고 이러한 활동가가 양성되는 것이 아니라는 점이다. 일과 후나 휴일에도 마을 사람들과 소모임을 하고 공론장을 만들 수 있는 활동가는, 이러한 활동이 자신과 지역, 나라의 발전과 행복을 위해 매우 가치 있는 일이라는 신념이 있어야 가능하기 때문이다. 권력 행사의 주체는 주민이라는 인식이 생활철학이 되기 위해서는, 선거민주주의가 아닌 자치민주주의에 대한 역사와 원리를 지속해서 학습하고 체험하면서 스스로 마을 사람들과 모임을 통해 배워나갈 때 가능하다. 민주시민교육센터는 활동가 양성 프로그램을 배치하면서도 이들이 마을에서 소모임을 만들고 그 속에서 안정적으로 배우고 성장할 수 있도록 물적·제도적 지원체계를 마련해야 한다. 자치민주주의를 체득한 마을 활동가를 양성하는 일은 주민자치를 안착시키기 위한 필수조건이다.

---

49) 현재 한국의 협치와 자치(주민자치회)는 담당 공무원이 자신의 근무 시간 내에 참여 가능한 주민들에게만 해당한다는 점에서 동등한 시민주권에 상당한 침해를 주고 있다. 저녁이나 휴일에도 주민들 스스로 일시를 정해 모이고 안건을 토론하는 공론장이 가능해야 노동하는 대부분 시민의 자치권이 보장되게 된다.

[그림 33] 생애주기에 따른 민주시민교육의 주제

유아기	소녀/년기	청년	중년기	노년기/선배민주시민
대화	대화와 토론하기	민주주의 사회와 정치참여	민주주의 자원활동	민주주의 봉사
역할분담	민주주의	공동체에 대한 관심	교육 참여와 교육자로의 활동	사회활동과 참여
호기심자극	사회현상이해	공동체 문제 해결 노력	인생 이모작 준비	성찰적 삶의 태도
선입견 극복	사회참여와 연대	직업별 교육 참여		
	봉사활동과 협동			
	세계시민	세계시민		

출처: 경기민주시민교육연구소 2020, 군포시 민주시민교육 콘텐츠 개발서

[그림 34] 군포시 민주시민교육 활동가 및 강사 양성 체계

활동가 양성과정(센터)	강사단 동아리(센터)	전문강사단 (대학교 연계)
학습촉진자 활동 마을활동가	서클 리더 북서클 리더 선별적 찾아가는 강사 활동 체험프로그램 안내자	프로그램 강사 찾아가는 민주시민교육 전문강사 활동 타 지역 강사활동

출처: 경기민주시민교육연구소 2020, 군포시 민주시민교육 콘텐츠 개발서

[그림 33]은 센터에서 계획하고 있는 생애주기별 민주시민교육 체계이다. 민주시민교육에 대한 인식의 정도가 달라서, 나이별로 수준에 맞는 학습 내용과 프로그램이 제공되어야 한다. 유아기와 청소년 시기 민주시민교육은 학교 교육과 연관된다. 학교를 졸업하

고 사회로 나오면, 지역에서 그에 맞는 민주시민교육의 프로그램과 콘텐츠를 준비해서 제공해야 한다. 따라서 대상별 수준에 따라 주민 속에 들어가 시민교육을 확산시킬 수 있는 활동가나 강사 양성이 시급한 문제이다. 현재 민주시민교육의 강사 역량은 매우 빈약하고 경직적이다. 전통적 민중 단체나 시민단체에서는 민주주의를 심화하는 자치민주주의의 중요성에 대한 인식이 부족하다. 행정에서는 행정이 기획하는 협치나 주민참여 교육이 민주시민교육인 것처럼 오해하고 있다. 특히 행정이 민주시민교육센터를 일반적인 중간지원조직으로 인식하면서 발생하는 관료주의적 사고방식이나 간섭을 극복하고 시민의 자치조직으로서의 센터의 위상과 역할을 세우는 것이 큰 숙제로 남아 있다.

학문적 개념과 용어에 익숙한 초청한 교수의 강의를 통해 일반 주민이 자치민주주의를 쉽게 이해하기는 쉽지 않다. 따라서 주민의 언어로 쉽게 주민과 소통할 수 있는 콘텐츠를 개발해서 그들이 직접 강사로 활동하는 체계적 강사 양성의 프로그램이 필요한 것이다. 그래야 민주주의Democracy가 갖는 철학적 가치와 역사에 대한 학습을 배제하거나 미약하게 다루기 때문에 발생하는 한국 민주시민교육의 문제점을 군포에서는 극복할 수 있다(경기민주시민교육연구소 2020: 162).

[그림 34]처럼, 센터에서는 민주시민교육에 관한 활동가나 강사를 체계적으로 양성하는 프로그램을 가동하고 있다. 매년 체계적인 활동가·강사 양성 프로그램을 통해 20여 명의 활동가가 배출된다. 1년 동안 학습한 사람 중에서 전문 강사로 활동할 의향이 있는 사람은 다시 강사학습 동아리를 구성하여 자체적으로 학습하면서 강

의안을 발전시킨다. 강사단들은 찾아가는 민주시민교육 프로그램을 통해 마을과 기관에 방문하여 강의한다. 이것은 현재 한국의 민주시민교육이 가진 지역 교육 역량의 한계를 극복하고 지역 차원의 자치적인 민주시민교육이 정착될 수 있는 동력으로 작용할 것이다.

4) 대야미마을협동조합(공동체)

대야미동은 군포시 11개 동 중의 하나로서 수리산을 끼고 2개의 저수지(반월저수지, 갈치저수지)가 있어 산과 논밭, 마을과 아파트가 공존하고 있다. 이전에는 농촌 지역이었지만 2010년 대야미에 아파트 단지가 들어서면서 산과 들, 물이 어우러진 매력적인 맑은 공기와 친환경적 주거 조건으로 대야미에 사람들이 모여들기 시작했다. 아파트 생활은 편리하면서 대도시로 출퇴근하기 좋고, 아이들이 자연과 더불어 교육받을 수 있는 곳, 어린 자녀를 둔 학부모들에게 대야미는 매력적인 곳이다.

아파트가 들어서기 전에 대야미에는 둔대 초등학교가 있다. 아파트 단지가 들어서면서 단지 안에 새롭게 초등학교가 생겨났고, 아파트의 아이들이 새로운 초등학교에 입학하면서 이 학교는 폐교의 위기에 처했다. 이 학교를 졸업했거나, 이 학교에 아이들을 보내거나, 둔대 초등학교에서 학부모 운영위원회에서 있던 사람들은 학교가 폐교되는 것을 원하지 않았다. 동문회와 운영위원, 학교는 많은 노력을 기울었다. 이들의 오랜 노력으로 둔대초는 폐교 위기에서 벗어났을 뿐 아니라, 혁신학교로 지정받게 되었다. 폐교 위기에서 구해 내고 혁신학교로 만들면서 함께했던 사람들은 그 힘으로 마을의 아이들을 위해서 무언가 하고자 노력하게 되었다. 둔대초의 폐교를 막아냈던 공동체의 힘으로 이제는 아이들에게 진정한 교육과 놀이를 줄 수 있다는 자신감이 생겼다.

자녀의 교육에 남다른 뜻을 가진 사람들, 서로의 자녀를 공동으로 돌보고 있던 엄마들, 대안학교를 위해 애쓰던 사람, 미술 작업실을 개방하고 사람들을 모아 함께 전시하고 작업하는 일을 하던 사람들이 서로의 재능과 노력으로 마을공동체를 위한 일을 하고자 뜻을 모았다. 그렇게 해서 2013년 대야미 마을협동조합 추진 모임이 발족하였다. 초기 준비 상황과 협동조합으로 20여 명의 발기인이 모여 학교 들어가기 전 공동육아부터, 초등 시절 방과 후 시간의 고민이 "마을 뜨락"으로 이어졌다. 공동체를 위한 모임을 만든 후 마을협동조합을 운영하는 마을을 찾아가고, 강의를 듣고, 서로의 의견을 나누고 오랫동안 준비했다. 준비하는 동안 도 교육청에서 공모한 주민 제안 사업에 선정되었고 지원금으로 협동조합을 창립하고, 둔대 초등학교의 방과 후 돌봄 교실을 지원하기 위한 터전도 마련하였다. 터전의 이름은 '꿀참나무'였다(대야미마을협동조합 홈페이지 자료실 2020).

$$\text{마을뜨락과 오만가지 꿈의학교}$$

'오만가지 즐거운' 꿈의 학교는 재미없는 암기식 학교 교육을 아이들이 즐기고 꿈을 찾을 수 있는 재미있는 교육으로 만들어가는 것이다. 마을의 엄마, 아빠들이 아이들과 같이 고민하고 함께하면서 마을 주민과 아이들의 마을 교육공동체를 지향한다. 학교라는 공교육이 교육을 독점하던 시대에서 마을이 아이들의 교육공동체의 개념으로 전환되는 것을 말한다. 아이들의 학교 교육은 자본주의 체제를 유지, 강화하기 위한 기초 정보와 이데올로기적 체제 내화가 목적이다. 이러한 공교육에 질식할 것 같은 한국의 아이들은 게임 등과 같은 SNS 가상공간에서 꿈과 새로운 세계를 즐기며 해방감을 느낀다. 그러나 가상공간은 군집 동물인 인간 공동체를 통해 느끼는 진정한 행복과 즐거움을 제공해 주지 않고 일시적인 환상을 심어줄 뿐이다. 그러한 상황에서 '오만가지 즐거운' 꿈의 학교는 지겹고 따분한 아이들에게 마을 어른들이 새로운 세상과 꿈을 선사해 주는 공동체로서 다가온다. 아이들은 마을에서 어른들과 함께 생활하고 놀고 배우며 자라면서 마을공동체가 가지는 철학적인 뿌리를 이해하게 된다. 따라서 대야미 협동조합은 교육공동체로서의 협동과 자치라는 철학적 지향을 한다.

● 아이들 즐거운 꿈의 수업
  크로우즈 야구클럽/자전거 수업/별을 찾아서/자연 놀이터
  청소년 목공수업/야생동물/꿈의학교 발표회
                    (대야미마을협동조합 네이버 카페에서 정리 2020)

[그림 35] 대야미마을협동조합 오만가지 즐거운 꿈의 학교

출처: 대야미마을협동조합 다음카페

가양주작: 수제막걸리 마을기업

　군포 수리산 남쪽 대야미역과 마주한 빌딩 4층을 보면 '가양주
작'이 보인다. 가양주家釀酒의 의미는 '집에서 빚은 술'이라는 뜻이다.
"둔사부"-둔대초등학교를 사랑하는 아빠들- 모임에서 아빠와 함께
하는 캠프도 열고, 자전거를 타고 기행도 다녀오고… 아빠들이 좋
아서 모이다가 이 모임에 참여한 사람들이 전통주 동아리도 만들었
다. 10년간 취미로 가양주를 담가온 대표를 중심으로 10명의 마을
주민이 매주 모여 막걸리와 약주를 담그며 친목을 도모해 오다가
마을 사람들이 함께 즐길 수 있는 주점을 열기로 의기투합하였다.
2016년 2월 첫 사업설명회에서 1계좌에 1백만 원씩 출자자를 모집
하고 마을기업인 농업회사법인을 설립했다. 실내장식은 회원과 출
자자들의 예술적 솜씨로 손수 진행했다. 실내장식 공사가 마무리되
고 오랜 씨름 끝에 탁주와 약주 제조면허를 부여받아 본격적인 술

- 307 -

만들기에 들어갔다.

마을 사람들이 함께 만들고, 건강하고 안전한 먹거리가 있는 곳으로 마을 사람들이 주인이 되어 마을공동체를 위해 술자리를 통해 마을 사람들이 모이는 곳을 만드는 것이다. 가양주작은 우리의 술, 막걸리를 전통적인 방식으로 직접 주조하여 사람들과 함께 나누는 막걸리 커뮤니티를 통하여 마을 사람들이 못다 한 이야기를, 못다 한 노래를 이곳에서 나누는 소통과 흥겨운 공간이 되었다.

가양주작은 마을공동체의 텃밭인 대야미마을 협동조합이라는 마을공동체를 위한 경제사업의 목적으로 양조장을 연 것이다. 양조장에서 직접 만든 막걸리는 '수리산 맑은 물살'과 우리 밀 누룩만으로 빚어낸다. 7일간 발효하고 손으로 짜낸 술에 절반의 물만 가수하고 일체의 첨가물을 넣지 않아도 진하고 풍부한 맛을 낸다. 2016년 2월 주세법 개정을 통한 '하우스 막걸리' 제도화 이후 전국에서 처음 설립된 하우스 막걸리 전문점이다. 현재 탁주와 약주 제조에 대한 면허를 취득하였고 리큐르 제품이 2019년부터 면허취득 및 판매가 되었다. 2014년 마을 협동조합(조합원 90명) 설립한 이후 조합은 열악한 경제 문제로 계속 시달려 왔다. 조합 사무실과 조합원들은 존재하였지만, 매달 조합비로 임대료를 내면 더는 여유가 없었다. 상근자의 월급이나 활동비가 없어 조합의 많은 사업이 이사장 개인의 헌신과 봉사로 이루어져 왔다. 따라서 상근 역량을 안정적으로 확보하고 협동조합 사업을 확장하기 위해서는 재정이 절실히 요구되었다. 이런 상황에서 조합의 재정적 기능도 담당하면서 마을 사람들의 정겨운 만남과 소

통의 장소로서 가양주작을 만드는 데 많은 사람이 기꺼이 동의하
였다(네이버 검색 자료 참조).

[그림 36] 도시농부 학교와 멋과 향의 공간 가양주작

출처: 대야미마을협동조합 다음카페

[그림 37] 대야미마을협동조합 자치 소모임 현황

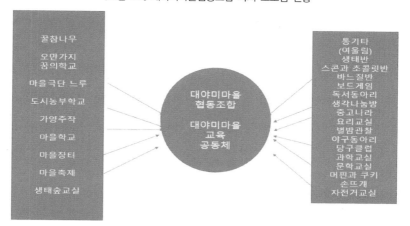

5) 확장하고 있는 사회연대경제

[그림 38] 군포시 협동조합 조직 및 동네 현황

출처: 군포시 사회적경제 안내서 2020, 군포시 사회적경제 마을공동체 지원센터

　군포시에는 현재 협동조합이 34개소, 사회적(예비)기업 12개소, 마을(예비)기업 3개소가 운영되고 있다. 군포시 사회적경제마을공동체지원센터에서 조사한 것만 해도 공동체가 60개 이상이 된다. 협동조합의 형태를 보면, 지역 주민들의 권익·복리 증진과 관련된 사업을 수행하거나 취약계층에게 사회 서비스 또는 일자리를 제공하는 등 영리를 목적으로 하지 않는 사회적협동조합이 7개인데, 문화소통공동체 사회적협동조합, 세계교육 사회적협동조합, 아라 사회적협동조합 등 교육 관련 조합이 3개에 해당한다. 소비자생활협동조합은 군포아이쿱조합, 한살림 등 2개이며 나머지는 일반 협동조합이다. 군포의 협동조합이 최근부터 생기고 있지만, 출판·영상,

예술·스포츠, 숙박·음식업 등 다양 분야에서 경제적 목적을 가지고 추구하고 있다. 이것은 최근에 사회적경제마을공동체지원센터(이하 마을공동체 센터)가 설립되면서 자조와 호혜의 경제적 협동조합을 조직적으로 지원하기 때문이다.

이곳은 중간지원조직으로 협동조합 및 마을공동체 형성 지원과 네트워크 구축 및 거버넌스 사업을 통한 사회연대 경제 활성화를 추진한다. 특히 중앙 중심의 경제정책으로 인해 지역 경제가 사멸하는 상황에서, 지속 가능한 자생적 지역 경제의 개발이 요구되고 있는 점과 연관된다. 이에 센터에서는 수익 창출이 가능한 일반 협동조합이나 사회적기업의 창업을 체계적으로 지원함으로써, 지역 경제를 살리고 주민의 일자리 창출을 중장기적으로 추진한다.

[그림 39] 군포시 사회적경제 마을공동체 지원센터 미션과 사업

구분	협동조합명	업종
사회적협동조합	문화소통공동체 사회적협동조합	교육 서비스업
	사회적협동조합 파머스쿱(Farmers Coop)	농업, 어업 및 임업
	세계교육사회적협동조합	교육 서비스업
	아라 사회적협동조합	교육 서비스업
	아시아나눔사회복지재단 사회적협동조합	보건업 및 사회복지서비스
	아트기버 사회적협동조합	전문, 과학 및 기술 서비스업
	인생나지작업장 사회적협동조합	보건업 및 사회복지서비스
일반협동조합	군포방송협동조합	출판, 영상, 방송통신 및 정보서비스업
	군포마을맛집협동조합	숙박 및 음식점업
	군포복지협동조합	제조업
	경기경영컨설턴트 협동조합	교육 서비스업
	기전메일인협동조합	예술, 스포츠 및 여가관련 서비스업
	대야미마을협동조합	농업, 어업 및 임업
	아이마루협동조합	교육 서비스업
	어차줌협동조합	숙박 및 음식점업
	예술의공협동조합	예술, 스포츠 및 여가관련 서비스업
	융합메이커협동조합	전문, 과학 및 기술 서비스업
	카드뮬슬전신관리(나농정보통신)협동조합	출판, 영상, 방송통신 및 정보서비스업
	케노시스협동조합	제조업
	타운바이크팩토리협동조합	협회 및 단체수리 및 기타 개인서비스업
	한국유아교육연합협동조합	도매 및 소매업
	한국통합경비협동조합	사업시설관리 및 사업지원서비스업
소비자생활협동조합	군포마이쿱소비자생활협동조합	지역먹거리사업

출처: 군포시 사회적경제 안내서 2020, 군포시 사회적경제 마을공동체 지원센터

사회적기업으로 점보롤, 핸드타월, 화장지 제조, 청소용품을 생산하거나, 건물위생관리, 청소 용역, 방역 및 소독작업, 대리석 광택, 종량제 쓰레기봉투 판매 등과 관련된 기업 등 2020년 현재 마을기업을 포함해 14개 사회적기업이 운영 중이다.

문제는 많은 상근자를 채용하고 중간지원조직을 통해 사회적경제를 지역 경제의 중요한 축으로 성장시키려는 행정의 목표와 달리, 협동조합이나 마을기업들의 지속 가능성의 문제가 제기된다. 군포시뿐만 아니라, 한국의 협동조합의 사업적 성공률이 극히 낮기 때문이다. 초기에 나오는 지원금을 목적으로 일시적으로 설립하는 협동조합도 많다는 점이다. 초기 자금을 지원하는 것은 올바른 방안이나, 이후 체계적 관리를 통한 마케팅 지원에 대한 부실이 이런 원인으로 지적된다. 따라서 마을공동체센터에서는 성과주의적 창업 지원 사업이 아니라, 창업 지원부터 상품 개발과 혁신, 마케팅, 시장 네트워크 형성까지 종합적 지원체계로 발전해야 한다. 그래야 사회적경제를 통한 수익 창출이 어려운 조건에서, 수익과 사회성의 공존 속에 발전할 수 있는 토대 형성이 가능하기 때문이다.

마을공동체에 대한 지원사업도 마찬가지다. 현재 마을공동체센터에서 자체 조사한 보고서에 의하면 사회성과 공익성에 입각한 군포시 소재 마을공동체가 640여 개가 넘는다.

본 조사는 공동체를 총 6개 형태로 나눠 구분하고 있다. 조사 결과 [그림 40]처럼, 가장 높은 비중을 차지하고 있는 것은 <취미> 관련 공동체로 총 291개(50.7%)로 나타난다. 해당 공동체는 일상생활 영역에서 자주 접할 수 있는 각종 등산회, 조기축구회, 배드민턴회, 자전거 동호회, 악기연주, 독서 모임 등과 같은 것이다. 두 번째로 비중이 높은 공동체는 지역사회 내 각종 자원봉사 활동을 중심으로 활동하는 <봉사> 관련 공동체로 총 95개(16.6%)인데, 각 동마다 존재하는 ○○동 봉사회, ○○노인 봉사단을 비롯한 민간봉사단체 외 사회복지시설 이용자 및 보호자를 중심으로 구성된 ○○복지관 봉사단, 이웃돌봄단 등이 해당 분류의 다수를 차지한다. 세 번째로 비중이 높은 것은 87개(15.2%)를 차지하는 <협단체>로 해당 공동체는 주로 공공 부문 의사 결정기구의 역할을 하는 협의체 또는 지역사회 문제 해결을 위한 시민단체 및 비영리단체가 대다수를 차지한다(군포시 지역사회 사회자본조사 보고서 2020).

[그림 40] 군포시 공동체 유형별 분류 그래프

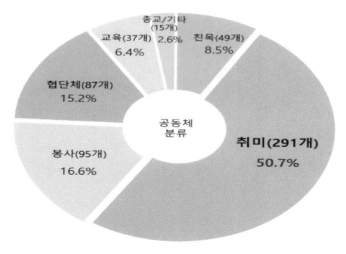

출처: 군포시 지역사회 사회자본조사 보고서 2020

그러나 주민의 자생적인 모임이지만 지역적 연관성과 연대 의식이 낮은 단순 동호회 및 친목 모임, 공공행정의 목적에 의해 만들어진 관변단체, 특정 집단의 이익을 대변하기 위해 결집한 협단체의 비중이 70% 이상의 매우 높은 특성을 보인다. 향후 지역사회 공동체의 균형과 발전을 꾀하려면 개방성, 지역성, 공동체성 등 3가지 성격에 적합한 신규 공동체 양성 또는 발굴에 대한 노력이 필요하다. 개방성은 새로운 구성원들을 적극적으로 받아들이고, 다양한 아이디어와 대안을 포용할 수 있는 공동체 역량으로 20·30세대가 중심이 된 공동체의 양성과 지원은 요청된다. 지역성은 지역사회의 인적·물적 자원과 특성을 활용해 지역 정체성을 강화하고, 지역 문제를 해결하는 공동체를 먼저 발굴해 지원하는 것이 필요하며, 공동체성은 공동의 유대감, 소속감, 친밀감, 일체감 등을 형성하고 유지하는 공동체 역량 강화를 위해 신규 공동체의 경우 학습조직 지원을 통해 새로운 구성원을 발굴하고 리더를 육성하는 것이 중요하다(군포시 지역사회 사회자본조사 보고서 2020: 170).

군포시의 경우 아이쿱과 한살림 생협의 운영과 활동이 활발하다. 지금의 아이쿱생협은 1997년도 소각장 주민투쟁의 성과로 환경자치시민회라는 결사체가 만들어진 이후 1999년도 회원들이 자발적으로 중심이 되어 만든 소비자협동조합이다. 당시 발기인 30명 정도로 시작하고 조합원이 100여 명에 불과하였지만, 생협이 환경자치시민회로부터 독립하여 운영한 이후 2018년도 출자 조합원 수는 2,624명이고, 매장 이용 비조합원은 2~3만 명 이상으로 추산하고 있다. 현재 마을모임(수다방데이 포함)이 19개, 동아리('사유하는 부모'50) 포함)가 10여 개 이상이 운영이 정상적으로 활동하면서 참석자 수의 연인원이 1,435명으로 전년 대비 118명이 증가했다(군포아이쿱생협 2018년 총회 자료집).

[그림 41] 군포아이쿱생협 조직 경과

2014	•	2.15	군포 iCOOP생협으로 조직명칭 변경
2009	•	11.26	자연드림 산본점 오픈
		3.7	iCOOP군포생협 법인창립총회
2008	•	10.30	iCOOP군포생협 임시총회
2002	•	1.26	iCOOP군포생협 창립총회
2000	•	3.22	생협연대 물품공급 시작
1999	•	12.28	iCOOP군포생협 추진위원회 발족

출처: 군포아이쿱생협 홈페이지51)

군포아이쿱생협은 주민자치라는 지역 민주화운동의 성격을 가진 소각장 싸움 이후 자치적 결사를 통해 만들어졌다는 점에서 군포생협은 시민사회와의 연관성을 가지고 있다. 그래서 생협의 친환경적 공동구매, 공동소비와 마을모임, 소모임을 통해 신뢰, 규범, 네트워크라는 사회자본이 형성되었다. 이들은 군포시민단체협의회의 참관

---

50) 동아리 중 독서 모임인 '사유하는 부모'에서 앤디 위어의 『마션』을 읽고 2019년 5월 모임 보고서 중에 나오는 후기: 나를 살리기 위해 들어간 비용은 수십억 달러에 달할 것이다. 괴상한 식물학자 한 명을 구하기 위해 그렇게 많은 것을 쏟아붓다니, 대체 왜 그랬을까? 그렇다. 나는 그 답을 알고 있다. 어느 정도는 내가 진보와 과학, 그리고 우리가 수 세기 동안 꿈꾼 행성 간 교류의 미래를 표상하기 때문인지도 모른다. 하지만 진짜 이유는 모든 인간이 기본적으로 타인을 도우려는 본능을 갖고 있기 때문이다. 가끔은 그렇지 않은 듯 보이기도 하지만, 사실 그렇다.

51) 2018년 조합의 자산총계가 1,320,624,790원, 수입총계 284,126,542원, 지출총계는 232,927,176원, 당기손익 51,199,366원이며 매장 수입총계 170,542,070원, 지출총계는 86,076,408원, 당기손익 84,465,662원이 발생하였음을 설명하다. 통합 수입총계는 454,668,612원, 통합 지출총계는 319,003,584원, 당기손익은 135,665,028원이었다.

단체로 참여 등 다양한 현안에 대한 연대를 통해, 지역 시민사회 네트워크 형성에 대중적 토대를 제공했다고 평가할 수 있다. 그런데도, 생협이 추구하는 사람과 생명 중심의 사회적 가치 실현을 위한 사업이 충분한지에 대한 의문은 계속되고 있다. 마을모임이나 소모임 활동을 통해 자치적 공동체 형성의 토대를 축적하는 것은 의미 있으나, 그러한 내부적 공동체의 지향이 시민사회의 다양한 가치 및 철학과 조우하고 소통하면서 보다 공익과 자치의 확산을 위한 공동 행동의 필요성이 제기되고 있기 때문이다.

경제적 수익과 관리체계의 효율성을 높이려는 것과 함께, 생협을 통해 얻는 이익의 일정 부분을 지역 시민사회의 확대와 강화에 투여할 수 있는 보다 친시민사회적인 목적과 정책이 필요하다. 소비자 주부에게 생활 세계에 대한 교육이나 실천을 촉진하기 위해, 민주시민교육네트워크나 공익지원센터, 마을공동체지원센터와 연계하여 조합원의 수준에 맞는 다양한 프로그램을 공유하는 것이 필요하다. 그렇지 못할 경우, 조합원의 자족적인 생활공동체 수준을 뛰어넘어 지역사회 혹은 세계시민으로서의 보편적 지식과 정치의식을 높이는 데 한계로 작용하기 때문이다. 특히 이러한 생활공동체의 경우 자족적 한계가 늘 존재한다. 그래서 내부 성원 간의 생활 도구적 수준에 만족하고 사고와 가치체계 및 행동의 범위를 공동체와 세계시민으로 향한 공공선의 범위로까지 확대하지 못하는 경향성을 극복하는 것이 과제로 제기되고 있다.

3. 경기 중부와 군포의 이원적 상호 통합형 자치

1) 진보와 민주화운동의 뿌리, 경기 중부권의 노동운동

① 1980년 초반 경기 중부(안양·군포)권의 노동운동

61년 5.16 군사 쿠데타가 발발한 이후 바로 국가재건 최고회의 포고령 제6호에 의거 모든 노동단체를 해산시켰다. 군인들은 위법적으로 61년 8월 3일 노동자의 단체활동에 관한 임시조치법을 공포하고 중앙정보부에서 선정 후 교육한 재건 조직위원회를 9인으로 구성하였다. 이 조직이 오늘의 한국노총이다. 당시 군정은 기업별 노조였던 대한노총 대신에 산별노조를 만들었는데, 그 이유는 간선제로 뽑는 어용 산별노조 위원장에게 모든 권한을 주고 상층을 통제하면서 전 노동자를 효과적으로 통제하겠다는 생각이었다.

5.16 군사 쿠데타 후에 노동조합이 한국노총으로 전환되면서, 안양에서도 61년 9월 1일 고려석면에 분회(48명)가 결성되면서 이어서 삼덕제지 지부(115명), 한국특수제지에도 지부가 결성되었고, 62년 4월 21일에는 삼영하드보드에 지부(47명)가 결성되었다. 안양에는 61년 말에 총 6개 업체가 있었는데 거의 모든 업체에 노조가 결성되었다(이시정 2007: 43). 한편 5·16 이후 경제개발계획이 진행되면서 안양·군포에 큰 공장들이 들어온다. 이때 굵직한 기업인

동아제약, 금성전선(금성사 전선사업부), 동양나이론이 들어왔다. 이에 안양은 제2의 영등포라고 불릴 정도로 수도권 거대 공업지대로 성장하였다. 이어 삼풍섬유가 66년, 동일방직이 68년, 금성통신이 69년에 만들어졌다. 안양지역의 공업화가 진행되면서 노동자들의 목숨을 앗아가는 대형사고도 빈발하고, 폐수 무단방류도 심각한 수준이었다. 64년 3월 5일 몰악산(시흥군 의왕면 오전리 한국 탄약 공업사)에서 탄약 분해 공장이 폭발하여 3명이 죽고 109명이 중경상을 입는 대형사고가, 66년에는 삼영하드보드에서도 폭발사고가 발생하여 노동자 6명이 사망하는 사건도 발생하였다.[52]

70년대 들어 안양은 정부의 중화학공업 정책에 힘입어 72년에 64개이던 업체가 70년대 후반에는 350여 개로, 1971년에 10만 명이던 인구가 1979년에는 20만 명으로 늘어났다. 73년 안양이 시로 승격되었는데, 1973년도 안양상공회의소의 노동조합 실태조사에 의하면 5개사의 조합원 수가 최초 5천291명에서 74년에는 10만 948명으로 기록되어 있다(『안양상공회의소 50년사』. 161-162; 이시정 2007: 48 재인용). 70년 11월 13일, 전태일의 분신 이후 청계피복노조를 기점으로 전국적인 민주노조 운동의 활성화가 시작되지만, 어용 노동조합이었던 안양의 섬유나 금속 등 대기업들은 조용했다. 오히려 안양의 대기업 노동조합은 중앙정보부의 계획에 따라 친정부적 반공주의에 포섭되었다. 72년 10월 17일, 박정희 정권에 의해 '10월 유신'이 선포되자 금성전선 지부는 10월 23일 '10월 유신에 대한 지지 선언'을 발표하고 계몽 활동에 나서게 되었다. 한국노총 산하의 전 노조 간부들은 10월 유신의 홍보요원으로 활동

---

52) 『섬유유통노조 50년사』.

한다. 72년 11월 2일에는 금성전선 조합원을 대상으로 전국 금속노조 본조 위원장의 "10월 유신 지지 강연"이 열렸고, 전태일 열사의 기일인 11월 13일에는 금성통신에서 열린 10월 유신 좌담회에, 11월 14일에는 경기도청에서 실시하는 계몽강연회에 조합원들이 동원되었다.53)

그러나 안양·군포 지역에도 70년대부터 노조결성과 생존권 투쟁이 전개된다. 동양나이론(현 효성) 전신인 한일나이론이 70년 4월 26일 섬유노조 한일나이론 직할 분회를 결성하고 1년여에 걸친 투쟁을 전개한 바 있다. 한일나이론(경기도 시흥군 안양읍)에서 69년부터 운영적자를 이유로 근로조건이 악화되자, 70년 4월 26일 섬유노조 한일나이론 직할 분회가 결성된다(조합원 460여 명). 회사 측은 경비원을 투입하여 노조 간부와 열성조합원들을 감시하고, 사소한 트집을 잡아 노조 간부들을 해고·강등하는가 하면 노조 탈퇴서를 받게 하는 등 부당노동행위를 하였다. 이에 노조는 5월 19일 경기도 지방노동위원회에 부당노동행위 구제신청을 냈지만, 구제신청은 기각되었다. 그러자 6월 25일부터 30일까지 분회 간부와 조합원 23명은 본사와 공장에서 임금인상, 단체협약, 부당노동행위 철회를 요구하며 단식농성을 벌였다. 회사 측은 단식투쟁에 대한 보복 조치로 노조 간부들과 조합원 23명을 무더기 출근 정지시키며, 16명을 해고하였다. 섬유 본조에서 71년 3월 위원장 명의로 경기도 지방노동위원회에 분회장 등 10명에 대한 부당노동행위 구제신청서를 제출하여, 지부장 등 3명의 구제명령을 받았다. 그러나 시흥군이 여전히 신고필증의 발급을 미루는 동안, 회사의 협박과 회유

___
53)「엘지전선 노동조합 30년사」. 93-94; 이시정 2017 재인용.

및 생활고에 지친 간부 6명이 회사 측과 타협하여 울산으로의 전출을 수락하게 되면서 분회는 와해된다(이시정 2007: 49).

삼풍섬유(경기도 안양시, 신사복 제조)는 종업원 약 1천 700명의 신사복 제조업체로서 방계회사까지 거느린 대기업인데, 종업원에 대한 각종 휴가나 휴식 시간이 없는 것은 물론, 임금도 75년 당시 10시간 근무에 초임이 일당 300원, 2년 이상 근무한 숙련공이 일당 460~480원에 불과했다(교회협 1984: 384; 이시정 2007: 50 재인용). 75년 7월 9일 섬유노조에서 종업원 약 1천700명 중 418명을 동원하여 관계기관의 직원이 입회한 가운데 노조(지부장 박귀만)를 결성한다. 그러나 노조가 결성되자, 회사 측은 간부들을 동원하여 노조 가입원서를 압수하는가 하면, 기숙사생의 외출 금지를 통해 사람들과의 접촉을 차단했다. 심지어는 노조에 가입하지 않겠다는 각서를 강제로 받기도 하고, 회사 직원의 노조 간부에 대한 일상적 미행 감시가 이루어졌고, 해고 등 온갖 불법행위가 자행되었다.

1960년대 후반에 설립된 안양근로자회관은 공단지역임에도 불구하고, 뚜렷한 노동운동 지원 기관이 없었던 안양·군포지역의 노동운동 활성화에 많은 기여를 했다. 이곳은 노동 사목이 국제가톨릭형제회A.F.I.의 도움으로 시작된 곳이다. A.F.I.는 평신도 사도직 단체로서 세상 속에서 세상 사람들과 함께 살며 그리스도교적 사랑과 형제애를 무기로 삼아 세상의 불의와 불평등에 맞서 싸우는 가톨릭 조직으로 오스트리아인인 서정림 말가리다Wilgefort Sommer가 초대 관장이었다. 69년 10월 1일, 대농에서 일하던 5명의 J.O.C. 회원이 입사하면서 기숙사가 시작되었다. 입사 조건은 '안양에서 백 리 이상 떨어진 곳에 집이 있는 19세에서 23세 사이의 취업 여성'으로

'최소 6개월 최장 2년 이하' 기숙사에서 생활할 수 있는 근로 청소
년이었다.54)

　근로자회관에는 70년대 초반부터 노동자들의 모임이 만들어졌는
데, 1972년에 이전 기숙생들 주축으로 '교우 근로자 모임'이 만들
어졌다. '교회 안의 젊은 근로자들이 그리스도의 눈으로 자기를 보
고 비복음적인 노동 현실을 개선하자'라는 취지에서 만든 모임이었
다. 그들은 '노동절연구회'를 만들어 노동절인 3월 10일 근로자의
날 행사를 기획하면서, 지역 주민이 참여하는 '근로자 노래자랑'을
진행하였다. 75년부터는 경기지역 노동자를 대상으로 노동자 상담
도 시작되었다. 75년 한 해 상담 건수가 400여 건이었다. 70년대
후반에는 탈춤반이 만들어져 활동하기도 하였다. 79년에는 탈춤 강
습을 시작하였고 곧이어 노동법 강좌도 설치하였다. 노동자들은 탈
춤을 통해서는 민중적 끈끈함과 연대감을 느끼고, 노동법 강좌를
통해서는 최하층 노동자도 똑같은 인간임을 배우기 시작한 것이다.

　그런데 당시 근로자회관은 두 얼굴을 가졌다. 하나는 지방에서
올라온 노동자들을 위한 평범한 교육 프로그램 정도 돌리는 일반적
기숙사의 얼굴이고, 또 하나는 70년대 군사정권하에서 불법적으로
해고당한 해고자나 노동자가 노동운동을 위해 모이는 공간이었다.
경찰은 회관을 의식화 기관으로 보고 감시하고 눈총을 주었다. 그
때문에 한때는 <카톨릭 근로자회관>으로 잠시나마 회관의 공식 명
칭이 바뀔 정도였다.55) 사실 당시 안양지역에 노동자들이 모여 자유
롭게 얘기하거나 학습할 공간이 없었다. 당시 학출 노동자들이 공장
에 들어가는 목적은 노동조합을 만들거나, 기존 어용 노동조합을 민

54) 가난한 이들을 향한 선택, 「전진상복지관 50년사」. 107; 이시정 2007. 『안양노동운동사』 재인용.
55) 최병렬 전 총무 인터뷰 중에서. 이시정 2007. 『안양노동운동사』 56.

주화시키기 위한 것이었다. 따라서 학출들은 노동조합에 대한 학습을 위해 민중교회나 근로자회관을 주로 이용했다. 그래서 근로자회관은 노조 결성하는 장소로도 많이 사용했다. 비밀 유지에 안전하기도 했지만, 그만큼 노동자들이 모일 공간이 없었던 이유가 작용했다.

85년부터 현장에 이른바 학출 노동자들이 조직적으로 들어오기 시작하였다. 이들은 각기 변혁 노선에 대한 나름의 입장을 가졌다. 이들의 사상은 서로 달랐지만, 민중의 가난과 억압 상태를 해결하는 것과 민주화가 긴밀히 연결되어 있다는 것에 대한 인식은 동일했다. 이들은 학생의 힘만 가지고는 민주화가 불가능하다고 판단하고, 민중의 다수를 차지하는 노동자의 사상적 각성 및 조직화가 민주화와 사회변혁의 전략적 핵심이 된다고 판단했다. 따라서, 학출들의 최종 목표는 우선은 노동조합을 결성하는 것이었고, 다음은 어용 한국노총의 굴레를 깨고 민주노조로 되는 것이었다. 그러나 당시 회사에서는 노동조합의 '노' 자만 꺼내도 불순분자로 취급받고 경찰의 탄압이 심각한 상황에서, 노동조합 만들기는 쉽지 않다. 따라서 노조에 대해 이해하고 실천하는 선진적인 노동자들을 양성하는 것이 급선무였다. 따라서 학출들은 같이 술을 먹고, 등산모임, 풍물패, 축구모임 등을 하면서 직장 동료들과 친해지려고 하였고, 노동조합을 결성하기 위해서 민중교회나 상담소에 가서 학습모임을 하면서 조합 결성을 준비했다. 안양·군포지역에서도 70년대 말에 지역 차원의 노동자 소모임이 시작되고 있었다. 대우전자부품, 대한전선, 동일방직, 원풍, 룸코리아 등에서 노동자들이 자체소모임을 시작하는 터에, 80년대 들어 학출들이 대거 현장에 들어

오면서 현장 소모임을 중심으로 노조 민주화와 노조결성의 움직임
이 파급되기 시작했다.

② 87년 노동자대투쟁 이전 자생적인 노동조합운동

〈표 21〉 87년 전 80년대 초반 안양·군포지역 노동조합운동

사업장	기간	내용
삼양통상	1979~1980.	노조결성
현대양행	1980.	체불임금 지급 요구, 파업과 현장집회(3일간)
티엔디	1980.5.13.	노조결성
대한제작소	1981.1.31.	노조결성
대왕제지	1984.7.24.	노조결성, 해고된 노조위원장의 복직, 중식 제공, 상여금 지급, 노조사무실과 전임자 인정 등을 요구하며 파업하여 성공
한일악기	1984.3.31~1985.2.	1984년 11월 부도가 나자 파업으로 체불임금과 퇴직금 확보
안남운수	1985.12.2.	안내양 부당해고 철회, 휴일수당, 체불임금 지급 등을 요구하며 파업
삼양통상	1985.	성희롱 중지와 관리자 처벌 요구하며 항의
신한애자	1985.12.27. 1986.1.29~1.30.	연말 보너스 150% 지급을 요구하며 파업하여 성공 근무강 확립안을 발표하자 노동자대회를 열어 백지화 요구

출처: 민주화운동기념사업회

1987년 6월 항쟁과 노동자 대투쟁 이전에도 군포·안양지역 노동
자들의 현장의 움직임은 존재했다. 박정희 사후 전두환 군사정권 시
절 역시 노동조합은 불온시되었고 사측과 경찰에 의해 일상적으로
감시받던 시절이었다. 그래서 노동조합을 결성한다든가 파업을 하는
일은 거의 불가능했다. 노동자들도 감히 노동조합에 관한 얘기는 꺼
내지 않던 시절이었다. 그런데도 87년 6월 항쟁 이전부터 점차 현장
에서는 노동자들의 생존권적 요구가 자연스럽게 분출하고 있었다.

삼양통상, 대왕제지, 티엔디, 대한제작소에서는 노조결성 투쟁을, 다른 곳에서는 임금인상 등 근로조건 인상 투쟁을 벌였다. 1984년 대왕제지에서 중식조차 주지 않는 회사 측에 대응하여 노조를 결성했다. 그러자 회사 측은 회사 제품의 재료 사용량을 잘 알고 있다는 이유로 위원장을 해고했다. 그래서 노조는 다시 위원장을 선출했지만, 회사는 명령불복종을 사유로 그 위원장마저 해고하고 말았다. 하도 터무니없는 부당노동행위라 당시 회사 측의 들러리에 불과하였던 경기지역노동위원회조차 복직 명령을 내릴 정도였지만 회사는 이마저 거부했다. 이에 노조 측은 총회를 열고 '즉각 복직, 부당노동행위 중지, 노조 사무실과 전임 인정, 중식 제공, 상여금 지급' 등을 요구하였고, 준법투쟁과 이틀간 파업 후 노조의 요구가 대부분 수용되었다. 당시 노조결성은 못 했지만, 임금인상 투쟁도 있었다. 신한애자의 노동자들은 연말에 주기로 한 150%의 보너스가 50%로 줄어든다는 소문이 돌자 파업에 들어갔다. 노조가 없는 신한애자 노동자들은 대표를 선출하여 회사와 교섭한 결과 보너스 125%를 얻었다. 노조는 없었지만 신한애자는 회사에 의한 노동자 감시방침에 항의해 노동자대회를 열고 철회할 정도로 단결력을 보여주었다(월간 말 87년 5월호; 유경순 2005: 56-57 재인용).

6월 항쟁 직전인 1987년 5월 말에는 후지카 대원전기 군포공장에서 파업이 일어났다. 본사는 구로에 있었는데 군포의 노동자들은 군포지부를 설립하려고 했다. 그러나 주동자가 해고되면서 지부설립 움직임이 단발로 끝났다. 특히 6월 초, 금성전선 군포 중기공장(군수 기계와 농기계과 생산)의 1,200명의 노동자는 저녁 식사 시간 30분을 잔업에 포함해 줄 것 등 16개 조항을 요구하며 파업에 들어갔다. 파업은 무려 3개월 이상 진행되어 조직적 역량이 급속도로 강화된 후 승리로 끝나면서, 9월 24일에는 군포공장이 안양공장 본조에서 지부로 인정되었다(유경순 2005: 116).

80년대 초반기에 일부 현장에서 노동조합운동이 전개되는 것에 맞추어서 안양·군포지역에는 상담소와 더불어 민중교회가 창립되었다. 한무리교회(예장, 85년 1월 창립)와 돌샘교회(기장, 85년 10월 창립)는 활동가들과 연관을 가지면서 노동자를 위한 야학, 어린이집, 주부교실 등을 운영하면서 지역 주민 속에 자리를 잡고 현장 노동운동을 지원하는 역할을 하였다. 한무리교회는 초기부터 노동운동을 지원하기 위해 주민을 위한 탁아소와 진료소, 노동자 교육을 담당하는 야간학교를 꾸준하게 운영하였다. 이어 예장 안양노회 소속의 노동상담소를 운영하면서 지역 내에서의 노조 설립과 활동을 지원하였다. 돌샘 교회의 경우 지역의 주민과 함께하는 교회를 지향하면서 87년 5월부터 산본지역의 리운영비(리세)강제징수 거부운동과 87년 6월부터 산본2동 재개발지역 화재민 및 주민을 위한 무료진료와 보상 투쟁을 지원하는 활동을 전개하였다.[56)

③ 노동자가 앞장선 87년 6월 안양항쟁과 7, 8, 9월 노동자대투쟁

1987년 박종철 고문치사 이후 전두환의 4.13 호헌에 대한 국민적 저항은 6월 항쟁으로 폭발되었다. 4, 5월에는 안양의 노동활동

---

56) 이시정 2007: 67.

가들은 서울로 원정 시위를 다녔는데 6월에 들어와서는 지역의 활동가들에서 자체적으로 집회를 하자는 주장이 나와 수원의 수대협 학생들과 연합하여 시위를 조직하기로 했다. 그래서 6월 19일, 23일, 26일에는 안양 중앙로에서 시위가 열렸다. 중요한 것은 시위에 수대협(수원지역대학생협의회) 학생들이 결합하더라도 지역의 노동자들이 얼마나 참여할 것인가였다. 당시 현장의 활동가들은 주로 소모임 형태로 산개 모임을 하고 있었는데, 그 모임에는 학출뿐 아니라 일반 노동자들도 결합한 경우가 많았다. 각 소모임에서는 시위 전날에는 모임별로 화염병과 홍보물을 만드는 등 노동자들의 시위 참여 열기가 높았다. 당시 시위 현장의 맨 앞줄에서 전경과 대치하면서 화염병을 던진 사람들은 수대협 학생들도 있었지만, 지역 노동자들도 상당히 많았다. 평소 공돌이라고 생각했던 노동자들이 전경에 화염병을 던지고 파출소와 경찰서를 불태우는 데 가장 앞장서는 대담함을 보여주었다. 그것은 노동자의 척박한 처지가 폭압적이고 착취적인 군사정권과 연관되어 있음을 깨달으면서 생기는 새로운 인간 세상을 향한 울부짖음이었다. 서울과 달리 안양·군포지역의 6월 항쟁의 주도 세력은 지역의 노동자들이었다. 노동자들은 6월의 거리에서 반정부 투쟁의 경험과 경찰력에 대한 승리의 자신감을 가지고 바로 현장에 들어가 7, 8, 9월 노동자 대투쟁으로 연결했다.

안양·군포권에는 공개적인 민주헌법쟁취 국민운동본부가 존재하지 않았다. 지역 차원의 학생운동도 부재하였고 지식인들이 활동하는 대학이나 문화예술계도 없었다. 상대적으로 독립적인 종교계의 분위기는 보수적이었다. 민중교회는 자체 활동에 주력하고 현장

운동에 대한 지원은 적극적이었지만, 지역 노동운동과 시민사회 전반에 걸친 대중적인 지도 활동을 할 수준에는 이르지 못했다. 상담소 역시 노조 운동을 지원하는 데 머물러 있던 시기였다. 따라서 당시 6월 말 3회에 걸쳐 1~2만 명의 사람이 거리에 운집하고, 경찰력과 전투가 새벽까지 치열하게 전개된 이유를 수원에서 원정 온 학생들 수백 명과 우발적 시민들의 조우라고 분석하는 것은 큰 설득력이 없다. 85년에 들어오면서 안양·군포 지역에는 대규모 파업투쟁은 아니지만, 큰 공장에서 끊임없는 생존권 투쟁이 벌어지면서 해고자가 속속 발생하고 있었다. 저임금과 열악한 노동환경에 대한 노동자들의 불만의 수위는 점차로 고조되었고 자주성을 지향하는 노동자 의식도 형성되고 있었다. 일찌감치 한국제지, 기아산업 직업훈련원, 서일산업사, 티엔디, 화진음향주식회사, 삼양통상, 해태제과에 이어 만도기계, 금성중기, 한국제지 등 대공장에서 해고자가 지속해서 발생하고 있었으며, 만도기계는 '만도 소식', 금성중기는 '샛별', 한국제지는 '한울타리'라는 해고자 소식지를 정기적으로 발행하고 있을 정도였다. 더구나 사업장 집단투쟁도 곳곳에서 벌어졌다. 한일악기에서 임금체불이 일상화되면서 83년 이후 일상적인 태업과 1달 평균 2일 정도의 파업이 계속되었고, 현대그룹 하청회사였던 금강개발의 집단투쟁, 화천프레스의 근로조건 개선 파업투쟁, 110명이나 해고한 안남운수의 집단투쟁, 삼양통상의 유인물 배포 사건, 신안애자의 파업투쟁, 세한섬유의 복직 투쟁 등은 당시 저임금, 열악한 근로조건에 대한 노동자의 생존권 투쟁이 지속되면서 노동자의 권리 의식과 사회의식은 각성되고 있었다(유경순 2005: 123; 이시정 2007).

    그런데 이렇게 노동 현장의 불만과 갈등이 높아지고 있는 거대 공업지역에 그동안 인천과 구로 등에서 활동하던 제 정파의 학출들이 이전해 오거나, 대학에서 처음으로 공장에 들어오는 사람들도 늘어나고 있었다. 현장에 들어온 지 오래되지 않은 이들은 총파업 같은 현장 투쟁을 벌일 정도의 준비 정도는 부족하였지만, 같이 노동하면서 혹은 친목 활동을 통해 노동자들과 인간적 관계를 형성하고 있었다. 안양·군포지역 노동운동 진영의 조직화 움직임은 처음에는 캠퍼스별 모임이나 교도소 동기 등 개별 관계를 중심으로 출발하였다가 나중에는 노선별로 분화되었다. 삼민동맹 그룹이나 제헌의회 그룹, 제파피디 그룹 등은 지역에 들어오는 과정부터 비교적 조직적으로 들어온 반면, 자민통 그룹[57]은 산개 방식으로 들어왔다.

    그래서 현장에 자민통 활동가들은 많았지만, 소규모 단위로 활동했기 때문에 서로 모르고 지역사업도 분화되어 진행되었다. 다른 정파들은 그룹을 토대로 점차 확대하고 있는 상황에서, 개별로 들어온 활동가들은 대체로 86년을 거치면서 그룹화됐다. 85년 8월 말

---

57) 자주, 민주, 통일을 한국사회의 변혁노선으로 규정한 노동의 NL 그룹을 말한다. 자민통은 주사, 비주사 논쟁을 거치면서 통합적 혹은 범 NL 의미로 사용되었다. 이 그룹은 공개조직이 탄압받고 해체되자, 우선은 현장 소모임으로 산개하여 흩어져 주체 역량 축적에 주력해야 한다고 주장하였다.

이나 9월 초에 안양지역에도 '안양지역노동권 쟁취 투쟁위원회'라는 지역투위가 결성되었다. 이 지역투위에서 '안양지역노동권쟁취 투쟁위원회' 명의의 지역 정치신문인『단결과 전진』이 발행되기 시작하였다(이시정 2007: 85).

따라서 이러한 안양·군포의 꿈틀거리는 노동 현장의 상황으로 볼 때, 6월 항쟁이라는 전국적인 반정부 투쟁의 확산은 안양·군포 지역의 현장 노동자들이 6월 항쟁의 거리에 적극적이고 주동적으로 참여하는 계기로 작용했다. 6월 항쟁 동안 안양·군포에서는 6월 19일, 6월 23일, 6월 26일 모두 세 차례의 대규모 집회와 시위가 열렸다. 6월 26일 집회는 안양권의 노동운동 그룹이 공동으로 준비하여 개최된 집회였고, 6월 23일 시위는 수원지역 대학생(경기대와 한신대 학생)들이 주동이 된 것이다. 6월 19일 시위는 노동운동 그룹 단독으로 준비되었다(유경순 2005: 167).

주동자가 소리를 지르고 거리로 뛰쳐나가자, 근처에 있던 노동자들도 함께 거리로 나가면서 그동안 쌓인 현장 노동자들의 분노와 불만을 터뜨렸다. 6월 26일에는 안양 1번가에서 명학역 앞 대로를 장악하여 해방의 거리를 만들었을 정도였다. 시위 당일 가두 화염병 제조에 대한 시민의 호응이 매우 좋을 정도였다. 대로변 가게에 쌓여 있는 소주병을 모으고 페인트 가게에서 시너를 가져다 화염병을 제작하였다. 안양우체국 사거리까지 확대된 시위공간에서 안양시청과 안양경찰서 방향으로 시위대는 이동하게 된다. 그동안 민원의 대상이 되었던 노동부 안양사무소와 안양경찰서에 다량의 화염병이 투척되어 경찰관사 일부가 불에 타고 담벼락이 무너지는 상태까지 이르렀다. 안양 역전파출소는 화염병 투척으로 파손되고 불타게 된다. 안양 1번가 대로변에서 경찰서까지 1km 거리는 해방공간이었다. 당시 거리에는 억압하는 국가의 경찰력도 없었고 시민들에 의해 억압적 공권력의 상징인 경찰서가 불탔다. 노동자들이 거리에서 공장의 노예적 상태에서 벗어나 인간다운 삶으로의 갈망을 표현하였다면, 시민들은 압제와 억압의 독재정권을 타도하고 자유와 민주주의를 열망했다.

④ 군포·안양지역의 87년 7, 8, 9월 노동자대투쟁

〈표 22〉 87년 노동자 대투쟁 때 군포지역 노동운동 현황

사업장	기간	내용
대우중공업 군포공장	8. 4~6.	임금 5만 원 인상, 보너스 200% 인상, 대졸 사무직 사원과 고졸기능직 사원 간의 차별대우 해소 등을 요구하며 파업하여 성공
삼익파이버글랜드	8. 10.	회사의 무기한 휴업조치에 맞서, 30여 명이 휴업수당 5개월 지급요구 농성파업. 3개월치 휴업수당 확보 후 해산
금성전선	8. 10~21.	임금 30% 인상, 퇴직금 누진제, 해고자 복직, 가족수당 지급
금성전기 중기사업부	8. 11. 8. 12.	1,300여 명, 임금인상 차별대우 시정요구 파업 5,000여 명이 가두행진을 해 금성전선과 합류
경원제지	8. 11~16.	140여 명, 노조결성 후 임금인상 요구 파업
국제전선	8. 13.	500여 명, 임금인상협상 결렬 후 파업 돌입
제비표페인트	8. 12.	60여 명, 30% 임금 인상, 상여금 400% 요구 파업
농심	8. 14.	1,400여 명, 임금 인상, 어용노조 퇴진 등 5개항 요구하여 연좌농성
창화	8. 14. 8. 16~19.	구사단 결성 서명거부자 작업방해로 현장분쟁 휴업, 구사단이 외부세력 개입에 대비 훈련
서울차체	8. 14.	60여 명, 임금인상, 노동조건 개선요구 단식농성
대한전선	8. 14.	1,000여 명, 유급휴가, 일당 1,000원 인상 요구 파업
신한애자	8. 14.	임금 인상 30%, 상여금 400%, 점심 무료제공 요구 파업
대한제작소	8. 14~9. 2.	임금 9%, 상여금 50%, 하기휴가 3일 등 요구 파업
신성정공	8. 17.	40여 명, 임금인상 30%, 차별대우 철폐 등을 내걸고 파업
코롱방제과	8. 17. 8. 18~23.	200여 명의 노동자들이 노조결성 노조인정, 임금·상여금 인상 등 요구 파업
부강교통	8. 25.	월급을 서울과 동일지급, 보너스 인상 등 요구 파업
군포·안양 19개 택시회사 노동자	8. 23.	실질생활비 보장, 자율배차, 주유소 자율화, 노조의 유니온샵 인정, 징계위원회 노사동수 구성 등을 요구하여 파업
유한킴벌리	9. 1~6.	노조결성 후 200여 명 파업, 기본급 30% 인상, 보너스 1200%, 여성노동자 월급제 실시, 정년 50세에서 55세로 연장 등 요구

출처: 전노협백서발간위원회 2001. 『전노협백서』 1권 논장, 351-355.
　　　민주화운동기념사업회 178-187

6월의 노동자들의 안양 일번가에서의 해방감과 자신감은 곧바로 현장으로 이어졌다. 안양·군포권에 87년 11월 통계로 보면, 전체 937개 업체, 제조업 노동자가 약 8만 명이라면, 약 8% 정도의 사업체에서 쟁의가 발생하였고 제조업 노동자는 무려 20% 정도가 파업한 것이다. 이는 기업체 수 대비 전국 평균 3.5%, 경기 6.5%, 가장 높은 인천의 7%에 비해서도 높은 수치로 87년 7, 8, 9월 대투쟁이 다른 지역보다 더 활발했음을 알 수 있다. 노동자들의 요구를 보면, 임금인상(재인상) 요구가 가장 많았고, 다음으로 어용노조 퇴진이 많다. 또 반장 직선제 요구(유신, 부전), 악덕 관리자 해고(유일산업, 동양섬유), 해고자 복직(서진, 금성중기), 노동시간 단축(농심 8시간 노동, 택시 12시간 노동) 순이다. 투쟁 기간을 보면, 주로 8월에 집중되어 있는데 그중에도 8월 10~20일 사이 5%가 발생했다. 투쟁 양태를 보면, 합법적 투쟁을 진행한 곳은 한 군데도 없었다. 점거 농성, 철야 농성이 기본이었고 금성전선, 만도기계, 대한전선 등 대기업노조를 빼고는 가두 투쟁은 없었지만, 사업장 차원에서는 매우 전투적인 양상을 보였다(전노협백서발간위원회 2001. 『전노협백서』 1권 논장).

<표 23> 87년 7, 8, 9월 안양·군포지역 노동운동 투쟁 사업장 현황

□87년 7월 투쟁 사업장 (5개 사업장)
금영택시 / 혜성공업 / 삼원교통 / 한국제지 / 태광산업

□87년 8월 투쟁사업장 (64개 사업장)
삼덕제지 / 대우중공업 / 부전공업 / 만도기계 / 서진산업 / 경원제지 / 금성전선 안양공장 / 금성전선 군포공장 / 동창제지 / 건설화학(제비표페인트) / 삼아정공 / 신한애자 / 유신중전기 / 국제전선 / 뉴욕제과 / 동일방직 / 삼풍 / 오뚜기 / 농심 / 대한전선 / 창화 / 우신섬지 / 선창하드보드 / 신라명과 / 신성정공 / 신아화학 / 대창그랜드 / 코롬방제과 / 대림콘크리트 / 오아시스레코드 / 풍강금속 / 동양섬유 / 유일산업 / 다우전자 / 화성전자 / 아세아레미콘 / 안양19개 택시총파업 / 안남운수 / 부강교통 / (주)화진정 / 안양전자 / 에너콘 / 대양금속 / 금성전동 / 동양나일론 / 대한제작소

□87년 9월 (2개 사업장)
유한킴벌리 / 화천프레스

출처: 이시정 2007. 『안양노동운동사』 참조[58]

<표 23>에서 당시 안양·군포 노동자 투쟁은 택시까지 합한 투쟁사업장이 무려 70군데 이상이 될 정도로 엄청났다. 그만큼 투쟁 사업장이 광범위했다고 볼 수 있다. 87년 이후 노동 현장의 투쟁은 개별적 투쟁의 양상에서 연대의 모습이 나타나기 시작한다.

특히 택시회사의 운수 노동자들과 대기업 노동자들에게는 다양한 연대투쟁의 양상이 나타난다. 1987년 8월 23일 밤 9시부터 군포·안양 지역 19개 택시회사 운수 노동자들은 총파업에 들어갔다. 26일 밤 노사협상이 진행 중인 안양시청 앞에서 노동자 수백 명이 연좌 농성한다. 이어 27일 오후 3시 40분경, 500명의 노동자가 상

---

58) 안양노동운동사 2017: 117에 의한 87년 7, 8, 9월 투쟁 사업장 현황이다. 여기서 저자 이시정은 이 자료는 노동부, 한국노총, 당시 노동운동 조직의 보고서 등을 참조했다면서 이들 자료에는 안양전자, 대양금속, 에너콘 등의 기록은 빠져 있다고 말한다.

공회의소 앞에서 꽹과리, 장구 등을 치며 플래카드와 피켓을 들고 구호를 외치며 시내 행진을 하였다. 또한, 금성전기 중기 사업부가 8월 12일 회사 정문을 나와 구호를 외치며 안양공장 노동자들과 연대투쟁을 하였고, 대우중공업 군포공장도 창원과 인천, 서울공장과 연대투쟁을 벌인다. 대기업 계열의 노동자들은 다른 지역의 계열사 노동자들과 연대 활동을 활발히 전개하였다. 이러한 노동자들의 활동에 대한 이 시기 회사 측의 대응은 구사대 투입이나 공권력에 의지하여 문제를 해결하거나 휴업 조치로 맞서는 경우가 많았다 (유경순 2005: 118).

⑤ 87년 노동자 대투쟁 이후 경기남부노련과 안양지구협 결성

87년 노동자 대투쟁으로 노동조합 결성과 노조 민주화 투쟁이 본격화되면서 대중조직인 노동조합을 중심으로 한 노동운동이 본격적으로 시작된다. 87년 7, 8, 9월 노동자 대투쟁 이후 서서히 연대를 확대해 오던 안양지역 민주노조들도 88년에 들어 공동임투 준비에 들어갔다. 1월부터 '경기남부임대위'가 구성되어 처음으로 공동 임금인상을 목표로 정하고 연대투쟁을 추진한다. 공동임투 간부 교육은 지구별로 진행되어 2월에 안양노동상담소에서 3회에 걸쳐 성황리에 진행되었다. 새롭게 결성되어 활동을 시작한 지역의 민주노조 간부들이 함께 모여 실시한 첫 임투 교육으로 기업 단위에 익숙한 노동자들에게는 연대에 대한 첫 경험의 계기였다. 1월 말경부터는 안양지역 민주노조 대표자 간담회를 정기적으로 갖기 시작하였다. 근로자의 날인 3월 10일에는 500여 명이 참여하여 '제1회 안양지역노동문화제'가 열렸다. 각 노조의 간부, 열성 조합원들이 스스로 공연을 준비하고 참여하면서 유대감과 연대 의식이 높아지는 계기가 되었다. 4월의 제조업 노동자들도 적극 연대한 '안양 택시 총파업 지지대회'는 지역 차원의 노동조합 연대를 더욱 가속화했다. 마침내 4월 30일 메이데이를 기념하는 '노동절기념 및 안양 전자 투쟁 보고대회'를 안양전자 투쟁 현장에서 가짐으로써 지역 민주노조연합의 틀이 조금씩 만들어지기 시작한 것이다(유경순 2005: 67 참조).

6월 12일에는 현 안양대학교에서 500여 명이 참여한 가운데 임투보고 및 전진대회를 가졌다. 안양에서는 택시노조들의 총파업과 동시에 안양전자에서 임금인상 요구 파업이 발생했다. 그러자 회사는 공장 위장이전을 발표하였고, 이에 노조에서는 위장이전 저지투쟁으로 강력히 대응하였다. 이러한 주요 투쟁과 함께 유일산업, 합동메탈, 협신전기, 창도제지, 대우중공업, 다우전자, 오성판지 등에서 파업투쟁이 전개되었고 경원제지, 대우전자부품, 혜성공업, 화천프레스 등에서는 강도 높은 준법투쟁을 통해 임투를 승리로 이끌었다. 안양전자 위장이전 저지 투쟁은 군포·안양의 노동운동의 질을 한 단계 높이는 계기가 되었다. 지역 차원의 공동투쟁이 승리함으로써, 이를 기반으로 지역 차원의 노동조합연합 조직에 대한 논의가 시작되었다(이시정 2007: 87). 당시 지역노동조합 연합조직 건설과 관련하여 두 개의 입장이 충돌했다. 경수노련에서는 경기남부 차원의 조직건설을 주장했지만, 안노회에서는 우선 안양지구협(안양군포의왕과천)을 먼저 만들고 경기도 차원은 조직 발전을

통해 이후에 확대하자고 주장하면서 서로 팽팽히 대립하였다.59)

안양전자 위장이전 철회 투쟁의 승리 후 7월 22일 경기 남부 차원의 연대조직을 건설하기로 결의하고 전체 추진위 대표는 경원제지 임석순이 선임되었다. 7월 27일 경기노협 안양지구 추진위 1차 전체회의가 17개 노조가 참여하여 진행되었다. 하기휴가에 맞춰 수련 대회를 갖고 8월 17일 2차 경기노협 안양지구 추진위 전체회의에서 추진위 의장단을 구성하였다(의장 대한제작소 위원장 한기태, 부의장에 티엔디 노조위원장 김분종, 안양전자 위원장 백다례, 사무국장에 유신중전기 위원장 권태인). 9월에는 수원 그린파크에서 간부 수련회를 하고 인천지역노조 협의회 사례 교육과 토론, 공동체 놀이 등을 가졌는데 이를 통해 간부들의 연대 의식을 고양시켰다. 10월에는 북한산에서 열린 "노동 악법 개정 전국노동자 등반대회"에 경기 남부에서 700여 명이 참여하였다. 11월 6일에는 '전태일 열사 정신 계승 및 노동 악법 개정 전진 대회'를 수원 서울대 농대에서 갖고 11월 12일에는 안양근로자회관에서 '전태일 추모 집회'를 열었으며, 11월 13일에는 역사적인 '전국노동자대회'에 경기 남부지역에서 800여 명이 참여하였다. 11월 28일~12월 1일에는 노동 악법 개정 촉구 민주당사 점거 농성에 경기 남부에서 60여 명이 참여하기도 하였다. 12월 들어서는 TND 노조의 투쟁에 힘찬 연대가 다시 시작되었고 끝내 승리를 쟁취하면서 그 여세를 몰아

---

59) 당시 노동자들이 이제 막 노동조합이라는 것을 처음 경험하고 초기 연대의 틀을 형성하는 상황에서는 우선 근린 지역 단위노조들의 연합을 강화하면서(지금의 경기 중부권, 수원권, 안산 시흥권) 점차 경기도, 전국 차원으로 확대하는 것이 조직 발전 논리나 노동자의 의식 발전 경로로나 올바른 판단이었다. 그러나 이러한 잘못된 경수노련의 조직노선은 이후 전노협의 전투적 조합주의 노선과 연결되어 경수노련이 노동조합의 대중노선과 괴리되는 결과를 초래한다. 결국, 민주노총 건설을 반대한 경수노련에 동의하는 노동조합으로 구성된 잔존 경기노련은 민주노총에 가입하지 않고 따로 활동하다가 결국 해체되고 만다.

12월 28일 안양역 앞 원앙예식장에서 마침내 경기노련이 결성되었다. 당시 안양·군포·의왕지구 14개 노조, 안산지구 10개 노조, 수원·용인·화성지구 8개 노조 등 총 32개 노조 8,000명이 조합원이었다. 87 노동자 대투쟁 이후 특히 88년 들어 아래로부터의 다양한 연대투쟁의 성과로 노동자들의 자주적인 연대조직을 건설한 것이다(전노협백서 발간위원회 2001. 『전노협백서』 1권 논장: 421; 유경순 2005 재인용).

⑥ 박창수 위원장의 의문사와 지역적 연대

1990년대 들어 노동운동 지역연대의 중심 사건은 1991년 일어난 한진중공업 박창수 위원장의 의문의 죽음이다. 1991년 5월 6일 새벽 4시 45분경 안양병원 마당에서 박창수는 시신으로 발견되었다. 그런데 그가 병원에 입원해 있는 5월 5일~5월 6일 사이에 정체불명의 젊은 남자들이 병원에 출입했다는 사실이 밝혀지면서 죽음에 대한 의혹은 증폭하였다. 안기부 요원이 교도관 눈을 피해 박 열사를 데리고 나간 뒤 몇 시간 만에 일어난 일이었기 때문이다. 당시 박창수는 서울구치소에 수감 중이었는데 구치소 내에서 고 강경대 열사 타살사건에 항의하는 단식투쟁을 하던 중 원인 모를 상처를 입어 안양병원에 입원해 있던 중이었는데 갑자기 죽었다.

제일 먼저 전노협 중앙으로부터 이 소식을 연락받은 사람은 안양지구협의 쟁의차장이었다. 중앙에서는 쟁의차장한테 박창수의 죽음이 의문사이므로 경찰이 탈취하지 못하도록 시신을 사수할 것을 요구하였다. 쟁의차장은 아침에 출근하자마자 혼자만 있을 때 받은 전화라, 누구와 상의할 여유도 없이 바로 일일이 노조에 연락을 취하고 노조 간부들은 즉각 안양병원 로비로 모일 것을 요청하였다. 그러자 연락 1시간 만에 수십 명의 노조 간부들이 병원 1층 입구 로비에 모였고 이에 즉각 병원 로비 점거 농성에 돌입하였다. 당시 안양지구협 노조원들에 의한 병원 점거 농성 소식이 TV 방송을 타고 나가자, 이것을 본 노동조합, 노동단체, 문화단체, 청년단체가 안양병원으로 속속 모여들기 시작하면서 전국적으로 확산되어 나갔고, 이후 두 달 동안 의문사 해명을 요구하는 가열한 투쟁을 진행하였다.

지역 노동자들이 병원을 점거한 사실이 방송에 나면서 사태가 빠른 속도로 확산하기 시작하자, 놀란 정권에서는 바로 다음 날인 5월 7일 백골단을 앞세운 1천 명의 경찰이 안양 시내를 봉쇄하고는 시신을 탈취할 정도였다. 전국에서는 '고 박창수 위원장 옥중살인 규탄 및 노동운동 탄압 분쇄를 위한 전국노동자 대책위원회'[60]가 구성되었고, 곧이어 경기남부대책위원회도 구성되어 지역의 모든 단체가 여기에 참여하였다. 장례까지 두 달여에 걸쳐 안양지구협 소속 노조와 노동단체는 최대 역량을 투여하였다. 노조에서는 조합원에게 즉각 이러한 사실을 알리고, 지역에서 발생한 불행한 사태에 대해 책임 있게 나설 것을 호소하였다. 결과, 매일 영안실 앞에

---

60) 이들은 "박창수 위원장은 수감 중이던 안양교도소에서 5월 4일 의문의 상처를 입고 안양병원에 입원하였고, 6일 사망한 채 병원 마당에서 발견되었다"라면서 "당시 정부는 비관 자살이라고 발표했지만, 자살할 사람이 링거병을 7층 옥상까지 가지고 간 것과 병원 전체의 창문과 옥상으로 통하는 문은 병원 측에서 추락을 방지하기 위해 쇠창살과 열쇠로 잠근 상태를 볼 때 도저히 자살이라고 볼 수 없었다"라고 설명했다. 금속노조에 의하면 고문치사가 아니라 안기부 직원이 병원에 입원 중인 박창수를 살해하고 자살로 위장했을지 모른다는 의혹을 제기하였다. 그 이유로 5월 6일 정체불명의 젊은 남자가 박창수가 입원한 안양병원의 응급실 병동에 나타난 점을 예로 들었다. 이들은 "병원에 입원하고 있을 당시 안기부 요원이 계속 접촉했고, 의문사 당일 저녁에 신원 미상의 젊은 괴청년이 병실을 방문한 사실과 안기부 직원이 전화로 계속해서 박창수 동지와 통화를 부탁해 온 점 등을 미루어 볼 때 전노협 탈퇴를 종용해 오던 안기부에 의해 살해된 것이 분명했다"라고 덧붙였다.

서 정례적인 저녁 집회를 개최한 후 조합별로 분담하여 밤샘 천막 농성을 이어갔다. 당시 안양지구협을 중심으로 꾸려진 지역대책위에서는 대대적인 선전 작업, 분향소 설치 및 조문 조직, 밤샘 규찰, 조합원과 시민을 상대로 한 모금 운동 등을 주도적으로 전개했다.

전노협 결성 1년 후 노태우 정권의 전노협에 대한 탄압은 폭압적이었다. 안기부가 전담으로 전노협 탈퇴 공작을 하면서, 불법적인 탄압은 파시즘적 폭력 그 자체였다. 출범하자마자, 전노협은 엄청난 탄압에 직면했다. 출범일인 1월 22일부터 그해 6월까지, 900여 명의 남은 대의원 가운데 262명이 체포되고 10여 명이 수배되었다. 국제노동기구는 폭력적으로 전노협을 탄압한 대한민국 정부를 비판했지만, 노태우 정권은 이에 전혀 귀 기울이지 않았다. 전노협은 3당 야합 저지, 노동법 개악 저지를 구호로 그해 2월부터 6월까지 대규모 연좌 단식과 파업을 진행했다. 그러자 정부는 전노협 산하 160개 노조에 경찰을 투입해 압수 수색을 하는 것으로 대답을 대신했다. 그런데도 전노협의 세는 점차 불어났고, 1990년 끝 무렵에는 20만 조합원과 600여 개의 단위노조를 거느린 거대 세력으로 성장하게 된다. 노태우 정권이 강행한 3당 합당, 임금 억제와 공안 정국 등으로 서민, 화이트칼라층도 전노협에 긍정적인 쪽으로 돌아서며, 언론과 방송도 방송 민주화 투쟁으로 전노협에 화답한다.

그러나 계속된 탄압은 전노협의 조직력을 조금씩 갉아먹었다. 1991년경 100여 개에 가까운 전노협 산하 노조가 정부의 탄압으로 해산하거나, 전노협에서 탈퇴했고, 1991년의 대기업 업무조사로 현대, 대우 등의 대기업노조들이 간부를 잃었다. 1993년까지 체포된 노동자들의 수는 총 1,973명에 이르렀다. 심지어 제3차 전노협 결의대회는 대의원 대부분이 구속된 관계로 구치소에서 개최되기까지 했다. 조금씩 전노협의 활동력은 떨어져 가고 있었다. 그 방향성도 합법적 민주노조의 결성인지, 아니면 변혁적 노동해방의 실천인지 확실하지도 않았다. 그뿐만 아니라, 기업별 노조, 지역별 노조 그대로 활동하며 산업별 노조로 확장하지 못하고 있는 문제점 또한 내부에서 제기되었다. 1991년부터 2천여 명이 넘는 구속자와 5천여 명이 넘는 해고자를 낸 근본 원인은, 물론 파시즘 권력의 무도한 탄압에 의한 것이었지만, 다른 한편으론 이러한 정권의 전면적 탄압에 대한 대응에 있어 전투적 조합주의라는 전략적 편향에 기인하는 측면도 있었다.

경기 중부권 지역은 제2의 영등포라고 불릴 정도로 대기업 공업단지라는 지리적 조건을 가졌다. 비록 한국노총 계열의 대기업 노동조합이 다수를 차지하면서, 울산과 같은 기업 단위 노조의 첨예한 대립은 없었지만, 꾸준히 노동조합운동의 자주성이 고양되면서 다수의 기업에서 현장 투쟁이 지속되었다. 그것은 87년 6월 항쟁 안양 거리의 1~2만 명 중에 대다수가 노동자였다는 사실만으로도 충분히 확인할 수 있다. 이러한 조건에서 노동자 대투쟁을 맞이하면서 경기 중부권의 노동운동은 급격히 고양되기 시작한다. 많은 어용노조가 민주화가 되었으며 민주노조 결성 투쟁으로 이어졌다. 따라서 노동자 대투쟁 이후 지금의 경기 중부권인 안양·군포·의왕지역이 경기도의 핵심적 노동운동 지역으로 부상하게 된다.

그러나 1990년대 말부터 안양·군포 지역에는 대규모 신규 아파트 단지가 들어서면서 공장지대는 도시주거지역으로 바뀌고 만다. 논두렁이었던 안양의 평촌과 군포의 산본은 평촌신도시와 산본신도시로 변했으며 공단지역은 도시 상업시설이나 아파트 지역으로 변해 갔다. 도시화의 영향으로 지가가 상승하면서 금성통신, 한국제지, 만도기계, 대우전자부품 등 대부분 대기업을 포함해 공장 이전 열풍이 불었다. 2000년대 들어와서는 마지막 남은 엘지전선, 유한양행, 대우중공업 이전 문제가 나오자, 지역 경제 침체의 문제가 제기되었다. 그러나 단체장들의 지역 경제에 대한 아둔함으로 인해 공장들은 대부분 지방으로 이전했고, 결과 경기 중부지역의 지역 경제는 쇠퇴하고 있다.

그래서 최근 민주노총 경기중부지구의 노조 현황을 보면, 제조업 노조는 줄어들고 서비스업 노조는 증가하는 추세이다. 이러한 상황을 극복하기 위해 경기중부지구는 지역 시민사회와의 다양한 연대 연합 사업을 목적으로 민생민주평화연대를 조직했다. 지역의 대표적 연대 연합적 결사체인 민기사와 6.15에서는 지역 시민사회에서의 노동의 지위와 역할을 높이기 위해 꾸준히 지역사업에 노동의 참여를 독려한다. 그래서 수년 전부터 민주노총과 지역 시민사회와의 공동사업이 진행되고 있다. 박창수 열사 추모대회는 대표적이다. 매년 박창수 열사 추모대회는 민주노총이 주관하되 지역의 모든 단체 대부분이 참여하여 공동으로 행사를 진행한다. 민주화 기념이나 평화통일 사업의 경우 노동자들의 참여를 지속해서 조직함으로써, 노동자들이 시민사회의 중요한 행위자로 성장할 수 있도록 추진한다.

특히 경기중부비정규센터는 민주노총과의 긴밀한 연계를 통해 지역사회의 비정규 문제를 해결하는 구체적 방안을 찾으려고 한다. 사실 지역에서는 오래전부터 민주노총과 시민사회와의 연대 연합의 필요성이 꾸준히 제기되어 왔다. 노동자들이 공장 안에만 갇혀 있는 한국적 기업별 노조 체계가 노동자들과 지역 시민사회와의 괴리를 심화시킨 것은 경기 중부만의 문제는 아니다. 따라서 경기 중부 지역에서는 민주노총의 노동자들이 지역 시민사회 내에서의 연대 연합적 활동을 높여나가는 것이, 곧바로 시민사회의 강화와 확대로 연결되는 다양한 네트워크 사업을 기획 중이다. 그래서 이곳에는 노동자들이 퇴직 이후에 시민단체 회원 가입 활동부터 시작해서 주민자치와 입주자대표회의 활동에 적극적으로 참여할 수 있는 은퇴자를 위한 공익 인생 예비 학교를 기획하고 있다. 결국, 노동자와 시민의 분리 현상으로부터 파생되는 시민사회의 공동화 현상을 극복하는 것이 지역 시민사회 거버넌스의 중요 과제로 제기된다.

2) 경기 중부의 정치·사회적 결사체들의 결성

[그림 43] 87년 6월 안양 일번가 민주화 시위 장면

출처: 안양·군포·의왕 민주화운동기념사업회

민중운동을 노동운동, 통일운동, 민주화운동으로 규정할 때, 역사를 보면 80년부터 군포, 안양, 의왕, 과천 4개 지역은 안양권이라는 틀에서 운동이 전개된 지역이다. 과거 87년 민주항쟁이 안양 1번가가 중심이었던 이유는, 당시 이곳이 읍에 불과한 군포, 의왕, 과천의 사람들이 모이는 중심지였기 때문이다. 이후 군포는 산본신도시가 생기면서 시로 승격하였고, 소각장 싸움을 통해 시민사회가 형성되기 시작하였다. 이러한 역사를 가졌기 때문에 이후 4개 시의 시민사회는 독립적인 결사체 활동을 하면서도 자연스럽게 경기 중부권 차원의 연대와 네트워크로 결합하였다. 한국노총과 민주노총 역시 처음부터 중부노총이라는 이름으로 지금까지 활동해 오고 있으며, 결사체들은 여전히 경기 중부권 차원으로 연합적 활동을 하고 있다.[61]

그러나 보통 민주화 이후 민중운동 세력의 연대적 결사체 운동의 부진에도 불구하고, 3경기 중부권에서는 이념은 서로 다르지만 하나의 결사체를 구성하고 활동하는 전통을 가지고 있다. 이것은 2016년 경기 중부권 차원의 박근혜 탄핵 공동대책위 구성이 본격적인 계기가 되었다. 탄핵 사태 이후 뿔뿔이 흩어졌던 다른 지역과 달리, 경기 중부권에서는 안양군포의왕민주화운동기념사업회와 6.15공공선언남측실천위원회경기중부본부라는 결사체를 결성하고 연대 연합적인 활동을 시작하였다. 지리적으로 서로 인접해 있는 이유도 있지만, 80년도부터 지역에서 선배 활동가들의 꾸준한 활동이 이러한 연대와 결합의 원동력이었다. 선배 활동가들은 자신의 분야에서

---

61) 현재도 안양·군포·의왕민주화운동기념사업회나 6.15경기중부, 안양·군포·의왕과천비정규직 센터 이외에도 안양군포의왕 의료사회적경제협동조합, 안양군포의왕 햇빛발전소 협동조합, 안양군포의왕환경운동연합 등 경기 중부 차원의 결사체들이 많이 존재한다. 학교급식센터는 안양군포의왕 공동급식지원센터로 존재한다.

일하면서도 여전히 지역 운동의 중요성을 인식하고 다양한 방식으로 실천하고 있었다.

특히 여기에는 80년대 노동운동을 거쳐 전노협(전국노동조합협의회)과 민주노총을 건설하고, 이후에도 민주화운동, 통일운동에 헌신했던 선배급 인사들이 여전히 지역사업에 발 벗고 나서는 기풍이 많은 영향을 미쳤다. 나이가 환갑이 넘은 활동가들은 아직도 과거 젊은 활동가인 것처럼 민주화운동기념사업회와 6.15경기중부 결사체에서 각종 사업에 헌신적이다.

이들은 한국 민주주의의 발전과 통일사업에 대한 구심 역할을 하면서도, '연합적 결사체'[62] 형식으로 경기 중부권 시민사회의 거버넌스 체계를 구축했다. 전통적 민주화운동 세력은 지역 시민사회의 구심 역할을 한다. 이러한 구심력은 시민사회를 지도한다는 개념이 아닌 수평적 네트워크의 새로운 관계를 형성했다. 정치적 사안에 대한 신속한 대응을 위한 시민사회의 정치적 총괄 기능으로 작용한다. 또한, 이들은 지역 정치제도권과의 간담회나 협치 과정을 통해 연합적 결사체의 고유사업인 5.18, 6.10, 4.27 등에 대한 제도적 공식화를 추진한다. 중요한 것은 이러한 '연합적 결사체'들과 '주민자치조직'은 이원적이면서도 네트워크를 통해 상호 협동적이라는 점이다. '연합적 결사체'는 전통적 사업을 하면서도, 시민단체나 중간지역조직과 유기적 관계를 통해 주민자치 활성화를 촉진한다. 따라서 민주화와 노동, 통일이라는 전통적 '연합적 결사체'와 협치위원

---

62) '연합적 결사체'인 안양·군포·의왕민주화기념사업회와 6.15선언실천경기중부에는 정당(민주당, 정의당, 진보당), 노조, 교회, 단체와 개인 등을 기본으로 4개 지역의 시민단체연합이 가입되어 있다. 이 외에도 많은 결사체가 경기 중부권 차원에서 연대 연합하고 있어, 다른 지역과 달리 경기 중부지역은 시민사회의 확장과 사회적 자본의 축적이 지속화되고 있는 점이 앞으로 눈여겨볼 특징 중의 하나이다.

회(군포에서는 100인 위원회), 주민자치회, 마을공동체, 중간지원조직 등의 '자치적 결사체'는 독자적 활동을 하면서도 상호 보완적이며 상호 침투적이다. 이 지역의 사회적 거버넌스와 주민자치운동의 결합에 대한 탐색은 운동의 성과적 측면을 분석하는 것과 동시에 한계에 대한 성찰을 통해, 보다 성숙하고 진화적인 한국적 자치민주주의 유형으로 발전시키기 위한 것이다.

□ 안양·군포·의왕 민주화운동기념사업회

안양·군포·의왕 민주화운동기념사업회는 2018년 4월 탄핵으로 이끈 촛불 시민혁명 이후, 중앙에 설립된 민주화운동기념사업회를 지역 차원으로 확대한 것이다. 중앙의 민주화운동기념사업회는 민주화운동 정신을 계승·발전시키기 위해 2001년 국회에서 제정된 민주화운동기념사업회법(법률 제6495호)에 따라 설립되었고, 2007년 4월 11일 행정안전부 산하 특수법인 형태의 기타 공공기관으로 지정되었다. 사업회는 국가기념일인 6.10 민주항쟁 기념식 개최를 포함하여 민주화운동 정신 계승사업, 민주화운동 관련 사료 수집, 국내외 민주화운동 및 민주주의 조사 연구 사업, 민주시민교육 사업 등 공동체 사회의 민주주의 발전을 위한 다양한 과제를 수행한다. 사업회는 2018년 말에는 경찰청으로부터 경찰청 인권센터로 운영되던 옛 남영동 대공분실의 운영권을 이관받아, 과거 인권유린과 국가 폭력의 현장이었던 대공분실을 '민주인권기념관'으로 조성하고 운영함으로써, 고난의 한국 민주주의를 상징하고 발전시키는 공익 단체로 활동하고 있다(민주화운동기념사업회 홈페이지).

안양군포의왕민주화운동기념사업회(이후 민기사로 표현)는 민주화운동에 대한 중앙 중심의 사업을 지역 차원으로 확산하는 것을 목적으로 한다. 동시에 지역 차원의 과거 민주화운동의 역사를 발굴하고 기억함으로써, 지역 민주주의의 발전으로 이어지기 위한 것이다. 현재 민주화운동기념사업회는 전국적으로 18개 지역에 불과하고 경기도는 성남, 수원과 경기 중부가 전부다. 31개 시군에서 10분의 1만 제외하고는 아직도 민주주의에 대한 역사가 중앙에만 머무는 것이다. 촛불혁명 이후에 중앙 중심의 민주화에 대한 인식은 한국의 민주화는 중앙과 지역이 함께 이룩한 성과라는 것에 대한 몰이해에서 비롯된다. 따라서 안양·군포·의왕의 민주화운동기념사업회는 지역 차원에서 민주화의 역사에 대한 계승과 발전을 추구한다는 점에서 의미가 있다. 2018년 4월 발족식 이후 매달 정기운영위를 통해 3개 시의 공동사업을 논의하고 결정한다. 가장 큰 사업은 5.18 민주화운동과 6.10 민주항쟁 기념사업이다. 민기사는 지자체와 공동으로 한국 민주주의 발전에 핵심인 5.18과 6.10 기념식을 진행한다. 또한, 공연이나 문화프로그램 등을 통해 일반 시민들이 5.18이나 6.10의 역사적 의미를 쉽게 이해할 수 있도록 추진한다.

그래서 2018년부터는 지자체와 연계하여 5.18과 6.10에 대한 기념행사가 진행되었다. 지자체의 예산으로 진행된 기념식에서 지자체장이 기념사를 했다. 시민들은 이러한 기념식을 보면서 민주주의가 중앙 차원의 정치적 성격의 행사가 아니라고 판단하게 된다. 조직적 사업을 통해 민기사는 3개 시 공동으로 민주화운동기념사업 지원 조례를 제정하는 성과를 이루어냈다. 5.18 민주화운동 39주기기념식 및 시민문화제가 많은 시민이 참석한 가운데 중심상가에서 개최되었다. 산본 중심상가 원형광장은 관변단체가 주로 하는 문화행사의 공간이었지만, 이제는 5.18 광주 민주항쟁의 기념식과 예술공연이 열리고 시장이 기념사를 하는 공론장이 되었다. 6.10 항쟁 기념식은 '민주에서 평화로'라는 주제로 안양의 평촌 중앙공원에서 열렸다. 행정기관인 자치단체가 민주화에 대한 국가기념일을 공식화하기 시작한 것이다. 이제 5.18과 6.10은 저 높은 중앙의 하늘에서부터 지역의 광장으로 사뿐히 내려와 시민들 가슴의 문을 두드리고 찾아오기 시작했다(민기사 2019년 정기총회 자료집 참조).

민기사는 '민주역사 올레=근현대사 및 1980년대 노동운동-민주화운동 역사탐방' 프로그램을 운영한다. 안양·군포의 역사 유적지를 비롯하여 항일운동, 민주화운동, 노동운동 현장을 체험함으로써, 시민들은 민주주의와 지역의 구체적 삶을 연결하게 된다. 지역의 헌신으로 이뤄졌던 민주주의 역사를 체험하면서, 시민들은 왜곡된 중앙 중심의 한국 민주주의 역사를 올바로 이해하게 된다. 특히 80년대 가난한 노동자들이 노조 건설 운동을 하면서도, 퇴근 후에는 군부독재 타도를 위해 대거 시위에 참여했다는 사실을 보면서, 노동자들의 생존권 요구와 정치 민주화는 동전의 양면이라는 것을 이해하는 계기가 된다. 대학이 없는 안양의 6월 항쟁 때, 안양 1번가에 수천, 수만 명의 사람이 모여 새벽까지 독재 타도를 외치며 전개한 격렬한 시위는, 인근 공장에 다니는 노동자들이 없었으면 불가능한 일이었다. 따라서 역사탐방 프로그램은 민주주의는 모두가 평등하게 잘 살기 위한 필연적 운동으로 시민 모두 행동의 결과라는 것을 말하는 역사 체험의 현장이라 할 수 있다.

민기사의 회원 방식은 개별가입이다. 구성원은 70, 80년대 유신체제와 전두환 군사정권과 치열하게 싸웠거나, 당시 안양권에서 노동운동과 민주화운동을 했던 선배들이 주축이다. 이들이 주축이 되면서 중부권 시민사회, 노동단체의 대표나 활동가들을 비롯하여 민주당, 정의당, 진보당, 일반 시민까지도 참여하는 연합적 결사체의 성격이다. 보통 환갑이 넘은 과거 운동 선배들과 후배들과의 관계가 매끄럽지 못한 경우가 많지만, 이곳의 경우 후배들은 선배들의 경험을 존중하고, 선배는 후배들의 헌신성을 존중한다. 그들 모두는 민주화의 시대정신을 지역 차원으로 확산시키는 것이 절실하다는 것에 깊은 공감대를 가지고 있다. 물론 단일한 조직체가 아니고, 네트워크 수준의 결사체다 보니, 조직의 강제력과 결집력이 취약한 약점은 있으나, 오히려 이러한 네트워크 방식이 상호 존중을 바탕으로 전체적 시민사회의 역량을 확대하는 데 장점으로 작용한다. 또한, 이러한 연합적 결사체가 지자체, 정당과의 협치를 추진하면서, 경기 중부 차원 시민사회와 정치제도권과 바람직한 협치의 모델을 모색하고 있다. 결국, 민기사는 현대사에서 현재의 한국 민주주의를 가능하게 했던 역사적 사건인 5.18과 6.10이라는 사업을 매개로 지역민의 민주주의에 대한 의식을 심화시키기 위한 네트워크식의 정치적 구심 역할을 하고 있다. 민주주의가 정당 간의 전유물로 되면서 주권자인 시민이 소외되는 한국 정치문화의 현실에서, 민기사는 지역 민주주의의 심화를 통해 한국의 역사와 조건에 기반한 자치민주주의의 길을 가고 있다.

[그림 44] 안양·군포·의왕 민주화운동기념사업회의 행사 포스터

출처: 안양·군포·의왕 민주화운동기념사업회 운영위 카톡방

□ 6.15공동성명남측실천위원회 경기중부본부 (이하 6.15경기중부본부)

2019년 4.27 남북정상회담 1주년을 맞이하여 DMZ 인간띠잇기 행사에 경기 중부에서 자발적으로 참여한 사람이 50대의 버스 2,000명가량 된다. 차량비 등 소요 비용은 개별 혹은 각 단체에서 전액 부담하였다. 이제까지 지역의 모든 행사 중에서 이렇게 많은 사람이 평화통일 행사에 자비를 들여서 간 적은 일찍이 없었다. 이렇게 많은 시민이 이제 막 재건한 6.15지역본부를 통해 휴전선 인간띠잇기 행사에 간 것은, 당시 남북평화 분위기로부터 영향을 받은 결과이기도 하지만, 그만큼 경기 중부지역은 연대 연합적 구심만 만들어지면 평화통일에 관한 사회적 자본의 토대가 풍부하다는 것을 입증한다. 다른 지역의 경우 많아야 버스 몇 대가 간 곳은 있어도 경기 중부권처럼 50대가 간 지역은 없었다. 그래서 이것을 단

순히 정세 상황에 의한 영향이었다고 평가할 수만은 없다는 점이다. 당시 참여한 단체를 보면 교회, 아동센터, 협동조합 등 사회적 경제조직, 시민단체와 민주노총은 물론 각 지역의 평화통일자문위원회와 민주당, 정의당 등 제 정당까지 자체적으로 조직하고 참여했는데 지역 평화통일을 염원하는 제 정당, 사회단체가 광범위하게 참여하면서 이후 6.15경기중부가 지역에서 시민이 대중적으로 함께하는 새로운 평화통일운동에 시동을 걸었다고 평가할 수 있다.

[그림 45] 2019년 4.27 DMZ 평화 인간띠잇기 장면

27일 4.27 DMZ 民+평화 손잡기 범국민운동 경기 중부본부 남녀노소 2,000여 명의 성원들이 철원군 백마고지역부터 노동당사 초입까지 약 3km에 이르는 평화 손잡기 퍼포먼스를 진행하려고 준비 중인 장면

출처: 6.15경기중부본부 네이버 카페

사실 경기 중부권에 6.15본부는 90년대부터 창립되면서 활동을 해왔다. 그러나 이른바 운동권 단체로서 소수 활동가 위주로 활동을 해왔다. 당시 평화통일 사업이 중앙 중심이다 보니, 지역사업도

위로부터 떨어진 전국 행사에 얼마 되지 않는 지역 단체의 사람들을 동원하는 중간조직으로서 역할이 대부분이었다. 진보정당에 대한 탄압과 자체 노선 분열로 인하여 중앙의 통일운동이 약화되자, 지역 통일운동은 더 약해질 수밖에 없었다. 이런 상황 속에서 남북화해의 분위기가 조성되는 시점에 6.15경기중부는 시민과 함께하는 평화통일 운동이라는 목표를 내걸고 조직을 재건하고 새로운 지도부를 구성하였다. 새롭게 재건된 6.15경기중부는 4개 시에 지역별로 1인씩 공동대표를 두고 이들 중에서 호선으로 상임대표를 맡는 체제를 두면서 4개 지역이 균등하게 책임을 지고 평화통일 사업을 추진하였다. 회원 방식은 민기사가 개별가입인 데 반하여, 6.15는 개별가입과 단체가입을 병행하였다. 따라서 6.15에는 개인뿐만 아니라, 지역의 여러 시민사회단체와 정당까지 가입하여 광범위한 시민사회의 연합적 결사체이다.

[그림 46] 시민과 함께하는 6.15경기중부본부의 평화음악회

출처: 6.15경기중부밴드

6.15경기중부(이하 6.15)는 지역 차원의 네트워크 기능에서는 민기사와 같지만, 그것이 가진 정체성에서는 차이가 있다. 민기사가 과거 민주화의 역사를 지역 차원에서 조명하고 공유하는 것에 초점을 두면서 현재의 민주주의와 연결시키고 있다면, 6.15는 평화와 통일이라는 새로운 미래를 조명하면서 새로운 한반도의 역사적 지형을 개척한다. 그래서 6.15는 지속적이고 대중적이어야 한다. 그래서 6.15는 기존 정치권이 평화통일 사업에 적극 나설 수 있도록 민정 협치 관계를 맺는 것과 동시에 민간 통일 영역의 바닥도 일구는 주민사업도 발굴해야 한다. 전자가 평화통일에 대한 일반 시민과의 공감의 범위를 확장한다면, 후자는 통일로부터 분리된 일상적 소시민 의식에 한반도 차원의 주권자로서 의식을 심어주기 때문이다. 특히 6.15의 경우 그 평화통일이 가진 특성으로 볼 때, 연대 연합적인 시민사회의 거버넌스 체계를 구축하는 데 더 수월하다. 그리고 평화통일을 매개로 한 지역적 거버넌스는 그것이 가진 친밀감과 역사적 특성으로 인해 폭발적으로 파급될 소지를 잠재하고 있다.

현실적으로 시민사회와 정치제도권과의 협치는 제도권의 정치적 힘을 활용한 대중적 사업의 성공을 위한 것이다. 시민사회의 진보를 위한 공익과 자치에 기여할 수 있다면, 정당과 기초단체와의 협치를 통한 사업은 배척의 대상이 아니라 공존의 대상이다. 따라서 이 지역에선 전통적 민주화단체와 정치제도권과의 긴밀한 협치적 관계의 발전을 위해 정책간담회를 한다. 2019년에는 6.15경기중부 임원들이 군포시의 국회의원, 시장과 정책 협의를 한 결과, 중심상가 광장에서 4.27 기념 평화음악회를 열 정도로 지자체와의 협치는 본격적으로 속도를 내기 시작했다. 민기사가 지자체와 논의를 통해

5.18 광주항쟁과 6.10 시민혁명을 공적인 성격의 대중적 시민 사업으로 추진한다면, 6.15경기본부도 지자체와 협치를 통해 시민과 함께하는 대중적 평화·통일운동을 추진한다. 결국, 경기 중부의 민기사와 6.15본부의 민주당, 지자체와의 협치의 궁극적 목표는 촛불혁명 이후에도 지역에선 아직도 음지에 있는 민주주의와 평화통일을 양지로 끌어올리기 위한 것이다. 또한, 민주화 이후 주민자치운동의 성공을 통해 민주주의와 주민자치를 결합시키고자 하는 시도이기도 하다. 정치적 민주화 이후 전통적 민주화 세력이 쇠퇴하거나 아니면 흡수되는 것이 아니라, 경기 중부는 전통적 민주화 세력과 개혁적 정치 세력이 협치적 틀을 구성하여, 지역 민주주의를 심화시키고 주민이 권력 행위의 당사자가 되는 자치민주주의의 실현을 추구한다.

3) 전통적 민주주의와 주민자치의 이원적 네트워크

한국에서 노동운동, 통일운동, 민주화운동이라는 전통적 민주화운동과 최근의 협치와 자치를 목적으로 하는 주민자치 운동과는 별 연관성이 없는 것으로 보인다. 전자가 사회변혁적 운동이라면, 후자는 행정적 영역으로 보이기 때문이다. 그러나 실제 철학과 내용 측면으로 들어가면 양자는 통일되어 있다. 전통적 민주화운동이 민중해방과 평화통일 및 민주화에 대한 진보적 의제에 초점을 둔다면, 주민자치 운동은 실제로 전통적 민주화운동이 목표로 했던 원래의 이상이 실현되도록 하기 위한 협치와 자치를 기획하고 실행하는 데 방점을 두기 때문이다. 그러나 정치적 민주화 이후 전통적 운동조직은 민주화 이후의 민주주의에 대한 체계적 담론을 형성하지 못하고, 민중운동을 떠나거나, 제도권에 흡수되었다. 설사 남아 있더라도, 정파적 분열로 인하여 지역의 전통적 민주화운동 조직은 사멸하거나 약화된 곳이 대부분이다. 한국 민중운동은 정치적 민주화운동의 틀에 갇히면서, 자치민주주의와 같은 심화된 민주주의에 대한 청사진을 제시해 주지 못했다.

한국의 주민자치 운동은 민주화운동의 종속변수가 되면서, 민주화 이후 자치 운동은 민주화의 연장선 차원의 시대적 헤게모니를 획득하지 못했다. 이러한 경향성은 정치 민주화가 민주주의 전체인 것처럼 생각하고, 지역의 자치 운동에 무관심한 한국의 전통적 민주화운동 세력이 가진 서울 중심의 엘리트주의[63]에 기인한다. 더구나 지역에 남은 운동세력이 취약하다 보니, 이들에게 자치 운동은 먼 나라의 이야기다. 이들에게 주민자치는 자치단체의 개혁적 의제로서 공무원이 추진하는 공무에 해당한다. 따라서 민주주의와 주민자치 운동은 서로 별개의 영역이다. 공무의 영역인 행정이 주민자치와 민주주의의 관계에 별 관심이 없는 것과 마찬가지로, 민중운동 역시 구조적 요인으로 인해 민주주의와 주민자치의 관계에 대해 관심이 없다.

그러나 경기 중부의 사례의 경우는, 한국의 전통적 민주화운동 세력과 주민자치조직은 이원적이면서도 상호 네트워크를 형성하는 특징을 가진다. 이것은 한국의 일반적 경향성과는 달리, 이 지역의

---

63) 80년대 노동, 통일, 민주화 등의 세력의 많은 부분은 기존 정치권의 개혁 세력으로 수혈되었고, 나머지 세력은 독자적 진보정당 운동으로 전환했으나 정파적 주도권 싸움으로 분열되었다. 한국의 중앙집중적 권력의 관례대로 이들 역시 서울을 중심으로 운동하면서 지역은 서울 민중운동의 부속물 정도로 인식하였다. 그래서 이들이 서울 민중운동에서 영향력을 상실하자, 자연스럽게 지역 차원의 민중운동도 자취를 감추게 된 것이다.

사례를 보면 전통적 민주화운동의 경험과 정신이 주민자치의 촉진에 도움이 된다는 점이다. 거꾸로 말하면, 주민자치가 민주주의의 기본 철학에 부합해서 발화하기 위해서는, 주민자치와 전통적 민주화운동 세력은 상호 보완적 관계가 필요하다는 것을 보여준다. 특히 이러한 유기적 관계는 전통적 민주화운동 세력이 자치민주주의에 대한 지향을 분명히 할 때 가능하다. 주민자치가 관료주의와 효율주의에서 벗어나는 길은, 참여와 직접 지배self-government라는 최초 민주주의의 철학에 부합해야 하기 때문이다. 반대로, 전통적 민주화운동이 주민자치 운동으로 연결되지 못할 경우, 본래의 민주주의로 진화하지 못한 전통적 민주화는 한국의 후진적 정당정치의 틀에 갇히고 만다. 기존 패권적 정당들의 계파적 권력투쟁으로 인해 민주주의가 왜곡되면서, 민주·진보적 시민 모두가 민주주의의 후퇴 현상에 대한 혼란을 경험하게 된다.

경기 중부의 사례의 특징은 전통적 민주화운동과 주민자치 운동 각자 고유의 역할이 다르고 독자적으로 존재하지만, 내용적으론 상호 연결된다는 점을 보여준다. 전통적 민주화와 주민자치는 이원적으로 존재하지만, 민주주의라는 가치에 있어 상호 침투적이며 유기적으로 결합한다. 이것은 정치적 민주화 이후의 민주주의가 주민자치와 결합할 때 자치민주주의로 진화될 가능성을 보여주는 것이다. 외국의 자치민주주의의 경우는 민주주의와 동시에 발전하거나 선행하였다. 시민혁명 이후 정당정치의 발전 과정은 지역 차원에서 국가별 특성에 기반한 자치민주주의의 발전과 일치한다. 특히 오랜 지방분권의 역사로 인해, 분권과 자치는 연방 차원의 정당정치와 별도로 독자적 방식과 내용을 가지고 발전해 왔기 때문이다.

반면, 한국의 경우는 중앙집권적 파시즘 체제에 대항하여 정치 민주화를 이룩하는 것이 급선무인 상황에서, 지역적 자치를 강조하는 것은 비현실적이었다. 따라서 정치 민주화를 위해 민중운동 세력과 시민단체는 모두 하나가 되어야 했다. 그나마 미약하게 존재했던 협동조합이나 마을의 자치조직도, 정치 민주화의 거대한 물결에 휩쓸리면서 자치 운동의 독자적 발전의 길은 차단당했다. 따라서 한국에서의 자치는 민주화의 부속물처럼 취급되면서 전통적 민주화운동과 주민자치는 분리된 채 현재를 맞이하고 있다. 그러나 경기 중부의 사례에서는 전통적 민주화 세력의 주민자치 운동과의 결합 가능성을 보여준다. 전통적 민주화 세력이 자치 운동에 민주주의에 대한 철학 및 경험에 기초한 정치력을 지원한다면, 자치조직은 전통적 민주화 세력에게 민주화 이후의 심화된 민주주의로의 동력을 제공한다. 이원적인 전통적 민주화와 주민자치의 긴밀한 결합을 통해서만, 심화 발전된 자치민주주의로 진화하는 한국 자치민주주의의 특수성이 발현될 수 있다.

군포시는 현재 자치단체와 시의회의 혁신적 주민자치 정책을 바탕으로, 민관협치 기구인 100인 위원회, 주민자치회, 마을계획단, 주민총회 등 주민자치 운동이 한창 진행 중이다. 코로나 19로 주민접촉이 어려운 상황 속에도, 자치단체의 의사결정권을 민과 공유하는 민관협치 기구인 100인 위원회가 작동하고 있다. 공개 모집, 공개 추첨 방식으로 주민참여의 벽을 허물기 시작했다. 공론화 분과위원회는 100인 이상 서명한 안건을 공론에 부침으로써, 자치적인 주민참여와 결정의 공간을 확보했다. 시정참여위원회는 시 행정에 관한 모니터링을 통해 시민들의 주체적 시정평가와 교정을 담보한다. 당사자분과위원회는 다양한 영역에서 고유의 정책을 개발하고 시정에 반영시키는 것을 목적으로 한다.

군포시 정책 결정 과정에 민관이 동일한 권리를 갖는다는 것은 이제까지 형식적인 주민참여와는 다르다. 앞으로 시장이 100인 위원회의 결정을 얼마나 반영할 것인지에 따라, 100인 위원회가 과거의 자문기구에 지나지 않는지, 아니면 실질적 민관협치 기구인지 판가름 날 것이다. 이것은 시장의 정치철학의 문제이기도 하지만, 주민자치에 대한 시민사회의 철학과 지향의 문제이기도 하다. 시민사회의 확장을 통해 주민의 자치력을 높이려는 시민사회 자신의 적극적 의지가 없는 한, 행정이 알아서 주민에게 자치권을 부여하는 자치민주주의의 역사는 없기 때문이다. 브라질의 포르투 알레그레시의 주민참여예산제의 성공 요인 중의 하나가 당시 다양한 결사체들의 적극적인 참여와 창조적 활동이 이 사업의 핵심 추동력이었다는 평가는 눈여겨볼 만하다(그레, 마리옹·생또메, 이브 2005: 123).

특히 군포의 경우 중간지원조직의 역할에 주목할 필요가 있다. 중간지원조직은 행정과 시민 또는 지역 시민사회와의 가교 역할을 한다. 중간지원조직은 행정과 시민을 비롯한 다양한 지역사회의 이해관계자들을 이어주는 거버넌스(협치)의 고리로서 다양한 시민 활동을 활성화할 수 있는 플랫폼으로 자리매김해야 한다(김지현 2016: 1). 군포에는 사회적경제마을공동체지원센터, 민주시민교육센터, 자원봉사센터, 청소년재단, 학교급식지원센터, 공익활동지원센터 등 많은 중간지원조직이 존재한다. 이 모든 중간지원조직은 주민이 자치적 활동으로 형성된 다양한 네트워크를 통한 사회적 자본 형성을 목적으로 한다. 이들은 민·관 조직의 중간에 위치하여,

인적·물적·기술적 지원, 정보와 자원의 네트워킹과 협력 조정 역할을 통해 직간접적으로 이들 조직의 활동을 촉진하고 문제 해결 역량을 증진시키는 역할을 한다(경기연구원 2020: 56). 28만 명의 도시에 많은 중간지원조직이 활동한다는 것은, 그만큼 자치단체가 주민자치의 활성화를 전략적으로 추진한다는 것을 말한다. 시로부터 예산을 받는 중간지원조직은 행정적 기풍과 문화에 복속되면서 시민 친화적 공간으로서의 역할에 한계를 보일 가능성이 많다. 따라서 중간지원조직이 지역사회와 시민들의 참여를 이끌어낼 수 있는 매개체로서 적극적인 활동을 위해서는, 행정으로부터 부여되는 업무를 줄이고 지역사회와 주민들의 네트워크 속에서 역할을 할 수 있는 자율성을 확보하는 것이 필요하다(김지현 2016: 7).

[그림 47] 성북구 마을 사회적경제센터의 거버넌스 구조

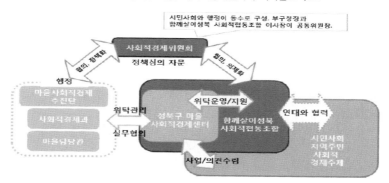

출처: 서울시 마을공동체종합지원센터

〈표 24〉 중간지원조직에 대한 개념 정의

저자(연도)	개념 정의
정병순 · 황원실 (2018)	공공(행정)영역과 시민사회 및 지역사회의 다양한 풀뿌리 주체들 사이에서 다양한 역할을 수행하는 조직
홍영숙(2017)	양자의 필요에 의해 정부와 시민, 사회적경제조직 등 다양한 이해관계자들 간의 관계를 조정 · 중재하거나 매개하는 역할로서 그들이 필요로 하는 자원과 기술, 교육, 정보 등의 기능을 제공하는 특성들을 가진 조직
고경호 · 김태연 (2016)	다양한 민 · 관 조직의 중간에 위치하여 인적, 물적, 기술적 지원, 정보와 자원의 네트워킹과 협력조정 활동을 통해 직간접으로 이들 조직의 활동을 촉진하고 문제해결 역량을 증진시키는 역할을 하는 조직
조철민(2016)	시민사회단체들과의 실천연구로부터 기술과 지식을 도출하고, 출판 · 훈련 · 세미나 · 컨설팅 등을 통해 시민사회단체들을 지원하기 위해 고안된 조직
박세훈(2015)	서로 다른 두 조직 사이에서 양자의 연계를 강화하거나 원활하게 하는 활동을 수행하는 조직이자 양자가 직접 관계할 때 얻을 수 없는 새로운 가치를 창출하는 조직

출처: 경기도 공동체 중간지원조직 기능 및 역할에 관한 연구 [경기연구원 연구보고서 2020]

　모든 중간지원조직이 민 주도의 협치와 주민자치의 활성화를 위한 전략적 목표를 가져야 한다. 그런데 민관협치를 실현하겠다는 중간지원조직이 행정과의 협력에만 치중하게 되면, "지원"받아야 할 주민조직과의 연계성이 약화되고 자기 조직의 권익에만 신경 쓰는 이익단체로 변질될 수 있다. 그렇게 되면 민관협치는 허구적 슬로건이 된다(진필수 2019: 324). 특히 여러 중간지원조직 중에서 민주시민교육센터와 공익활동지원센터의 역할이 무엇보다 중요하다. 전국에서 몇 군데 되지 않는 민주시민교육센터는 중간지원조직의 성격보다는 그야말로 자치적인 시민사회의 성격이 강조되어야 한다. 민주시민교육센터는 행정을 대신하거나, 보조하는 조직이 아니라, 시민의 민주적 삶을 위한 시민사회의 자치적인 공간이기 때문이다. 따라서 행정과 시민사회(특히 경기 중부의 연합적 결사체)에서는 민주시민교육센터의 위상과 역할에 대한 자치적 관점과 창조적 사고가 필요하다. 특히 다른 중간지원조직의 경우는 행정의 민과의 거버넌스 확장을 위한 교두보로써 기능이 중요하지만, 민주시민교육센터는 민관협치 조직이 아니라, 민주주의의 심화를 위한 공적 시민사회의 자치 조직이라는 점이다. 따라서 민주시민교육센터의 성공 여부는, 관으로부터 독립하여 민주주의에 관한 자치적 학습 역량과 다양한 콘텐츠를 축적하고 자치민주주의로 가는 시민의 자치 역량을 얼마나 대중화시키느냐에 달려 있다.

따라서 군포의 경우는 시민사회가 시민의 자치 능력을 고양하고 제도화하는 데 중요한 책임을 지고 있다. 결국, 중간지원조직이 국민주권 시대를 맞이하여 어쩔 수 없이 모양만 바꾼 또 다른 형태의 관료 조직이 아니고, 시민 주권자 교육에 대한 헌신성과 창조성의 발휘 여부에 따라, 이 지역의 자치민주주의의 미래가 결정되기 때문이다. 중간지원조직이 행정의 '시민 친화적 전환'을 돕는 것이 아니라, 오히려 행정으로부터 '관행 친화적인 적응'을 요구받고 있다는 점에서 문제가 되는 것이다(유창복 2020: 186). 따라서 전통적 민주화운동 세력과 시민단체는 이러한 중간지원조직의 의미와 역할을 잘 숙지하고 올바로 실행토록 하는 정치적 나침판의 역할을 해야 한다. 이제 전통적 민주화운동 세력은 민주주의와 평화통일의 지역화, 시민화의 역할과 동시에 중간지원조직과의 연계를 통해 주민자치를 부흥하는 촉진자로서 이중적 위치에 놓여 있다.

지역 차원의 전통적 민주화운동과 시민단체는 중간지원조직과 관련하여 딜레마에 처할 수 있다. 이들이 중간지원조직에 대한 지원사업에 치중하면서, 시민사회 고유의 영역을 상실할 우려이다. 다양한 범위의 정치적 관심사를 정부 제도 안으로 조직할 때, 그 결과 자율적인 사회운동 활동의 침체이다(드라이젝, 던레이비 2009: 302 참조). 그러나 반대로 무관심할 경우 중간지원조직은 관료화의 경향성에 직면하게 된다. 따라서 이들은 고유의 정체성을 강화하면서도, 중간지원조직에 대한 지원사업도 병행하는 자치민주주의에 대한 중장기적 전략을 고민해야 한다. 그럼으로써, 전통적 민주화운동은 주민자치와의 결합을 통해 민주화 이후의 민주주의를 심화시키는 본래의 시대적 역할을 찾아야 할 것이다.

반면, 이것은 자치민주주의에 대한 새로운 도전이기도 하다. 중간지원조직의 성공 여부는, 지방정부가 중간지원조직을 행정 하부조직으로 볼 것인가, 아니면 행정조직과는 별도의 독자적 활동성과 생명력을 갖는 준주민자치 조직으로 볼 것인지에 따라 달라질 가능성이 크다. 시민사회도 역시 중간지원조직을 단순히 행정의 하부조직이 아니라, 주민자치력 발양의 촉진체로서 바라봐야 한다. 따라서 민주주의에 관한 역사를 일구어 온 전통적 민주화 세력은 중간지원조직을 행정 하부조직에서 시민사회의 범위로 확대함으로써, 관료화를 차단하고 시민의 자치력을 키워야 하는 보다 전략적 차원의 고민을 부여받고 있다.

〈표 25〉 전통적 연합적 결사체와 주민자치성 조직 간의 사업 비교

	전통적 민주화운동세력과 네트워크(연합적 결사체: 민기사, 6.15, 민주노총, 운동 선배, 시민단체, 교회, 민주당, 정의당, 진보당)	주민자치성 조직(100 인위원회, 주민자치회, 자원봉사모임, 사회적경제(협동조합, 마을기업), 마을공동체, 동아리, 중간지원조직)
전통적 민주주의	* 5.18, 6.10 기념대회 * 4.27, 6.15 등 남북정상회담 기념식 평화운동(DMZ 기행, 강연회) * 박창수 열사, 노동운동 지역 탐방	사업 없음
민관협치 (거버넌스)	* 시장, 시의장, 국회의원 정책 간담회/토론회 * 사업협의 및 공동주최 * 각종 위원회 참여를 통한 협치	* 100인 위원회 - 공동위원회 구성과 참여 * 협치 주민교육, 공론장 형성
주민자치 (생활 속 민주주의)	사업 없음	* 주민자치회 시범사업, 위원회 추첨으로 구성, 마을계획단, 마을총회, 마을공동체
민주시민교육	<위원회사업> * 지역노동역사탐방, 역사탐방, 민주시민교육 강사 양성 과정	<민주시민교육센터 설립> : 체계적인 확대 사업 가능 * 활동가 강사 양성 강의 * 민주시민교육네트워크 구성 (30개 단체) * 학습동아리, 콘텐츠연구개발 * 찾아가는 민주시민교육

[그림 48] 전통적 민주화운동 세력과 주민자치 조직의 자치 영역의 차이

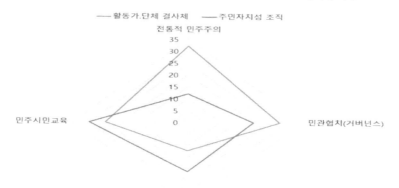

━━ 활동가.단체 결사체 ━━ 주민자치성 조직

전통적 민주주의

35
30
25
20
15
10
5
0

민주시민교육

민관협치(거버넌스)

주민자치/생활속민주주의

[그림 48]과 <표 25>에서 보듯이, 전통적 활동가·단체 결사체와 주민조직으로 유형을 분류하여 민주화 이후 자치분권 시대의 중심적 의제를 '전통적 민주주의', '민관협치', '주민자치', '민주시민교육' 4개 영역으로 분류하였다. 전통적 민주주의는 5.18, 6.10과 같은 역사적 사건을 중심으로 민주주의 역사에 대한 공식화와 대중화를 목적으로 한다면, 주민자치성 조직은 자치조직인 사회적경제, 마을공동체 등과 같이 인민의 자치력이 고양되는 주민총회(민회)로 가는 과도적인 단계를 말한다. 도표를 보면, 지자체와 주민과의 거버넌스를 의미하는 민관협치의 경우, 경기 중부는 결사체들과 지자체와의 협치는 활발하지만, 지자체와 주민과의 협치는 민의 자치력이 성장할 때까지는 시간이 걸린다는 것을 보여준다. 민주시민교육은 시민의 자치력 고양을 통해 자치민주주의로 가는 촉진자이자 허브의 기능을 한다. 현재 군포시에는 민주시민교육네트워크에 많은 중간지원조직이 참여하고 있다. 이것은 표와 그림에서처럼 민주시민교육은 주민자치의 활성화와 깊이 연관된다는 것을 의미한다.

　따라서 경기 중부지역에서 민기사가 민주화운동의 역사를 기념하고 계승·발전시킨다면, 6.15경기중부는 한반도의 분단을 극복하고 평화·통일을 지향한다. 국민주권과 남북 화해의 시대를 맞이하여 민주화 역사의 계승과 평화통일이라는 주제는 지자체·정당이나 시민단체 모두에게 거버넌스 체계 구축의 명분을 제공한다. 특히 80년대부터 노동운동, 민주화운동과 통일운동에 대한 선배들의 헌신성은 지역 활동가들과의 신뢰와 연대라는 사회적 자본 형성의 촉매제가 되었다. 일반적으로 오랫동안 지역 운동 과정에서는 생각과 노선의 차이가 발생한다. 따라서 연대와 통합보다는 분열과 분화가

일반적이다. 경기 중부지역도 나름의 갈등과 분화과정이 존재하였
지만, 지역사업에서 선배들의 구심적 역할은 네트워킹이 가능한 분
위기와 환경을 조성했다. 특히 이들은 '연합적 결사체'를 결성하여
지자체·정당과 거버넌스 체계를 통해 전통적 민주화운동의 주류적
대중화를 추구하였다. 이것은 타 지역적 상황에서는 별로 찾아보기
힘든 이 지역 연대 연합의 독특성에 기인한다.64) 두 연대 연합 조
직은 오랜 운동의 경험을 가진 선배들은 물론 시민단체, 민주노총
뿐 아니라 민주당, 정의당, 진보당까지 이른바 민주진보 세력의 광
범위한 '연합적 결사체'의 모습을 띤다. 미국 포틀랜드의 근린자치
조직인 NA의 힘과 정치력이 80개에 달하는 NA의 연합체에서 나
오는 것과 같은 이치이다.

---

64) 두 개의 연합적 결사체에서 주도적으로 활동하고 있는 몇 명의 선배 활동가들을 대상으로 이
와 관련한 인터뷰를 진행하였다. 인터뷰에 응한 활동가는 정금채(안양·군포·의왕민주화운동
기념사업회 이사장, 군포100인 위원회 공동대표), 정성희(6.15경기본부 상임지도위원), 장재근
(6.15경기본부상임지도위원), 문병식(안양·군포·의왕민주화운동기념사업회 사무처장, 6.15
공동대표), 조완기(안양·군포·의왕민주화운동기념사업회 상임이사) 5명이었다. 이들은 공동
으로 경기 중부의 연대적 결사체가 지속 가능한 이유는 80년대 이후 지역에서 활동했던 선배
들이 지속적으로 노동, 통일, 민주주의 과제에 대한 실천 활동과 연대의 산물이라고 답을 했
다. 이런 과정을 통해 신뢰로 이어지면서 갈등과 대립보다는 연대와 협동이 가능했다고 답변
했다. 주민자치활동과 관련해서는 다소의 차이는 있었지만, 이러한 연합적 결사체의 운동이
주민자치운동과 결합하는 토양이 되고 있다는 점과 주민자치 운동이 민주주의, 통일운동과 분
리되지 않는다고 인식하면서 실천하고 있다는 점이었다. 실제로 정금채는 민기사 이사장이면
서도, 동시에 군포의 100인위원회 위원장을 동시에 맡고 있거나, 연합적 결사체의 운영위원이
나 회원으로 중간지원조직의 센터장이 다수 참여하고 있었다(인터뷰 내용은 부록에 첨부).

[그림 49] 경기 중부-군포시의 이원적 결사체와 자치조직 간의 상호 관계

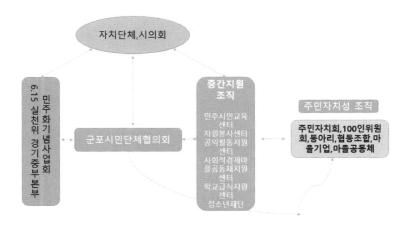

[그림 49]의 경기 중부권-군포시 자치조직 간의 상호 관계를 보면, 활동가와 단체의 '연합적 결사체'와 주민자치성 영역으로 분류하였다. 군포시민단체협의회와 중간지원조직은 가운데서 두 영역에 모두 관여한다. 이원적인 두 영역이 시민단체를 매개로 고유의 사업을 수행하면서도 유기적인 상호 협동 네트워크를 구축한 것은 한국형 자치민주주의에 대한 특질이 발현되는 것이다. 특히 서로 다른 두 영역의 유기적 네트워킹은 시민사회의 영역을 축소하는 것이 아닌, 사회적 자본65)을 통해 시민사회 영역을 확장하는 데 기여한다는 점이다.

---

65) Putnam(1995)은 사회적 자본을 상호 이익을 증진하기 위한 조정과 협력을 촉진시키는 네트워크, 규범 그리고 사회적 신뢰와 같은 사회조직의 특징이라고 정의하였다. Fukuyama(1997)는 그룹과 조직에서 공공 목적을 위해서 함께 일하도록 하는 사람들의 능력이며, 이러한 사람들 사이를 협력할 수 있게 하는 한 집단의 회원들 사이에 공유된 어떤 일단의 비공식적인 가치 또는 규범 내지는 신뢰의 존재로서 사회적 자본을 규정하였다. Brehm&Rahn(1997)도 집단행동 문제들에 대한 해결을 촉진하는 시민들 사이의 협동적 관계망(사회적 연계망)이라는 비슷한 개념으로 사회적 자본을 바라보았다.

따라서 경기 중부-군포지역의 사례는 한국의 특수한 전통적 민주화운동인 연합적 결사체, 주민자치조직, 중간지원조직, 지자체·시의회, 시민단체 등의 '통합적 네트워킹'에 기반한 시민사회 자치 거버넌스에 해당한다. 여기에는 브라질이나 미국 포틀랜드 사례처럼, 지역의 시민활동가였던 개혁적 시장과 시의회 의장·의원들에 의한 자치민주주의와 주민자치에 대한 적극적 역할이 크게 작용한다. [그림 49]에서 보는 바와 같이, 군포시민단체협의회는 경기 중부의 연합적 결사체와 중간지원조직 양쪽에 관여하면서 중간의 매개 역할을 한다. 지역적 편차는 존재하지만, 군포나 안양의 경우 시민단체들은 지자체·정당과의 긴밀한 소통을 통해 사안별 공동사업을 추진하거나, 중간지원조직에 상근자를 파견함으로써, 주민자치조직과 긴밀히 연계한다. 결국, 전통적 운동단체, 시민단체, 지자체, 중간지원조직, 주민조직 등의 상호 통합적 네트워킹은 전통적 민주화운동과 주민자치 두 영역의 활성화를 촉진함으로써, 민관협치와 자치조직(민회)의 창출을 통한 시민사회 영역의 확장을 추구한다. 따라서 경기 중부-군포의 사례는 전통적 민주주의의 '연합적 결사체'가 지자체·정당 간의 협치 체계를 통해 민주화와 평화통일 가치의 대중화를 추구하면서도, 주민자치 결사체(중간지원조직 포함)와의 통합적 네트워크 구축을 통해서는 시민사회의 확장을 통한 한국형 자치민주주의의 새로운 형태를 실험한다고 할 수 있다.

4. 소결

1) 한국과 외국 사례 유형의 비교

인민의 자치력이 발양되는 자치민주주의의 형태에서 공동체형 자치민주주의가 대의제와 별도의 영역에서 인민에게 완전한 자치권을 부여하는 민회형이라면, 참여형 자치민주주의는 대의제 정치체제에 대한 참여와 자치에 중점을 둔다. 한국의 경우 성미산이나 홍동마을의 공동체형은 서구와는 다른 유형의 공동체형으로 볼 수 있다. 성미산은 자치적 생활에 기반한 공동체의 유형이라면, 홍동마을은 소득 향상 공동체로 시작해서 경제 공동체로 발전하고 지금은 주민자치 운동과 결합 중이다. 경기 중부-군포지역의 경우는 아직 진행 중이지만, 전통적 민주화운동과 주민자치 운동이 연결된 자치민주주의의 사례를 만들어가고 있어, 국내외 사례와는 또 다른 특성의 유형으로 분류할 수 있다.

자치민주주의의 전통적 의미는 시민의 시민에 의한 시민을 위한 고대의 민회식 민주주의를 의미한다. 그러나 사회가 커지고 민족국가가 생기면서, 민회식 정치 권력의 운영은 지역 단위로 국한되거나, 권력에 대한 운영보다는 생활 경제적 범위에서의 자치로 변형된다. 그러면서 주류 정치학은 집합식 민회를 비판하면서, 대의제 안에서의 시민 참여를 최선의 민주주의로 규정한다. 따라서 정치 권력에 대한 인민의 지배나 운용에 대한 시도는 위험한 전체주의적 정치 행위로 비판된다. 다중의 무모한 입법으로 인해 엘리트 정당정치가 위협을 받을 수 있다는 이유로, 인민에 의한 국민투표나 국국민발안에 대한 일반화는 기피된다. 결국, 현대 민주주의에 있어, 자치민주주의는 국가적 범위에서의 정치 권력과는 거리가 있다. 국가권력은 정치 엘리트 간의 경쟁을 통해 독점되는 그들만의 특수한 영역이다. 정치에 무지하고 정치공학적 논리에 미숙한 시민과 엘리트 대의정치는 대비된다.

반면, 한국 자치민주주의의 유형은 민주화 이후 민주주의의 심화의 문제와 관계있다. 민주화와 단절된 주민자치는 이전보다는 좀 더 착한 주민참여 행정에 불과하다. 헌법이나 지방자치법에 주민자치회에 관한 입법조항이 없기 때문에, 정권이 바뀌면 언제든지 과거로 돌아갈 수 있는 허약한 주민자치이다. 전통적 민주화의 민주주의 심화로의 연결이 한국형 자치민주주의의 발전 과정으로 조형되는 것은 당연할 수 있다. 한국형 자치민주주의는 전통적 민주화와 주민자치가 어떤 방식으로든 조우되어 나타날 수밖에 없는 역사적 조건에서 잉태되기 때문이다. 경기 중부-군포지역의 사례는 이러한 이원적 틀이 각자 독자성을 가지면서도, 상호 협동적이고 보완적임을 보여준다. 따라서 인민의 민회식 권력 운영 체제가 불가능한 조건에서, 소우주 방식의 공론장과는 다른, 전통적 민중운동과 주민자치의 연대라는 민주화 이후 민주주의의 한국적인 특질을 보여준다.

〈표 26〉 자치민주주의의 다양한 유형 비교

자치민주주의 형태	공동체형	참여형	이원적 통합형
주권의 결정 형태	인민의 집합식 결정	전문집단에 의한 거버넌스	민중적 거버넌스와 자치집단의 네트워크
자치 방식	소규모 동일 집단	이질적 집단의 거버넌스	협치와 자치의 연결
인민의 자치력	공동체의 자치력	대의제 보완적 자치력	시민사회형 자치력

<표 26>에서 보는 것처럼, 한국형 자치민주주의는 공동체형, 참여형과 다른 유형이지만, 또한 두 유형의 특질을 공유한다. 한국형의 경우 전통적 민주화 세력, 협치조직, 주민자치조직 등 다양한 영역이 서로 다르지만 통합적이다. 민주화의 역사와 특질로부터 영향을 받기 때문에, 행정 주도형은 억제되고, 시민 주도의 협치나 자치를 촉진할 수 있다. 협치와 자치는 분리되지 않고 상호 지원과 협동이라는 구조적 관계를 맺는다. 여기서 중요한 것은, 전통적 민주화와 주민자치는 상하 관계가 아니라, 상호 존중의 수평적 네트워크 관계이다.66) 자치력의 유형은 공동체나 참여형이 아닌 시민사회형이다. 시민사회형은 지방정부와의 거버넌스를 통해 시민사회의 권위와 영향력을 높이고, 각 자치 영역에서의 시민참여와 결정력을 높임으로써 자치력의 총량을 증가시킨다.

　시민사회형의 경우, 하버마스의 공론장의 개념을 도입해 적용할 수 있다. 하버마스(2006)는 공론장을 4개의 영역으로 분류하였다. 가족과 같은 친밀한 영역, 자발적 결사체의 영역, 사회운동 및 공적 담론의 영역, 민주적인 법과 제도 창출의 영역이다. 4개의 공론장 영역의 발달 수준에 따라 국가와 시장을 견제하고 시민의 주권을 확보할 수 있는 시민사회의 수준도 결정된다. 그런데 4개의 공론장은 상호 영향을 준다. 그중에서 가장 중요한 것이 민주적인 법과 제도 창출의 영역이다. 암만 사회적 공론이 형성되더라도 그것이 제도적으로 뒷받침되지 않으면 공론은 사멸하기 때문이다. 이후 공론 형성은 어렵게 된다. 따라서 도표에 의하면 국가가 상징되는 정

---

66) 퍼트남(Putnam)은 사회적 자본의 형성 측면에서 수평적인 네트워크(horizontal network)라는 조직구조를 중시했다. 그는 수직적인 구조에서는 사회적 신뢰와 협력을 지속시킬 수 없고 정보는 수평적인 흐름보다 신뢰성이 떨어진다고 보았다. 왜냐하면, 하급자는 정보 제공을 꺼리고 상급자들은 권위를 지키기 위해 폐쇄적인 운영을 할 것이기 때문이라는 것이다.

치사회는 공론이 형성되지 않는다. 파벌과 정파적 이익에 의해 이익체계만 형성되는 것이다. 따라서 경기 중부-군포와 같이 시민사회형 자치민주주의의 경우는 공론장이 매우 중요하다. 경기 중부의 연합적 결사체들과 군포의 다양한 결사체들이 사회운동 및 공론 담론 형성의 역할을 한다면, 협치와 자치의 영역에서는 민주적인 법과 제도 창출을 담당한다. 따라서 시민사회형 자치민주주의에서 '인민의 자치력'이 고양될 수 있으려면, 두 영역에서의 유기적인 관계 설정이 매우 중요하게 된다.

[그림 50] 하버마스의 공론장 분류

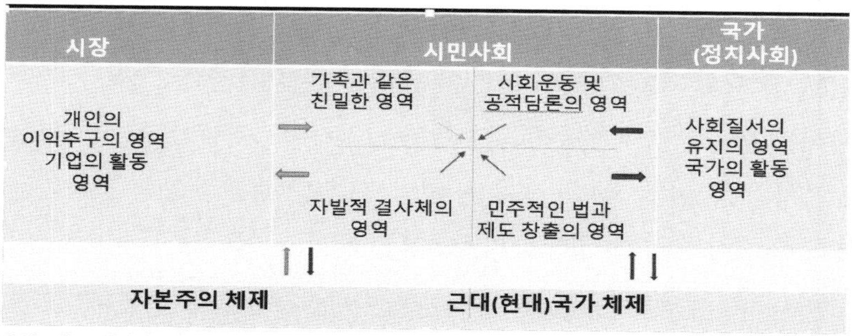

시장	시민사회		국가 (정치사회)
개인의 이익추구의 영역 기업의 활동 영역	가족과 같은 친밀한 영역 자발적 결사체의 영역	사회운동 및 공적담론의 영역 민주적인 법과 제도 창출의 영역	사회질서의 유지의 영역 국가의 활동 영역
자본주의 체제	근대(현대)국가 체제		

출처: 한국 시민사회와 시민교육. 2006 강대현.

외국의 자치민주주의 사례와 비교할 때, 한국형의 경우 유사점과 차이점을 동시에 가진다. 정도의 차이는 있지만, 외국 사례 모두 연방 및 중앙 차원의 대의제와 지역 차원의 자치민주주의는 병존한다. 지역 차원에서도 지방정부와 의회는 존재한다. 스위스의 경우만 자치체제가 대의체제보다 우월한 체계를 구축하고 있지만, 다른 사례들은 지역 단위에서 지방정부・시의회와의 협치체제 속에서 독자적 자치구조를 가진다. 브라질의 포르투 알레그레시의 주민참여 예산제의 경우, 노동당 지방정부와 시의회가 존재하는 상황에서, 1년을 주기로 지구별 단위로 자치구조가 존재한다. 주민총회에서 사업의 우선순위를 결정하면, 평의원과 시의회들은 심의를 통해 최종안을 결정한다. 다음 단계의 시의회로의 부의는 형식적 절차일 뿐이다.

캐나다 브리티시컬럼비아주 시민의회의 경우는 숙의적 절차에서 합의된 안을 시민총회를 통해 최종적으로 결정한다는 점에서, 숙의와 집합적 결정이 병행한다. 미국 NA의 경우 민관협치와 주민자치가 긴밀히 연계되어 있다는 점에서 한국형과 유사하다. 민관협치 기구인 ONA는 주민자치 조직인 NA와 긴밀한 소통을 통해 주민참여를 극대화하고 협치를 시민 주도형으로 변화시킨다. 그러나 한국사례는 민중운동인 전통적 민주화운동과 자치조직이 상호 연계망을 구축하지만, 미국 NA의 경우는 지역 재개발 반대 운동의 역사와는 연결되지만, 전통적 민주화운동과의 연계성은 없다.

<표 27>에서 보듯이, 모든 자치민주주의 사례에는 대의체제가 존재한다. 스위스의 경우만 색이 흐린 ○ 으로 표시한 것은 약한 대의체제를 의미한다. 자치체제가 지역 단위에 한정되어 있는 다른 사례와 달리, 스위스는 연방 차원의 국민발의, 국민투표가 존재하기 때문이다. 실제 현실 정치에서는 자치민주주의의 유형은 주로 지역 단위에서 작동되고 있다. 자치민주주의의 기본인 민관협치, 주민총회 역시 모든 사례에 존재한다. 다른 사례와 달리 브라질이나 한국의 경우에는, 주민자치가 지역 운동이나 민주화운동과 연관된 것이 특징이다. 브라질의 경우는 군사독재를 무너뜨린 후 1988

〈표 27〉 자치민주주의 유형에 있어 대의제 및 자치 형식의 존재 여부

	대의 체제	민관 협치	주민 총회	국민 발안	지역 운동 연관성	민주화 운동 연관성
스위스 (국민발의/시민총회)	○	○	○	○	X	X
브라질 (주민참여예산제)	○	○	○	X	X	○
캐나다 (시민의회)	○	○	○	X	X	X
일본 (지역정당 네트워크)	○	○	○	X	○	X
미국 (NA)	○	○	○	X	○	X
한국 (성미산공동체)	○	○	○	X	○	X
한국 (홍동마을)	○	○	○	X	X	X
한국 (원주협동조합)	○	○	X	X	X	○
한국 (이원적 네트워크)	○	○	○	X	○	○

년에 당선된 노동자당Partido dos Trabalhadores의 투트라 시장이 들어서자, 그동안 군사독재에 싸웠던 많은 민주화 결사체들과 가난한 주민들이 주민참여예산제에 적극적으로 참여함으로써 자치적 성과를 볼 수 있었다.

　한국의 경우 지역의 자치는 주로 협동조합 등 생활·경제공동체의 영역에서만 발전해 왔다. 아주 오랫동안 중앙 중심의 전통에 이어 식민지와 파시즘 체제를 겪어오면서 지역 차원의 정치적 자치가 억압당했기 때문이다. 이와 달리 군포의 경우는 지역의 범시민적 주민운동이 이후 경기 중부의 전통적 민주화운동과 네트워크를 구

성하였고, 지금은 주민자치 운동으로 확장하고 있다. 주민운동의 경험과 전통적 민주화운동이 연계된 상태에서, 개혁적 지자체와 시의회가 들어서면서 급속도로 시민사회와 주민자치 운동이 확장된 사례로 분석할 수 있다.

국내외의 다양한 형태의 유형을 총괄적으로 이해하기 위해서는 역사적인 객관적 조건과 그러한 조건에 변형을 가하는 주체적 요소를 기본적 준거틀로 설정한 후, 이러한 객관적 조건과 주체적 요소가 구체적으로 실현되는 기준인 자치력 발현의 방식과 수준을 통해 그 사례가 가지는 전체적인 자치민주주의의 양태를 조망할 수 있다.

[그림 51]과 같이 전통적 민주화와 주민자치는 이원적인 두 개의 고유의 영역이다. 한국에서 민주화운동은 파시즘적 독재체제를 종식시키고 보통선거권을 획득하는 싸움이었다. 그래서 보통선거권과 복수 정당 체제가 보장되는 순간, 민주화의 목적은 상실되면서 전통적 민주화와 주민자치는 분리되었다. 그런데 경기 중부-군포지역의 경우는 민주화 이후에도 전통적 민주화 세력은 민주주의의 심화를 위해 계속 활동해 왔다는 점이다. 그러고는 민주화와 주민자치라는 두 개의 영역은 독자적이지만, 시민사회라는 범위 안에서 상호 보완과 협동 체제를 구축하였다. 전통적 민주화 세력은 제도권과의 협치를 통해 자치민주주의에 대한 기조와 방향성을 지원한다면, 주민자치 세력은 민주화가 자치민주주의로 심화할 수 있는 공간을 확보한다. 두 영역은 지역의 특성에 맞는 자치민주주의에 대한 제도와 실천을 고민하고 탐구하면서 시민사회의 영역을 확장한다. 따라서 이러한 모형의 자치민주주의가 어떠한 평가를 받을지는

이원적 시민사회의 유형을 통해 '인민의 자치력'이 실제 얼마나 고양되고 심화되느냐에 달려 있다.

[그림 51] 경기 중부-군포지역 이원적 결사체의 상호 통합적 시민사회 모형

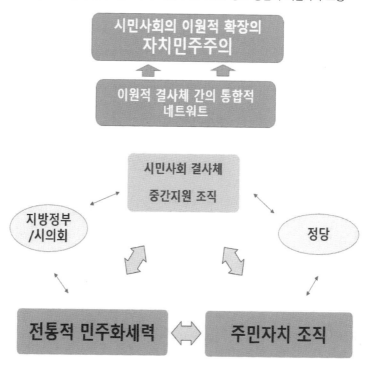

2) 한국의 자치민주주의 유형 비교

[그림 52] 이원적 통합형과 자치공동체의 종합적 자치력 수준의 분석틀

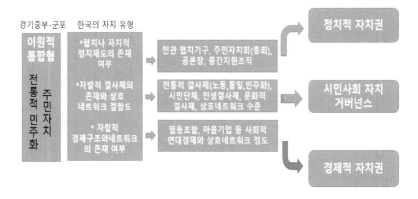

본고에서 살펴본 한국의 자치민주주의의 유형은 4개이다. 4개의 유형을 비교하기 위하여 3개의 분석틀인 '경제적 자치권', '정치적 자치권', '시민사회 거버넌스'를 추출하였다. 외국의 사례와 비교할 때, 한국적 유형에 대한 비교 분석을 경기 중부-군포지역을 중심으로 하면서도 보편적 유형에 대한 고찰을 위해 다른 지역의 유형과 결합하여 추출하였다. 따라서, 민관협치 혹은 자치제도의 법적·제도적 실행 여부를 나타내는 '정치적 자치권'과 전통적 민주화 세력과 주민자치와의 통합적 네트워크 형성의 정도를 나타내는 '시민사회 거버넌스'의 개념은 경기 중부-군포지역으로부터, 사회적경제의 활성화와 상호 네트워크 정도를 나타내는 '경제적 자치권'의 개념은 다른 공동체로부터 추출하였다. '정치적 자치권'은 민회 방식의 집합적 방식에 의한 의사결정 구조를 말한다. 주민 의견수렴의 수

준을 넘어 민관협치나 주민자치회(총회), 참여예산제 등의 법적·제도적 최종 의사 결정기구의 존재 여부이다. 특히 형식적인 기구의 존재가 아니라, 그러한 기구를 통해 실제 주민의 자치적 결정이 정치적 힘을 갖느냐가 중요하다. '경제적 자치권'은 지역사회에 협동조합 등 사회적경제를 통한 자립적인 생산소비 구조의 존재 여부다. 농촌 지역의 경우는 생산자협동조합의 형태로, 도시 지역은 소비자협동조합의 형태를 포함하여 다양한 형태의 사회적경제가 존재하는지와, 이러한 사회적경제의 상호 네트워크가 어느 정도 촘촘히 형성하고 있는지가 중요한 관건이 된다.

특징적인 것은 '시민사회 거버넌스'이다. 이것은 지역 차원의 풀뿌리 거버넌스를 말한다. 여기서는 정치적 혹은 경제적 자치권을 넘어, 전통적 민주화 세력과 주민자치 세력의 통합적 네트워크의 수준을 말한다. 매우 지난한 역사적 민주화 과정이라는 한국적 특성을 보유한 세력이 자체 고유의 사업을 심화시키면서도, 주민자치 영역과의 연계를 통해 시민사회의 정치력과 자치권에 대한 확장을 추구하는 것을 말한다. 한국적 특징을 보유한 시민사회를 통한 자치력 확장의 개념이다. 이러한 분석틀은 경기 중부-군포지역이 나타내는 한국적 특성에 기반하면서도, 다른 지역의 특성과도 연관하여 추출하였다. 필자는 경기 중부-군포지역의 특징을 중심으로 추출한 정치적 자치권, 시민사회 거버넌스, 경제적 자치권을 통해, 한국 자치민주주의의 인민의 자치력의 수준을 종합적으로 탐색할 수 있다고 생각했다. 이것은 협동조합 등 자립적 소득구조에 기반한 경제적 자치권과 법적·제도적 자치제도인 정치적 자치권은 선후 관계가 아니라는 것을 의미한다. 또한, 정치·경제적 자치권 이외에도 시민사회 거버넌스의 확장을 통해서도 자치민주주의 진화의 가능성을 확인하는 것이다. 왜냐하면, 풀뿌리 자치 거버넌스를 통해서 정치적·경제적 자치권의 요소가 시민사회 전반에 걸쳐, 다양한 형식과 내용으로 실현되기 때문이다.

특히 '시민사회 거버넌스' 개념은 경기 중부-군포지역에서 나타나는 전통적 민주화 세력과 주민자치 세력의 통합적 네트워크에서 생산된 개념이다. 이것은 한국에서 민주주의의 심화 및 공고화는 과거 민주화의 역사적 투쟁 과정과 분리되어 실현되지 않는다는 사실을 말해준다. 민주화 이후 민주주의에 대한 담론 및 이론 생산이 부실했던 상황에서, 민주화의 역사와 자치력 향상 간의 긴밀한 연결을 통한 시너지 효과로 시민사회의 정체성과 인민의 자치력이 동시에 확장된다면, 그것은 한국적 자치민주주의의 유형으로 나름의 의미를 지니기 때문이다. 여기서 '시민사회 거버넌스' 개념이 중요한 점은, 정치적 민주화가 진척되었더라도, 민주주의의 심화와 진화는 시민사회를 통해서 계속 진행된다는(되어야 한다) 점이다. 민주주의의 이행이나 공고화는 정치적 영역에서의 정당정치를 통해 계속 진행되는 것과 같이, 시민사회 영역에서도 동시에 진행된다. 특히 정당정치가 기득권 정치 세력 간의 갈등과 조정의 공론장이라면, 시민사회는 그 안에 존재하는 다양한 영역과의 거버넌스를 통해 기존의 정치 권력을 이완하거나 해체하면서 인민적 권력의 강화를 추구하는 공론장이다.

그러한 의미에서, 시민사회의 거버넌스를 통해 자체 정체성을 강화하고 주민자치운동과 결합을 통해 자치 권력의 확장을 추구하는 경기 중부-군포지역의 사례는 현재 한국의 정치·경제·사회 수준에서 민주화 이후의 민주주의에 대한 모의실험의 성격을 가진다. 분단구조와 보수적 정치체제가 공고한 상태에서 민주화로 인해 정치적 독점이 일정 정도 해체되었다고는 하나, 정치적 독점이 또 다른 형식의 과점 상태로 이어지고 있는 점과 경제·사회적 독점으로 인한 인민의 권력소외 현상과 부와 권력의 편중 현상은 여전하기 때문이다(조희연 참조). 따라서 경기 중부-군포지역에서 추진되는 시민사회 거버넌스(전통적 민주화 세력과 주민자치 세력의 통합적 네트워크)의 양태는 시민사회가 정치·경제적 기존 구조에 대항하여 정파를 대표하는 대의제를 극복하기 위한 자치민주주의의 모델을 창조한다고 할 수 있다.

[그림 53] 한국의 자치공동체의 자치력 및 거버넌스 비교

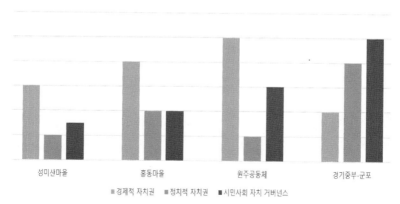

■ 경제적 자치권   ■ 정치적 자치권   ■ 시민사회 자치 거버넌스

[그림 53]은 4개의 한국의 자치민주주의를 3개의 분석틀을 기준으로 비교해 본 것이다. 여기서 막대그래프의 차이는 정확한 수치적인 차이를 나타내지 않는다. 단지 상호 크기만 다르다는 것만을

의미한다. 분석틀의 개념을 추출할 때 경기 중부-군포지역 자치민주주의의 유형의 특성을 중심으로 다른 지역의 유형을 혼합함으로써, 종합적인 자치민주주의의 자치력 판단의 기준이 되는 데 도움이 되도록 하였다. 역사적으로 보면, 자치민주주의는 자립적 경제공동체와 자치적 정치공동체가 상호 연결하면서 발전해 왔다는 점과 현대사회에 들어와 국가와 시장의 실패로 인해 시민사회의 역할이 부각되면서 시민사회의 독자적 역할이 자치민주주의에서 주요하게 인식되고 있는 점에 착안한 것이다. 시민사회의 거버넌스는 단순히 결사체들의 숫자 및 활동에 국한하지 않고 다양한 결사체들의 상호 네트워크를 통한 통합력을 중요하게 보았다. 특히 전통적 민주화 세력과 시민단체, 주민자치조직 간의 상호 네트워킹에 의한 시민사회 확장의 정도와 인민의 자치 수준을 중요한 척도로 삼았다.

경기 중부-군포지역의 경우 다른 지역과 비교할 때, '정치적 자치권'과 '시민사회 거버넌스'가 다른 지역에 비해 높다. 이것은 다른 지역의 경우, 선행적인 협동조합 등 자치적 경제의 확산이 정치적 자치력과 시민사회 자치 거버넌스에 일정한 영향을 끼쳤다면, 경기 중부-군포지역은 경제적 자치권 및 정치적 자치권과 시민사회 거버넌스가 동시에 진행되었기 때문으로 보인다. 원주는 협동조합이 오랜 역사를 통해 발전하고 진화해 오면서 지역 차원의 사회적 연대 경제 네트워크로 확산한 경우에 해당한다. 따라서 원주의 경우에 경제적 자치권이 가장 높다. 이 지역에서는 생산-가공-유통-소비가 하나의 경제적 거버넌스 차원에서 통합적으로 진행된다. 따라서 주민의 경제적 자치력이 그만큼 높을 수밖에 없다. 그러나 경제적 자치력과 상호 네트워크가 막강한 영향력을 발휘할수록 법적·제도적·정치적 자치력을 시민시사회 안에서 생산하는 데 미흡하다는 점을 발견할 수 있다. 이것은 경제적 자치력이 확장될수록 제도권의 법적 자치권에 대한 필요성을 느끼지 못하기 때문으로 보인다. 특히 원주의 경우 수십 개의 다양한 형태의 생산, 가공, 유통, 소비 등의 협동조합이 자생적 순환구조를 통해 경제적 부를 창출하는 구조에서 특히, 그러한 단일 협동조합이나 연대적 틀 차원에서 민주적 자치구조가 형성된 상태에서 '정치적 자치권'의 필요성을 크게 느끼지 못하고 부차적으로 생각하기 때문으로 보인다.

그러나 역사적으로 보면, 자치공동체를 유지 발전시킨 경제적 자치력만으로는 자치공동체의 지속 가능한 정신적·이념적 진화를 보장해 주지 못한다는 점이다. 또한, 경제적 공동체의 자치적 방식만으로, 권력 행위의 주체화를 통해 가능한 인류의 지적·정신적 진화를 얼마나 촉진시킬 수 있는지의 문제도 계속 제기된다. 왜냐하면, 외부세계와의 연대와 협동의 소극성으로 인해 민주적 자치공동체의 지속적인 진화를 위한 생명력이 제약을 받을 수 있기 때문이다. 이것은 경제적 자치권은 정치적 자치권 및 시민사회 자치 거버넌스와 함께 결합할 때, 진정한 자치권이 실현된다는 점에서 중요하다. 지역사회로부터의 요구와 합의에 기반하지 않은 대규모 개발사업들의 동시다발적 추진은 지역의 인구 구성과 공간구조, 경제 및 생태적 기반, 사회 및 문화적 여건을 근본적으로 바꿈으로써 그동안 노력해 온 생활 자치운동, 생명운동, 협동조합운동의 미래에 상당한 영향을 줄 수 있다는 점이다. 따라서 지역 협동운동의 미래와 관련하여 정치적·정책적 역량을 강화할 필요가 있다(정규호

2006: 139). 결국, 원주지역 협동운동의 미래는 풀뿌리 사회경제 거버넌스를 토대로 다양한 수준의 거버넌스 영역들을 개발하고 입체적으로 재구성함으로써 다층적인 구조의 거버넌스multi-level governance 체계를 만들어 풀뿌리 차원에서 주민들의 자치와 문제 해결 역량을 더욱 높이는 노력과 함께, 조직과 제도의 경계를 넘어서 정부(중앙, 지방)와 기업(공기업, 사회적기업 포함), 시민사회 영역 간의 긴밀한 소통과 협력체계를 만들어 가는 노력이 동시적으로 진행됨으로써 가능할 것이다(정규호 2006: 140).

그런 점에서 '정치적 자치권'의 중요성은 한국사회의 자치공동체가 풀어나가야 할 당면 과제로 제기된다. 특히 '정치적 자치권'은 '시민사회 거버넌스'와도 연관된다. 당장 정치적 혹은 시민들의 조건이나 수준으로 인해 '정치적 자치권'의 확보가 어려울 때, '경제적 자치권'으로 완결할 것이 아니라, 시민사회 내의 자치 거버넌스를 통해 시민의 자치력에 대한 확장이 가능하다는 점이다. 시민사회의 확장을 통한 자치력의 확장 전략은, 주민자치역량과 시민사회 역량의 소통과 통합을 통해 가능하다. 경기 중부-군포지역의 경우는 전통적 민주화 세력이 구심으로 작용하면서 전체 시민사회 영역의 통합적인 수평적 네트워크의 구성이 가능하였지만, 그렇지 못하더라도 다양한 결사체들과 사회적경제 영역의 네트워크를 통해서도 시민사회의 확장은 가능하기 때문이다. 결국, 자치공동체를 통한 온전한 자치력의 실현은 경제적 자립구조와 정치적 자치제도, 그리고 두 영역과 긴밀히 소통과 협동하는 시민사회 거버넌스가 서로 통합적 네트워크를 형성할 때 가능하다는 점을 시사한다.

반면에 경기 중부-군포지역의 경우 '경제적 자치권'의 영역은 다른 지역에 비해 상대적으로 취약하다. 이것은 거꾸로 원주나 홍동마을의 주체 세력이 경제적 자립을 기반으로 정치적 자치권에 대한 올바른 방향성을 확립할 경우, 행정적 주도권에 좌우되지 않고 자치적 시민사회의 힘을 통해 모범적 자치민주주의를 창출할 수도 있다는 것을 말한다. 중간지역조직의 촉매 역할에 의존하지 않고 자립적인 경제적 기반을 활용하여 주민이 원주시 전체에 대한 법적·제도적 자치권을 확보하는 데 유리하기 때문이다. 이것은 경기 중부-군포지역에는 '정치적 자치권'을 안정적으로 발전시키고 시민사회에 안착시키기 위해 취약한 '경제적 자치권' 확충의 과제를 제기한다. 따라서 '정치적 자치권', '경제적 자치권', '시민사회 거버넌스' 세 개의 관계와 연관 양태에 따른 자치민주주의의 진화의 길은 앞으로 더욱 진전된 연구를 위한 과제로 남는다.

V. 결론과 제언

1. 요약과 결론

'사회적 자본'으로 잘 알려진 로버트 퍼트넘Robert David Putnam 교수
와 '정의란 무엇인가'의 저자로 알려진 마이클 샌델Michael J. Sandel
교수 모두 미국 정부에 대한 신뢰 하락, 민주주의에 대한 불만과
정치적 무력감의 원인을 공공선에 관한 생각과 시민 덕성을 갖춘
시민 양성의 요람으로서 주민자치 전통이 쇠퇴한 데서 찾고 있다
(곽현근 2014: 15).

대의제는 근대 시민혁명 이후 자유와 평등, 인민주권을 만방에
표방하고 시작되었지만, 수백 년이 흐른 지금 인간은 여전히 자유
롭지 못하고, 불평등하며 진정한 주권은 소수 정치가에게만 존재한
다. 일군의 정치집단이 정치 행위를 독점하면서 발생하는 파당적이
고 소모적 정당정치에 의해, 시민이 정치 행위의 주체가 된 협동과
연대의 민주적 공동체는 사라지고, 참여를 통해 자아실현과 공공선
을 추구해야 할 주권자는 대량 상품경제의 소비자나 향수자로 전락
하였다. 따라서 이 책에서는 이러한 대의제의 보완과 극복을 위한
방안으로 자치민주주의의 실현을 주장하였다. 필자는 그동안 대의
제가 소홀히 했던 민주주의의 본래 가치인 인민의 직접 지배 원리

를 '자치'의 개념으로 설정하고, 그 속에서 대의제와 함께 혹은 독자적으로 발전할 수 있는 권력의 주체인 인민의 자주적인 지속 가능한 민주주의를 찾으려고 시도하였다. 공동체형과 참여형 자치민주주의에 대한 분석을 통해, 대의제에는 부재하지만 자치민주주의에는 인간과 사회의 진화를 위해 나타나는 자아실현과 공공선 추구라는 공통적인 고유의 이념이 존재한다고 판단했다. 역사적으로 저명한 자치 사상가들은 정치참여를 통해 인간은 지적·문화적·도덕적 잠재력이 발양되고 계발되며, 공론을 통해 타인과의 협동적 관계를 통해 보편타당한 공공선에 도달할 수 있다고 주장했다.

공동체형 자치민주주의는 자치적 공동체를 통해 몸과 영혼의 자유와 해방을 희구했고, 권력이 강요하는 경제적 불평등을 해소하고 공공선이 실현되는 공동체로 갈 수 있다고 주장했다. 폴리스, 농촌공동체, 길드, 자유도시, 협동조합 등의 공동체에서는 각자 차이는 있지만, 직접 토론과 숙의하고 결정하는 '민회'라는 정치·경제적 공적 공간을 형성했다. 이곳에서 상호부조 및 협동과 연대는 인간의 삶과 생활의 생명 활동이며 정신적 가치관이 형성되는 이념이다. 신좌파적인 참여형 자치민주주의 역시 대의제에의 정치참여를 통해 인간의 지적·잠재력 계발과 자아실현이라는 정신적·지적 진화 및 사회의 통합성과 안정성에 기반한 사회적 공공선을 추구한다.

그런데 이러한 자치민주주의를 통한 자아실현과 공공선 추구의 이념은 공론장에서 형성되는 '인민의 자치력'의 정도에 따라 실현된다. 권력 행위의 주체인 인민의 참여 수준, 계발된 숙의의 수준, 입법권 행사의 정도, 공공선 실현의 정도 등에 따라 '인민의 자치력'의 수준은 형성된다. 따라서 근본적으로 참여의 결핍, 참여하더라도 무지한 참여, 인민의 운명을 좌우하는 입법권을 소수 정치가가 독점하는 것, 개인과 압력단체의 이익은 존재하지만, 공공선common good의 추구는 부재한 대의제에는 '인민의 자치력' 자체가 존재하지 않는다. 자치민주주의 역사는 군집적 동물에서 진화한 정치적 동물로서 인간은 '인민의 자치력'이 높을수록, 집합적 정치 행위를 통해 자기 존재에 대한 확인(자존감)과 정신적 진화를 촉진하며 동시에 공동사회의 집합적 이익과 공공선에 도달할 수 있다는 것을 보여준다.

[그림 54] 인민 자치력에 의한 대의제 보완 및 극복 방안

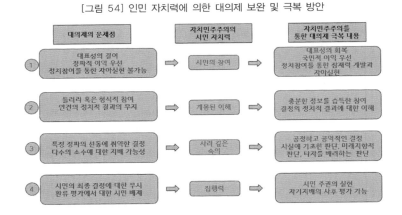

특히 자치민주주의가 갖는 '인민의 자치력'은 대의제의 한계와 결함을 보완 혹은 극복하는 데 기여한다. 집합식 민회, 농촌공동체, 자치도시, 협동조합 등 공동체 자치민주주의와 대의제 정치적 제도에의 참여와 숙의를 통한 참여형 자치민주주의에서의 '인민의 자치력'의 수준은 각기 다르다. 어느 특정 자치민주주의가 완전한 인민

의 자치력을 보유하지 못하므로, 하나의 자치민주주의는 부분적 자
치력만을 소유한다. 이것은 대의제를 보완하기 위해서는 다양한 자
치민주주의가 함께 작동할 때만, 자치력 발양의 최대의 효과를 볼
수 있다는 것을 말한다.

[그림 54]에서 보듯, '인민의 자치력' 중 <인민의 참여>는 대의
제의 한계인 대표성을 회복하고 정치참여를 통해 인민의 잠재력 계
발과 자아실현에 도움을 준다. 대의제가 강조하는 소수 정치인이나
전문가에 한정되지 않고, 전체 인민의 협동과 연대에 의해 인민의
자아실현과 공공선이 가능하게 된다. <계발된 숙의>를 통해서는 일
상적으로 발생하는 갈등에 대한 합리적 해소가 가능하다. 사람은
안건에 대한 정보와 정치적 의미를 모르는 상태에서의 참여를 통해
서는 정치적 행위의 진정한 주체가 될 수 없다. 안건에 대한 다양
한 정보와 정치적 의미에 관한 충분한 이해와 학습이 선행된 후 토
론이나 논쟁에 임할 때, 대의제에서 해결하지 못하는 사회적 갈등
이나 대립을 보편타당한 관점에서 해결할 수 있다.

<인민의 입법권>은 자치민주주의에서 중요한 골격을 차지한다.
현재 한국의 자치분권과 관련해서, 중앙 권력이 자치입법권 이양에
대해 소극적이라는 것만 보아도 자치에 있어 입법권의 중요성을 알
수 있다. 국민발안, 국민투표 등의 <인민의 입법권>을 통해서 정파
간의 대립으로 인해, 불가능한 민생이나 공적 사안에 대한 입법이
가능하다. 따라서 국회의 독점적 입법권을 자치 영역으로 일부라도
부여할 경우 공익적이고 보편적인 내용의 입법이 가능하게 된다.
<공공선의 도출> 역시 정당정치에서 정파 간에는 합의할 수 없는
공적 사안이 공론장을 통한 인민적 합의가 가능하다는 것을 말한다.

대의제에는 나라의 보편적인 외교 문제나 경제 문제에 대한 인민의 일반의지에 부합하는 공공선을 도출할 수 있는 법적·정치적 공간이 없다. 대부분의 자유민주주의에서는 집권당에 따라 경제정책, 분배정책이 차이를 보이면서, 정부는 특수 계급의 이익을 보호하거나 아니면 중도적 정책에 머무는 포괄 정당화 현상이 나타난다. 우리나라 경우도 정파 간의 첨예한 갈등 사안인 선거법, 남북문제, 분배 문제 등을 충분한 숙의 과정을 거쳐 국민투표로 결정한다면, 단일한 공공선을 도출하는 것이 가능해질 수 있고, 국회는 국민 다수의 의사를 예상하고 미리 정파간에 조정하는 방식을 선택할 것이다. 스위스처럼 예민한 현안이 국민투표로 갈 경우, 의회에서 절충안에 대한 합의가 가능해지면서, 대의제에서 나타나는 정파 간 첨예한 갈등이 완화되는 효과가 있다. 주요한 정치적 결정 과정에 인민의 집합식 방식의 참여는 대의제 정당들을 공공선에 가깝게 상호 합의하라는 압박 효과가 있다.

따라서 '인민의 자치력'을 통해 대의제는 자신이 갖는 한계와 결함을 보완, 극복하고, 성숙하고 지속 가능한 민주주의로 발전할 수 있는 전망을 얻는다. 자치민주주의와 대의제는 상호 침투적·상호 보완적·상호 협동적 관계 속에서 발전하면서, 서로의 장점을 강화하고 단점을 치유한다. 결국, 자치민주주의는 역사적 현실 정치 기제인 대의제와 병존하면서도, 민주주의의 최고의 가치인 인민주권의 정체성과 대안을 지속해서 창출하고 스스로 진화한다. 자치민주주의가 갖는 '인민의 자치력'은 대의제의 한계와 결함을 보완 혹은 극복하는 데 기여한다. 민주주의의 진화를 위해서는, 자치민주주를 지속해서 심화 발전시키면서도 기존의 대의제의 장점과 잘 결합하는 것이 필요하다. 상호 병행을 통해 자치민주주의와 대의제는 서로가 더 안정적이고 효율적으로 작동할 수 있도록 상호 지원이라는 침투적 효과를 발휘한다. 대의제는 연방적 차원에서 중앙 권력과 지역 권력과의 유기적 연관성을 높여준다. 하나의 장점이 하나의 약점에 침투함으로써 약점을 치유한다. 상호 장점이 상호 약점을 치유하고 보강하는 역할을 하는 것이다. 대의제가 국가 차원의 헌정적 정치 시스템에 의하여, 제 권력 간의 안정성 부분에 취약한 자치민주주의의 약점을 보완한다면, 자치민주주의는 소수 엘리트/전문주의의 대의제가 갖는 인민의 대표성과 공공선 도출의 취약성을 보강하고, 인류가 정치 행위를 통해 자아실현과 이상적 세계를 바라볼 수 있는 동력을 제공한다.

민주주의 역사를 보면 자유와 평등이 양립하기도 하고 대립하기도 한다. 그런데 인간은 자유롭고 평등할 때만 진정한 자아실현이 가능할 수 있다. 그러한 의미에서 자아실현과 공공선은 자유와 평등이라는 기본 개념보다는 훨씬 포괄적이고 진화적 개념이다. 이것은 인간 스스로 권력 행위의 주체가 되는 자치민주주의를 통해 자아실현과 공공선 획득이 가능하다는 것을 웅변하고 있는 것이다. 인민의 자아실현은 억압적인 권력으로부터 자유에서 시작하여 인간의 개성과 자기 계발, 잠재력과 창의력 발전, 덕성 있는 시민 등의 개념으로 자치민주주의 역사에서 꾸준히 등장해 왔다면, 공공선의 추구는 협동과 연대, 자치공동체, 지속 가능한 평화, 정의, 평등, 일반의지, 이상사회 등의 개념을 통해, 고독하고 원자화된 인간을 진정한 자유와 해방의 세계로 이끈다.

2. 한국 자치민주주의를 위한 과제와 제언

한국의 경우 그것이 가지는 문제점에 대한 보완의 과정을 통해 대의민주주의 정치체제의 모순에 전면적 변화를 촉진할 수 있다. 자치민주주의의 역사는 자유와 평등, 정의라는 민주주의의 일반적 가치를 보다 심화시킨 것으로, 그런 가치를 포괄하는 '인민의 자아실현' '공공선의 추구'라는 인류적 보편성으로의 진화를 목적으로 한다. 따라서 지금 세계 정치는 대의민주주의의 한계를 극복하기 위하여 자기 성찰적이며 자기 결정적인 다양한 '자치'를 모색하고 있다. 우리는 타성적으로 민주주의라고 확신하는 대의제 정치에서는 찾아볼 수 없었던, 자아의 발전적 실현과 공공선이 자치민주주의라는 정치를 통해 가능할 수 있다는 근거와 희망을 발견하였다. 자본주의 현대사회는 인간의 고립과 불안 및 자아 해체를 해결할 수 있는 어떠한 대안도 창출하지 못하고 있다. 반면 인류는 자치민주주의에서 공동체에 대한 참여와 자치를 통한 자아실현과 공공선이 가능하다는 희망과 이상을 발견하였다. 이제 한국에서도 파당적 대의제 정당정치로 초래하는 퇴행적 민주주의를 성찰하고, 자치민주주의를 통해 인민주권의 개념과 공동체의 공적 가치를 발견하려는 성숙한 태도를 보여야 할 것이다.

자치민주주의 역사에서 확인한 것은, 민주주의는 권력에 대한 당사자적격67)을 소유하고 있는 인민의 지위와 역할이 높을수록, 자치

---

67) Prozesslegitimation(독일어) 일정한 권리 및 법률관계에 있어서 소송당사자(訴訟當事者)로서 유효하게 소송을 수행하고 판결을 받는 데 필요한 자격을 당사자적격(當事者適格)이라 한다. 구체적 소송에 있어서 어떤 자를 당사자로 하여야 분쟁 해결이 유효하고 적절할 것이냐 하는 관점에서 인정된 제도이므로 이를 소송수행권(訴訟遂行權) 또는 소송실시권(訴訟實施權)이라고도 하고, 그자만이 적법하게 당사자의 자격을 갖는다는 의미에서 정당(正當)한 당사자(當事者)

민주주의는 인류와 공동체에 유익하며 민주주의 위기를 극복할 대안적 가치와 제도를 창출한다는 점이다. 따라서 정치·경제적으로 오랜 역사적 경험을 통해 선진적 정치문화를 발전시킨 대부분의 유럽 국가의 경우, 연방 및 중앙 단위에서는 의원내각제를 통한 대의제 정당정치가 작동하고 있으면서도, 실제로 주와 지방정부 단위에서는 직접민주주의를 비롯한 다양한 형식의 자치민주주의가 동시에 작동된다. 특히 하나의 자치민주주의가 아니라, 여러 개의 자치적 방식이 병행 및 혼용되어 작동되고 있었다. 대의민주주의와 직접민주주의가 병존하며, 다양한 자치민주주의가 혼용되어 작동한다. 본고에서 분석한 스위스를 비롯한 노르웨이, 스웨덴, 핀란드, 덴마크, 네덜란드 등 정치 선진국에서는 연방의 대의제와 지역에서의 직접민주주의는 결합하고 있다. 이러한 직접 참여의 방식이 왕성하게 진행되고 있다는 사실은, 대의제가 단독으로 한 나라의 정치체제를 독점하던 민주주의 시대는 지나고 있다는 것을 말한다. 이것은 주권자로부터 강한 불신을 받는 대의제와 정당정치가 자치민주주의에 대해 더 개방적이고 혁신적으로 숙고해야 할 이유를 제기한다.

외국의 자치민주주의의 사례가 다양하고 나라와 지역마다 나름의 특색을 가지고 있는 것처럼, 한국의 경기 중부-군포지역의 사례는 한국의 민주화라는 역사적 특징과 연관되어 있다. 유럽의 경우는, 분권적 중세로부터 유래하고, 연방 체제로 전환하면서 지역 자치권의 확대가 진행되었다면, 한국의 경우는 중앙집권적인 봉건적 국가체제와 일제 식민지 치하, 군사 파시즘을 거치면서, 지역의 자치는 씨가 말랐다고 할 수 있다. 그러나 민주적 정권이 들어서서

라고도 한다.

자치와 분권에 대한 논의의 확산에 발맞추어, 시민사회의 자치 운동에 대한 참여와 역할이 확대되고 있다. 이 지역의 사례는 전통적 민주화운동 세력이 고유의 사업을 계승 발전하면서도, 통합적 네트워크를 통해 지역 운동 및 주민자치 운동과의 긴밀한 연계 관계를 형성한다는 점이다.

특히 군포 지역은 한국의 정치적 민주화운동이 지역 민주주의로 전환될 수 있는 자치운동을 경험했다. 주민들은 서울 인접 지역인 군포가 서울의 보조 도시로 전락하고 파괴되는 것에 저항하며 주민자치의 열망을 불태웠다. 이들은 7년여 동안 소각장 운동부터 출발하여, 부곡화물터미널확장반대, 수리산터널반대운동을 통해, 환경과 생태를 지키는 것은 주권자로서 시민의 힘이 있을 때 가능하다는 것을 느끼면서, 시민자치력의 중요성을 인식하고 네트워크식 시민사회의 모형을 만들었다.

그래서 80년대 민주화운동 이후 90년대 소각장 운동, 부곡화물터미널확장반대, 수리산터널반대라는 지역 운동을 통해 민주주의와 자치의 중요성을 깨달은 시민들은 사회적 자본인 결사체를 조직하였으며, 범시민적 지역 운동의 전통을 만들었다. 현재 군포지역에는 시민사회와 개혁적 자치단체·시의회와의 거버넌스 체계의 구축으로 자치민주주의가 성공적으로 진행될 수 있는 토대를 만들었다. 이 지역은 거친 민주화운동의 고개를 넘어온 한국에서, 전통적 민주화운동과 주민자치 운동이 결합함으로써, 자치민주주의로 진화하고 있는 대표적 사례이다. 경기 중부-군포지역의 자치민주주의 유형은 민주화 이후 민주주의 국면에서 자신의 역사적 정체성을 상실하고 해체되었던 민중운동 세력이 지역의 주민자치의 영역에서 영속성을 가질 수 있는 가능성을 보여준다. 민중운동은 주민자치 운동과의 결합을 통해 민중운동의 이념과 원래의 목표인 인민의 권력화를 촉진한다. 또 이것은 민주화 이후 사회경제적 변혁이 정당정치 이외의 영역인 시민사회와 주민자치의 영역에서 '인민의 자치력'의 발현을 통해 가능함을 제시한다.

마지막으로 한국 사례를 중심으로 볼 때, 한국 대의민주주의가 주권자인 시민이 권력의 주체가 되는 자치민주주의로의 진입을 위한 일반적 방안을 다음과 같이 정리할 수 있다.

첫째, 중앙 권력 차원의 대의민주주의 정당정치와 지역의 자치민주주의는 서로 상승효과를 통해 병행 작동할 수 있다는 점이다. 일반적으로 대의민주주의와 직접민주주의는 혼합되지 못한다고 보는 이유는, 현대 국가의 광활성과 사회의 복잡성으로 직접민주주의가 불가능하다는 논리에서 기인한다. 그런데 물론 대면 공론장을 중심으로 제한적 범위에서 사용되어야 하는 것을 전제한다면, 현재 첨단 아이티 기술과 전자적 메신저에 의한 소통 기술이 발달한 상황에서, 광활한 국가 단위에서도 토론과 소통, 투표와 집계를 할 수 있다는 점에서, 면대면을 원칙으로 하되, 부분적으로 아이티 기술을 활용하는 자치민주주의의 미래는 밝다. 또한, 지역 공동체 차원에서는 대면이나 공론장 형성이 가능하다는 점에서 지역의 직접 정치와 대의제를 효율적으로 잘 결합하는 것은 정치적 과제로 남는다. 이 서적에서 보듯 연방 차원에서 대의제와 주나 지자체 단위에서의 직접민주주의가 함께 작동되면서, 국가 전체 차원의 자기 입법과 자기 통치라는 자치적 민주 정치체제의 작동이 가능하다는 것이 입증되고 있다.

둘째, 숙의민주주의와 직접민주주의 역시 대립적 관계가 아닌, 상호 보완적 관계라는 인식의 변화이다. 한국에서 자치민주주의의 도입과 관련하여 주민자치회의 방향성 설정 시, 집합식과 숙의적 방식의 대립이 아니라, 두 개 방식의 결합을 통해 민주주의를 자치적 관점에서 심화시킬 필요가 있다. 캐나다 시민의회는 초기 단계에는 숙의적 과정을 거치면서, 마지막 단계에서는 주민투표인 직접민주주의와 결합하는 사례로 특별히 참고할 만하다. 시민의회는 위원 선정과 공론장을 통해 시민의 관심 유도와 심의를 보장하며, 최종안을 주민투표 방식과 결합함으로써, 두 자치민주주의의 장점을 모두 살리고 있다.

셋째로, 주민의 자치적 행위라는 최종 결정 권한을 주민에게 실제로 부여할 준비가 되어야 한다. 주민을 모이게 하고 마을총회를 열면, 마을총회를 통해 결정된 것이 실제로 정책과 예산의 집행으로 옮겨질 수 있어야 한다. 모양은 주민에게 권한을 주는 것처럼 포장은 했지만, 마을총회의 자치적 결정에 대한 어떠한 실효적 집행력이 담보되지 않으면, 주민참여의 자발성이나 지속성은 상실하게 된다. 브라질의 주민참여예산제와 비교해 볼 때, 그래도 가장 모범적이라는 서울시의 주민참여예산제에 실제 주민참여가 미흡한 이유는, 소수의 예산 위원들이 아닌, 자치구 마을 단위의 주민총회의 주민들에게 예산편성과 결정 권한을 부여하지 못한 것이 가장 큰 원인이라는 것을 인식할 필요가 있다. 유행처럼 퍼지는 민관협치라는 이름의 거버넌스도 마찬가지다. 갖가지 위원회나 공론장을 만들었더라도, 그러한 공간을 통한 토의와 결정 내용이 실제로 시민들에게 정책 결정과 예산편성의 결과로 보장되어야 한다. 그래서 참여를 통해 자신이 중요한 공적 결정의 당사자라는 자존감에 기초한 자아실현의 과정이 되지 못하면, 그 자치민주주의의 발전과 진화는 쉽지 않다. 자치적 민주주의의 새로운 전략에 몰두했던 데이비드 헬드는 "만일 사람들이 효과적 의사결정에 참여하는 기회가 있음을 알게 된다면, 그들은 참여가 값진 것이라고 믿고 적극적으로 참여할 것이며, 더 나아가 집단적 결정이 지켜져야 한다고 주장할 것이다. 반면, 만일 사람들이 체계적으로 무시당하거나 빈약하게 대표되고 있다면, 그들은 자신들의 견해와 선호가 진지하게 받아들여지거나 다른 사람들의 그것과 동등하게 고려되거나 공정하고 정당한 과정을 통해 평가받거나 할 여지가 거의 없다고 믿게 될 것이다. 그리하여 그들은 자신의 삶에 영향을 미치는 의사결정 과정에 참여할 -그리고 그 과정을 권위 있는 것으로 여길- 충분한 이유를 거의 찾지 못할 것이다"(헬드 2010: 432)라고 주장한 것처럼 참여는 참여를 원하는 사람들에 의해서가 아니라, 참여를 통한 자신의 결정이 실행된다고 믿는 시민에 의해 가능한 것이다.

참고문헌

강경선. 2016. "주권자적 인간에 관하여: 대의제와 직접민주제의 매개를 위한 개념."

강대현. 2006. 『한국 시민사회와 시민교육』. 한국학술정보.

강정인. 2009. "루소의 정치사상에 나타난 정치참여에 대한 고찰-시민의 정치 참여에 공적인 토론이나 논쟁이 허용되는가?." 한국정치학회보.

강정인. 1997. "대안민주주의: 참여민주주의를 중심으로." 참여사회연구소 편. 『참여민주주의와 한국 사회』. 서울: 창작과비평사.

곽현근. 2015. "읍면동 주민자치회 제도화 및 실행모형 제안." 자치분권 정책 토론회.

_____. 2014. "미국 포틀랜드시의 '동네자치회': 마을 및 삶의 질 향상을 위한 주민자율조직." 『월간주민자치』 29(pp.14-17).

고길섶. 2006. "자치민주주의 모델로서 부안적 정치구성의 실험." 『시민과 세계』(9). 133-148(16pages). 참여연대 참여사회연구소.

김동춘. 1997. "신자유주의의 세계화와 참여민주주의." 『참여민주주의와 한국 사회』. 서울: 창작과 비평사.

_____. 2006. "'민주화' 이후 지구화 국면에서 한국의 계급구조화-비대칭적인 계급구조화." 학술진흥재단 지원 민주주의와 사회운동연구소.

_____. 2020. "4·15 총선, 코로나19 재난 속 한국 민주주의: 국가와 정당, 그리고 시민사회." 『기억과 전망』 2020년 여름호(통권 42호).

김대환. 1997. "참여의 철학과 참여민주주의." 『참여민주주의와 한국 사회』. 서울: 창작과비평사.

김만흠. 1997. "지방자치와 참여민주주의." 『참여민주주의와 한국 사회』. 서울: 창작과 비평사.

김비환. 2001. "축복과 저주의 정치사상." 『20세기와 한나 아렌트』. 도서출판 한길사.

김상민. 2005. "주민환경운동과 사회적 자본의 상호작용에 관한 연구: 서울시 마포구 '성미산 배수지 건설 반대운동'을 사례로." 『시민사회와 NGO

』 2005 제3권 제2호.8)

_____. 2016. "주민자치와 협력적 마을만들기." 『한국지방자치학회보』. 28(1). 181-209.

김소남. 2013. "1960~80년대 원주지역의 민간 주도 협동조합 운동 연구: 부락개발, 신협, 생명 운동." 연세대학교 대학원 박사학위논문.

김영래. 2008. "대의 민주정치의 위기와 시민정치의 성찰." 국제정치학회 학술대회 발표.

김종걸·이근식 외 2인. 2012. "협동조합의 필요성 및 발전을 위한 사상적·정책적 고찰" 중 새로운 '공공성'의 기획과 협동조합: (김종걸): (18-35). 기획재정부.

김용민. 2016. "루소와 공화주의." 『한국정치연구』 제25집 제1호(2016).

김 원. 2006. 『여공 1970: 그녀들의 반역사』. 이매진.

김윤철. 2019. "정당민주주의의 지속가능성 검토." 『비교민주주의 연구』. 제15집 2호(pp.6-33).

김종법. 2009. "이탈리아 도시국가와 공화주의 전통." 민주화운동기념사업회.

김주성. 2010. "대의민주주의와 공론정치." 한국·동양정치사상사학회 학술대회 발표 논문집 53-65(13pages).

김지현. 2016. "중간지원조직과 거버넌스." 『희망이슈』 5호. 희망제작소.

김찬동. 2014. "주민자치회 제도의 향후 방향." 『지방행정 연구』 제28권 제3호 (통권 98호) 061-085(Future Direction of Residents Autonomy Policy).

_____. 2019. "주민자치는 민주주의 원리에 부합하게 제도 설계해야." 『월간 주민자치』 93. 2019.7. 50-58(9pages). 한국자치학회.

_____. 2019. "주민주권과 민주주의에 입각한 주민자치 활성화방안." 한국지방정부학회 학술대회 자료집 2019.11. 439-461(23pages). 한국지방정부학회.

김창진. 2016. "국가, 공공정책, 협동조합-지역사회 생활정치를 위한 인식론적 기초와 전략 구상." icoop 연구소 10주년 기념 학술회의 발표 논문.

_____. 2015. 『퀘벡 모델: 협동조합·사회경제·공공정책』. 가을의 아침.

김태호. 2017. "지방자치 주민 직접 참여와 더 많은 민주주의-법제도 개선의 쟁점과 방향성-." vol.17 no.4, 통권 56호 pp.31-60(30pages). 한국지방자치법학회.

김혜인. 2015. "일본편: 가나가와 현 히라즈카 시와 후지사 '네트워크운동.'" 한국자치학회. 『월간 주민자치』. vol.44. 92-96(5pages).

나일경. 2007. "지역정당의 제도적 기반과 집합행위의 딜레마." 『시민사회와

NGO』 2007 제5권 제2호.

류청오. 2010. "공화주의, 민주주의, 그리고 루소의 사회계약론." 『진보평론』 224-251(28pages).

류태건. 2004. "참여민주주의의 이론과 현실." 『한국시민윤리학보』 제17집. 79-100.

민주화운동기념사업회. 2009. 『민주주의 강의 3 제도』. 민주화운동기념사업회 연구소.

박경옥. 2019. "도시재생을 연계한 지역기반 사회적경제에 관한 연구-프랑스, 캐나다(퀘벡), 미국(포틀랜드) 사례를 중심으로-."

박근영. 2017. "지역민주주의(Local Democracy)시대로의 전환." 『Issue & Reviewon Democracy』 13호, 한국민주주의연구소.

박근영·이영제. 2016. "지역민주주의의 이론과 현황(민주주의 연구 보고서)." 한국민주주의연구소, 연구책임자 박근영(한국민주주의연구소).

박은복. 2019. "홍동마을의 공동체 유지에 관한 연구." 인제대학교 대학원 박사학위논문.

박주원. 2016. "뉴 라나크와 뉴 하모니 사이에서." 『현상과 인식』 40(4). 225-250.

_____. 2010. "민주주의의 힘은 어디서 나오는가." 『경제와 사회』 2010 겨울호(동권 제88호).

_____. 2004. "한나 아렌트와 칼 마르크스의 대의제 민주주의 비판." 『철학과 현실』. pp.227-248.

_____. 2009. "아렌트(H. Arendt)의 연방 평의회 체제와 한국 민주주의." 한나 아렌트 학회.

박철. 2017. "지역정당 대체 역할로서의 주민자치 주체 기구의 중요성." 국내학술지 논문 | 『월간 주민자치』. vol.69 no.

박혁. 2012. "의지의 정치에서 의견의 정치로: 아렌트의 루소 비판." 한국정치사상학회. 『정치사상 연구』 제18집 1호. 155-184(31pages).

박재묵. 2019. "지방의회의 역할·기능 강화 방안: 지방정부의 자치입법권 확대를 중심으로." 발행처: 대전세종 연구원.

서동수. 2015. "김유정 문학의 유토피아 공동체와 크로포트킨의 상호부조론." 『스토리 앤 이미지텔링』(9). 101-125.

송재영. 2013. "수리산관통터널반대범대위 평가서." 수리산범대위.

안성호. 2016. [발제_스위스 미러클과 코뮌자치] "평균 3500명 코뮌, 1천만 서울보다 강력한 자치권 누려." 『월간 주민자치』 60. 32-43.

_____. 2016. 『왜 분권 국가인가: 리바이어던에서 자치공동체로』. 서울: 박영사.

오현철. 2010. "토의민주주의와 시민사회: 브리티시컬럼비아 사례를 중심으로." 『시민사회와 NGO』 제8권 제2호.

유경순. 2005. 『노동자, 자기 역사를 말하다』. 서해문집.

유병선. 2019. "지방의회의 역할·기능 강화 방안: 지방정부의 자치입법권 확대를 중심으로." 대전세종연구원.

유창복. 2009. "도시 속 마을공동체운동의 형성과 전개에 대한 사례연구-성미산사람들의 '마을하기'-." 성공회대학교 시민단체학과 석사학위논문.

_____. 2020. 『시민 민주주의』. 서울연구원.

윤태근. 2011. 『성미산 마을 사람들: 우리가 꿈꾸는 마을, 내 아이를 키우고 싶은 마을』. 파주: 문학동네: 북노마드.

왓킨스, 수잔 앨리스·알리, 타리크. 2001. 『1968-희망의 시절, 분노의 나날』. 안찬수·강정석 역, Marching in the street.

윤성현. 2011. "J. S. Mill의 민주주의론에서 '참여'의 헌법 이론적 의의." 사단법인 한국공법학회. 『공법 연구』 제40집 제1호.

이경란. 2010. "도시 속 협동적 연대를 통한 마을경제관계망 만들기-서울 마포구 성미산마을의 사례-." 『韓國協同組合研究』 第28輯 第2號.

이기우. 2016. "모든 권력은 국민에게 속한다. 이제는 직접민주주의다." 서울: 미래를 소유한 사람들.

_____. 2001. "대의민주주의의 한계와 참여민주적 제도의 가능성." 참여사회연구소 제19회 정책포럼. 참여사회연구소.

이동수. 2005. "대의제 민주주의의 위기: 마넹의 논의를 중심으로." 3 (3).

_____. 2010. "르네상스기 이태리 도시국가의 정부: 자유와 법치의 공화정." 『한국 정치연구』 제19집 제2호. 경희대학교.

_____. 진승권·김윤태·주정립·하승우·이영재·황정미·이충훈·이원태·정규호·한재각: 2010. 『민주주의 강의 4: 현대적 흐름』. 서울: 민주화운동기념사업회.

이대수. 2004. "소각장 안전을 위한 시민운동의 역할과 과제." 군포시민토론회 발표문: 2010.

_____. 1999. "군포환경자치시민회의 뿌리내리기." 『도시와 빈곤』 제41호. pp.58-68. 한국도시연구소.

이명진·홍성태. 2016. "자치민주주의의 사회적 조건." 한국사회학회 심포지엄 논문집: 한국사회학회 지역순회 특별 심포지엄. 한국사회학회.

이상봉. 2016. "이탈리아 사회적협동조합의 이론적·실천적 의미-공생의 지역사회 만들기 관점에서." 『로컬리티 인문학』. vol. no.16. pp.257-292 (36pages) 발행: 부산대학교 한국민족문화연구소.

이시정. 2007. 『안양노동운동사』. 민주화운동기념사업회.

이은희. 2008. "후기 근대 지역공동체의 성찰적 동학." 이화여자대학교 대학원 박사학위논문.

이지문. 2018. "시민의회는 직접민주주의인가, 대의민주주의인가?"(Is the Citizen's Assembly a Direct Democracy or a Representative Democracy?), 참여연대 참여사회연구소 국내 학술지논문 | 『시민과세계』. vol. no.32.

이지문. 2015. "광장정치와 제도정치의 보합으로서 추첨 시민의회 모색." 『NGO 연구』 제12권 제1호. 연세대학교 연구 교수.

이지선. 2013. "지역공동체 발전을 위한 협동조합 활성화 방안." 대진대학교 대학원 석사학위논문.

임정아. 2011. "밀의 민주주의에 대한 연구." 전북대학교 대학원 철학과 박사학위논문.

장명학. 2013. "하버마스의 공론장 이론과 토의민주주의." 『한국정치연구』 제12집 2호

장준호. 2008. "스위스 연방의 직접민주주의=2008년 6월 1일 국민투표를 중심으로." 『國際政治論叢(Korean journal of international relations)』. vol.48 no.4[2008]. 237-262(26pages). 한국국제정치학회(Korean Association of International Relations).

장혜영. 2018. "Two Track 모델 속 숙의민주주의 시스템 비교 분석: 독일, 영국 및 한국 사례." pp.177-203(27pages). 발행기관: 중앙대학교 국가정책연구소.

전상직. 2019. "주민이 주민자치회의 주권자가 되지 못하도록 만든다." 『월간 주민자치』. vol.93. 한국자치학회.

_____. 2019. "한국의 주민자치회를 설계하다." 『월간 주민자치』 97. 2019.11. 8-17(10pages). 발행처 한국자치학.

정규호. 2006. "풀뿌리 사회경제 거버넌스의 의미와 역할: 원주 지역 협동조합운동을 사례로." 한양대 제3섹터연구소.

정남철. 2018. "주요 외국의 지방자치제도 연구: 독일." 한국법제연구원.

정수복. 2002. 『시민의식과 시민참여』. 아르케.

정원규. 2005. "민주주의의 두 얼굴: 참여민주주의와 숙의민주주의." 『사회와 철학』 제10호. 사회와 철학연구회. 281-329.

정해구. 2009. 『민주주의 강의 4』. 민주화운동기념사업회연구소.

조대엽. 2015. 『생활민주주의의 시대: 새로운 정치 패러다임의 모색』. 나남.

조르조 아감벤 [외]. 2010. "민주주의는 죽었는가?" 김상운·양창렬·홍철기 역. 서울: 난장.

조형열. 2019. "일제하 협동조합운동사의 협동조합운동-조합활동의 연대 범위 와 운영방침을 중심으로-." 『東方學志』 제186집(2019년 3월). pp.1-36.

조희연. 2005. "'민주화 이후 민주주의'의 복합적 갈등과 위기에 대한 새로운 접근을 위하여": 총론적 프레임. 민주주의와 사회운동연구소.

_____. 2005. "'민주와 이후 민주주의'와 경제적·사회적 변형적 독점 재편."

주성수. 2005. "특집: 풀뿌리 민주주의에 대한 탐색: 풀뿌리 민주주의의 이론 적 기초." 대의제 대 직접민주주의 논의를 중심으로. 한양대학교 제3 섹터 연구소.

_____. 2009. 『직접민주주의: 풀뿌리로부터의 민주화=Direct democracy: democratization from grass root』. 서울: 아르케.

주성수·정상호 편저. 2006. 『민주주의 대 민주주의』. 서울: 아르케.

중앙공무원교육원. 2016. 군포 쓰레기 소각장 건설 사례.

진필수. 2019. "협치의 이상과 자치의 딜레마: 홍성통의 지역 거버넌스 분석." 『비교문화연구』 제25집 2호. 서울대학교 비교문화연구소.

_____. 2020. "지방사회의 새로운 자치와 마을 연구의 성찰-홍동면 주민자 치회의 실험-." 『比較民俗學』 71집.

최덕천. 2011. "사회적경제블럭과 지역사회 협동농업-원주의 유기농과 의료 생협의 융합 사례."6)

_____. 2014. "원주 지역에서의 유기농업 활동과 협동조합 역할과의 관계 연 구-Delphi Technique을 활용한 인식조사."

최승호. 2009. "지역 마을공동체 만들기 운동의 발전 방안 모색-충남 홍성군 홍동 풀무마을을 중심으로." 『한국사회과학논총』 제19권 제1호.

최일성. 2012. "참여민주주의와 사회적 배제: 1987년 6월 민주 항쟁기에 대두 된 '여성 정치세력화 운동'에 대한 이론적 검토." 『기억과 전망 (Memory & future vision)』. 발행처: 민주화운동기념사업회 한국민주 주의연구소.

최장집. 2006. "한국 민주주의의 현주소; 제도적 실천으로서의 민주주의: The Present Situation of Korean Democracy; Democracy as an Institutional Practices." 『기억과 전망』 15권 0호. 81-115(35pages). 민주화운동기념 사업회.

최정일. 2017. "직접민주주의와 국민에 의한 입법-독일에서의 논의와 입법경험을 중심으로."

최진석. 2017. "아나키의 시학과 윤리학-신동엽과 크로포트킨."『Comparative Literature』71. 117-152.

페이트만. 1992. "참여민주주의." 한국정치연구회 사상분과 편저.『현대민주주의론 II』. 서울: 창작과 비평사.

하승우. 2007.『지역, 지방자치, 그리고 민주주의: 한국 풀뿌리민주주의의 현실과 전망』. 서울: 후마니타스.

_____. 2014.『풀뿌리 민주주의와 아나키즘』. 이매진.

_____. 2004.『참여를 넘어서 직접행동』. 한양대학교출판부.

_____. 2008.『아나키즘』. 책세상.

홍동마을사람들. 2014.『(마을 공화국의 꿈) 홍동마을 이야기: 새로운 교육+농업+정치를 일구다』. 대구: 한티재.

홍성태. 2012. "공론장, 의사소통, 토의정치: 공공성의 사회적 구성과 정치과정의 동학."『한국 사회』13(1): 159-195.

그레, 마리옹・생또메, 이브(Marion Gret・Yves Sintomer). 2005.『뽀르뚜알레그리, 새로운 민주주의의 희망』. 김현택 역. 박종철 출판사. (*Porto Alegre: Laesperanza de otra democracia/The Hope of Another Democracy Penguin Random House Grupo USA, 2003.*).

달, 로버트(Dahl, R. A.). 2009.『민주주의』. 김왕식 역. (*On Democracy. 1998*).

_____. 1956.『민주주의 이론 서설』. 김용호 역. 법문사. (*Preface to Democratic Theory 1990*).

_____. 1987.『다두제』. 최준호・박신영 역. 포리아키. (*Polyarchy: Participation and Opposition. New Haven Yale University Press 1971*).

_____. 1999.『민주주의와 그 비판자들』. 조기제 역. 문학과 지성사. (*Democracy and its Critics. New Haven Yale Universityew Press. 1989*).

드라이젝・던레이비(Dryzek, J. S., Dunleavy, P.). 2009.『민주주의 국가론』. 김욱역. (*Theories of The Democratic States*).

라보르드, 세실·메이너, 존(Laborde, C.·Maynor, J.). 2009. 『공화주의와 정치이론들』. 곽준혁·조계원·홍승헌 역. 까치글방. (*Republicanism and politicaltheory. Balckwell Publishing Ltd. 2008*).

루소, 장자크(Rousseau, J. J.). 2018. 『사회계약론』. 김영욱 역. 후마니타스(주). (*Du Contract social on Principles du droit politique, ed. Simone Goyard-Fabrie, Paris, Honore Champion, 2010*).

_____. 2005. 『사회계약론』. 정영하 역. 교양사상서 (*The social contract*).

맥퍼슨(Macpherson, C. B.). 1992. 『자유민주주의에 희망은 있는가』. 이상두 역. 발행: 범우사. (*The Life and Times of Liberal Democracy. Oxford University Press, 1977*).

마넹(Manin, B.). 2004. 『선거는 민주적인가』. 현대 대의민주주의의 원칙에 대한 비판적 고찰. 곽준혁 역. 서울 후마니타스. (*The Principles of RepresentativeGovernment: Cambridge University press 1997*).

밀, 존 스튜어트(Mill, J. S.). 2012. 『대의정부론』. 서병훈 역. 아카넷. (*Considerations on Representative Government, 1861*).

몽테스키외(Montesquieu). 2007. 『법의 정신』. 하재홍 역. 동서문화사. (*The Spirit Laws. Chicago: William Benton. 1952*).

미츠히로(Mitsuhir). 2017. 『포틀랜드, 내 삶을 바꾸는 도시혁명: Portland 세상에서 가장 살고 싶은 도시』. 손예리 역. 서울: 어젠다. (*ポートランド = Portland: 世界で一番住みたい街をつくる*).

바버(Barber, B.). 1992. 『강한 민주주의: 새 시대를 위한 참여적 정치』. 박재주 역. 인간사랑. (*Strong Democracy: Participation Politics for a New Age. Barkeley: University of California Press 1983*)

부르노 카우프만·롤프 뷔치·나드야 브라운. 2008. 『직접민주주의로의 초대』. 이정옥 역. 출판사: 리북. (*The IRI guidebook to direct democracy. 2007*).

사워드(Saward, M.). 2018. 『민주주의란 무엇인가』. 강정인·이석희 역. 까치. (*Democracy. Cambridge University Press. 2003*).

스키너(Siknner, Q.). 2004. 『근대 정치사상의 토대』. 박동천 역. 한길사. (*The Foundations of Modern Political Thought. Cambridge*

University Press, 1978).

아렌트(Arendt, H.). 1996. 『인간의 조건』. 이진우 · 태정호 역. (*Human condition: the university of Chicago*).

우드러프(Woodruff, P.). 2017. 『최초의 민주주의: 오래된 이상과 도전』. 이윤철 역. 돌베개. (*First Democracy: the Challenge of an Ancient Idea*). *Oxford University Press. 2005*.

_____. 1972. 『아나키즘, 자주인의 사상과 운동의 역사』. 하기락 역. 대구: 형설 출판사.

위르겐 하버마스(Habermas, J.). 2006. 『의사소통행위이론 1, 2』. 장춘익 역. 파주: 나남출판. (*Frank furtam Main: Suhrkamp Verlag 1985*).

페이트먼(Pateman, C.). 2010. 『참여민주주의』. 한국정치연구회 사상분과 역. 서울: 창작과 비평사. (*Participation and Democracy Theory, Cambridge universitypress, 1970*).

피시킨(Fishkin, J.). 2003. 『민주주의와 공론 조사』. 김원용 역. 이화여자대학교출판부. (*Democracy and Deliberation: New Direction for Democratic Reform*). *New Haven: Yale University*.

_____. 2020. 『숙의민주주의』. 박정원 역. 한국문학사. (*When the People Speak: Deliberative Democracy and Public Consultation. 2009*).

콜(Cole, C. D. H.). 2017. 『로버트 오언: 산업혁명기, 협동의 공동체를 건설한 사회혁신가』. 홍기빈 역. 칼폴라니사회경제연구소. (*Robert Owen*).

크로포트킨(Kropotkin, P.). 2010. 『상호부조론』. 김영범 역. 서울: 르네상스. (*Mutual Aid: A factor in Evolution*).

_____. 2009. 『아나키즘』. 백용식 역. (*Anarchism*). 충북대 인문 · 사회연구총서 8.

테일러(Taylor, C.). 2010. 『근대의 사회적 상상』. 이상길 역. 이음. (*Modern social imagination*).

토크빌(Tocqueville, A.). 1997. 『미국의 민주주의』. 임효선 · 박지동 역. 한길사. (*De la démocratie en Amérique*).

헬드(Held, D.). 2010. 『민주주의의 모델들』. 박찬표 역. 서울: 후마니타스. (*Modelsof Democracy. Cambridge University press, 2006*).

Ackerman, B. and Fishkin, J. 2003. 『Deliberation day』. In J. Fishkin and p.

Lasiett(eds.). Debating Deliberative Democracy Oxford: Blackwell.

Benjamin Barber, 1983. 『Strong Democracy』: Participatory Politics for a New Age. Berkeley: University California Press.

Bessette, J. 1980. 『Deliberative democracy: the majority principal in republican government』. Washionton: American Enterprise institute.

Bobbio, N. 1987. 『Which Socialism?』. Cambridge: Polity.

_____. 1989. 『Democracy and Dictatorship』. Cambridge: Polity.

Budge, Ian. 1996. 『(The) new challenge of direct democracy』. Oxford: Polity Press.

Cohen, J. 1989. 『Deliberation and democratic legitimacy in A Hamlin and p. Pettit(eds.)』. The Good Polity: Normative Analysis of the state. Oxford: Blackwel.

Dahl. R. A. 1998. 『On Democracy』. Yale University Press.

Dunn, John (ed.). 1993. 『Democracy』: The Unfinished Journey, 508 BC to AD 1993. Oxford: Oxford University Press.

Dryzek, J. 1990. 『Discussive Democracy』: Politics, and Political Science. Cambridge: Cambridge University Press.

Faulks, Keith. 2009. 『시민정치론 강의: 시티즌십』. 이병천 외 역. 아르케.

Finley, M. I. 1963. 『The Ancient Greeks』. Harmondworth: Penguin.

Fishkin, J. 1991. 『Democracy and Deliberation』: New Direction for Democratic Reform. New Haven.

J. S. Mill, 1975. 『Consideration on Representative Government』. Oxford University Press.

Kaufman, Michael. 1975. 『Community power, Grassroots Democracy, and the Transformation of Social Life』. London: Zed Books.

Hansen, M. H. 1991. 『The Athenian Democracy in the Age of Demostheness』. Oxford: Blackwell.

Harvey, David. 2012. 『Rebel Cities』: From the Right to the City to the Urban Revolution.

London: Verso: (반란의 도시). 한상연 역(2014). 에이도스.

Larsen, J. A. O. 1948. 『Cleisthenes and the development of the theory of democracyat Athens』. Essays in Political Theory Presented to George Sabine. Port Washington, NY. Kennikat Press.

Macpherson C. B. 1977. 『The Life and Times of Liberal Democracy』. Oxford

University Press. Pitfalls in New Governance Spaces. Urban Studies.

Michels, Robert. 1962. 『Political Parties』: A Sociological Study of the Oligarchical Tendencies of Modern Democracy, New York: Free Press.

Mill, J. S. 1951. 『Liberty, and Representative Government』. London: Dent.

Montesquieu. 2007. 『법의 정신』. 하재홍 역. (*The Spirit of Laws*). Chicogo: William Benton, 1952).

O'Donnell, Guillermo. 1987. 『권위주의 정권의 해체와 민주화』. 도서출판 한울.

Offe, C. and Preuss, U. 1991. 『Democratic institution and moral resources』. Political Theory Today Cambridge: Polit.

Pateman, Carole. 2010. 『Participation and Democracy Theory』. Cambridge university press.

Przeworski, Adam. 2010. 『Democracy and the Limits of Self-Government』. Cambridge: Cambridge University Press.

Schumpeter, J. 1947. 『Capitalism, Socailism and Democracy. 2nd edn』. New York and London. Yale University Press.

Skinner, Q. 1978. 『The Foundations of Modern Political Thought, 2 vol s』. Cambridge: Cambridge University Press. 박동천 역. 『근대 정치사상의 토대』. 한길사. 2004.

부록

자치민주주의의 이념의 가치: 자아실현과 공공선의 추구
자치민주주의 자아실현과 공공선 이념의 경로

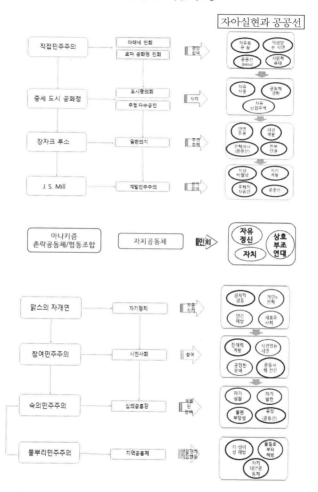

자치민주주의의 사상에서 추출되는 자아실현과 공공선의 역사

자아실현과 공공선의 추구를 나타내는 자치민주주의 사상에서 추출된 핵심 구절들

	인민의 자아실현	공공선의 추구	비고
평의회-민회식 광장 정치 (페리클레스, 루소)	*우리 도시는 그리스의 교육장이다.(페리클레스 장송 연설 중에서) *시민적 덕성을 갖춘 완성적인 선한 삶은 폴리스 내에서만 가능했다.(Held 2010: 39) *인간의 능력은 단련되어 계발되며, 사상의 폭이 넓어지고 감정은 고상해지며 영혼은 고양되었다... 지식 없던 시절에 어두운 한 동굴에 불과했던 자신을 지혜의 원천이 되도록 인간으로 만들어준 이 행복한 순간을 오래도록 축복해야만 되겠다는...(루소 2005: 사회계약론 61) *시민들이 자신의 능력과 기술을 개발하고 실현할 수 있는 '자유롭고 개방된' 정치 생활을 누리는 것에 대해 페리클레이스는 매료되고 자랑스러워했던 것으로 보인다(헬드 2010: 40) **결합된 국민: 얼마나 터무니없는 환상인가! 그러나 2천 년 전에는 그렇지 않았다. 시람들의 본성이 그토록 달라졌을까? 정신의 영역에서 가능성의 한계는 우리가 생각하는 만큼 협소하지 않다. 우리 자신의 나약함, 결함, 편견, 저속한 자들은 위대한 인간을 믿지 않는다. 로마 공화국은 위대한 국가였으며, 공공의 집회에 모인 전 국민은 위대한 시민이자 행 정관이었다.(루소 2005: 사회계약론 200-210)	*폴리스에의 참여를 통해 개인의 능력개발과 공공선의 텔로스(telos)를 실현할 수 있었다. 도시국가에서 시민의 적절한 역할과 자리를 확보하고 실현하는 것이 바로 정의의 의미였다.(Held 2010: 40) *사회계약은 일반의 복지를 도모하는 것 이외의 다른 목적이 있을 수 없다. ... 개인은 전체에 대하여, 전체는 개인 간에 대하여 어느 정도까지 의무를 질 수 있는가를 묻는 것이다.(루소 2005: 사회계약론 86-87) *자유는 일반의사를 창출하고 제정하는 데 참여함으로써 달성된다. 그것은 시민들이 모두 '동일한 권리를 향유할 수 있다는 점에서 시민들 간의 평등을 함입한다. (루소 2005: 사회계약론 76, 46 참조) *국민이 자기의 전체를 충분히 진술하여 결의할 때 시민 상호 간에 사전협의만 없다면, 인제나 많은 수의 사소한 의견대립을 통해 전체의사가 언제나 항상 옳게 될 것이다. 그 결과는 항상 옳게 될 것이다.(루소 2005: 사회계약론 79)	*아테네의 시민적 덕성은 폴리스의 공익적 시민에 종속된 개념(공공선에 헌신적인 사람만이 덕성 있는 공익적 시민): 공익성 > 시민성 *루소는 주권은 양도하거나 위임할 수 없으며 전체의사로서 일반의지를 표현한 것이라고 주장한바, 여기서 일반의지와 공공선은 일치한다.

인민의 자아실현	공동선의 추구	비고
아나키즘: 자+자치공동체-농촌공동체, 자치도시 (크로포트킨, 오웬)		
*12세기 공산운동의 정신은 개인의 권리를 과감하게 이정하는 것, 이것들을 마음껏 도시로 역으로 자유롭게 결속시킴으로써 공동체적 행성된 중앙의 권력체를 과감하게 인정하는 것은 단일화와 중앙집 권화를 과감적으로 부정하는 행위이었다.(크로포트킨 2009: 91) *개인주의의 발전이 아니라, 개성의 발전을 위한, 그리고 모든 인간 능력의 완전한 개화, 이 간 속에 있는 모든 창조성의 최상의 발전과 이성 과 감정과 자유의지의 최고의 활동을 위한 최 상의 토대이다.(크로포트킨 2009: 58) *이 시대의 노동자는 우리 시대의 조급증 성급 화, 피로감을 몰랐다는 것을 알게 될 것이다. 그 당시에 만들어진 것이면 어떤 것에도 새로운 것에 대한 탐구를, 모든 노동의 영감을 주었던 자유정신을, 길드에서 발전된 형제적 협력의 정 신을 발견할 것이다.(크로포트킨 2009: 99)	*12세기 봉건주의 숲속에 생긴 오아시스는 도시의 주민을 위한 불출을 빈조 약함, 미 래에 대한 불출을 전혀 알지 못했다. 자유 로운 협약과 자유로운 건설이 토대 위에서 정 치적 자유의 보증을 받으며 새로운 문명의 빠 른 속도로 발전하였었다.(크로포트킨 2009: 100) *또 하나의 영광된 시대인 고대 그리스 도시국 가의 시대를 제외하면, 인류가 이 시대처럼 빠른 속도로 발전한 적은 없었다. 2, 3세기 만 에 인간이 그렇게 심오한 변화를 겪고 그처럼 의 대한 지배력을 그 정도 수준까지 발전시킨 적이 없었다.(크로포트킨 2009: 100)	*자유도시들의 투쟁은 개인의 자유의 획 득과 보존, 연합의 원칙, 자유로운 연합 과 공동의 행동(들)을 위하여 진행되었다. 반면 국가는 개인의 억압을 위해, 자유 로운 협약의 파괴를 위해, 재분립, 성 직자, 즉 국가 안에서 모든 국민들을 똑 같은 노예로 만들기 위해 전쟁하려는 데 있다.(크로포트킨 2009: 102-103)

인민의 자아실현		공공선의 추구	비고
르네상스 공화정·계발 공화주의 (마르실리우스 루소)	*인간의 가장 자연스럽게 원하는 '홀로한 생활을 누리기 위한 기초이자 원척적으로 이성의 산물인 시민공동체에 대한 강조(마르실리우스 1980; 헬드 2010 제안용) *르네상스 공화주의는 최고의 정치적 이상은 기주적이고 자치적인 임무의 시민적 자유이다.(헬드 2010: 75) *리마우스는 로마사에서 공화주의의 권력은 전체 인민들 정신의 검손함, 고매정대함, 고결함 등에 연결 지을 수 있다고 주장했다.(헬드 2010: 77) *계발 공화주의자들은 자기실현의 수단으로서 폴리스의 정치 참여에 관해 탐구했다. 정치 참여는 좋은 삶에 필요했다.(헬드 2010: 79) *자기실현의 수단으로서 폴리스에서의 정치 참여를 탐구했던 폴리스 사상가의 관점과 동일하게 계발 공화주의자들은 정치 참여는 좋은 삶에 시 필요하고 좋다는 측면이다.(Held 2010: 79)	*정해진 통치 형태로 특정 통치 형태를 구분하지 느네 그 기준이 된 것은 무엇보다도 공공선을 위해 행동하느냐의 여부였다(마르실리우스 1980 Defensor pacis 32; 헬드 2010 제안용) *시민권이란 공공선의 실현을 지향하는 공동의 일에 관여하는 수단이며, 정치 참여는 공공선을 달성하기 위한 필수 매개물이라는 것이다.(마르실리우스 1980 Defensor pacis, p.46; 헬드 2010 제안용) *시민 모두가 밖에 의해 정당하게 구체화되어야 하고 또한 누구도 고의로 스스로를 해치거나 부당한 조치를 원하지 않을 것이기에, 그 결과 모두 또는 대부분의 시민의 공동 이익에 이바지하는 내용 원할게 될 것이기 때문이다.(마르실리우스 1980 Defensor pacis 48-49; Held 2010 83 제안용) *르네상스기 이탈리아 도시국가의 공화정들은 민주정을 최고의 가치로 여기지 않았다. 민주보다 더 공공선을 실현하는 것에 있어있으며 이때에만 시민들이 자유를 누릴 수 있다고 보았다. 그리고 공공선을 가장 잘 실현하려면 군주정, 귀족정, 민주정을 섞은 혼합정 체제가 가장 적합하다고 생각했다.(Viroli 2006: 38)	*이탈리아 도시 공화정을 민주주의로 간주하는 데에는 유보가 필요하다.(Skinner 1992: 58-60) *그들에게 있어 각자 정부란 신뢰받는 글럼 회원들 사이의 직접민주주의 형태였다.(Held 86) *공화주의는 다양한 이유로 인해 시민들의 생각과 정치 공동체의 기초를 역성 있는 시민이나 공이의 쪽으로 바꾸게 되었다. - 정부에 참여할 인민의 권리'라는 공적 - 정치적 자유의 의미는 축소되고 대신 • 개인과·사적 자유의 의미'가 더 강조 되었다.(Wood 1969: 608-609)

인민의 자아실현	공공선의 추구	비고
*좋은 정부란 구성원들의 자질, 특히 도덕적·지적 자질을 얼마나 잘 발전시킬 수 있는가에 달려 있다.(밀, 1975: 37) *정부의 능력 중에서 활동성, 청렴, 용기, 독창성을 촉진시키는 것이 없어서는 안 되는 요소들이다.(밀, 1975: 30) *공공을 위해 무엇인가 일을 하게 되면 이러한 모든 결함들을 한꺼번에 해소할 수 있다. 기회가 되어서 상당한 수준의 공적 의무를 수행한 다면, 그 사람은 곧 양식과 교양을 갖춘 사람이 될 수 있다. 별경과 시민총회 참여를 통해 아테네 일반 시민들의 지적 수준이 놀라울 정도로 높아졌다. 따라서 아테네는 고대, 현대 그 어느 곳보다 큰 발전을 이룩한 것이다.(J. S. Mill 1975: 72-73) *밀에 의하면 인간 탁월함의 가능성을 창출하는 사상·토론·행동의 자유는 자주적 정신과 자율적 판단을 계발하는 조건이다.(Held 2010: 185)	*사람들이 공공 영역에 참여하면 자기와 관련 없는 다른 이해관계에 대해 자율적이게 된다. 이익이 서로 충돌할 때는 자신의 사적인 입장이 아닌 다른 기준에 이끌리게 된다. 결국, 일이 있을 때마다 공공성을 제일 중요시하는 원리와 격률을 따라 행동하게 된다.(밀 1975: 73) *개인이 공공기능에 참여하게 되면 자신의 사회와 한 구성원이라는 느낌을 가지게 되면서 사회 전체의 이익이 곧 자신에게도 이익이 된다는 생각을 품는다.(밀 1975: 73) *전문적 능력에 따른 불평등에 비중을 두는 편이 최선의 의미에서의 민주주의적인 사회, 즉 모든 사람이 스스로의 인간적 잠재력을 완벽하게 발전시킬 수 있는 사회로 이끌 가능성이 이러도 더욱 큰 것이다.(Macpherson 1992: 107)	*밀은 보통선거권 아래에서 인민주권(비례대표)을 보장하는 대의민주주의 체제를 선호하였다. *사회가 요구하는 모든 필요를 충족시킬 수 있는 유일한 정부는 모든 인민이 참여하여 모든 사람이 주권행사에 동참할 수 있는 것이다. 그러나 큰 공동체에서 한 읍은 없다. 모든 사람이 직접 참여가 어려우므로 정부의 이상적 형태는 대의제이다.(밀 1975: 74) *대의제에서 누가 정당한 참여자 또는 '시민'이나 '개인'으로 간주될 것인지, 이들의 역할은 무엇인지에 대해 보호민주주의와 같이 여전히 불명확하고 미정인 채로 남겨졌다.(Held 2010: 189) *정당제가 보통·평등선거권을 불평등사회의 유지와 일치시키는 수단이 되면서 자유민주주의가 부여한 주요 원리인 인격적 발전과 도의적 공동사회를 촉진하는 것을 불가능하게 만들 있다.(Macpherson, 1992: 114)
개발 민주주의 (J. S. Mill)		

인물의 자아실현	공공선의 추구	비고
*참여 민주주의는 인간의 개발을 촉진하고 정치적 효능감을 제고하며 권력 중심으로부터 소외감을 감소시키고 집단의 문제에 대한 관심을 기울 뿐만 아니라 정부의 일에 좀 더 민감하게 관심을 가질 수 있는 적극적이고 식견 있는 시민을 양성하는 데 기여한다.(Pateman 1970: ch2, 6 참조) *참여 민주주의의 첫 번째 전제조건은 의식이 스스로를 보질적으로 소비자로 간주하고 행동하는 것으로부터 개별의 행위자와 향수자로서 간주하고 행동하는 것에로의 변화이다.(Macpherson 1992: 164) *맥퍼슨은 자유와 개인의 발전은 사회와 국가에 통제되는 데 시민이 직접적이고 지속해서 관여함으로써만 충분히 성취될 수 있다고 주장하는 문제 밑에 사상을 근디적으로 변혁시켰다.(Held 2010: 400)	*민주주의는 이렇게 각성되고 자기 개발된 성숙한 인간들에 의해, 보다 성숙한 민주주의로 발전한다는 것이고 또 이러한 성숙한 민주주의가 성숙한 인간을 만든다는 것으로 그는 자서에 '지성 덕성 실천상의 적극성과 능률 상에서의… 공동사회의 진전'이라고 표현하고 있다.(Macpherson 1992: 89) *참여 민주주의의 두 번째 전체 조건은 현재의 사회적·경제적인 불평등을 크게 줄이는 일이다.(Macpherson 1992: 165) *자유·자기 개발에 대한 평등한 권리는 참여 사회에서만 당성될 수 있다. 물적 자원의 재분배를 통해 사회집단들의 차원 기반의 철폐을 직접 개선 여성의 공적 생활 참여.(Held 2010: 405) *노동자 통제제로 이끌며 들어간 사람들은 소비자 내지 소유자로서가 아니라, 생산자로서 참여하는 중이다. 그들은 높은 임금보다 그들의 생산 노동을 보다 뜻있는 것으로 하기 위하여 노동자 통제에 참여하고 있다. (Macpherson 1992: 172)	*훕스에서 하이에크까지 자유주의자들은 권력과 자연의 불균형이 일상적 권리에서 자유와 평등의 의미에 어떤 영향을 미치고 있는지를 체계적으로 탐구했다.(Macpherson 1992: 69-76 참조) *매퍼슨도 페이트만도 대의민주주의 제도를 바리고 직접민주주의 제도로 모든 정치, 사회, 경제 영역에 확대하는 것이 가능하다는 견해를 거부했다.(Held 2010: 402) *우리는 민주주의의 참여 사전의 증가가 없이는 사회적 불평등과 의식에서 변화를 달성할 수 없다.(Macpherson 1992: 166) *정당제도도 광범한 민중의 참여를 유도하는 데 필연적으로 실패하고, 그 대신 그 때문에 활동적 개인을 시민으로 발전시키는 장과 또 도덕적인 공동사회를 촉진시키는 것에 실패했다.(Macpherson 1992: 121)

참여
민주주의
(Pateman,
Macpherson)

	인민의 자아실현	공공선의 추구	비고
숙의 민주주의	*대의제 엘리트 민주주의에서 유권자들은 소외·이탈·자기만족 등등 점으면서 정치과정으로부터의 단절감을 뚜렷이 드러내 보인다. 정치는 점점 파상적이 되고 미디어에 의해 조정되며 천박해지고, 숙의민주주의는 그 신호를 왜곡하게 하고, 그 선호를 정체하고, 상대방에 대한 합리적 인정을 통한 부수의 관점 방식이라는 시민의 결심을 제고시킨다.(Offe and Preuss 1991: 170) *숙의민주주의에서 시민들은 실천 고양으로 이 모든 사태 없는 선호란... 자신의 관점을 대면적 의사적으로 대변시킨 결과물, 또는 시민들의 성찰을 통해 자기 자신 안에서 발견할 수 있을 것 같은 다양한 관점들에서 자신의 관점을 의사적으로 대변시킨 그런 선호를 말한다.(Offe and Preuss 1991: 170) *숙의민주주의의 주된 주장은 고정된 선호라는 개념 대신 선호들이 이 과정을 통해 견결하고 합리적인 정치적 판단으로 이해할 필요가 있는 일련의 이유들에 의숙하게 되는 하습 과정으로 대체하는 것이다.(Offe and Preuss 1991: 168)	*민주적인 공공선 개념은 단지 개인들의 주어진 선호의 취합물에 불과한 것이 아니라 진지한 공적 노정이나 숙의를 통해 표출되는 것이다. 따라서 현재 민주주의의 도전 과제는 '숙의를 거쳐, 일반된, 상황에 얽매이지 않은 그런 선호가 으로 임증되고 정당화될 수 있는 그런 선호가 형성되도록 장려하는 절차의 도입'에 관한 것이다.(Offe and Preuss 1991: 167) *숙의민주주의는 흔히 현대 민주주의의 미미주주의로 직접민주주의든을 명시할거이 경험. 대중적 유명 인사 정치, 사운드 바이트식의 논쟁, 사적 이익과 야망의 하나다한 추구 등으로 전략해 버렸다고 묘사한다. 이에 대해 숙의 민주주의는 제목된 노객, 이성의 공적 사용, 진리의 불편부당한 추구 등을 지향한다.(Held 2010: 440) *드라이젝은 기존의 자유민주주의 모델이 경합은 현대사회에서 우리가 당면하고 있는 집합적 문제의 대해(연구 위기에서 환경 훼손에 이르는) 집합적 해결점을 모색할 수 있도록 노증의·의사소통적 합리성을 강화함으로써만 극복될 수 있다.(드라이젝 2012: 33)	*고전적 민주주의와 개발 공화주의에서부터 개발 자유주의나 참여 민주주의에 이르기까지, 정치적 참여는 정치적 효로습과을 촉진하고 집합적 문제에 대한 관심을 낳으며 공공선을 추구할 수 있는 시민 응 성하는 이유에서 높이 평가되어 왔다.(Held 2010: 439) *대규모 공중들이 숙의 능력은 의심스럽다. 현실적으로 권한을 행사할 수 있는 여건이 되지 못하는 사람들에게 권한을 부여하는 것은 불안하고 의심스러운 엄적이 될 것이다. ... 충분한 공중들을 때로다는 선동에 취약해질 수 있다.(Fishkin 1991: 21) *참여 자체를 위한 참여의 중대는 공화주의자들이 많으려 한 바로 그런 종류의 자의성과 전황을 강화시킬 수 있다고 우려했다. 논쟁의 절차 향상 없이 유권자들에게 직접적 통제권이 주어진다면 모든 권력은 자의적으로 될 가능성이 높다.(Pettit 2003: 154)

	인민의 자아실현	공공선의 추구	비고
숙의 민주주의	*숙의민주주의란 '자유롭고 평등한 시민들의 공적 숙의가 정당한 정치적 의사결정이나 자치의 핵심 해심 요소라고 생각하는 일군의 견해로 정의된다.(Bohman 1998: 401)	*숙의민주주의의 불편부당주의적 논증은 권력의 불균형, 자원 배분의 불공평함, 안고한 편견 등이 야기하는 문제에 대해 고정할 수 있는 기반이 된다. 그것은 사람들이 옳고 정당하거나 존경할 만하다고 생각할 규칙, 법, 정책에 대해 질문을 제기할 수 있는 수단을 제공해 준다.(Held 2010: 457)	
풀뿌리 민주주의	*풀뿌리 민주주의운동은 자신들의 우선을 부당하게 느낀 사람들이 '성공'이나 물질적 소유 여부가 아니라 그들이 지닌 소망의 의 간절의 측면에 따라 평가되어야 한다(일리 윈스 2001: 20) *사회적인 금가에 대한 강렬한 도전이라는 점에서, 체제에 의해 포섭된 감성과 이성의 해방을 의회는 점에서...(하승우 2009: 210) *한국의 경우, 풀뿌리민주주의는 개인의 자치보다 공동체의 자치를 의미했다. 개인은 공동체와 고립된 채 성장하지 않는다. 즉 개인의 공동체 속에서 성장한다. 이때 공동체를 만드느가의 문제는 곧 어떤 개인이 되고자 하는가의 문제와 연관된다.(하승우 2009: 민주주의 의 대 민주주의; 223)	*억압적이고 중앙 집권적인 국가 관료기구의 확대, 낭비적인 생산과 생태계 파괴, 상업화와 조작적인 대중매체라는 기성체제를 때 제할 자율적이고 분권적인 자치 대안 공동체 모색(하승우 2009: 210-211 참조) *민주주의는 하나의 실체가 아니라 빈 장독, 그것도 밑바닥에 조그만 구멍이 뚫려 있어 계속 채우지 않으면 바닥을 드러내듯 민주주의도 바닥을 드러내게 된다. 풀뿌리민주주의는 그 도움을 채우려는 노력이라고 자금 주의는 틀임이다.(하승우 2009: 232)	

[경기 중부지역 활동가 대상 설문지]

이 설문은 <한국형 자치민주주의의 발전 경로와 실천: 경기 중부 -군포지역을 중심으로>인 논문에 참고할 인터뷰 질문입니다. 지역의 선배 활동가로서 귀하의 자유로운 의견을 보내주시면 감사하겠습니다.

1. 타 지역과 비교할 때, 경기 중부의 경우는 과거의 민중운동 세력(노동운동, 통일운동, 민주화운동)이 연합적 결사체인 안양·군포·의왕민주화운동기념사업회, 6.15경기중부본부, 경기중부민생연대, 경기중부비정규직센터 등 연대적 결사체를 건설하고 점차 활발한 활동을 전개하고 있습니다. 특히 한국의 민중운동의 경우 상호 이념의 분열 혹은 정권에 흡수되면서, 중앙이나 지역 차원의 연합적 활동이 매우 빈약함에도 불구하고, 경기 중부지역의 경우 연합적 결사체 성격인 민기사나 6.15 등이 비교적 지속적으로 활동이 가능한 이유는 무엇이라고 생각합니까?

2. 경기 중부지역에서 전통적 민중운동 세력과 주민자치성 조직 간의 관계나 사업 진행에 있어 발전적 전망에 대해 어떠하다고 생각하십니까?

<정금채: 70~80년대 안양노동상담소 소장. 현재 안양군포의왕 민주화기념사업회 이사장, 군포시 100인 위원회 공동대표: 시장 과 2인 공동대표 체제>

1. 민중에 뿌리를 둔 민중 지향적인 운동이 지역운동의 중심을 이루어 온 것이 가장 중요한 이유가 아닐까 생각합니다. 우리 지역에서 노동운동은 노동자의 문제만이 아니라 민주화가 과제일 때는 민주화운동의 중심적 역할을 수행하였습니다. 문화운동이나 민중교회도 노동운동과 호흡을 함께하며 성장했지요.

   노동운동 경험을 가진 사람들이 이후 시민운동이나 통일운동의 중심을 이룬 것도 지역운동의 통합성을 높였다고 봅니다.

   지역운동을 하면서 늘 함께하려 노력한 것도 중요한 요소일 것 같습니다. 노동단체 간의 협력, 노동자 현장투쟁 공동지원, 포럼, 지역언론, 시민협, 민주화운동 기념사업과 통일운동, 지역 현안에 대한 대응 활동을 하면서 입장이 다르다고 해서 배제하지 않고 함께함으로써 경험을 공유하고 서로에 대한 이해를 높일 수 있었습니다. 그러한 이해와 공감대가 공동활동을 가능하게 하고 공동실천의 경험이 연대와 협력의 토대가 되고 있습니다.

2. 민중운동-주민조직 발전 전망 민중운동 세력과 주민조직의 관계가 강화되어야 합니다. 민중 진영의 뿌리를 탄탄하게 하고 주민조직을 건강하게 하기 위해서 운동진영의 구성원들이 주

민조직에 적극 참여하는 게 중요하다고 생각합니다. 민주주의
와 협치의 발전을 위해서도 마을 단위에서 민주주의를 발전시
켜 나가야 합니다.

**<정성희: 80년대 노동운동 후 민주노총과 민주노동당 건설 운동. 현
재 6.15 경기본부 상임 지도지원, 경기중부비정규직센터 지도고문.
경기중부아파트노동자지원사업단 단장, (사)평화철도 집행위원장>**

-우선 중심주체들이 단합 단결의 구심, 연대 연합의 매개로서 지
역의 제 단체 및 인사들에게 신뢰와 믿음을 주고 열심히 일하기
때문이다. 또 생각의 차이가 있고 민주당 쪽을 지지하는 각계
인사들까지 민기사, 6.15, 비정규직 등 시대 또는 역사의 공통
대의에 공감하여 동참하는 양심을 가졌기 때문이다. 같은 생활
권이란 장점도 있다. 특히 큰 갈등이 없는 이유는 오랜 세월 지
역 운동 과정에서 쌓은 선후배 간의 신뢰라고 생각한다.

-주민들의 요구가 반영된 지자체 제도정책 개선, 지역의 큰 현안
해결, 중앙의 큰 개혁 이슈 등에서 시민사회단체와 지역주민단
체가 사안별로 함께 연대하다가 점차 수준을 높여 풀뿌리민주주
의, 사회대개혁, 평화번영통일로 확대하고 상설적 연대로 발전시
켜야 한다. 여기에서 관건은 연대 연합의 구심이 될 역량을 양
질적으로 준비하는 것이다. 우리 사회의 개혁과 통일은 서구와
달리 정당이나 선거, 의회만으로 되지 않으며 외세와 수구보수
의 격렬한 저장에 부딪히기 때문에 제 정당 단체 인사의 연대

연합이 그만큼 중요하다. 더구나 하층 연대에 기초한 상층 연대의 결합이 원칙이므로 지역 연대 연합은 더욱 절실하다.

<장재근: 80년대 전교조 활동 후 혁신학교 교장 퇴임, 인생나자 이사장, 6.15경기중부 상임지도위원>

1. 한국의 활동가라는 분들이 흔히 지역에 기반을 두지 않고 중앙활동에 치중한다. 경기 중부지역의 활동가들은 지역에 기반한 활동을 해왔다. 지역 문제를 논하면서 이념이나 노선보다는 지역 현황들의 해결에 공동 노력을 함. 위의 활동 등으로 서로에 대한 신뢰와 믿음이 있음.

2. 전통적 민중 세력이 넓은 마음으로 지방자치 세력을 인정해야 한다. 그리고 그들과 같이 할 수 있는 정책을 개발해야 한다. 일상적인 활동에서 적극적으로 그들과 신뢰를 구축해야 함.

<조완기: 80년대 안양청년회 회장. 군포지역 시민단체 활동. 현재 안양군포의왕민주화기념사업회 상임이사>

1. 80년대 이후 지역에서 활동하던 인사들이 지역에서 생활 터전을 잡고 지속적으로 노동, 통일, 민주주의 과제에 대한 실천 활동과 연대의 산물이라고 봅니다. 그에 따라 자연스럽게 정파적인 이해관계보다는 서로에 대한 신뢰, 인간에 대한 애정이 바탕이 된 것입니다. 다양한 활동가들이 지역에서 활동하

다가 떠나기도 했고 새롭게 유입된 인자들이 다양하게 있었지만 지역에서 꾸준하게 활동해 왔던 그룹들이 갈등과 대립보다는 중심을 형성했고 활동가들이 지역사회의 생활 영역에서 끊임없는 연대 활동과 사회 개혁에 대한 실천 활동이 서로에 대한 신뢰로 이어지면서 경기 중부지역은 이러한 연대체 운동이 지속 가능하게 되었다고 봅니다.

2. 민주화기념사업회나 6.15, 비정규직 등의 전통적인 활동을 이어가는 측면이 있지만 구성원들은 이미 90년대 이후 분화된 다양한 사람들이 참여하고 있다. 이러한 연대체 구성원들의 장점은 주민운동과의 결합 활동이 원활하게 이루어지는 토양이 될 것이다. 따라서 지역에서 성장하는 주민의 자치조직과 공동체 운동의 뿌리와 잘 결합이 가능할 것이고 그러한 활동가들이 이러한 연대체를 통해서 주민운동과 민주주의 제도개선 운동, 통일운동이 분리되지 않는다는 것을 알 것이다. 따라서 주민운동과 상시적으로 교류하고 공감하는 사업들을 잘 기획하고 만들어 간다면 공동의 사업들이 많아질 것이고 지역사회의 공동체는 발전할 것으로 본다.

<문경식: 안양군포의왕민주화기념사업회 사무처장, 6.15경기본부 공동대표, 난치병돕기 이사장>

1. 조직 변화의 흐름을 잠깐 살펴보면, 6.15안양본부는 과거 활동하다, 활동 중단된 상황에서 6.15경기 중부로 건설. 민기사

는 6월 항쟁 30주년 기념행사 이후 고양된 흐름 속에서 경기 중부로 건설. 비정규직센터는 청소년 노동 상담으로 가면서 노동운동 지원의 측면이 약화된 데 따라 비대위 수립으로 정상화되었음. 현재 각 단체들이 연합체적 네트워크 방식에서 책임 주체의 책임성과 헌신성으로 활동하고 있으나, 이후 상근자 등 경제적 자립이 되어야 진정한 안정된 결사체로서 발전할 것임.

- 연대체 회비구조를 탄탄하게 만들어 생활력 보장: 특별 재정
  연구해야 함.
- 공동 사무소 운영 등으로 최소와 인력으로 사업의 효율성을
  제고할 필요가 있음.

2. 민기사나 6.15는 지역 시민단체들과 연대를 통해 행사를 진행하고 있어 성과를 보고 있다. 그러나 각종 기념행사 시 단체가 부스 구성 등으로 적극적으로 참여할 수 있도록 하면 더욱 큰 효과를 볼 것으로 보임. 회원들이 보다 많이 참여하고 움직일 수 있도록 연대체와 주민조직 간의 보다 긴밀한 협조 관계가 필수적임.

※ 필자 역시 1980년대부터 지역 활동을 해 온 활동가이며, 현재는 6.15경기중부본부 상임대표와 군포시 민주시민교육지원조례의 위원장을 맡고 있어, 위 질문과 같은 연합적 결사체와 주민조직에 관한 인터뷰에 대하여 위 사람들의 자유롭고 솔직한 의견을 들을 수 있었다.

군포·안양지역 80년대 노동운동 관련 홍보물 등

88년 7월 안양전자위장이전을 저지하기 위해 본사건물을 점거농성중인 노조원들을 지지하기위해 모 인 시민과 사회 문화 단체 (현 CGV건물 주변)

송재영

노동운동, 민주화운동, 주민운동, 시민운동, 통일운동, 정당운동 등 한국의 모든 운동을 경험하고, 한국의 전체 운동에 대한 학문적인 이론화를 시도하였다. 그래서 이 책은 30년 현장 및 정당활동의 경험과 학문의 정교한 이론이 접맥된 그가 60대에 쓴 박사 학위 논문의 내용이다.

지금은 수원대 공공정책대학원 교수 등 대학 출강을 하면서도 자치민주주의를 실현하기 위해 시민사회의 자치력 강화를 목표로 민주시민교육 강연 및 네트워크 운동을 하고 있다. 따라서 그는 지금 주권자의 권력을 찬탈한 대역민주주의를 자치민주주의로의 대전환을 위한 사회적 상상력을 제조 중이다.

사회학 박사
수원대 공공정책대학원 교수
성공회대 사회과학연구소 연구위원
자치민주주의 연구소 소장
민주시민교육연구소 소장
(사)시민공론광장 연구기획위원장

대역민주주의 대 자치민주주의
-한국형 자치민주주의를 찾아서

초판인쇄 2022년 3월 31일
초판발행 2022년 3월 31일

지은이   송재영
펴낸이   채종준
펴낸곳   한국학술정보㈜
주소   경기도 파주시 회동길 230(문발동)
전화   031) 908-3181(대표)
팩스   031) 908-3189
홈페이지 http://ebook.kstudy.com
전자우편 출판사업부 publish@kstudy.com
출판신고 2003년 9월 25일 제406-2003-000012호

ISBN   979-11-6801-436-7 93340